指文图书®

神话与现实

1975年西贡大捷

一剑文化 著

中国长安出版社

图书在版编目（CIP）数据

神话与现实：1975年西贡大捷 / 一剑文化著. --
北京：中国长安出版社, 2015.4
ISBN 978-7-5107-0905-0

Ⅰ. ①神… Ⅱ. ①一… Ⅲ. ①现代史－越南－1974～
1975 Ⅳ. ①K333.49

中国版本图书馆CIP数据核字(2015)第075143号

神话与现实：1975年西贡大捷

一剑文化 著

出版：中国长安出版社
社址：北京市东城区北池子大街14号（100006）
网址：http://www.ccapress.com
邮箱: capress@163.com
发行：中国长安出版社
电话：（010）85099947 85099948
印刷：重庆共创印务有限公司
开本：787mm × 1092mm 16开
印张：25
字数：380千字
版本：2019 年 1 月第 2 版 2019 年 1 月第 1 次印刷

书号：ISBN 978-7-5107-0905-0
定价：129.80元

前言

在长达20年的越南战争中，美越之间的战役存在争论最多的是溪山战役，围绕这个战役，双方的评价迥然不同。不过，溪山战役比起如迷雾一般的1975年春季大捷来说，是小巫见大巫。从邦美蜀开始到西贡沦陷，短短55天的时间里，苦战20年的南越国军为何在这么短的时间内就被越南人民军打垮？要知道，美国撤离越南南方时给南越国军留下了价值几十亿美元的武器装备，使南越国军一跃成为东南亚诸国最强大的武装力量。可为何如此强大的武装力量却在美军撤离后仅仅撑了不到2年就迅速瓦解了？仅仅是因为无能，还是另有隐情？在世人（包括许多美国人）眼里，南越国军形同废物，不堪一击。可笔者研究了越南人民军和南越国军方面的资料后却发现并非如此：至少南越国军有过1972年的广治辉煌胜利，也有1973年旱季反攻的局部胜利，更有1974年的7号公路防御战胜利，即便是在战败的上德—农山战役中南越国军的精锐部队——伞兵师团也给在溪山取得极大荣耀的越南人民军大王牌——第304步兵师以沉重的打击，甚至给对方造成不少于溪山战役的战死人数。从这些战役、战斗中都可以看出南越国军的精锐部队有着强悍的战斗力和顽强的斗志。既然如此，那为什么南越国军在1975年败得又是如此干脆而毫无还手的余地呢？这个问题成了美国越战历史学家长期热衷的研究课题。2012年3月，美国历史学家乔治·维特（George Veith）将军参考南北双方各种战史、回忆录和口述资料，写了《黑色四月：南越垮台，1973—1975》（*Black April: The Fall of South Vietnam, 1973-75*）。这本书可以说是对1975年战事的研究取得了突破性进展。笔者在2012年读及此书时也认为这是一本很棒的关于1975年战事的书籍。可是，随着搜集的南北越两方面资料日渐增多，笔者发现维特将军或许是因为越南语不太精通的缘故，在参考许多南北越双方的书籍时无意间漏掉了许多重要细节，甚至还出现把越南语中的装甲车误译为装甲运兵车的失误，这无形中给《黑色四月》这部著作带来了部分瑕疵。此外，维特将军的视线只放在了1975年的55天决战上，并没有仔细研究过1974年的7号公路战役和上德会战，而这两场会战给越军造成的损失都超过了1975年的春禄战役，同样也反映了南越国军的实际战斗能力，这些都是不应该的“遗漏”。因此，笔者会在本书中补充描述越军战史和南越国军诸将领在1975年各次战役中被维特将军“遗漏”的部分。不仅如此，作者还将往前延伸，对1974年的两次大会战进行详细描述，主要从军事角度诠释南越为何会倒台得如此迅速而彻底。

CONTENTS

目录

第一章
美国人走了，战争还在继续

1973年1月27日，对印度支那来说是继1954年7月20日又一个值得“纪念”的日子。经历了1972年至1973年度越军凶猛的战略进攻后，印度支那看到了和平的曙光。这一天，越南民主共和国、越南南方民族解放阵线、美国和越南共和国在法国巴黎签署了《关于在越南结束战争、恢复和平的协定》，简称《巴黎和平协约》。

1月28日凌晨04点15分，美国远征军的新闻发言人J.B.博福斯少校进行了美军在越南的第2950次军事简报，他以抑扬顿挫的音调宣布：“美国在越南的一切军事行动将在今天早晨8点结束”。在美国首都华盛顿，尼克松总统也发表了电视讲话，宣读《巴黎和平协约》有关停火的条款，并声称这一天是“高尚的和平日”。讽刺的是，在越南西贡市不远处，试图在停火生效期到来时采访前线的美国《巴尔的摩日报》记者们听到尼克松总统读到“这是一个新时期”的时候，越南共和国空军一架轰炸机恰巧临空，一枚炸弹落下，在距记者们不到百米之处爆炸，把他们吓得够呛。惊魂未定的记者们一边咒骂这架轰炸机，一边面面相觑：这哪里是和平，分明还是战争！

当然，和平的迹象还是偶有发生。在广治前线，南越国军和越军进行了一整夜的大规模炮战，直到1月28日08点00分双方才渐渐停止射击。接着，南

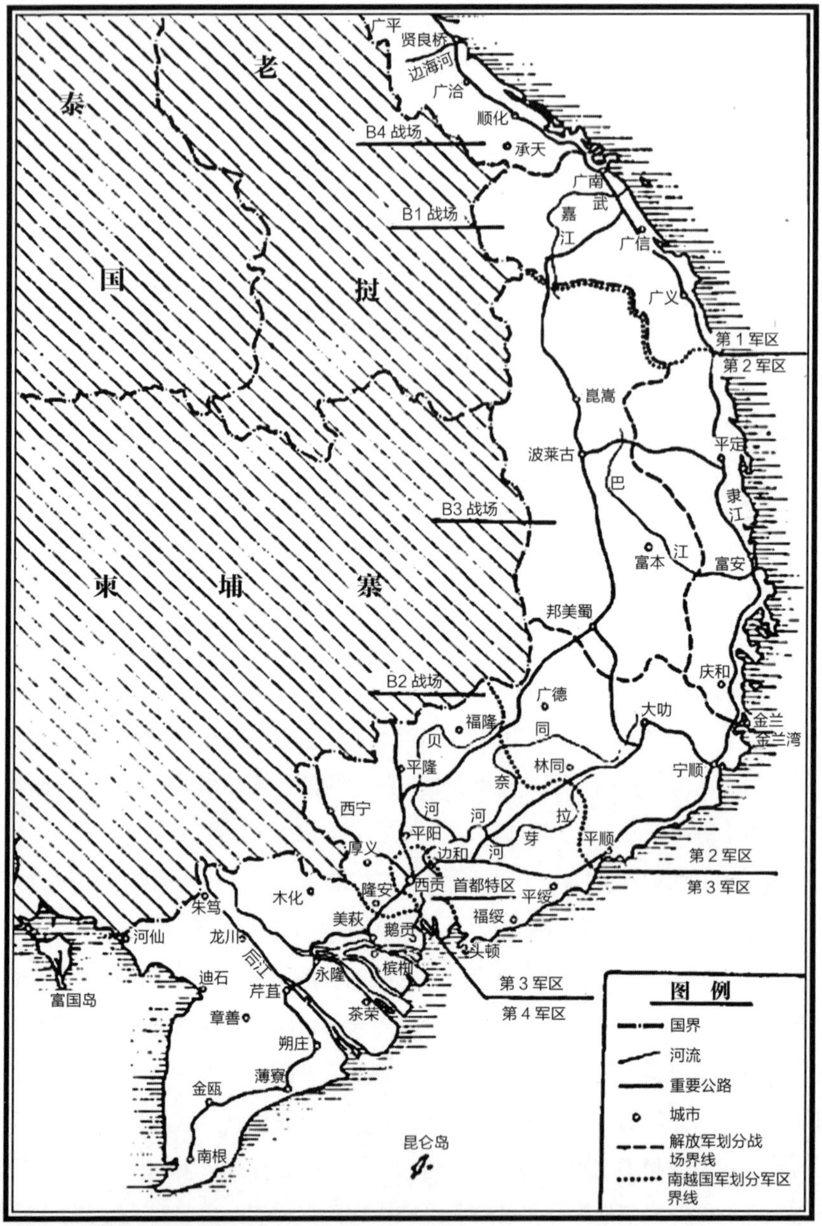

▲ *越南南方整体态势示意图*

北越双方几名士兵从掩体里站出来，互相朝对方挥了挥手以示友好。在西贡附近，双方士兵早在1月28日07点45分就暂停了射击，南越方面军官挥手允许附近的平民赶来把一些战死的越军尸体掩埋（通常，南越国军都会让对方战士的尸体暴露一些时间，以震慑那些“胆敢”参加“越共”的平民）。可，这种情景毕竟是少数。因为，当《巴黎和平协约》中的停火生效期到来时，只有美国遵守了停火协定。

这是停火吗？

对《巴黎和平协约》的签署，南北两越最初的反应截然不同。北越方面，虽然对和平的到来将信将疑，但大部分地区（B5战场除外）还是愿意遵守协约。不过，越军钻了协约的一个空子，那就是停火期是1月28日08点00分，利用夜幕的掩护，越军在全线不惜代价地投入重兵，从1月28日凌晨01点00分到08点00分抢占了许多乡村，取得了停火时对己有利的控制线。而阮文绍吃了这个哑巴亏，自然不会甘心。哪有你钻空子搞夜袭，然后停火期到了就不允许我军反击、继而把这些新控制区变成既定事实控制区的“道理”？于是，在协定停火期到来时，南越国军全体部队接到的联合参谋本部的命令依然是“原地整装，准备发动新的攻击”。不久，南越国军就在西宁省对越军控制区展开了攻击。西宁省的战火很快又蔓延到南越全境（越军战史称此为蚕食和反扑）。对南越国军的战斗，美军顾问团在报告中也坦承：“无论停战与否，战斗仍像以前一样进行。”“在每天两次大空袭的支援下，共和国国军已经把北越人和越共往回赶。”“停火3天内，共和国国军出动的战机架次，比他们在前6个月出动的总数还多。”虽然破坏和平协约的绝大部分进攻行动是南越国军先挑起的，但越门港战斗却是越军主动破坏《巴黎和平协约》的反击战斗。可以说，这次战斗揭示了这样一个事实：南北两越从一开始就没有认真遵守《巴黎和平协约》的停火条款。

1月27日夜，趁着距《巴黎和平协约》生效还有几个小时的时间，南越海军陆战师团为了打通往东河反攻的跳板，对越门河展开反击。23点00分，利用退潮的工夫，南越海军陆战师团以1个旅团的兵力，采取突然袭击，很快冲进了越门港附近地区。越军警惕性不佳，被对方打了一个措手不及。1月28日

07点00分，也就是和平协约生效期到来前，越军第325步兵师第101步兵团在5辆T-34-85坦克掩护下，组织第一次反击，但没有成功。接着，越军B5战场（9号公路—北广治阵线）司令部不顾《巴黎和平协约》已经生效，相继把越军第320B步兵师48步兵团1营、第271步兵团7营、越门38营、第64B步兵团8营、第27步兵团1营调往战场，连续实施反突击。1月29日凌晨01点00分，越军越门38营首先展开反击，结果被南越海军陆战队顽强顶回。首战失利后，第64步兵团8营1个连投入战斗，勉强夺回越门港南面600米处的4号高地。接着，第48B步兵团1营、第271步兵团7营、第27步兵团1营相继组织攻击，却丝毫打不动对手。是可忍，孰不可忍？1972年9月丢了广治市并在后汉河防御作战中吃尽了南越国军头号精锐——海军陆战师团和伞兵师团的苦头的越军，决心不惜一切代价把冲到越门港的南越海军陆战师团1个旅团击退。为此，B5战场司令员陈贵海中将、政委双豪中将命令战场副司令员高文庆、战场副政委黄明治和段奎组成（广治省）平原地区指挥部，三人分别担任指挥长、政委和参谋长，统一指挥各个参战部队，“务歼入侵之敌”。为了给平原地区指挥部增加兵力，B5战场司令部还专门调来了越军第304A步兵师24团和1个T-54坦克连，并且命令越军第304A步兵师第66步兵团在永光展开，做预备队。

1月30日12点00分，平原地区指挥部以第101步兵团1营、第48步兵团2个连、海军K5特工队为第一梯队，以第64步兵团、第24步兵团6营、第101步兵团2营为第二梯队，以第101步兵团3营、第24步兵团、越门38营和第271步兵团7营担负迂回任务，对南越国军实施5路反突击。一开始，越军的战斗协同出了问题，5路进攻部队没能相互协调进攻时间，导致初战受挫。调整部署后，段奎大校亲临前线，把2个坦克连配属给5路方向，集中兵力突击越门港南面的南越海军陆战队侧翼。进攻前，越军的战役炮兵和反坦克炮兵群对南越海军陆战师团阵地实施绵密的火力突击，然后让75毫米无后坐力炮、85毫米加农炮和B72反坦克导弹（即AT-3萨格尔反坦克导弹）分队尽可能靠上去，支援步兵冲击，打击对方的坦克装甲车。

1月31日08点30分，越军5路大军同时进攻。不过，他们的情报似乎不够灵通：早在1月30日越军冲击失败时，南越海军陆战师团师团长裴世兰少将就已经判明夺回越门港无望，向部队下达了撤退的命令。因此，越军的进攻只重创了南越海军陆战队部分兵力，对方参战的主力还是安全撤了下来（南越国军统计死伤60人，被俘100人，被击毁或打坏6辆M48坦克、5辆M113装甲运兵车和1辆M41轻型坦克）。

尽管没有夺回越门港，可南越国军的全线反击战斗还是取得了相当多的战果。按照南越国军的说法，他们在1973年2月到6月以前基本收复了1973年1月28日凌晨1点到8点被“窃取”的地盘。北越方面的战史也证实了南越方面的说法：

1973年，在整个越南南方，敌人又增加了500个屯哨，夺取了70个乡、740个村、65万人口。具体是，第5军区的敌人新修了200个屯哨，挤占45个乡、320个村、25万人；在第8军区，敌人新修了近300个屯哨，挤占24个乡、120个村、10万人；在第6和第7军区，敌人挤占了300多个村、30万人。

在部分地区，越军在战斗中还蒙受了比较大的损失。比如治天军区（代号B4阵线）的第5、第6、第271步兵团，以及军区的省、县地方部队就在1973年1月到8月伤亡了2811名指战员，其中885人牺牲。[1]不过，南越国军也在进攻战斗中蒙受了不小的损失。根据越南共和国联合参谋本部统计，南越国军在1973年1月28日到4月30日，在全国范围内共战死6600人。

战争的继续给越南南方平民也带来了不小的影响，很多人表示《巴黎和平协约》签署与否已无关紧要，战争依旧在继续并已经成了他们生活中的一部分。在湄公河三角洲接受美国记者采访的一位年轻的越南寡妇就很无奈地道出了战火下生活的艰辛：“请你理解，我们这里白天是政府军控制，晚上就变成了共产党的天下，我们的生活太难了。”在双方激烈争夺的查玛村，一位老人也道出越南南方人民对《巴黎和平协约》的失望：“查玛村人民并不理解《巴黎和平协约》到底意味着什么，他们根本不去想那个协议。协议没有给他们带来任何变化，他们仍然每天感受着战争带来的恐怖。唯一使他们感到真实的，是他们每天不得不为自己的生存而艰难地努力着。”

当然，还有比这些平民更不幸的人，那就是南越国军官兵的家属们。他们无时无刻不在承受着失去亲人的痛苦。《巴黎和平协约》签署后，在越南共和国西宁省小区指挥大楼前，总有南越国军的军嫂在门口徘徊，手里拿着照片和政府寄给家里的失踪人员通知书，到小区询问自己亲人的状况：究竟是战死沙场，还是被俘了？活要有个口信，死也要见到尸体吧。让这些可怜的女人失望的是，南越国军方也没办法核实她们失踪的丈夫的下落。一切只有等双方交换战俘后才能水落石出。

根据《巴黎和平协约》的条款，交战双方必须在协定签署后60天内交换全部战俘。1973年底，双方进行战俘交换，北越交还了128名美军战俘和5426名南越国军战俘，联军方面交还了26492名越军战俘。可对于这次战俘交换行动，双方都感到很不满。越军方面认为，1959年到1973年被俘的部队指战员和地方干部、乡村游击队员多达20万，对方却只交还这么点战俘，剩下的绝大部分被俘指战员或地方干部和乡村游击队员很可能都被对方虐杀了。南越方面也表示了极大的不满，从1959年到1973年南越国军被俘的各种武装人员数目也超过了10万人，却只有这么点被交还，显然绝大部分被俘人员也“人间蒸发”了。

双方的争议和相互攻击并不仅限于战俘交换。《巴黎和平协约》签署后，南北两越在巴黎和西贡都举行了全面谈判，双方是唇枪舌剑，互不相让。

在巴黎，两越代表团一连进行了8轮会谈，焦点是如何真正实现越南南方的民主与和平，以及保证越南劳动党在南方的政治权利。南越方面表示，北越撤军是南方恢复民主与和平的唯一前提条件，只有在这种情况下，越南南方才会成立包括越南劳动党在内的各个党派，组织全国政治协商会议，进行公平自由的总统和议会选举。北越的要求是现在《巴黎和平协约》已经签署，南越方面应该按条款办事，拿出最大诚意，马上成立全国协商委员会，交换战俘和政治犯，划定军事分界线。针对南越方面提出的撤军和选举说法，北越方面不屑一顾。河内方面驳斥西贡说，目前战争还没有结束，“西贡当局统治下的人民并没有获得民主和自由，反对派仍受到西贡当局的迫害和威胁，在这种条件下举行选举简直就是胡闹，只会让阮文绍独裁政权合法化”。

在西贡搞的四方联合军事委员会同样没有对任何政治和解做出贡献，双方除了在监督美国撤军和交换战俘上达成一致外，其他任何大小事情都是争吵不休。也就是说双方根本就不想和解，越南南方究竟归谁统治的问题《巴黎和平协约》并没有解决，该协议解决的只是美军的撤离问题。

1973年3月29日，也就是《巴黎和平协约》签署后的第60天，最后一批驻越美军开始撤离。离开前夜，在新山一机场的美国远征军总部里，留守的美军进行了最后的狂欢，大家喝得酩酊大醉。他们很清楚，自己即将执行的任务不是继续上战场拼杀，而是关掉美国在越南的战争机器，撤军回国。

当天下午，美国远征军总部前院举行了一个小小的撤军仪式，一位将领以简短有力的口吻宣布："从今天起，美国驻越部队停止一切军事活动。我们的使命宣告结束。"在美国驻越南共和国大使邦克和最后一任美国远征军总司令韦安德上将（Weyand，在1968年新春总攻击期间任美国陆军第2野战军司令官，是美国远征军中仅次于艾布拉姆斯的名将）把飘扬了13年的军旗降了下来，卷起带回国。撤军仪式结束后不久，美军陆续离开新山一机场。讽刺的是，就在美军撤离的同时，曾在美国远征军总部工作的南越雇员显示出他们的"劣根性"，大肆洗劫美国远征军总部大楼，把电扇、台灯、桌椅等一切可用可卖（拿到西贡旧货市场倒卖）的东西拆了搬走，拿不走拆不动的东西，就"带着对战争的最后一丝激情"给统统砸了。不到15分钟时间，干净整洁的美国远征军总部就在一片狼藉中结束了它的使命。一位美国记者无不感慨地评论道："美国人一直以为他们的科学技术和财富拯救了这个国家（指越南共和国），可这个国家的人却绝不做此想。差不多在美国人还没动身之前，他们就开始动手乱砸了。"

18点00分，美国空军的一架C-141运输机满载着最后一批留守的美军撤离了南越，消失在远处的夕阳中。美军终于告别自1962年（"绿色贝雷帽"介入）以来奋战了11年的东南亚大地，回到了自己的故乡。

美国人拍拍屁股走了，可南北越之间的续战才刚刚开始。

河内的决定

尽管越南南方的战斗一如既往地没有停歇，但美军的撤离还是让越军减轻了不少压力。毕竟，南越国军的进攻力度和火力投射强度都远不及美军，即便越军丢失了一些地盘，但总的来说并没有彻底丧失战场主动权，更重要的是在越南南方的越军各大军区还获得了难得的休养生息的机会。

在治天军区，到1973年6月底，越南国防部给治天军区补充了2000人，含2个122毫米榴弹炮营和1个85毫米加农炮连。针对1972年军区各主力团（第

5、第6、第271步兵团）在战斗中受到严重损失的情况，治天军区对机关、后勤单位进行精简，抽调了1394名指战员和1973年新征的425名新兵，以及轻伤伤愈后归队的2700人补给上述3个步兵团，令它们恢复了战斗力。经过一番整合，到1973年雨季时节，治天军区主力部队为3个步兵团、1个机械化炮兵团（2个122毫米榴弹炮营和1个85毫米加农炮营）、1个机械化高射炮兵团、1个工兵团、1个特工营、1个专门负责打交通线的专用步兵营和1个机械化运输营；地方部队是承天省和广治省的5个步兵营、2个特工营，县级武装力量总数是12个连又13个排，以及16个武装工作队，乡村游击队无算。

在第5军区，由于南越国军的“蚕食和反扑”行动十分激烈，该军区丢失地盘和人口甚多，从1973年1月《巴黎和平协约》签署时的918000人下降到1973年8月的564000人。而第5军区的表现实在是让人为之感到羞耻。他们有越军第2和第3步兵师两个主力师，还有许多地方部队，实力远比治天军区强大，可他们却在南越国军1973年旱季反攻中丧失了差不多三分之一的人口和地盘，这种表现引起了越南中央政治局和中央军委极大的不满和严厉批评。这也是1975年春季总攻击中第5军区的战略地位显著下降的根本原因之一。截至1973年12月，第5军区主力部队发展到步兵19581人、侦察兵462人、特工1557人、炮兵2447人、装甲兵905人、防空兵763人、工兵3275人、通信兵1316人、运输兵5056人、各机关单位参谋业务人员10291人。

最让人欣慰的是西原军区的发展，他们在1972年战略进攻中虽有昆嵩进攻之败，但实力并没有受到太大的削弱。《巴黎和平协约》签署后，西原军区抓紧时机休养生息，在没有受到南越国军大规模进攻的情况下，至1973年12月，全军区主力部队发展到步兵18562人、侦察兵389人、特工578人、炮兵3018人、装甲兵691人、高射炮兵2708人、工兵1159人、通信兵817人、运输兵4687人，机关和各单位指挥部业务人员5065人、经济建设队伍1576人；地方部队发展到步兵1200人、特工93人、炮兵300人、工兵200人、地方干部3788人。

相对这三个军区，越南中央军委在1973年关注的焦点是第9军区（南部西区），在这里发生的一个事件间接促使他们重新定下了走暴力革命，用武力推翻阮文绍政权的决心。这就是章善事件。

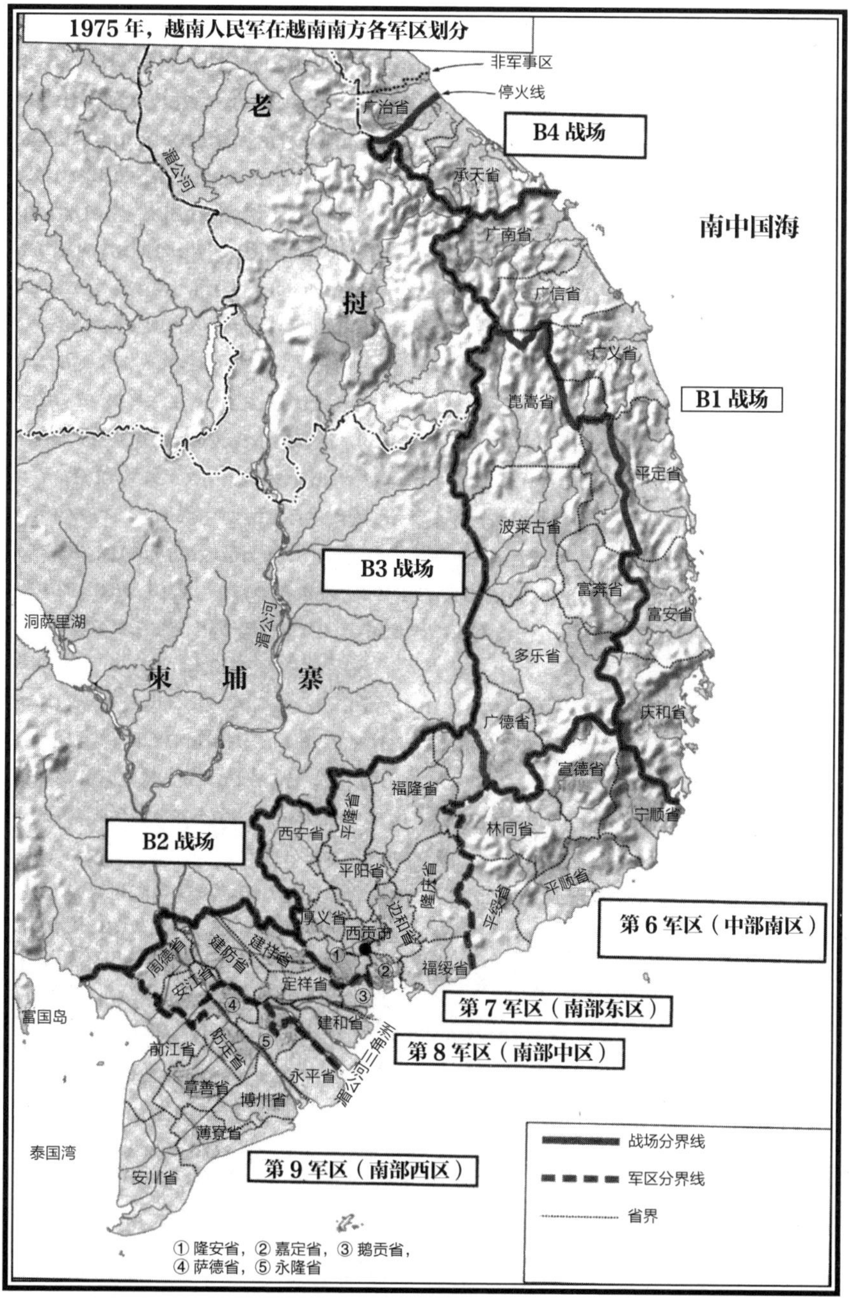

▲ *1975年，越南人民军在越南南方各军区划分示意图*

1973年4月底，越南劳动党中央打算在河内召开第二十一次会议，越南南方各大军区的军政首长奉命北归。其中，越南人民军第三号人物，也就是越南南方解放军司令员黄文泰中将，在会前给越南中央军委书记、越南国防部部长武元甲大将的报告尤为引人关注。在汇报南方战场的军事斗争态势时，黄文泰中将除了介绍治天军区和第5军区在南越国军的“蚕食反扑”下丢失了不少地盘外，还重点汇报了第9军区在章善省获得的胜利。

章善省历来被称为“九龙江三角洲的心脏”，是南越国军第4军区最重要的省份之一，同时越军通往第9军区的战略运输干线必须穿过章善省。根据各种越军史料，包括第9军区战史，都声称在1973年3月初越南人民军情报部门就获悉了南越国军要夺回善章省解放区的秘密作战计划。为了粉碎南越国军的企图，越军主动向善章省调动了4个团的兵力。1973年3月中旬，南越国军第21师团果然向善章省发动进攻，但被越军粉碎。4月4日，第9军区司令员黎德英大校和政委武文杰向黄文泰报告，南越国军发动了进攻，但他们集中兵力打击进犯之敌，很快粉碎了对方的进攻。

在政治局扩大会议上，黄文泰中将简要汇报了章善省粉碎南越国军第21师团进攻的情况，武元甲大将声称这次战斗证明了在南方的越军师级部队已经有了和南越国军师团级部队进行对抗的能力。不过，武元甲大将的结论一开始并没有得到与会将领的认同。许多干部认为：“为什么《巴黎和平协约》签署了，伪军、伪政权垮台的不多？”“现在美国佬被赶走了，可伪政权不仅没有被推翻，反而更加强大了！”这些悲观论调在第5军区特别有市场，他们丢失了较多的地盘，目前承受的压力很大。很多将领倾向于放弃暴力革命统一，转而搞南北经济竞赛来获得胜利。越南中央政治局不少常委（包括长征和孙德胜）也有类似顾虑，他们担心《巴黎和平协约》签署后中苏对越南民主共和国的军事援助会大幅削减，给越军的总体战备带来影响，再要组织类似1972年度的战略进攻，恐怕军备上会承受不了。他们的担心并非没有理由。《越南抗美救国史》第八卷记载了中国和苏联1973年到1975年对越军援额度，笔者摘译如下：

比如1973年，苏联（军事）援助越南价值248百万卢布，到1974年锐减到98百万卢布，1975年只剩76百万卢布。同样，中国对越南的军事援助也在减少，1973年价值1415百万人民币，1974年是452百万人民币，到1975年只剩196百万人民币。在武器援助上，中苏两国的援助力度同样在锐减，1973年援助是1972年的60%，1974年的援助是1972年的34%，1975年更是跌到11%。

面对这些不同的声音，武元甲大将决定力排众议、统一思想，打消大家的疑虑。他的武统思想和时任越南劳动党总书记的黎笋不谋而合，并且得到了黎笋的大力支持。于是，武元甲在5月24日的会议上的讲话就成了一锤定音的指令。他在讲话中重申要采取武力解放南方的决心。他认为依靠经济竞赛搞和平演变是不现实的。在《日内瓦协定》签署后，越南共和国大肆屠杀留在越南南方的劳动党员，摧毁党组织和基层，这些行为就足以表明一旦转入经济竞赛就是给南越政权以喘息之机，那时再想统一就困难了。既然军方老大武元甲都发话了，军内也就没有人敢反对。政治局常委方面，总书记黎笋始终对“武统”坚定不移，长征和孙德胜他们自然也就没话可说。越南总理范文同本来态度摇摆不定，看到中央政治局多数人同意“武统”，也就举手投了赞成票。

最终，第二十一次会议做出决议，明确指出：“越南南方的革命势力处于1954年以来最强大时期，越南、老挝、柬埔寨三国人民的新胜利使印度支那半岛的力量对比发生了空前有利于南方革命的变化。”会议还做出决议：“南方革命的道路是暴力革命的道路。在任何情况下，我们都必须掌握时机，坚持进攻战略，灵活指导，把南方革命向前推进。”这个决议正式宣告北越方面不会受《巴黎和平协约》的拘束，也结束了北越军政高层关于和平演变还是“武统”南方的争论。利用章善事件为契机，武元甲大将成功说服了所有北越高层，坚定了“武统”信念并将它作为越南中央政治局的决议来实施。

然而，章善事件是否真如北越所说的那样，是南越国军先攻，然后越军第9军区再反击呢？

答案是否定的。驻芹苴的美国领事馆就表示越军在章善省的攻势非常活跃，已经深深楔入越南共和国实际控制区。事实上，南越国军第21师团在3月几乎原地不动，基本没有发动什么攻势作战。直到5月初，南越国军第4军区司令阮永仪中将[2]才命令南越国军第21师团以2个团进入章善省争夺地盘。在局势持续紧张的情况下，阮永仪中将开始频繁视察章善省，还亲自任命胡玉芹上校为章善省省长。6月，阮永仪中将又撤了南越国军第21师团师团长的职务，以安禄会战中表现出色的第5师团师团长黎文雄准将继任。虽然美军顾问团认为黎文雄（Le Van Hung）是一位很糟糕的军官，但在南越国军中他却赢得了广泛的好评。他曾经在阮永仪指挥下于第21师团服役，对章善省可谓人地两熟。除了这两招，阮永仪中将还从第4军区各地抽调保安军11个营协防章善省。

对章善事件，北越方面其实也有不同的意见。时任第9军区司令员的黎德英大校在回忆录中就承认，他当时并没有遵守《巴黎和平协约》，而是命令第9军区继续战斗，这从侧面证实了在芹苴的美国领事馆的观察。按照黎德英的说法，在上级下令停火并要求从争夺区撤回部队时，他拒绝执行命令。2个月后，他再度接到要求停火撤军的命令，可还是拒绝执行。在黎德英大校看来，即便是《巴黎和平协约》签署了，战争依然没有结束，如果不继续保持进攻，抓住战争主动权，而是听任敌人拿回战争主动权的话，那么第9军区将陷入被动。连续两次抗命后，南方中央局直接越过越南南方解放军司令部，命令第9军区停止进攻，把部队撤回根据地进行休整补充。然而，黎德英大校第三次抗命不遵，立即招致了南方中央局的通报批评。

黎德英在回忆录中写道：

南方中央局连续两次急电严令我们（第9军区）要认识新的形势，要求我们采取新的方式来迎接新形势到来。同时南方司令部也致电我们，批评我们拒不执行南方中央局的指示，并将对第9军区的批评抄报南方各个军区。当时南方中央局对我们的意见就是第9军区在九龙江下游的战斗行动是违反并撕毁《巴黎和平协约》的疯狂举动。1973年5月，南方中央局召开会议检讨《巴黎和平协约》签署以来的南方政治斗争和军事斗争。会上，来自中央（河内）和南方中央局的干部斥责我们第9军区拒不执行上级的政策和指示，给敌人以口实。

奇怪的是，黎德英接二连三地抗命却没有受到行政处分。黎德英在回忆录中声称："有人建议给我处分，因为我没有执行上级的命令并严重违反了协定！"事实上，黎德英不仅没有被撤职，反而被任命为越南南方解放军司令部参谋长。在武元甲大将看来，黎德英大校是对的（因而他在1974年连升两级，成为中将）。陈文荼中将在回忆录中也肯定了黎德英大校的抗命：

但令人遗憾的是，这些具体的行动并不符合当时的一系列主张。按照这些主张，《巴黎和平协约》签署后应该迅速稳定形势，立即划分敌我控制区，把武装力量撤到后方予以巩固，不许在军事上制造麻烦，而是以政治斗争、敌运工作为主，通过敌运工作和群众运动使敌人的军事行动陷于瘫痪，使敌人的据点不能发挥作用，这样就算是向敌人进攻了……只有第9军区有这样的认识，就当没有《巴黎和平协约》，没有任何新的情况，像以前一样行军打仗。虽然对《巴黎和平协约》和新的战略阶段认识得不够全面……幸运的是，这是一个偏远的战场，传达上级的主张常常很慢，纠正错误也不及时。

不过，笔者认为美国历史学家维特将军把两越续战的根子怪在章善事件上是片面而不客观的。如果只看章善事件而闭口不谈南越国军主动在全线展开夺回作战，在第5军区吞下越军控制区三分之一地盘的行径，自然就“很容易”得出破坏《巴黎和平协约》是北越单方行为的结论。不过，维特将军有一个结论是正确的，那就是《巴黎和平协约》并没有改变北越既定的“武统”政策。就算没有章善事件，武元甲大将也会找出别的借口继续北越的“武统”政策，因为这项政策从1959年至今（1973年）已经持续了13年，在熬过“特种战争”战略、“局部战争”战略以后，随着美国的撤出和“战争越南化”政策尾声的到来，北越没有理由也不可能放弃已经坚持了这么久的政策。拿武元甲大将的话来说，胜利已不远了，这个时候放弃就等于前功尽弃！

在向南方传达第二十一次会议的决议后，越南南方各个军区掀起了总反击的准备。面对越军即将发动的反攻，《巴黎和平协约》签署之后一度在战场上得势的越南共和国又将如何应对呢？

阮文绍的窘境

对越南共和国总统阮文绍来说，签署《巴黎和平协约》并不是他的意愿，这实在是尼克松和基辛格“威慑、恐吓和强迫”的结果。为了表明对越南共和国的支持，美国总统尼克松（在水门事件前）无论是私下还是公开都表态，美国绝对不会抛弃越南共和国，如果需要，美国将使用武力保障《巴黎和平协约》停火条款的执行，保障越南共和国的安全。

可是，尼克松的承诺并没有给阮文绍带来任何安全感。他既不相信《巴黎和平协约》，也不相信北越。《巴黎和平协约》签署后，越南共和国的战场态势可以说是相当不利。美国空军和全体盟国陆军撤离越南南方后，南越国军的兵力仅及越战高峰时期联军总兵力（含南越国军）的一半，支援火力更是削弱得极为厉害。此外，1972年复活节攻势也使得越军的根据地离各大城市更近了。在第2军区，昆嵩的西面和北面都是越军的控制区；在湄公河三角洲，西贡外围的环状防线在部分地段被越军压迫到距市区不到30英里；第1军区的形势更糟，南越海军陆战师团虽说夺回了广治市，可在接下来的后汉河进攻战斗和越门港突袭战斗中都没有得手，双方在广治市接近地成了对峙状态，越军的M46 130毫米加农炮随时可以打到广治市区。

面对如此危急的军事形态，以及为了填补美军撤离后的空档，阮文绍决定从1973年初开始大力扩军，重点是保安军（保安军从189个营扩充到339个）、民卫队和野战警察。在扩军的同时，阮文绍还拨出专款安置因1972年战火而流离失所的100万难民及开展战后重建工作，同时积极挥军反击。采取这些措施后，越南共和国政府控制区面积显著增加（至少在1973年8月以前是这样的）。这种情况让不少越南共和国军政高层和美方“恢复了自信”，认为越南共和国在脱离美国保护伞的情况下（尽管仍依赖美国财政援助），越南共和国终于开始掌握自己的命运了。

但阮文绍明白，当前的要务不仅仅是与越军战斗，还要大力恢复生产和经济发展，让如惊弓之鸟般的越南共和国控制区民众有安全感。在美援大为削减的冲击和1972年越军战略攻势的破坏下，南越国民经济远未能复苏。全国失业人口日渐增多，通货膨胀极为严重。1973年6月，CPI指数飙涨19个百分点，而米价自1973年1月起更是在半年内飙升了25%。由于南越的货币皮阿斯特和美元挂钩，因此美元的贬值导致的世界范围内资源和成品批发价格的上涨沉重打击了南越经济。公众对经济的不满情绪达到了近年来的高峰，而日益严重的社会问题，诸如酗酒、吸毒和犯罪增多，以及腐败猖獗，都加速了经济的恶化。

在这些问题中，腐败是越南共和国面临的最大敌人，这个敌人正在由内往外，腐蚀着越南共和国。按照越南共和国最后一任国会主席阮文雄的说法，南越的腐化堕落简直就是“毒瘤”，他认为：“这架机器（越南共和国）整个都出了毛病，从上到下，从里到外，从中央机关到各省首脑，甚至地方小官都卷入了贪污腐化之中。在这种情况下，我们怎么可能治好这种绝症呢？”一位美军顾问对越南共和国的腐化问题也评价得恰如其分：“越南共和国眼下最可怕的问题就是贪污腐化，这使军队丧失战斗力，警察堕落，国民怨声载道。”

他说的没错，腐败不仅侵蚀了越南共和国各级政府部门，也给南越国军造成了很大的影响。士兵们道德沦丧，贪污受贿成风。许多南越国军直升机飞行员在给陆军地面部队运送补给品时往往索要大米、肉、罐头甚至南越货币皮阿斯特。如果要求没有得到满足，他们就会找各种借口拒绝降落。

各种问题把阮文绍搞得焦头烂额，可他还是力图振作。他把经济发展的希望寄托在农业上。在他看来，南越的国民经济基础乃是湄公河三角洲出产的大米，但因连年战火致使许多土地荒芜，无人耕种。1972年战略进攻的结果导致1973年春季的湄公河三角洲出现严重歉收，加上通货膨胀，沉重打击了南越经济。正当他打算提高湄公河三角洲的粮食产量时，越军又杀了过来，让他的计划泡汤了。

1973年8月开始，随着越南南方各军区“领会”了越南劳动党第二十一次会议决议的指导精神，越军开始在战场上掀起局部反攻。越军的第一个重点选在了第9军区和第8军区，这里正好是越南共和国的主要产粮区。

南越国军在1973年1月到8月的胜利消耗了大量的美国军援物资，当越军在1973年8月到1974年4月掀起局部反攻的时候，他们却没有足够的炮弹抵挡。结果，越军第8、第9军区奋战到1974年3月左右基本夺回了1973年1月到8月丢失的地盘。第8、第9军区的胜利鼓舞了越南南方的越军各大军区，他们也逐步在反攻中收复了失地。

为了配合南方战场的局部反攻，越南北方继续向南方输送大量物资和兵员。《越南人民军历史》第二集第328页记载：“从1973年1月到9月，从北方往南方运送的物资达14万吨，比1972年同期增加了3倍。这些物资中有8万吨军用物资（包括2.7万吨武器、6000吨汽油和4万吨大米）和4.5万吨供应给新解放区人民的物资。10多万名干部战士，包括2个步兵师、2个炮兵团、1个高射炮师、1个装甲团、1个工兵团和各个新兵补充团，于1973年从北方行军进入战场。”有了这些兵力和武器装备的补充，越军在南方的实力急剧壮大，主力部队计有10个步兵师、24个主力团、102个步兵营和技术兵种营，每营有400人，每团有1800到2000人；地方部队有7万人（比起1968年确实下降很严重），乡村游击队有12万人，越军在南方的武装力量总数是50万人。

在越军的局部反攻胜利和大量兵力、物资涌入南方的情况下，越南共和国总统阮文绍也紧张万分。在他眼里，外敌与兵变同为越南共和国最大的威胁！为了在应付越军进攻期间不被内部捅刀子，阮文绍开始对南越国军人事进行调整。

1973年10月31日，阮文绍在电视和广播电台发表讲话，声称北越将发动一场大规模攻势。几天后，他的担心被证实了，越军果然对广德省发动进攻。以部下作战不力为借口，阮文绍进行高层人事调整，让他的心腹——第3军区司令阮文明中将出任首都特区司令。几天之内，他以腐败罪名撤了第3军区所辖的第5和第25师团师团长。接着，他继续大动作，解除了5个省长和7个师长的职务。1973年11月初，阮文绍又以作战不力为由，撤掉了广德省省长；以在广德省战斗中丢失2个蒙塔格纳德（越南南方山地少数民族的统称）村为罪名，撤掉了第23师团师团长。

虽然迅速进行了人事调整，可阮文绍还是没能保住1973年1月到8月取得的战果。至1973年底，眼看奋战一年的战果全部付诸东流，忍无可忍的他决定反击。1974年1月4日，阮文绍在美萩市发表演说时声称：

我们不能坐视共军的渗透和进攻而不闻不问。我们必须采取适当行动惩罚他们的侵略。我们不能再让他们舒舒服服地完成集结，然后袭扰我们，进攻我们的哨所和据点，摧毁我们的基础设施，窃取我们的大米。我们不仅要在我们的控制区采取反击行动，而且要对北越军的集结区和控制区展开行动……一直打到越共停止进攻和渗透并愿意参加全国选举为止，我们才罢手……我们绝对不能去听信任何对我国无端的评论和指责——不管这些言论来自何方。

这个演讲，既是对越军的挑衅的回击，也是说给美国人听的。他说美国人在拍拍屁股走人以后，已经不关心这场战争和这个国家了。对于阮文绍来说，《巴黎和平协约》已是废纸一堆。环顾周围的人群，他声嘶力竭地吼道：“这场战争（南北双方殊死较量），再次开始了！”

注释

1. 原文为“riêng B4 từ tháng 1 đến tháng 8-1973, thương vong 2.811 đông chí, trong đó hy sinh 885 đông chi”，出自《Lịch sử kháng chiến chống Mỹ cứu nước 1954-1975, tập 8》。

2. 阮永仪中将，于1932年10月出生于西贡附近，1952年从大叻军事学院（号称南越国军的“西点军校”）毕业。他是一名情报专家和坚定的反共分子，并和总统阮文绍、总理陈善谦有着很深的私交。他曾长期担任师参谋长，因此做参谋远比担任指挥官经验丰富。1968年6月，他晋升准将，并出任第21师团师团长。尽管他的指挥能力很一般，第21师团战斗力日渐下降，但他和阮文绍、陈善谦仍保持着友谊。1972年5月3日，指挥能力平平的他出任越南共和国国军第4军区司令。

第二章
血透1974

大战7号公路

1973年12月，越南劳动党南方中央局和越南南方解放军司令部开始拟定1974年旱季进攻计划。根据第二十一次会议精神，陈文茶中将[1]决定在1974年3月开始旱季进攻，他把进攻重点放在了南越的第3军区，并定下了四大目标：第一个目标是通过扩大根据地，逐渐向西贡外围逼近，粉碎南越国军在西贡周围建立防线的企图；第二个目标是通过铲除根据地内南越国军的孤立据点来粉碎南越国军的“蚕食”和“绥靖”，使南部平原各个根据地之间的运输走廊得到保障；第三个目标是通过持续不断的进攻作战，使南越国军疲于奔命，始终处于守势作战，保卫1972年阮惠战役中解放的目前是临时革命政府所在地的平隆省禄宁县；第四个目标是通过不断胜利加强和恢复西贡市内的政治运动和市区党组织，在市区组织敌运工作并加大宣传攻势，扰乱南越国军控制区安定，打击南越国军的士气。

针对越军可能的攻势，南越国军第3军区也做好了战斗准备。该军区下辖第5、第18和第25师团，第3装甲骑兵旅团、2个空军飞行师团、别动军3个联团、保安军几十个营，以及别动伞降第81联团。在具体部署上，第5师团在西贡西北，第25师团在西贡西部，第18师团在西贡东面驻防。

1974年3月27日，越军第5步兵师首先对西贡西面的厚义省德惠县（德惠军事支区）发动进攻。陈文茶组织这次战斗的意图是调开南越国军第25师团，然后从万古东河方向突破，接着以万古东河沿岸地区作为跳板，步步威逼西贡。

当天，越军先以一个特工排渗透进德惠军事支区，但被南越国军别动军第83营击退，紧跟着第5步兵师就发动了进攻，还是被别动军第83营击退。连续两次都没有得手的越军第5步兵师变进攻为包围，企图困死别动军第83营，逼其就范。德惠军事支区告急！为了击破越军重围，南越国军第25师团在空军支援下出兵救援，但均告失败。

4月底，南越国军调整部署，决定集中兵力实施联合兵种作战，一举击破围困德惠军事支区的越军第5步兵师。为此，南越国军第3军区抽调了第25师团几个营、别动军第7联团和保安军几个营的兵力，统一由南越国军第3装甲骑兵旅团旅团长陈光魁准将指挥。陈光魁准将是南越国军中不可多得的精通装甲作战的将领，他智勇双全、行事果断，第3装甲骑兵旅团的历任美军顾问都表示他是南越国军装甲兵中最出色的将领，十分熟悉越南南方的地形，能够根据各种地形娴熟地指挥运用装甲兵，这使他在美军顾问中很有声誉。为了打好这次救援战斗，陈光魁把第3装甲骑兵旅团拆成3个战斗群：第315、第318和第322战斗群，每个战斗群都以别动军第33联团1个别动营为核心，加上1个装甲骑兵支团（中队）和1个炮兵连组成联合兵种战斗群，以便于战斗过程中进行步坦炮协同。

陈光魁的计划是以保安军和南越国军第25师团部分兵力持续不断地向越军第5步兵师发动进攻，把越军牢牢吸引在德惠周围，然后陈光魁率第315、第318和第322战斗群迅速突破德惠以北，穿插到柬埔寨边界，迂回到越军的背后，然后再掉头回击，从背后协同第25师团和德惠守军（别动军第83营）吃掉越军第5步兵师主力。4月27日，南越国军空军出动大批战斗机对德惠周围目标实施猛烈的空中打击，揭开了反击作战的序幕。这时，南越国军第3装甲骑兵旅团3个战斗群也不失时机地展开攻击，封锁了越军第5步兵师在德惠南北两面的撤退通道。当晚，第3装甲骑兵旅团和别动军第33联团用登陆艇把M113装甲运兵车送过了万古东河，直插柬埔寨边界。行动整体过程与陈光魁预料的一样，越军第5步兵师果然被南越国军第25师团牢牢钳制在德惠军事支区附近，动弹不得。由于后路被断，第5步兵师在南越国军第3装甲骑兵旅团和第25师团的夹击下损失惨重，5个月都没有恢复元气。

这次进攻是南越国军一次经典的多兵种协同作战范例，粉碎了陈文茶进攻的北翼铁钳。不过，这次战斗失败并没有让陈文茶消停下来。他手上还有2个师——越军第7步兵师和第9步兵师，这两个师仍保持着完整的战斗力。陈文茶中将的意图是在不同的时间内对西贡周围不同地点展开持续不断的进攻，让南越国军处于持续守势和四处救火的战略失衡态势，同时大量歼敌削弱南越国军的有效战斗力。

顺着这个思路，陈文茶中将决定在1974年雨季到来时继续组织进攻。根据越南南方解放军司令部的命令，越军第9步兵师要对西贡北面、边葛西面和古芝北面的7号公路段展开攻击，目的是钳制住南越国军第3军区部分重要的主力部队，激发南越国军控制区的人民斗争风潮，同时从西北方向进一步逼近西贡，扯散南越国军在西贡接近地的防线。

预定进攻的地带是边葛到惹巴之间的7号公路段，这里是南越国军在西贡接近地西北方向外围防线的重要地盘。根据越军第9步兵师掌握的情报，南越国军在边葛到惹巴之间的7号公路段修建了3个保安屯，分别是惹巴、几耐（Ri Nét）和乾田（Kiến Điền），守军是南越国军保安军第321营，兵力约800人；此外，保安军第323营还在富守到翁古桥之间有哨卡和保安屯各1个。虽说这里的守军兵力不多，但周围却密布南越国军的重要基地，东北面有第5师团的莱溪基地，西南有第25师团的同如基地，东南是南越国军的绥靖区。一旦边葛—惹巴路段遭到越军攻击，南越国军第3军区必然出兵反击，这是可以明确预料到的对方的反应。

在命令中，越南南方解放军军委和司令部要求越军第9步兵师先消灭边葛—惹巴之间7号公路段的守敌，解放7号公路后再发展进攻，拿下富守到翁古桥之间的地区，继而组织防御打敌反扑，守住新的解放区。为了担保主要进攻方向能够完成任务，越南南方解放军司令部给越军第9步兵师增派了1个坦克连（9辆坦克）、1个特工连、3个炮兵营（6门85毫米加农炮、6门122毫米榴弹炮、3门120毫米重迫击炮和2门82毫米无后坐力炮）、2个防空营（9门37

毫米高射炮和8挺12.8毫米高射机枪）、2具B72反坦克导弹和1个工兵营。这次战役被命名为7号公路战役。

1974年5月15日夜到5月16日清晨，越军第9步兵师师长武文丹大校一声令下，第2步兵团在团长黎晋琴（Lê Tấn Cẩm）的指挥下，配合第3步兵团（团长：陈文守）以坦克群为先导，同时对7号公路的边葛到惹巴段之间各个对方据点发起攻击。在组织炮兵进行破坏射击并用爆破筒结合DH-10定向雷连环爆破后，越军撕开了突破口，接着各路进攻部队迅速拿下了惹巴、几耐、乾田三个保安屯。越军第9步兵师初战告捷，第2步兵团和第3步兵团宣称歼敌481人，活捉66人，缴获187件各类武器和许多军用品。到5月17日下午，越军第9步兵师完全控制了惹巴到边葛之间长达8公里的7号公路段，解放了80平方公里的新地区，该师前锋直逼重要的安田大桥，距西贡市中心仅仅40公里，不仅在南越国军的西贡外围防线西北方向撕开了一个大口子，而且还严重威胁了莱溪、同如等基地的安全。

为了阻止越军第9步兵师发展进攻，南越国军迅速把保安军第318和第322营，以及第18师团所辖的第43团（中团）调到边葛、翁古桥和富同，同时紧急在7号公路沿线展开4个炮兵火力基地（36门105毫米榴弹炮），准备组织反击。由于南越国军反应很快，越军第9步兵师失去了继续发展进攻的条件，只得取消战役第二阶段任务，一边紧急召回正在西宁省北部活动的第1步兵团，一边让第2和第3步兵团在惹巴、几耐和7号公路沿线的25高地组织防御，准备打敌反扑。

看到越军转入防御，南越国军马上来了精神。南越国军第3军区司令潘国顺命令第18师团师团长黎明岛准将马上组织反击，把越军第9步兵师赶走，夺回丢失的边葛—惹巴之间7号公路段。

黎明岛是越战末期南越国军难得的将才，著名的春禄大捷就是他的杰作。他于1972年3月出任南越国军第18师团师团长，11月晋升为准将，并一直在第18师团师团长任上直到战败。他是一位极富个性且精力充沛的师团长。和许多喜欢待在指挥部、通过电台发号施令的南越国军师团长不同，黎明岛准将喜欢在战斗中亲临一线指挥。他认为赢得部下的信任对提高部队士气和战斗力十分重要，他要求各级军官至少要和低于自己两级以上的将士保持密切沟通，并亲自关心和解决下属的一切问题。这种“亲近官兵，上下打成一片”的做法在当时的南越国军内部是很罕见的，甚至被一些人嗤之以鼻（认为没有官兵的尊卑之分）。但黎明岛准将的这番苦心却赢得了将士们的忠诚和爱戴，官兵之间建立起融洽的关系，是第18师团在最后的危局中连续打出佳绩的精神源泉。

6月1日，黎明岛准将奉命先用2个团的兵力夺回安田。在炮火支援下，第18师团的2个战团很快冲进了越军第9步兵师防御地带。可对方死战不退，一边对南越国军冲锋队形实施炮火拦阻，一边投入预备队在坦克支援下实施反突击。南越国军第18师团也打得很顽强，他们宣称击毁4辆坦克，与对方英勇肉搏，把反扑上来的越军击退。攻下部分阵地后，第18师团的战斗工兵在探照灯照射下，勇敢地在夜间作业，排除了40枚反坦克地雷。

围绕安田的战斗打了2天2夜，最终黎明岛准将把3个团全部投入战斗，压迫越第9步兵师缓慢退却。战至6月5日，黎明岛准将收复了安田，不过双方的伤亡都不小。

收复安田后，黎明岛准将又集中兵力对82基地（南越国军地图上标注的是82基地，越军那边应该是25高地）展开猛攻。为了确保胜利，黎明岛准将下令配属作战的第3装甲骑兵旅团也投入战斗，先实施一次装甲车冲击。可越军第9步兵师没有后退，他们知道25高地攸关生死，一旦丢失这个重要高地，边葛—惹巴之间的7号公路段就有重回对手手中的可能。在这种情况下，越军第9步兵师是绝对不会后退半步的。越军依托地堡掩体、雷场和反坦克火力顽强阻击，打退了陈光魁准将的第3装甲骑兵旅团的冲击。看到精锐的第3装甲骑兵旅团进攻受挫，黎明岛准将只得把刚刚打完安田战斗的第18师团投入战斗。在迫击炮密切支援下，第18师团将士们采取小群多路机动攻击战术，在正面攻击的同时，经常迂回打越军侧翼和背后，用手榴弹、刺刀和越军勇敢肉搏，一点点蚕食越军阵地。尽管第18师团在肉搏近战中各兵种和各种武器密切配合，夺取了越军部分阵地，但也付出了高昂的代价：第18师团战死275人，战伤1000人，相当于25%的步兵兵力被一扫而空。

另一方面，越军猛烈的防空火力和持续不断的降雨严重干扰了空中支援，迫使第18师团大量消耗宝贵的炮弹（105毫米榴弹）。然而，美国从1974年开始大幅削减了对越南共和国的军援，南越国军已经不可能再像美军驻越期间那样享受无限制的炮火支援。7号公路的激战让南越国军第3军区弹药库存量急剧下降，而军援减少和国际军火市场上炮弹价格的不断上扬，让南越国军联合参谋本部的首脑——总参谋长高文园上将别无选择，只得下令削减炮火支援力度。第3军区司令潘国顺中将请求调拨15万发炮弹（105毫米级别），但被高文园上将砍掉三分之二，最终到前线的只有三分之一。炮火支援严重不足，在第18师团奋战的一个多月时间里，相当于每天只能消耗1000多发炮弹。炮弹供应不足的窘态打击了将士们的士气，南越国军第18师团渐渐打不动了。在没有夺回82基地（25高地）的情况下，潘国顺中将叫停了战斗，把第18师团从前线上撤下来，换上南越国军第5师团。

不过，潘国顺中将并没有马上恢复进攻，他想等降雨量高峰过去以后再打。9月初，南部平原降雨量大幅减少，边和机场的第1飞行师团终于可以大幅出击。在航空兵的支援下，第5师团终于夺回了82基地，接着又在11月基本夺回边葛—惹巴之间的7号公路段，取得了7号公路战役的胜利。

这次战役中双方用兵规模虽然没有超过1975年的春禄战役，可交战代价却超过了春禄之战。越军第9步兵师战史如实记载了自己惨重的损失：

7号公路的边葛西面的战斗持续了135个昼夜。我军的工事、堑壕和地道系统都被敌人猛烈的空炮火力摧毁。在激烈战斗的日子里，各单位每天都有牺牲。不过，一旦各个据点被敌人占领，我军马上组织反击夺回。在一些阵地，敌人占领部分地区，我军还守着另一半，双方还在激烈争夺。在25高地，我第1步兵团3营和1营的各位战士也顽强坚守阵地，顶着空炮火力打击，连续击退敌人步兵坦克的多次冲击，牢牢守住了阵地……在西贡北线135昼夜打敌反扑战斗后，第9步兵师牺牲了623名干部战士，2602人负伤。[2]

相比之下，号称1975年最惨烈的春禄之战中越南人民军牺牲不过460名指战员、负伤1530人。也就是说，越军第9步兵师在7号公路大战损失兵力超过春禄之战伤亡的60%。无独有偶，南越国军在7号公路战役中的损失也不下2000人，而春禄之战的损失根本未及此数。因此，这次7号公路之战，实际是整个1974年到1975年度南部平原诸次战役（除了胡志明战役）中，越军损失最大的战役，同时也是南越国军最后的荣光（当然这次战役的胜利和双方损失之大，都被春禄那场“著名战役”给淹没了）。

7号公路战役结束后，越军第9步兵师撤回西宁省阳明珠根据地休整。对第9步兵师来说，1974年的秋季实在是个苦涩的回忆，但这是整个战争中最后一次了，很快他们就要迎来光明。7号公路战役失利的消息传回河内，越南中央政治局和中央军委也感到很失望。显然，在整个越南南方没有取得决定性胜利的情况下，无论如何也不应该在南部东区摆开主力部队，和南越国军进行正面决战。在这种情况下，越南人民军总参谋部调整了1975年B2战场的作战计划，没有对陈文茶中将的意见照单全收（这已经不是陈文茶第一次出现战役级别的失败了）。

纵然有南部东区的7号公路战役失利，但1974年对越南人民军来说绝不是失败之年。在越军第9步兵师激烈打击南越国军第18师团反扑的同时，越南人民军第5军区和第2军各部队在岘港周围发起的上德—农山战役是1974年越军组织的规模最大的，同时也是当年最血腥惨烈的会战。这次战役的胜利为1975年顺化—岘港战役的胜利奠定了基础。

战上德

对越军来说，1974年是决战前夜，是大量组建机动兵团的年份。越军总部意识到要想在1975年决战到来时获得全胜，首要条件是组建军级作战部队。继“决胜兵团”——第1军在越南北方成立后，越军又在治天军区组建了第2军，意在寻机和南越国军决战。

1974年5月17日，武元甲大将宣布组建第2军，并委派越南劳动党中央委员、总政治局主任双豪上将前往广治省，传达越南劳动党中央和北越国防部的决议。

6月1日，在治天军区司令部机关所在地——博隆，越南人民军第2军正式组建。黄文泰中将任军长，黎灵少将任政委，黄丹大校任副军长，阮公常大校任副政委，裴公治上校任参谋长，黎可漂上校任军政治部主任，阮玉实上校任军后勤部长。按照越南国防部的指示，第2军主要有四大任务：

1. 按照正规方向，建设具有现代化大规模诸兵种协同作战能力的部队。第2军要独立组织或参加其他部队协助组织的大规模合成兵种战役，打赢战役决战，逐步消灭南越国军师团到军团级别的战略单位；

2. 充分做好一切战斗准备，并在地方部队配合下击败南越国军的扫荡，保卫和巩固解放区，准备实行大规模进攻战役，扩大解放区，根据总部的命令改善战场态势；

3. 积极参加解放区建设，建立革命政权，组织生产发展自给一部分粮食和副食品；

4. 根据上级交付的作战任务进行战役组织和战场准备。

为了实现大规模合成兵种作战能力，第2军下辖的步兵单位都是1967年至1968年溪山战役中立下赫赫战功的部队：第304步兵师、第325步兵师和第324步兵师，以及第673防空师、第164炮兵旅、第203坦克旅、第219工兵旅，第463通信团和一些直属单位。

好钢自然要用在刀刃上，有没有战斗力还是在战场上才见分晓。第2军成立后不久就迎来了1974年南北越之间最大、最惨烈的战役——上德会战。

上德县位于广南省，是南越国军第1军区岘港外围防线的重要基石。自1972年广治战役结束后，南越国军第1军区司令吴光长中将就十分重视上德的防御。除了在上德军事支区布置了边防别动第79营（欠1个连）、保安军第148营和第704连外，还有1个105毫米榴弹炮排、1个野战警察连、21个民卫连、3个民事防卫团，总兵力约800人，主要重武器是2门105毫米榴弹炮、2门106.6毫米无后坐力炮、5门57毫米无后坐力炮、2门81毫米迫击炮和7门60毫米迫击炮。整个上德地区分为三个区：中心区由边防别动第79营营部和1个连把守，拥有2门105毫米榴弹炮、2门106.6毫米无后坐力炮、2门81毫米迫击炮、3挺12.7毫米重机枪和一些直升机；别动区由1个边防别动连把守；上德县是上德地区的行政区。除了上述三个区，边防别动第79营还有1个连驻河新村，保安军第704连驻东福二村，在A、B、C三个小屯还驻扎着17个民卫排。

在具体的防御筑城方面，南越国军通过四通八达的交通壕把三个区相连，以中心区为核心，周围密布碉堡掩体和地堡，2门105毫米榴弹炮就在中心区展开。周围各区和A、B、C三个小屯，以及东福二村、河新村也有5到10个碉堡，既可构成独立支撑点，也可形成点面结合的连环防御系统。此外，南越国军还在中心区周围布设了7道由铁丝网、鹿砦组成的障碍带，纵深为60到200米不等。

除了守军，越军在组织对上德进攻时还必须考虑到岘港周围南越国军的地面部队驰援和空炮火力支援。根据越军的情报，南越国军第3师团、边防别动第14联团、第14装甲团都有可能出兵支援；岘港周围的4个炮兵营共有72门105毫米到155毫米榴弹炮；越南共和国空军在岘港各个机场共有96架战机，平均每天可以往上德地区出动30到40架次，这些都给越军进攻上德军事支区带来了巨大的威胁。

不过，广南省整体形势却对越军有利。1974年春夏季，越军第5军区的主力部队和地方部队在各省人民支援下，采取进攻和奋起（即起义）相结合的战法，消灭和驱逐了300多个南越方面的大小据点，解放了德富县。1974年秋，第5军区决心集中兵力，组织大规模战役进攻，目的是突破南越国军在广南省山区和平原交界处的基本防线，进一步逼近岘港，夺取1975年总攻击的跳板。根据这个决心，越军第5军区司令员朱辉珉中将把战役主要方向选在农山—上德地区，次要方向定为奠班、绥福和桂山。

为了打好这次战役，越军第5军区特地组建了农山—上德战役指挥部，由第5军区作战部长潘汉和情报部副部长阮金雄分别出任战役指挥长和副指挥长，第2军副军长黄丹大校也担任副指挥长，任务是指挥第304步兵师对上德的攻坚。

在正确评价力量对比并充分考虑困难后，第5军区司令部把战役分成三个阶段：第一阶段，从1974年7月17日到1974年7月23日，使用第2步兵师和广南省、广岘省的地方部队广泛出击，解放农山—中福地区；第二阶段，从1974年7月24日到8月8日，使用第304步兵师解放上德军事支区，使用第324步兵师2团打击前往安和地区的援敌，使用第2步兵师38团打桂山西南，把对方的注意力引开；第三阶段，从1974年8月9日到8月25日，发展进攻，消灭一些重要的目标完成任务，结束战役。

这次战役的重头戏是第304步兵师对上德军事支区的攻坚。1974年6月6日，在14号公路的282公里路标处的蓬桥（第304步兵师临时指挥所），第5军区司令员朱辉珉中将直接给第304步兵师师长黎公世大校布置战役具体任务：

第304步兵师（直接参加对上德攻坚的是第66步兵团和第68炮兵团）代号为711团，在第324步兵师3团和广岘省地方部队1个营，以及一些战斗单位的加强下，进攻消灭上德支区全部守敌，解放上德地区人民，打败敌人的援兵，把伪军的机动部队吸引到战场上并钳制住。给各个地方粉碎敌人的平定（绥靖）计划创造良好的条件，解放人民、保卫人民，扩大和恢复平原解放区，准备往大禄县发展进攻。在完成战役进攻任务后，在地方的配合下进行保卫新解放区（即上德）的战斗。

参加上德地区攻坚的兵力为第304步兵师（欠第9步兵团），师长为黎公世、师党委书记兼政委为陈平（Trần Bình），副师长为阮安；第324步兵师3团（即29团）、第2军直辖的第219工兵旅2个营第68炮兵团（含1个37毫米高射炮营）、1个特工营、第5军区的1个A72防空导弹连和1个B72反坦克导弹连，以及广岘省步兵1营和步兵10营（地方部队），合计参战11个步兵营、1个炮兵团、1个37毫米高射炮营、1个特工营、2个工兵营，防空导弹和反坦克导弹各1个连。

各参战部队都经过长年实战锻炼，有着丰富的作战经验。与以往对美军作战强调运动进攻和运动伏击不同，这次作战重在协同兵种攻坚。参战前，越军第304步兵师已经在越南北方休整了一年。在总结了1972年广治战役的攻坚和防御经验的基础上，越军第304步兵师积极组织部队进行团营级别合成训练，部队在领导、指挥、战术和技术方面都有了一定程度的进步。（当然这是越军的说法，很快我们就会在上德战役中看到这个说法并不符合实际。）第324步兵师3团却没有闲着，他们参加了德佩战役（1974年5月中旬），也总结了不少宝贵的打军事支区的经验。

配合第304步兵师作战，在农山—中福方向组织进攻战斗的是越军第5军区的拳头主力师——第2步兵师所辖的第38步兵团和广岘省、广南省的部分地方部队步兵营。他们同样也是久经考验的善战之师，具有丰富的运动袭击和运动进攻经验。

参战前，第304、第324步兵师等主力部队和地方部队进行了兵力和装备补充，相对处于满员状态，比如第304步兵师每个步兵营平均有400名指战员，广岘省地方部队步兵营有150到240名指战员。指挥和机关干部都有丰富的作战指挥经验，部队士气高昂。

虽然有上述优势，可越军在战役开始前还面临着不少困难：对第304步兵师来说，上德地区是一个新的战场，参加战役的部队多，战前准备工作繁重，时间紧、任务急。特别重要的是这次战役是一次诸兵种联合攻坚，需要按作战要求搞兵种协同组织重武器在战场展开。要实现这个要求，就必须修复长达124公里的公路路段，同时还要做好最后进入阵地的几十公里机动拉炮工作，以及在沿途修300个水下暗桥，沿武嘉江（sông Vu Gia）转运上千吨弹药、技术装备、粮食、药品到前线预置，同时还要疏散战场周围1万多民众。困难的是第304步兵师一些干部是新调来的（由于在1972年战略进攻中损失较大），组织指挥能力离战场要求还有很大的距离。另外，1973年《巴黎和平协约》签署以后，“和平”思想仍在作祟，影响了不少指战员，使他们还是对大打不怎么热心。

根据敌情的特点，以及越军在战役准备过程中面临的困难和优势，综合各种因素，战役指挥部给第304步兵师下达的具体命令如下：

指导思想是要既猛又稳又快地打。积极创造时机分割包围、连续进攻，逐步消耗、消灭敌人，打败敌人援军的反击，解放人民，歼灭全部守敌，解放上德军事支区和上德县。

打法采取先消灭外围各个小屯，再迅速消灭各个主要目标。具体是，先战斗造势消灭A、B小屯和博溪，再集中优势兵力迅速包围攻击主要目标，实行剥笋皮似的打法，逐步消灭进而全歼上德地区守敌。敌人若出兵救援，则运用各种灵活手段和战术形式，引诱敌人到预定战场，采取连续进攻包围的方式，消耗、消灭一部分敌人。当敌人反击失败时，要迅速按既定方案组织兵力转入进攻。

主要进攻目标是上德军事支区中心的边防别动第79营营部和警察屯。

主要进攻方向是从西—西北对上德军事支区实施突击。次要进攻方向是从西—西南方向实施突击。

各单位任务：第304师66团在1个B72反坦克导弹连（欠1个排）、1个A72防空导弹连、1个12.7毫米高射机枪连加强下负责打主要目标，消灭上德军事支区守敌，解放上德县。完成任务后，第66步兵团留1个连坚守既夺地区，同时以地方部队追剿残敌；另以1个步兵营和一部分火力单位在武嘉江南岸的265高地布置阵地，准备打击救援之敌。第66步兵团主力转移到安艳休整并等候新的指示。第324步兵师3团在B72反坦克导弹和A72（即SA-7）

防空导弹各1个排的加强下，负责打击救援之敌。该团8营的任务是消灭博溪守敌，包围河江。工兵连被布置在武嘉江沿岸的博溪、126高地，在这两个要地修筑阵地工事，做好阻滞岘港方向的援敌和堵截上德军事支区的逃敌的任务。广岘省第10步兵营的任务是包围消灭鹅琴据点，以及12村、13村、14村、15村的守敌，并准备打击救援之敌。广岘省第1步兵营的任务是包围消灭菩贵、禄南、东福据点的守敌，配合乡村游击队除霸[3]和拦截从河新东桥到15村之间的敌溃兵，封锁三江岔口，阻止美和村之敌逃脱。第68炮兵团（第304步兵师师属炮兵团）的任务是组织形成各个炮兵阵地：第10炮兵营的122毫米榴弹炮群（欠1个连）以及160毫米迫击炮和120毫米迫击炮各1个连沿着4号公路从会庆（Hội Khánh）桥前出到溪高（Khe Cao），进入各个指定的炮兵阵地。85毫米加农炮营（6门85毫米加农炮）布置在黄福北面（Hoàng Phước Bắc），任务是支援第66步兵团进攻消灭上德军事支区守敌。完成任务后，第68炮兵团转移到德东（Đức Đồng）、玉经（Ngọc Kinh），支援各部队打敌反扑，坚守新解放区。同时还要积极组织炮火还击，钳制住坦山的敌炮兵阵地和敌人的各个机动阵地，准备支援各单位发展进攻。37毫米高射炮营要布置阵地包围第68炮兵团阵地。A72防空导弹连和12.7毫米高射机枪布置在周庄地区，任务是打击低空飞行的敌机，保卫炮兵阵地和指挥所，准备打击从空中救援之敌。

在后勤保障上，弹药方面每支CKC（或56式半自动步枪）100发子弹，每支AK47/56冲锋枪150发子弹，每挺轻机枪500发子弹，每挺12.7毫米高射机枪500发子弹，每门120毫米和160毫米迫击炮30发炮弹。粮食预置13日份，其中10日份大米、3日份干粮。

为了完成作战任务，战役指挥部参谋长定了战役计划进度表：

1974年7月26日00点00分（N–4日），第66步兵团、第324步兵师3团、第68炮兵团要转移到石美以南地区（Nam Thạch Mỹ）。

7月27日（N–3日），第66步兵团要组织一部分兵力前出到296高地西南的战斗集结位置，剩下的兵力负责背粮运输任务。第324步兵师3团组织一部分兵力固守博溪据点西面阵地，第68炮兵团要在溪和桥西南进入阵地。

7月28日（N–2日），第66步兵团、第324步兵师3团要全部进入战斗集结位置，修筑工事并继续运输粮食。各火力分队务必在17点00分前占领指定阵地。第68炮兵团要在规定位置构筑炮兵阵地并将炮弹、高射炮弹运入阵地。工兵要修通石美到溪和之间的14号公路段以及4号公路。广岘省第1步兵营和第10步兵营也要在当天占领集结位置。通信部队和卫生部队也要按计划展开。第304步兵师设在630高地东北的战斗基本指挥所要于1974年7月29日05点00分启用。

7月29日（N−1日），配属第66步兵团的160毫米和120毫米迫击炮要对A小屯、B小屯、博溪据点组织射击，并钳制河江的敌炮兵。第66步兵团务必在24小时内占领A、B小屯。第324步兵师3团要占领博溪，剩下各部队继续留在集结位置，修完阵地工事，对敌形成包围态势，准备打响对上德军事支区的进攻。

7月30日（N日），从06点00分到07点00分，炮兵对各个预定目标实施破坏射击，直接支援各步兵分队撕开突破口，务必压制敌人各个炮兵阵地并破坏上德军事支区内的一些目标。从07点00分到08点00分，进入第二轮炮火准备，第324步兵师3团和广岘省第10、第1步兵营用火力压制河江、河新和禄南的守敌。08点00分，部队发起冲锋继而发展进攻，消灭主要目标的守敌。在之后的控制战场阶段，要组织固守既得各个目标，搜索战场，提防敌人空炮火力，对新解放区人民做好疏散组织工作。

接到第5军区和第2军的命令，越军第304步兵师马上开始紧张的战前准备。为了确保按时抵达集结位置，第304步兵师调上第24步兵团，在第219工兵旅1营支援下紧急修路。

除了修路外，工兵还要负责建渡轮，协助炮兵前移。为了掩护炮兵转移，每当夜幕降临，越军就在蓬江（Bung Song）边上进行步炮协同训练，故意把声势搞大，吸引南越方面的注意力，掩护工兵用两三艘舟艇做成一个小型渡轮，沿着篷江、昆江转移火炮、粮食、药品，及3000发85毫米到122毫米的榴弹。

沿江转移并非易事，特别是边贤到上德之间的昆江段。在这段航道上，暗礁多、水流急，很容易沉船翻覆。为了保障火炮的安全运送，越军第219工兵旅1营3连通过潜入河底炸暗礁等办法克服了各种暗礁带来的困难，甚至还有许多工兵战士一连几个晚上都泡在江水里待命救援翻覆的船只，协助转运火炮。在3连的努力下，炮兵6营的6门85毫米加农炮全部安全上岸。

接下来，把火炮拉进阵地的任务也十分辛苦。为了保密，既不能在拉炮时发出任何声响，也不得在地面留下任何拖拽的痕迹。越军第68炮兵团6营和1个游击连（游击队员都是女性），以及上千民工一起来完成拉炮任务。7月28日，昆江南岸（Nam sông Côn）的2门85毫米加农炮被拉进阵地，北岸的2门85毫米加农炮也进入了阵地，剩下的1门85毫米加农炮最后进入阵地，第6门炮作为本营的预备炮将随时接替被打坏的火炮投入战斗。

炮到了，步兵也没有落后。从1974年6月15日到7月17日，越军第304步兵师在工兵配合下，修通了从石美到溪和之间长达124公里的14号公路段，以及从滔到边贤之间的4号公路（滔到边贤路段长45公里，耗时550000个人工工日，耗费25吨TNT炸药；边贤到上德旧路长16公里，由于对方经常派兵出巡，因此在战斗打响前没法修好，只能在战斗发起后继续修路）。

到7月20日，越军第304步兵师66团和第324步兵师3团基本完成了各项战斗准备。7月23日，第304步兵师师长黎公世大校直接向第5军区司令员朱辉珉中将报告了自己的战斗决心：坚决集中兵力打据点，干脆利落地消灭上德地区守敌，然后在地方的配合下追剿残敌，解放上德人民，把人民疏散出新解放区。作战方针是分割包围，猛打猛冲，速战速决克据点；用1到2天解决战斗。战斗发起时间定为1974年7月29日。

期间，南越国军边防别动第79营营长阮国雄也加强了对上德县周围的偷袭敌后或探报活动，侦察越军的动态。为了保守秘密，7月25日到28日，越军第66步兵团8营1个连和第324步兵师3团部分兵力，在地方人民支援下，隐蔽前出，抓获了83名俘虏（含几个民卫队员和化装成平民刺探军情的别击队员），保障部队安全展开了兵力。

在次要方向上，第5军区绝对主力——第2步兵师使用巴嘉团和第38步兵团采取“运动进攻、连续包围”战术，在安和南面高地群消灭了南越国军第2步兵团2个营。7月29日05点20分，越军第2步兵师又使用第36步兵团连续进攻了阳美、其美、云治等据点。可这次进攻却碰壁了，第2师没能歼灭对方哪怕1个连。战至19点00分，三地守军撤了下去。

虽然越军第2步兵师的进攻不能算成功，可他们的行动毕竟掩护了第304步兵师的展开。

7月28日19点00分，越军第66步兵团7营、8营开赴进攻出发位置。到当天00点00分，由于地形比较开阔，对方派出了许多巡哨，迫使担任主攻的7营减缓了行军速度。当时，7营战斗队形离展开位置还有1公里，营长阿金同志命令部队停止前进，调整战斗队形隐蔽。

7月29日凌晨04点00分，第304步兵师接到第66步兵团团长报告：7营没能占领进攻出发位置，9营已经开始破坏最前沿铁丝网；此外，团指没有和5连、10连取得联系，建议推迟进攻打响时刻，等待7营展开。

第304步兵师师长黎公世表示同意并下令："抓紧时间尽快完成准备工作，务必在05点00分打响进攻。"

7月29日05点01分，第304步兵师开始炮火准备。7营1连还没有开始破坏铁丝网障碍带，2连也没能在指定位置展开，3连迷路了，7营营长根本没法掌握部队。与此同时，9营爆破排点火试图引爆安放在铁丝网地带的爆破筒，却没能炸响。团指和5连、10连还是联系不上。进攻伊始，越军就困难重重。

7月29日05点20分，南越方面的炮兵从河江村向296高地射击。到05点46分，7营和9营终于开始攻击，进至A、B小屯并撕开突破口。06点20分，7营和9营拿下了A、B两个小屯，部分守敌被歼，余敌逃回上德军事支区。经此打击，竹河（Trúc Hà）西面的保安军不战便放弃阵地，逃进竹河。7营1连留1个排固守A小屯，剩下的兵力转移队形到竹河西面担任7营预备队。接着，7营把2门82毫米无后坐力炮和1挺12.7毫米重机枪调到A小屯东面，将2挺12.7毫米重机枪放在A小屯西面，支援步兵对上德军事支区的进攻。与此同时，9营9连也以1个排固守B小屯，并把2门82毫米无后坐力炮和2挺12.7毫米重机枪摆到B小屯，支援步兵冲过突破口进攻上德军事支区。

得知7营和9营初战得手的消息，第304步兵师师长黎公世大校做出新的指示，命令第66步兵团9营换上11连继续冲击，打A3保安区；第66步兵团7营迅速掌握3连并组织2连抓紧时间往突破口运动。预备队8营也准备让7连开始机动。

7月29日07点00分，7营2连机动到竹河东北时，其战斗队形遭到竹河、上德军事支区与河新守敌猛烈射击，部分兵力伤亡，无法继续前进，被迫就地展开兵力造工事隐蔽，打敌反扑。南越国军一个班从竹河西面反击，但被2连击退。

这时，7营指挥所观察到上德支区北面的火力有减弱的迹象，遂向团指提议并征得团长同意用2连朝这个方向实施突破。于是，2连展开品字队形，1个排在前2个排在后往上德支区北面实施冲击。08点00分，2连前出到孤至（Gò Chuối）北面时，战斗队形再次受到上德支区、竹河与河新村守敌猛烈的火力射击，没法发展进攻。这时，在上德军事支区北面的3连8排发现对方火力太猛，而自己的战斗队形暴露在开阔地，冲击连连受挫。此时，7营还是没能和3连剩下的2个排取得联系。

7月29日06点40分，第66步兵团命令7营转移指挥位置，实施靠前指挥并组织1连和2连转移到9营11连方向实施超越攻击，拿下一个桥头堡阵地。可是，11连也开始受挫。到07点15分，11连虽然连续突破了3道铁丝网，却遭到A3保安区和C小屯守敌的集中火力射击。河江的对方炮兵也对B小屯进行炮火封锁，在突破口的11连1个排蒙受较大伤亡，被迫暂停冲击。

不甘失败的11连继续把8排投入战斗。07点45分，8排开始突破，在第5道铁丝网炸开口子后受到对方猛烈火力射击，从岘港飞来的南越国军空军A-37攻击机也对突破口扔炸弹，8排伤亡很大，11连被迫暂停了冲击。

在武嘉江南岸，越军第66步兵团8营5连消灭了贝村全部守敌，然后固守既得地区。07点00分，3连消灭了莔孤（Mồ Côi）高地守敌，使用高射机枪集中射击南越国军遂行侦察和轰击越军各个炮兵阵地、步兵冲击队形的OV-10、L19和A-37。

06点47分，南越国军边防别动第79营营长向第14联团报告：“07点23分，我军遭到敌四面围攻，目前形势甚危。”

07点45分，边防别动第79营各以1个连的兵力向东、西、南三个方向撤出，仅留边防别动第79营营部和1个连继续死守据点。

7月29日08点00分，第304步兵师常务党委召开战地会议，明确指出虽然上德军事支区外围的A小屯、B小屯、博溪、鹅琴、莔孤高地和12村、13村、14村、15村守敌已被消灭，可还是没拿下主要目标。南越国军边防别动第79营残部已陷入被包围之势，开始惊慌失措。虽然上德军事支区的工事系统和障碍带已被破坏，但余敌还是决心顽抗到底。目前，越军第66步兵团的7营、9营已经完成了外围攻略任务，对上德军事支区形成包围之势。虽然如此，可

66团的7营、9营都没能往中心区发展进攻（负责次要方向进攻的9营11连甚至突破了5道铁丝网都没能冲进去）。没能突破的原因是边防别动第79营抵抗太过猛烈，而越军的组织指挥协同工作不够密切，火力射击不够准确，浪费弹药现象严重，供应出现困难，部队没能坚决实现师指的战斗决心。经过讨论，师常务党委会议做出决议，调整战斗队形，继续组织兵力往主要目标实施突破，一定要在7月29日完成消灭上德守敌的任务。

师党委的决心通过命令传达给各个单位：

第66步兵团掌握部队，调整部署；营指和火力分队尽量靠前，与进攻部队密切协同，继续突破，迅速往主要目标实施突击；命令预备队第66步兵团8营随时准备往7营方向运动，投入战斗；广岘省第1和第10步兵营要肃清上德军事支区外围残敌，压制河新守敌，分散上德军事支区守敌的火力，支援主要方向的进攻。

第324步兵师3团用火力继续钳制河江、坦山的南越国军炮兵阵地，在各个据点加修和巩固工事，部队要准备机动打击反击或逃逸之敌。第68炮兵团要派出携带电话和电台的炮兵通信员及侦察员直接下到第66步兵团7营、9营指挥所，与步兵密切协同，对各个目标实施射击。炮兵协同时间和使用炮弹的具体规定是7月29日08点00分到13点00分，85毫米加农炮用80发炮弹集中射击7营、9营两个方向的突破口，消灭各个桥头碉堡，122毫米榴弹炮用300发炮弹集中对1A和3A目标实施射击，支援步兵冲击；13点00分到14点00分，炮兵6营的85毫米加农炮用75发炮弹继续组织射击，压制突破口两侧各碉堡和支区中心的2号大碉堡，同时第66步兵团使用无后坐力炮、B41火箭筒和12.7毫米重机枪集中火力钳制和消灭各个桥头碉堡（残存），支援步兵冲锋。与此同时，炮兵10营的122毫米榴弹炮继续用200发炮弹对上德县和上德军事支区东南组织射击。当部队开始冲击时，8营各连和广岘省第10步兵营要压制河新守敌。

命令虽下，可越军第66步兵团的战斗组织还是很混乱。7月29日08点30分，竹河与河新守敌集中火力，在南越国军的航空火力支援下，猛烈打击越军第66步兵团7营、9营。当时，7营还是没能掌握1连，和3连也没有取得联系。2连在往前运动过程中被南越国军炮兵打中了战斗队形，被迫停止运动。9营9连也遭敌炮猛轰伤亡很大没法前进。两个营粮弹消耗殆尽，情况十分危急。

眼看突破不利，越军第304步兵师师长黎公世大校遂命令第66步兵团让7营指挥位置尽量靠到铁丝网地带，马上掌握1连、3连，组织新的冲击，9营也要继续冲击。新的计划要求每个进攻环节要组织紧凑，强调兵种密切协同，火力分队必须进一步靠前支援步兵冲击。为了给两个营补充弹药和爆破筒，第66步兵团赶紧派作战干部带人送了上去。

7月29日09点10分，7营把指挥位置转移到竹河北面，调整火力后把82毫米无后坐力炮前调到孤至北面，再一次命令2连组织冲击。可结果与前次并无二致。2连1个排前出到孤至北面时受到竹河与河新守敌连续密集射击，部队没法前进一步。

到12点00分，7营命令2连调整部署再继续组织战斗，由于地形开阔，守敌射击猛烈，2连耗尽爆破筒也没能完全突破铁丝网地带。15点00分，2连被迫撤到规定位置进行巩固。13点30分，3连（欠8排）终于找到营指，遂在黄福北东南展开。

在次要方向上，9营11连继续实施突破，可还是受到上德军事支区内的守敌火力和空炮火力阻击，部队伤亡很大，被迫在10点停止冲击。连续苦战4个小时，11连只剩5人。

13点30分，黎公世大校接到第66步兵团的报告：7营还是没有掌握1连，2连损失较大目前正在巩固，3连2个排已在掌握中，竹河守敌有效组织火力拦阻给7营造成了很大损失。

接二连三的报告都表明竹河守敌是第66步兵团的眼中钉、肉中刺。因此，黎公世大校决定拔掉它。他命令第66步兵团以1个排的兵力攻下竹河村，给部队进攻上德扫清道路。

按照计划，第66步兵团要在14点00分重新组织总攻击。可情况还是很复杂，第66步兵团向师指提议把进攻时间推迟到16点00分，后又再延迟了一个小时。

17点00分，越军第66步兵团再次开始组织对上德军事支区的进攻。先是炮兵6营的85毫米加农炮用2发炮弹准确射击，打掉了竹河村守敌的12.7毫米机枪火力点，接着又进行了5分钟的火力压制。17点05分，越军第66步兵团7营2连1个排从北面发起冲击，到17点20分拿下了竹河村。7营命令2连继续前进，占领跳板发展进攻。18点00分，1连尖刀排在竹河村南面小道展开兵力。当1

连开始往第一道铁丝网冲击时，守敌发现了他们并集中火力拦阻，A-37攻击机也飞过来对1连突破口和竹河村扔炸弹。炸弹准确击中了1连的战斗队形，该连携带的爆破筒全部被毁，尖刀排排长牺牲。7营营长马上把2连1个排调到1连方向实施突破。19点15分，2连1个排接替1连尖刀排继续组织冲击。同时，7营营长也命令1连撤到后方休整巩固，2连剩下的兵力继续转移到竹河村。19点40分，2连炸开第二道铁丝网，20分钟后又在第三道铁丝网炸开口子。对方组织火力疯狂朝突破口射击，2连突击的尖刀排损失很大。2连连长阿延和一名战士亲临突破口鼓励尖刀排继续冲击时，被密集的子弹打成竹筛，双双牺牲。副连长阿宁接替指挥，带尖刀排继续冲击，却被一架AC-130空中炮艇打中战斗队形，不仅尖刀排蒙受不小损失，阿宁自己也身负重伤。爆破筒耗尽的2连遇到了很多困难。7营营长试图将营指转移到突破口位置实施靠前指挥，可刚到竹河村就被对方炮兵和AC-130空中炮艇猛烈射击，营指部分干部伤亡，只得退回原位置。

21点20分，7营营长命令3连连长继续指挥1个排往突破口运动。22点00分，3连连长亲自赶到突破口位置，可身后的部队却被炮火击中，连长看到部队没有跟上来只得回头去找，路上中炮负伤。22点30分，7营营长命令营作战助理（即作战参谋的副手）和3连副连长继续调1个班往突破口实施冲击，可他们还没冲到突破口就被敌人炮火击中战斗队形，2人牺牲、3人负伤，被迫退却。

鉴于7营进攻十分困难，第66步兵团决定给他们加强8营7连9排，共16人和11个爆破筒（该排是爆破排），他们的任务是炸开新的突破口。接到命令，9排迅速在7营指挥所附近展开。到23点00分，7营命令9排冲向突破口，当他们运动到竹河村时遭到AC-130空中炮艇射击，8人伤亡，剩下8人溃逃。对这种影响极为恶劣的行径，第304步兵师政治部进行了处分，枪毙了带头逃跑的4名爆破战士。

至此，越军第66步兵团对上德军事支区的第一次进攻失败了。不过，第304步兵师师长黎公世大校接到第66步兵团的报告时并没有沮丧，他指示66团暂停进攻，抓紧时间进行准备工作，一定要在第二天拿下上德军事支区。

在第5军区和第2军的指导下，黎公世大校召集第304步兵师全体指挥干部，于1974年7月30日08点00分开会，会议决定：

第66步兵团暂停进攻一天，继续巩固力量，建立阵地，守住既得地区。7月31日，第66步兵团继续组织对上德地区的进攻，务必在当天攻克上德县和上德军事支区。进攻目标和进攻方向维持不变，还是集中兵力对上德军事支区西北方向和保安屯西面实施突击。主要突击方向还是选定为边防别动第79营营部和上德军事支区，次要进攻方向是保安屯。7月30日一整天时间里，调1个37毫米高射炮连用直射火力压制守敌。同时在安艳增加4挺8毫米机枪投入战斗。使用第68炮兵团全部的122毫米榴弹炮和85毫米加农炮支援步兵进攻。各类火力要曲（射）直（射）协调，破坏和压制工事内守敌，做好对步兵的战斗协同。

第304步兵师规定7月31日进攻时刻表：

凌晨01点00分，完成阵地工事修筑；

01点00分到02点00分，开始炮火准备和（爆破）撕开突破口；

02点00分，部队发起冲锋。

为了确保战斗胜利，第304步兵师把指挥和机关人员派一些下到第66步兵团：师参谋长黎乐隆（Lê Đắc Long）和师参谋、后勤机关部分干部下到第66步兵团，协助第66步兵团政委陈光决指挥战斗；副团长阮山文下一线，直接指挥8营。

由于负责主要突击方向的7营在7月29日连续被对方炮兵火力打中战斗队形，伤亡大，因此第304步兵师师指决定把7营撤下来巩固，把8营换上去。9营虽然也损失不小，可团长阿桂认为9营还保持着战斗力，因此师指决定让9营在次要方向继续担当进攻重任。

7月30日20点00分，第66步兵团8营营长阿向和7营营长交接防务后，侦察了突破口。23点00分，7连连长组织部队占领阵地。与此同时，第304步兵师也展开有线通信网络，把电话线拉到第66步兵团指挥所、37毫米高射炮阵地和昆江南岸的黄福北村的2门85毫米加农炮阵地上。

7月31日凌晨01点00分，越军第66步兵团8营开始向前行军，9营派一个侦察组检查突破口。侦察组走到突破口时遇到对方射击，结果侦察组没有留下来，而是谎报突破口依然畅通。

7月31日凌晨03点00分，越军第66步兵团8营以2门82毫米无后坐力炮前出到A小屯东面，以2门12.7毫米重机枪在A小屯北面、1门82毫米迫击炮在竹河东面展开；此外，他们还得到7营转属的2门82毫米无后坐力炮和2挺12.7 毫米重机枪支援。

7月31日03点20分，越军37毫米高射炮连占领了指定阵地，却发现没有工事掩护。第304步兵师赶紧把第17工兵营调上来给37毫米高射炮修工事。这时，前出到148高地的85毫米加农炮做好了对各个目标射击的准备。越军第66步兵团8营6连也在黄福三村占领了进攻出发阵地，剩下的各连也相继进入指定位置。

7月31日03点30分，越军第68炮兵团6营、10营开始炮火准备，可第66步兵团还是没能和8营取得联系。

到04点00分，8营报告：7连离铁丝网还有200米，正在展开战斗队形。第304步兵师马上命令66团催促7连赶紧突破。在进攻命令下达时，9营却被守敌火力封锁，没法越过突破口。

04点40分，越军第66步兵团副政委吴文勇（Ngô Văn Dùng）亲自带一个战斗组冲锋在前，拿下了桥头碉堡，可由于兵力不足，没法守住突破口。到05点00分，吴文勇负伤后送。这时，第304步兵师师长黎公世命令炮兵转移火力，集中打中心区，部队开始冲锋。虽然9营冲过突破口，可他们的伤亡太大了，被迫暂停冲击。

05点00分，第66步兵团团指仍未能和8营营长取得电台联系，在一线亲自指挥的第66步兵团副团长阮文山组织82毫米无后坐力炮、12.7毫米高射机枪和B41火箭筒压住对方火力点，掩护7连冲锋。同时8营也主动转移指挥位置，跟在7连身后冲锋，并与9营营长保持联系。为了更进一步地密切支援步兵冲击，第304步兵师一边命令85毫米加农炮继续射击对方复活的火力点，一边命令在河新村教堂塔楼建立炮兵观察台，给炮兵指示目标。

06点30分，黎公世大校在指挥所观察到双方火力正在减弱，上德县多处起大火，对方的各个碉堡基本被破坏。由于越军猛烈进攻，边防别动第79营也有部分兵力外逃，剩下的兵力钻到地下工事继续抵抗。可越军第66步兵团各营还是没能有效掌握各连，也不清楚整体情形，在这种情况下，师长决定继续组织进攻。

根据第304步兵师师长的命令，第66步兵团继续以8营展开进攻。9营先调整一下战斗队形，然后继续对A3保安区实施冲击。各营的火力分队也统统靠到铁丝网地带，支援步兵冲击。越军第66步兵团派干部直接下到7营，组织1个连协同9营冲击。各营指挥位置也全部靠到铁丝网地带，指挥部队战斗。黎公世还命令第66步兵团要组织好火力，支援步兵冲锋。

08点30分，越军第66步兵团8营把6连投入战斗，但连续两次冲锋都受到对方猛烈炮火封锁，冲击受挫。到14点00分，6连被迫退到A小屯东面，修工事转入防御。

在次要进攻方向上，第66步兵团9营在冲击过程中连续被对方炮火击中战斗队形，无力继续进攻，只得暂停前进，修工事避炮。

在第324步兵师3团方向上，对方连续对126高地、博溪和148高地实施猛烈轰击。此外，南越国军空军还出动5架A-37攻击机猛烈轰击禄福二村和林风二村，给越军第324步兵师3团造成了相当的损失。

在此之前，也就是7月30日，南越国军第3师团所辖的56营在班新、农兰展开战斗队形，接着又在7月31日和第57营对农兰二村、林风二村、126高地和博溪实施反击，支援上德守军，但他们的冲击都被越军第324步兵师3团击退。不过，在第二次对上德支区进攻战斗结束时，越军第66步兵团仍然没能攻克上德军事支区。

连续两次进攻都没有成功，越军第304步兵师党委只得召开会议，检讨这一阶段战斗的优点和缺点，找出两次进攻都没能完成任务的原因；同时提出主张、办法、指挥决心，要求各单位领导掌握情况做好准备，继续对上德地区守敌发起第三次进攻。进攻计划仍以旧计划为蓝本，然后抓紧组织研究具体情况，完善各个步兵营建制内的火力分队与步兵分队的阵地和工事系统。对于炮兵，要尽量把阵地靠到守敌据点并组织直射火力压制各个步兵营突破口周围的碉堡、火力点，做到密切支援步兵。同时，还要巩固力量，动员部队，总结经验，补充弹药，坚决在1974年8月5日进攻上德军事支区，完成第5军区交付的任务。

8月1日，战役指挥部决定让第304步兵师暂停进攻，调整部署，进行周密的准备，确保第三次进攻胜利。战役指挥部预定在1974年8月6日对上德军事支区发动第三次进攻。

为了实现战役指挥部的决心，第304步兵师决心改变对上德军事支区的打法：先包围，再发起剥笋皮似的进攻，最后集中火力破坏突破口周围的碉堡、火力点，掩护步兵冲锋。战斗过程分为四步：第一步，先消灭河新村和C小屯守敌；第二步，消灭上德军事支区和保安屯守敌；第三步，消灭上德县守敌；第四步，消灭河新村残敌。主要进攻目标是上德军事支区；主要进攻方向为西北方向，次要进攻方向是西南。

为了实现上级的决心，越军第66步兵团继续使用8营负责主要方向的进攻，9营负责次要方向进攻，7营充当预备队；越军第324步兵师3团负责组织阵地防御，坚决打击前来解围的援敌，用火力钳制河江的敌人炮兵，守住地盘，保障第304步兵师专心打好对上德军事支区的攻坚战；广岘省第1步兵营和第10步兵营要坚决守住阵地，准备消灭从上德地区逃逸的敌人，并打击武嘉江南岸沿岸的援敌。

为了更有效地支援各进攻部队，越军第304步兵师决定（进攻前）用122毫米榴弹炮对上德军事支区进行炮火急袭（耗弹30发），阻止对方修复阵地。在进攻过程中，第68炮兵团使用180发85毫米加农炮弹、500发122毫米榴弹、30发160毫米迫击炮弹轰击上德军事支区内的各个碉堡，消灭守敌有生力量，支援步兵冲锋。8月6日前，第68炮兵团所辖的第6炮兵营要把1门85毫米加农炮从148高地拉到296高地，把2门85毫米加农炮拉到193高地北面，用直射火力压制上德军事支区守敌。高射炮部队的任务是集中火力打击敌方飞机，保卫第304步兵师的战斗队形。8月5日前必须抓紧时间完成一切战前准备；8月6日06点00分，务必拿下C小屯与河新村；18点00分，攻克上德县。8月7日，必须完全解放上德地区。

为了实现第304步兵师的作战计划，第66步兵团的干部、战士都紧张地进行各项准备工作。连排级干部直接下到一线检查战士们的枪和子弹，同时仔细检查每一项准备工作，确保第三次进攻胜利。

与此同时，越军第5军区副司令员阮政少将也带着第5军区一部分干部下到第304步兵师检查，动员部队一定要攻克上德，取得胜利。越军第2军副军长黄丹大校和第304步兵师副师长阮安也下到第66步兵团8营，鼓励8营的各个爆破战士务必在铁丝网地带炸开突破口，为部队打开胜利之门。第304步兵师炮兵主任朱明福也下到各个炮兵阵地，检查每门火炮并动员炮兵完成上级交付的任务，一定要打得又准又狠，坚决完成支援步兵冲击的任务。范春世奉命直接指挥第66步兵团9营进攻上德军事支区。

8月5日，越军第304步兵师把越军第66步兵团8营5连调到武嘉江南岸的针山组织防御，打击对方的援军。同时以武嘉江南岸的广岘省第10步兵营1个连的兵力固守12村和13村；广岘省第1步兵营转移到琴芒和玉经两地活动。可是，广岘省第1步兵营刚刚展开战斗队形，就受到对方轰炸，不得不退回原阵地。此外，其他各部队按计划展开兵力。到8月5日这一天结束时，越军第304步兵师基本完成了各项战斗准备。

8月6日05点00分，越军炮兵开始对上德支区的保安屯、C小屯与河新桥进行炮火准备。其中，炮兵6营用85毫米加农炮直射火力消灭各个碉堡，用160毫米重迫击炮摧毁守敌的工事。05点30分，第66步兵团9连攻克了C小屯；07点00分，第66步兵团2连拿下了河新桥头堡，但遭守敌猛烈反击，被迫退却。

12点35分，越军160毫米重迫击炮暂停射击，85毫米加农炮仍持续对剩下的目标进行射击，一直打到1974年8月6日16点00分。17点30分，越军第66步兵团9营发起攻击，很快撕开了一个突破口。8营还剩2道铁丝网（未突破）。到18点02分，越军第66步兵团8营也撕开了一个突破口。18点10分，第66步兵团8营、9营两路都开始冲锋。18点25分，两个方向的进攻部队（第66步兵团8营和9营）都拿下了桥头碉堡。

19点30分，越军第66步兵团8营6连遭到对方反击，没能守住突破口被迫退了下来。在8营亲自指挥战斗的阮山文没有犹豫，马上把7连投入战斗，顶住对方的反击。18点40分，越军第66步兵团9营又攻克了第二个碉堡，可前方还有一个残存的碉堡在激烈抵抗，一名战士勇敢地冲上去用爆破筒炸毁了它。接着，第66步兵团9营副营长阮德杜，身先士卒冲在了全营的最前头，带领战士们往纵深发展进攻。10连连长黄文南冷静地指挥火箭筒射手阿定用B41火箭筒消灭了一个复活的敌火力点。战斗中，10连的几位排长吕松衡、阮辉常、阮吴永冷静指挥各排交替前进，逐个攻克纵深的各个碉堡。越军第66步兵团2连也迅速拿下了河新村，副连长阮孟强随即调上一挺12.7毫米重机枪封锁了守敌沿陆路和水路撤退的路线。

与此同时，越军第66步兵团8营6连和7连仍在突破口徘徊不前。看到9营方向发展顺利后，21点00分第304步兵师把主要进攻方向转移到9营突破方向。黎公世大校决定集中兵力和指挥于主要方向，坚决消灭全部守敌，解放上德军事支区。21点30分，越军第66步兵团9营攻克保安区。看到部队有些疲惫，第304步兵师果断命令各部队暂停前进，巩固力量，调整战斗队形，向前转运物资（弹药）和技术器材，准备继续进攻。

8月7日01点25分，越军第66步兵团指挥所和预备队7营3连前出到次要进攻方向。8月7日05点00分，越军第66步兵团7营和9营重新开始进攻，很快冲进了支区中心。在8营进攻方向，越军遇到依托地堡守敌的激烈抵抗，部队伤亡很大，进攻速度缓了下来。期间，排长朱玉翁左手中弹负伤、血流如注，但他还是强忍剧痛用右手把手榴弹扔进了地堡，为第66步兵团8营6连继续发展进攻创造了极为有利的条件。

在7营方向上，3连连长阮庭丑（Nguyễn Đình Sửu）同样是身先士卒，冲在队伍最前面。进入支区中心后，他一边给排长阮孟全指示目标，一边给各个排交代任务让他们继续发展进攻。冲到通信区，阮孟全带着战士阿渚（Chúc）和阿蓬猛打猛冲，迅速拿下了目标，切断了上德县与岘港之间的电话联系。此时，支区中心的守敌陷入慌乱，疯狂朝河新桥突围，却被越军第66步兵团7营2连和地方部队给截住，部分敌人被击毙，余敌包括上德军事支区副指挥官都成了越军的俘虏。

1974年8月7日08点20分，越军第66步兵团完全攻克了上德军事支区。接着，越军第304步兵师师长黎公世大校一边命令第66步兵团9营守住保安区，追剿残敌，打扫战场；一边命令7营以部分兵力继续在河新村和教堂区、河新桥清剿残敌；第324步兵师3团7营和广岘省1营也要全力堵截逃敌，阻止对方从水路或陆路逃往岘港。清剿战斗持续到1974年8月7日11点00分，越军宣布全歼上德守敌，共计毙伤敌人476人，活捉888人，缴获562件各类武器装备（含1门106.7毫米无后坐力炮、4门81毫米迫击炮、5门60毫米迫击炮、3门105毫米榴弹炮）和上百吨弹药及其他军需品，摧毁11门榴弹炮和各式迫击炮、1门无后坐力炮、3辆M113装甲运兵车、5个弹药库，击落13架飞机。

第304步兵师承认自己牺牲111人、负伤285人。《越南人民军卫生勤务史》第三卷第432页记载：“农山—上德方向各卫生基础（部门）也收容救治929名伤兵，伤兵占参战兵力的11%，死亡358人（占伤亡总数27.8%，占参战兵力4.23%）。”[4]（对这个数字笔者存疑，详见“血肉磨坊”末尾的总结。）

上德攻坚战是越军第2军成立后的第一仗，采取诸兵种协同打法，消灭上德军事支区守敌。在这次攻坚战中，越军第304步兵师也存在不少问题，比如组织、指挥战斗不够密切，使用炮兵不够集中，没能全力指向突破口，步炮协同不够密切，主观思想轻敌，结果各路进攻部队屡次被守敌火力拦阻于突破口前，导致部队伤亡大而被迫暂停进攻一段时间，进行5天的周密准备才解决了目标。虽然战斗过程磕磕碰碰，但越军毕竟还是攻克了上德军事支区，取得了战役第二阶段的胜利。

上德县失守使岘港防线被撕开了一个大大的口子，南越国军第1军区在军事和心理上都受到了沉重的打击。南越国军联合参谋本部是绝对不会坐以待毙的，总参谋长高文园上将一纸命令就把伞兵师团从广治省调到岘港，锐意夺回上德。为了守住上德地区，越军第5军区司令员朱辉珉中将和第2军军长黄文泰中将、副军长黄丹大校都命令第304步兵师继续组织防御，务必坚决粉碎南越国军的夺回计划。

不过，南越国军伞兵师团还没来得及展开，承天省顺化市西南又燃起了战火，越军第324步兵师动手了。

K18战役

从1974年6月开始，治天军区各武装力量加强了活动，从海朗县到海云县掀起了打破南越“绥靖”、粉碎南越“蚕食”、解放广大农村、改善战场态势等行动，并在平原掀起人民斗争风潮，目的是要夺取承天省南面的14号公路南北地区，进一步逼近广治市到顺化市之间重要的1号公路。

为了配合治天军区，第2军决心在承天省西南的罗山—某豆（Mỏ Tàu）发动代号为K18的进攻战役，主要参战部队是第324步兵师（欠3团）、第219工兵旅3营8连和2营，1个A72防空导弹连，以及治天军区主力部队6团和不少承天省地方部队。

罗山—某豆位于顺化市西南40公里的14号公路沿线。对南越国军来说，罗山—某豆紧挨着1号公路，是南越国军要确保顺化市的必守之地。如果越军完全夺取了罗山—某豆，就可以直接威胁1号公路，进而切断顺化—岘港之间的战略交通线，同时还能组织火力压制著名的芙拜基地。在罗山—某豆地区，南越国军第1军区驻有第1师团的1个步兵团和部分保安军单位。

选择这里作为进攻方向，越军第2军意在一石二鸟：第一要通过战役进攻消灭该地区的南越国军第1师团部分兵力；第二要阻止南越国军第1师团撤到海云岭北面，增援向上德反攻的伞兵师团，给第304步兵师减轻压力。

得知这次战役的目的是支援上德战场，越军第324步兵师指战员都很兴奋，大家都立功心切，决心多消灭敌人，多捕捉俘虏，多缴获武器装备。为了保障行军顺利，第324步兵师的侦察、工兵和后勤单位，以及师参谋部多次开会研究地形、敌情，进行周密的战场准备，拟定作战计划。承天省南部的地方部队和党政地方机关也奉治天军区的命令，准备配合与协助越军第324步兵师，打好K18战役。

1974年8月中旬，第324步兵师1团、2团和治天军区主力部队——第6步兵团行军开赴战场。一路走来，第324步兵师指战员感慨万千，许多老兵都记得这里是他们在1968年新春总攻击和总奋起时活动过的地盘，同样也是1972年战略进攻时路过的地方。沿途的民众还是那么热情，他们积极响应承天省委的号召，积极进行战地服务，给行军提供各种便利。

承天省西南的地形和越南中部的许多山区一样，也是紧挨南中国海的长山山脉余脉的各个分支，冲积平原与河流在山区间零星点缀。每当雨季到来，这一地区就河水暴涨，给军事行动带来不小的麻烦。

K18战役正值雨季。第324步兵师1团、2团和治天军区主力6团展开兵力、技术装备，以及物资运输都遇到了不小的困难，沿途许多路段积水泥泞，行军困难重重。尽管如此，3个步兵团还是在第219工兵旅2营和3营8连的支援下修了一条军供急造路。同时，工兵们还排除了大量反坦克地雷和防步兵地雷，开辟了一条21公里长的小道，保障各个炮兵单位把21门火炮拉进了指定阵地；民工踊跃支前，协助转运了1000吨粮食、药品和弹药，以及3000发85毫米以上口径的榴弹到战役集结地。

从8月12日到15日，越军第324步兵师各单位陆续展开了兵力：第1步兵团1营在203高地，2营在106高地，3营在右石江（Hữu Trạch）西岸；第2步兵团4营在634高地西北，5营在654高地西南，6营在897高地东南；第78炮兵团阵地也在897高地展开；第324步兵师指挥所在203高地东南开设。

和上德地区一样，南越国军也在罗山—某豆宽20公里、纵深12公里的地带、依托19个高地和周围乡村形成连环防御体系。各个高地工事坚固，山腰布设多层铁丝网和绵密雷场保护，一旦遭到进攻，各个高地还能得到周围的炮兵阵地支援，南越国军第1师团还随时会动用预备队进行反击救援。不过，守军的缺点也是很明显的，那就是防御地带十分宽大，各高地之间的间隙不少，各团、各营指挥所在后方，防线的前后衔接不够密切。

根据守军兵力部署的特点，越军第2军决心利用守军防线间隙，隐蔽展开兵力穿插敌人后方和侧翼，对敌防御系统造成分割态势，采取正面进攻和侧后迂回穿插结合的战法，迅速破坏和粉碎守军的防御系统，创造条件在地方部队的配合下，以第324步兵师（欠3团）为主力，连续包围、进攻，干脆利落地全歼罗山—某豆地区守敌。

1974年8月28日05点00分，K18战役正式打响。按照第324步兵师师长阮威山和政委阮仲丹的命令，第78炮兵团首先对41高地、白马基地、芙拜基地的南越国军各个炮兵阵地进行压制射击。治天军区主力6团的重迫击炮群也对伍平山脉西面的守军炮兵阵地射击。

在炮火掩护下，第324步兵师1团、2团连续组织穿插攻击。经过3小时战斗，第1步兵团和第2步兵团相继拿下了75、76、303、144、224、204等高地。唯一不太顺利的是723高地，越军一直打到8月29日清晨才拿下目标。K18战役越军首战告捷，南越国军第1师团3团3营和第19保安团2营受到重创。

得知越军进攻的消息，南越国军第1师团师团长阮文艳赶紧调兵遣将，他把第51步兵团3营给调了上来，加强给3团；并调第54步兵团2营加强罗山的防御。面对南越国军的增兵和严阵以待，越军第324步兵师决心继续进攻，目的是给南越国军第1师团施加压力，进逼1号公路，威胁顺化—岘港战略交通线，让南越国军无法动弹。

为了打好战役的第二阶段，第219工兵旅2营一路排除了14号公路的穆坎沿线地段的地雷，开辟了把火炮拉上75高地和76高地的安全通道。9月3日，越军第324步兵师1团在团长阮富城和政委陈定贤指挥下，穿插敌后隐蔽运动，包围了31高地（即红河高地），接着他们仅用45分钟就拿下了31高地，重创南越国军第51步兵团3营1个连。9月7日，第324步兵师2团连克121高地、141高地、蓬山和艺山。9月7日到14日，第324步兵师转入追击作战，直逼战役最终目的地——罗山—某豆。

为了配合第324步兵师的进攻，治天军区主力部队和地方部队也在海朗到海云之间全线发起攻击。第6步兵团2营挤占了16高地、白丹高地和A高地，连续破袭了交通、后勤和仓库区，给南越国军一连串的沉重打击。4团和富禄地方部队一起对富嘉县展开攻击，各地人民相继奋起，给南越政权造成了极大的压力，也给第324步兵师发展进攻创造了有利的外部环境。

截至9月15日，承天省西南战场的南越国军防御态势日益不利。丢失了红河高地等诸多要地后，广治—顺化—岘港之间只剩一条岌岌可危的1号公路。这是维系三地的生命线，如若丢失，广治、顺化和岘港就将被越军分割包围，形成各自为战的局面。为了避免这种被动不利的态势出现，南越国军第1师团师团长阮文艳调整部署，集中兵力固守某豆高地（即317高地）、蓬山北高地及139、52、31这几个高地，同时呼叫岘港基地每天出动14到30架次的A-37攻击机，对越军第324步兵师夺取的各个高地实施航空火力打击，阻止越军的兵力集结和火力展开。

在具体防御部署上，阮文艳把第52步兵团2营调到52高地和农（Nông）江西岸诸高地，别动军第37营守31高地，第1步兵团1营和第3步兵团巩固耒江（Ruồi）防线；第3步兵团2营守住某豆到52高地之间的地带。新的防御体系以某豆为核心，目的是阻止越军踏上1号公路，保障生命线的安全。

对越军来说，第324步兵师两个阶段的胜利已经奠定了K18战役的胜局。第2军军长黄文泰中将和政委黎灵少将判断对方已经无力组织大规模反击，遂命令第324步兵师把2团撤到后方休整，只在前线留下阮富城和陈定贤的第1步兵团，和治天军区主力6团一起继续战斗，打下某豆高地。

步兵力量做出调整的同时，越军的战役炮兵也迅速前推，做好新的战斗准备：第78炮兵团的6门122毫米榴弹炮在201高地建立阵地；2个85毫米加农炮连，1个（2门炮）前出到61高地西面，1个（2门炮）前出到203高地东南；DKB 122毫米单管火箭炮在244高地占领阵地；H12火箭炮（63式多管火箭炮）布置在边豆村（Bến Tàu）；2个高射炮兵连在边豆村北面和西面组织阵地；军属4门M46 130毫米加农炮前出到贡集西面，任务是压制1号公路和顺化市附近的芙拜基地。在做好一切战斗准备后，第2军军长黄文泰中将和军政委黎灵少将，命令第324步兵师组织对某豆的进攻，消灭对方有生力量再撤出，然后主动结束K18战役。

不论从哪个角度来看，某豆高地都堪称顺化西南的锁钥之地。有了某豆高地，芙拜基地就不会受到越军直射火力威胁，同时这里也是顺化西南的防线基石。从地形上看，某豆高地地形险峻，坡陡（最大可达80度）难爬，周围是植被密覆的丘陵地形。由于战略位置重要，南越国军在这里修筑了大量的坚固工事，并形成了相互支援的连环防御阵地体系。守军是号称“各项训练成绩优秀，参谋作业、政治面貌和技术指标三优甲等”的精锐部队——第51步兵团2营，营长是姚曼少校。阮文艳对某豆高地有十足的信心，既相信某豆高地的防御坚不可摧，又相信姚曼少校的精锐营一定能粉碎越军的进攻。他甚至说越军就是用3年的时间也拿不走某豆高地。

某豆高地的“金城汤池”和精锐营把守，确实给越军造成了很大的压力。为了打好这次攻坚战，越军第2军进行了周密的准备。第324步兵师一边组织第1步兵团训练补充的新兵，一边着重强调山地攻坚战斗中的战术运用和兵种协同要领。师长阮威山和师政委阮仲丹一再提醒第1步兵团团长阮富城和政委陈定贤要做好兵种协同，否则战斗很难顺利进行。在训练补充新兵的同时，第324步兵师也连续组织对某豆高地的侦察，摸清敌情和火力布置，打算一战攻克这个锁钥之地。

9月22日，第324步兵师师长阮威山和阮仲丹把作战任务交给了第1步兵团和治天军区主力6团2营，命令他们要不惜一切代价拿下某豆高地。阮富城和陈定贤把某豆高地分成A、B、C三个区域，决定以第1步兵团2营在1门75毫米无后坐力炮和22挺12.7毫米机枪支援下，从某豆西北方向对B区展开攻击；1团3营在1门75毫米无后坐力炮、2挺12.7毫米机枪、1个B72反坦克导弹排及1个A72防空导弹排支援下，从某豆东北对A区展开攻击；1营在1门82毫米迫击炮和1挺12.7毫米机枪支援下，从南面、东南面展开攻击；治天军区主力6团6营在1门120毫米重迫击炮、2门82毫米迫击炮、1门75毫米无后坐力炮和2挺12.7毫米机枪支援下，从西南方向展开攻击。第324步兵师的预备队是第2步兵团6营。

为了配合324师对某豆高地的进攻，治天军区主力271团在博村，第6步兵团主力在岘奠展开攻击，分散南越国军第1师团的注意力。

1974年9月27日05点10分，第324步兵师加强1团对某豆高地的进攻战斗打响了。

不管越军如何进行佯动牵制，南越国军都已做好了战斗准备。在越军开始炮火准备后，顺化周围的南越国军炮兵群快速反应，集中火力猛烈反击。与此同时，岘港基地起飞的A-37攻击机也不断临空，对144高地、75高地和76高地，以及某豆高地周围实施绵密的航空火力突击。顶着南越方面的空炮火力反准备，越军第324步兵师1团发动了全面进攻，各连步兵指战员采取连续爆破的方式，在铁丝网地带炸开突破口。在2营进攻方向上，6连连长阮汉身先士卒，带着部队先啃下了B2据点，然后朝B5据点发展进攻；7连也拿下了B3据点；5连打下了B1据点。可是，守敌全部退到B区核心的B5据点进行环形防御，2营5连、6连、7连没法得到炮兵的有效支援，战斗打成了僵持。

在3营方向上，9连、10连、11连一开始就撕开了突破口，冲上了高地，意在直插南越国军第51步兵团2营营部。可是对方依托坚固工事和有利地形，顽强阻击3营的冲锋。战斗中，越军损失很大。比如9连1排一开始是18名战士，拿下桥头碉堡时就只剩4人。鉴于各连损失较大，3营营长何光定命令部队暂停冲击，同时通过团长阮富城，向师长阮威山请求让第78炮兵团轰击某豆高地各个据点，压住守敌火力。

炮声随即响起。越军第78炮兵团对某豆高地进行了猛烈射击，弹着点异常准确。短促的压制射击结束后，越军第1步兵团2营、3营再次冲击。这一次，何光定长了个心眼，没有一味组织正面冲击，而是分兵一部穿插敌后，打掉了南越国军第51步兵团2营指挥所，姚曼少校仅以身免。看到指挥所被打掉，某豆高地的南越国军第51步兵团2营军心崩溃，放弃了西面的2个子高地，退守东面3个子高地。

战至1974年9月28日10点30分，越军第324步兵师1团下令停止进攻，保住既夺的某豆高地2个西面的子高地。至此，K18战役胜利结束。在40多天的连续战斗中，第324步兵师宣称歼敌2500多人（含33名军官），击落5架飞机，缴获2734件各类枪支和军需品。这次战役的结果是越军破坏了南越国军在顺化西南的防御系统，夺取了近300平方公里的土地，为1975年春季的顺化—岘港战役打下了良好的进攻跳板。

K18战役是胜利了，可越军第5军区在整个秋季战役（1974年7月15日到8月31日）中也付出了高昂的代价，《越南人民军卫生勤务史》第3卷第433页记载：“在整个1974年秋季战役中，（第5军区）（参战）兵力伤亡9.2%，含3176名伤兵（占参占兵力6.8%）和1105名死亡（占参战兵力2.4%），病兵占参战兵力3.4%。”[5]

尽管双方损失都很惨重，但双方在广南省，特别是上德地区的较量，才刚刚开始。

血肉磨坊

越军第304步兵师拿下了上德地区后，为了应对南越国军可能的战役反扑，遂调动第324步兵师3团先后拿下班新二村、河牙村、52高地、126高地、109高地等上德东面的各个要点，把防线前推到武嘉江畔。第5军区司令员朱辉珉中将根据当时的情况，决定让第324步兵师3团和第304步兵师66团9营在沿着52高地到河牙、班新村，沿武嘉江到右程山谷之间组织宽大防线。其中，第324步兵师3团担任主要防御任务，第66步兵团9营放在上德县做二线保护，第304步兵师24团做战役预备队。

1974年8月间，趁着南越国军积极调动兵力组织反击，越军第324步兵师3团和第304步兵师66团积极挖工事、建阵地。不过，双方围绕上德地区持续2个月的苦战，让第324步兵师3团和第66步兵团蒙受了很大的损失，高达六七成兵力因战斗损失和生病减员，削弱了部队的战斗力。虽然第5军区和第2军连续给第324步兵师、第304步兵师进行了两次兵力补充，但部队只有70%左右的满员率。此外，当时正值雨季，降水量大增、洪水肆虐，给物资前送带来了很大的压力。部队指战员们睡觉和吃饭都得在深深的战壕和掩体里，健康受到了很大的影响，战壕足病患病率居高不下。

朱辉珉猜测得没有错，南越国军第1军区司令吴光长中将绝不会就这么接受上德丢失。上德县是岘港外围防线的重要据点，于情于理吴光长都必须组织兵力实施夺回作战。根据他的命令，号称南越国军两大支柱之一的伞兵师团开赴战场。

越军第304步兵师和第324步兵师对南越国军伞兵师团并不陌生，这是南越国军两大王牌军之一（另一个是海军陆战师团）。在1971年南寮—9号公路反攻战役和1972年广治市81天保卫战中，越军第304步兵师就多次和伞兵师团过招。平心而论，伞兵师团虽然编制不如海军陆战师团大，战斗力也比海军陆战师团低一点，但实力也在越军各主力师之上。从各次战斗情况来看，越军都很难从伞兵师团身上讨得便宜。因此，听说是伞兵师团实施反击，越军上下都很紧张。

不过，南越国军伞兵师团自身也面临着很大的困难，特别是后勤方面。第1军区的后勤报告就指出伞兵师团弹药不足；岘港的南越国军空军飞机零件和汽油也不够，飞机出勤率仅50%；每支自动步枪的战役准备标准是500发子弹，可现在连250发都不到；105毫米榴弹严重不足。炮弹和零件的问题在当时成为制约南越国军作战的最大因素，比如M48坦克的发动机和散热器不足，出动率低，AR-14和AR-15的三种擦枪油储备不足，175毫米自行火炮的弹药也不够。在打坦克方面，美制陶式反坦克导弹虽然威力大，可售价为3000美元一枚，对财力捉襟见肘的南越国军来说实在是太贵了。在报告的结尾，第1军区坦诚地说伞兵师团在上德反攻作战中每天只能得到30架次左右的战机支援和不到1000发105毫米以上的榴弹支援。

虽然形势很紧张，但越军还是有信心粉碎对方的反扑。越南人民军总参谋部指示第2军要不惜一切代价，指挥第304步兵师和第324步兵师在上德地区粉碎伞兵师团“重新夺回上德”的企图。在具体战法上，越南人民军总参谋部要求第2军要依托牢固的山地工事系统，顽强实施正面坚守防御作战，在坚决顶住对方冲击的同时组织兵力对伞兵师团的旅团和营、连各级指挥所，以及炮兵阵地、后勤分站实施奇袭，争取打掉伞兵师团的炮兵阵地和指挥中心；在防御战斗中不能只消极防御，要发挥小分队优势，经常派遣精干步兵分队穿插迂回绕到对方战斗队形侧翼和背后实施打击。总参谋长文进勇大将也特别对上德防御作战下达指示：“守住上德和打败伞兵师团具有军事和政治双重重要意义，对敌我都是十分重要的。为了不让敌人的阴谋得逞，同时保持我军的光荣传统，因此，第2军团必须毫不动摇地歼灭敌人，守住上德地区，把它作为1975年春季进攻的跳板，为我军各方面在明年的战役活动创造有利条件。新兵和弹药物资将迅速补充给你们。”不过，在上德会战进入打敌反扑阶段的时候，第2军军长黄文泰中将和政委黎灵少将却奉命返回河内，把军指挥权交给了副军长的黄丹少将。

与此同时，南越国军伞兵师团也逐步展开了兵力。1974年8月8日，南越国军第1伞兵旅团以下辖的第1、第8、第9伞兵营乘坐C-130运输机紧急赶到大禄县，第1伞降炮兵营的车、炮、兵则由南越国军海军用登陆艇送到大禄县。3天后，第3伞兵旅团也以2、3、6伞兵营在芙拜基地乘坐C-130运输机转移到岘港机场，然后开赴协德县做第1伞兵旅团的预备队。在两个伞兵旅团先后开赴战场的同时，伞兵师团师团长黎光亮准将也在岘港东南的诺曼机场开设战斗指挥所，直接指挥上德地区的夺回作战。

对伞兵师团来说，他们即将进行反击作战的战场是武嘉江河谷北面的丘陵地形，只有一条4号联省公路把上德县与沿海平原相连，两边都是高耸的山脉，大部分路段十分狭窄，其中博溪就卡在公路间的一个狭窄路口，附近的52高地是大禄县—上德县的咽喉要地。沿着公路要隘的两侧高地，越军修筑了许多坚固的阵地和永备火力点。他们的掩体构造状似A字形，深度约为1米，上面加厚盖顶，可有效防止105毫米榴弹贯穿。依托这些阵地和掩体，越军企图阻止伞兵师团夺回上德。

1974年8月8日，南越国军第1伞兵旅团开始出击，他们的第一个目的地是河牙村（一个地处武嘉江北岸冲积平原的小村），从那里有一条小道可直通上德，右侧是高耸入云的山雅山脉的山麓。第1伞兵旅团各营刚出发不到1公里就和越军遭遇，伞兵们用手榴弹、自动步枪和越军争夺每个小高地，在这段通往上德县的长达5公里的道路上充满了危机，到处都是等待着猎杀他们的越军部队。

1974年8月18日，南越国军伞兵师团反攻上德的战斗正式打响。拂晓前，阮文定上校依据驻岘港基地的伞兵师团通信营和第19、第21、第27通信连对敌监听通信的情况，决定让谢光文少校的第8伞兵营沿着4号公路、武嘉江小道挺进，保障第1伞兵旅团在河牙1号和2号（合起来为52高地）展开兵力。接到命令，谢光文遂命令第83伞兵连连长范文协上尉率83连直插河牙村，然后攻下52高地。河牙村战斗是南越国军伞兵师团上德反攻作战的头炮，他们打得坚决果断：第83伞兵连1排在黄文善少尉率领下首先冲进了河牙村，遭到越军围攻后，严士诚少尉马上领2排赶来救援，来了个里应外合中心开花，攻下了河牙村。

首战告捷，但范文协上尉并没有大意，马上布置队伍组织防御，命令官兵们挖工事和战壕，然后再吃早饭。越军第324步兵师3团虽然输了第一仗，但并没有让南越国军第8伞兵营好过。他们静静地等待南越国军第83伞兵连基本完成工事修筑、正在吃早饭的当头，突然组织袭击。

一开始，越军第324步兵师的炮兵和战役炮兵使用DKB 122毫米火箭炮、85毫米加农炮和M46 130毫米加农炮从武嘉江沿岸的各个山头连续对河牙村进行20分钟的炮火急袭。越军的炮火打得很准，一发炮弹差点就把第83伞兵连的连部给端了。在炮火掩护下，越军2个加强连对河牙村实施反突击。依托坚固掩体，南越国军第83伞兵连进行猛烈还击。范文协上尉要求先用60毫米迫击炮进行拦阻射击，杀伤越军有生力量，掩护阵地前沿，接着各位士官接到指示要让越军再前进100米到50米后，再集中火力狠狠打。最初，黄文善少尉和严士诚少尉就引爆了克莱默尔定向雷，把对方炸得“鬼哭狼嚎”。可顽强的越军并没有因为这点小挫折就退却，他们还是一波波冲上来。黄文善和严士诚命令M60重机枪和AR-15自动步枪齐射，一批批打倒越军。可对方还是源源不断地冲击上来，黄文善和严士诚两人中弹战死，这是上德会战中伞兵师团头一批战死的军官。

两人的战死并没有宣告战斗的结束。为了顶住越军反扑，范文协上尉又命令第83伞兵连3排在黎茂利少尉率领下顶上，可黎茂利也很快重伤倒下，全连军官只剩范文协上尉和1名准尉，但谁也没有后退一步。激烈的战斗持续到傍晚，第83伞兵连守住了河牙村，顶住了越军凶猛的反扑。

与此同时，南越国军第1伞兵营在营长吴松洲少校指挥下，对同兰高地

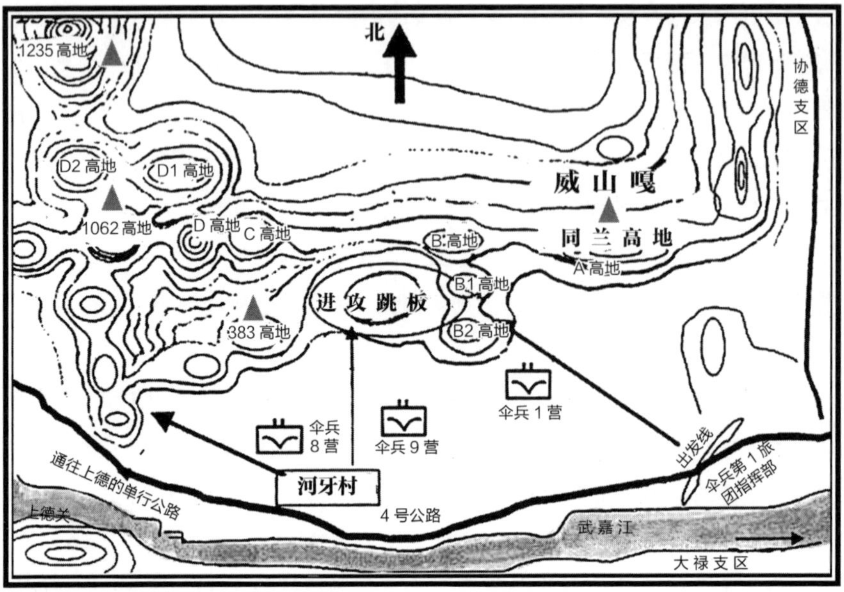

▲ *1062高地争夺战示意图*

（越军称为109高地）展开攻击。这个高地原本有个哨所，山顶地形开阔，一条山道从山脚直通山顶。吴松洲少校打得很巧妙，他没有进行炮火准备就命令各连发起冲击。守备109高地的是越军第324步兵师3团11连，他们被南越国军第1伞兵营打了个措手不及，伤亡32名指战员后让出了高地。而南越国军第1伞兵营仅付出2人触雷被炸死的轻微代价。

在河牙村和同兰高地的胜利让南越国军第1伞兵旅团士气大振。在第8伞兵营确保河牙村的掩护下，第1伞兵营开始大胆前进。吴松洲少校决心让第11伞兵连和第14伞兵连向B高地挺进。与此同时，南越国军第9伞兵营下辖的第92伞兵连（连长：阿胜中尉）、第94伞兵连（连长：阿仲上尉）、第91伞兵连和第93伞兵连奉命前出到1062高地前方的要地——383高地。可是，383高地侧翼的B1据点被越军占据，他们组织猛烈的侧射火力封锁了通往383高地的主要通道，给南越国军持续突击带来很大的困难。最糟糕的是，B1据点地势高、工事坚固、岩石众多，给越军提供了有利的隐蔽和依托。冲击受挫后，南越国军第9伞兵营多次呼叫空炮火力对B1据点实施打击，但都没能敲掉这些阵地。战斗中，南越国军第91伞兵连兼93伞兵连连长阿酒也负伤倒下，第90伞兵连的连长阿常接替他指挥战斗。

第9伞兵营的反击连续受挫，让南越国军第1伞兵旅团旅团长阮文定上校坐立不安。B1高地必须拿下，否则没法打开通去往1062高地的道路。为了协助第9伞兵营克敌，阮文定上校命令第1伞兵营以优势兵力从两翼实施突击，掩护第9伞兵营拿下B1据点。吴松洲少校领命出击，他以第11伞兵连直插B1据点后方的一座高地（俯瞰B1据点），掩护正面进攻的第9伞兵营，打算前后夹击打垮守敌。

穿过武嘉江谷地，阿世上尉率第11伞兵连穿插到B1据点后方，突然发动进攻。此时，第9伞兵营还被越军死死阻挡在正面，进展不大。利用制高优势，第11伞兵连留下1个排在B高地据守和提供火力支援，另2个排发起冲击，从背后打B1据点。腹背受敌的越军惊慌失措，只消2个小时，第11伞兵连就拿下了B1据点，缴获1门60毫米迫击炮、1挺轻机枪、7支AK-47冲锋枪、4具B40火箭筒和1部电话。按照越军的记载，他们打垮的是第324步兵师3团2连，2连在战斗中确实损失很大，不得不撤下去整补。

连续丢失重要前沿阵地，越军自然是心有不甘，第324步兵师3团决定把1连调上来反扑。天黑了，眼看南越国军第9伞兵营还没有上来，第1伞兵营11连就暂时在B高地和B1据点转入防御。当夜，越军第324步兵师3团1连悄悄摸了上来，先用B40火箭筒袭击B1据点，然后组织了猛烈攻击，宣称击毙对方24人。南越方面记载是第11伞兵连的一位排长阿宣准尉被火箭弹打中当场战死。接着，越军又用122毫米榴弹炮对B高地和B1据点进行急袭射击，可准星太差，第11伞兵连没有损失。

接着，南越国军第1伞兵营主力继续扑向C据点，这是越军1062高地的一个重要前沿山头。第14伞兵连打头阵，首先对敌发起攻击。阮文桂少校（第1伞兵营副营长）带领第11伞兵连冲锋在前，11连连长阿世上尉跟在后面。由于地形比较陡峭，加上进攻突然性因素丧失，越军做好了战斗准备，躲到坚固的地下掩体里等待第14伞兵连靠近。另一方面，整个高地密布参天大树，第1

伞兵旅团所辖的第1伞降炮兵营发射的105毫米榴弹穿过树顶落到掩体顶部爆炸时动能已大大减少，更没法有效杀伤越军。

3天战斗打下来，第14伞兵连始终没打得动C高地的越军。阮文桂少校接着又率11连插到C高地西面，然后折往南对C高地发起攻击。越军居高临下，南越伞兵在低处。第11伞兵连冲到距目标不到200码时被迫暂停前进，躲避榴弹轰击（被压制住）。为了打掉越军火力点，南越国军第1伞兵营用57毫米无后坐力炮和81毫米迫击炮朝山上的越军火力点射击。同时，阮文桂少校集中5挺M60重机枪等待敌人从地下掩体露头就用齐射火力打，接着集中火力猛轰，压住敌人。

在11连的火力掩护下，第14伞兵连迅速冲过山腰，登上C高地山顶，接着以3人一组，在火力掩护下，爬到越军机枪火力点前，将手榴弹对着射击孔扔进去炸毁了敌人的地堡。接着，全连冲锋占领了山顶越军阵地一角。他们在山顶一条条清剿越军地道、攻克一座座地堡后，阮文桂少校亲自带第14伞兵连打开了这个通向1062高地的锁钥之地——C高地。不过，为了这个胜利，第11伞兵连和第14伞兵连却付出了高昂的代价。

虽然拿下了C高地，可离彻底攻下1062高地还有相当的距离，而且越靠近1062高地，地势就越陡峭，森林也越密。从高度来看，1062高地的海拔约比C高地高20码，两高地距离大约150码。南越伞兵们发现，越军第324步兵师3团正在1062高地加强固守，摆出一副决不退让的架势。为了破坏越军的战斗准备，南越国军第1伞兵营营长阮文桂少校通过电台，命令炮兵不分昼夜地轰击1062高地各个目标，阻止对方加强防御。在第1伞降炮兵营进行破坏射击阶段，南越国军第1伞兵营也紧急草拟作战计划，预定对1062高地周围5个小山包中的一个（他们命名为D高地）发起攻击。C高地和D高地之间隔着一条山谷，深不到20码。如果第1伞兵营要打D高地，那么从C高地出发，下到山谷再冲击，势必就有40码的高度落差，这是极为不利的仰攻态势。从D高地，越军可以使用各种直射和曲射火力，压制从C高地到D高地前沿所有通道，不过他们之前组织的火力袭击并没有给南越国军第1伞兵营造成什么损失。

当时，南越国军第1伞兵旅团离1062高地比较近的只有第1伞兵营，第8、第9伞兵营都靠得比较远，没法及时上来接应。地势上，越军依托险峻的地形下了不少苦功夫，越军第324步兵师3团进行了周密的战场准备，打算用炮火封锁阵地前沿并依托坚固工事进行抗击。1062高地周围的5个山包互为犄角，一旦某个山包有失，剩下4个山包的越军马上可以组织火力进行封锁压制。另外，通往D高地的山路狭窄，只够展开2个连，这一切都给南越国军伞兵们的进攻战斗带来了很大的困难。在这种情况下，南越国军第1伞兵营决定利用夜幕掩护进行偷袭，并借助东风对越军阵地实施火攻。进攻部队由黎文博少尉率领的第14伞兵连1个排和陈清光少尉指挥的第11伞兵连1个排组成。不管从什么条件来看，黎文博少尉和陈清光少尉都是第1伞兵营军官团中最出色的军官，他们立下过许多战功。第11伞兵连奉命担任预备队，随时准备接应和支援进攻部队。火力支援分队由第11伞兵连和60毫米迫击炮、81毫米迫击炮组成，由阮文桂少校指挥，他们负责在进攻前对D高地进行炮火准备。

18点00分，太阳落山。负责进攻的两个排开始出发。陈清光少尉率领1个伞兵排为左翼，黎文博少尉的1个伞兵排在右翼，两个排以间隔30到40码的距离缓慢前进。第1伞降炮兵营也对D高地的各个目标进行猛烈炮击，把对方压制在地下掩体里，没法探出头来查看南越伞兵的前进。1小时、2小时、3小时过去了。越军似乎没有发现逐步逼近的危险，陈清光和黎文博两名少尉的心里也忐忑不安，气氛令人感到压抑。通信联络系统还是畅通的，陈清光清了清嗓子，低声报告："我们已经靠近敌人了，敌人的谈话声一清二楚。""很好，阿光你听清楚……"阮文桂通过电台指示陈清光，要求陈清光准备短促偷袭，一举拿下D高地。

两人正交谈，一梭机枪子弹打在他们身旁。陈清光和黎文博已经靠近了D高地山顶。这时，南越国军第1伞降炮兵营停止了炮击，2个伞兵排呼号着，从两面对D高地山顶发起冲击。可这个时候，第1伞降炮兵营再度开火，密集的炮弹在山顶爆炸的同时，许多炮弹也砸在陈清光少尉四周。南越国军第1伞兵营指挥部通过电台警告炮兵，赶紧转移火力往西面延伸，封锁守敌退路，千万不要误伤自己人！这时，电台里传来了陈清光少尉洪亮的声音："我们已经冲上山顶！这儿的地堡既多又坚固，全都都有原木盖顶。目前正等右翼排靠上来扩大战果！"

夜，依旧漆黑如故，焦急的陈清光依然没能听到黎文博少尉的声音。过了一刻钟，阮文桂少校站在C高地用望远镜观察D高地状况时，发现越军正用120毫米迫击炮猛轰D高地山顶。电台里又传来了陈清光的报告：“敌人打来的炮弹太多了，不过地堡很坚固，（我们）没事！”接着，从D高地方向传来一阵清脆的AK-47射击声，陈清光又开始报告了：“敌人反攻了，人好多！请炮兵对（我阵地）前沿开炮，他们就要上来了，开炮！快点开炮！”

在夜幕的掩护下，作为预备队的11伞兵连仍在山谷逗留。至于黎文博少尉，从战斗一开始就没能和陈清光联系上，事后才知道为什么呼叫不到他：他和4名伞兵被1枚DH-10（越军第324步兵师3团埋设）炸死了。

第1伞兵营吴松洲少校向阮文定上校报告：“如果不让阿光撤退的话，会牺牲很大，我们另找办法吧。”

可是，陈清光少尉却没有奉命撤下来。第1伞兵营2个精锐排拼死奋战，抵挡优势兵力的敌人反攻。在山顶、山间溪流和各条地道拼死战斗。拼死抵抗的伞兵谁也没有后退。弹尽粮绝之际，陈清光少尉向炮兵呼叫向我开炮！他决心和冲上D高地山顶的越军同归于尽！最后，陈清光少尉让各位负伤的伞兵撤下去，把弹药留给他。最终，他和15名伞兵倒在了D高地上。

与此同时，前出到C高地和D高地之前狭窄的山鞍部的南越国军第1伞兵营14连受到1062高地的越军密集射击，14连每前进一步都要付出重大代价。第1伞降炮兵营用延时引信轰击1062高地山顶，但精度很差。

为了支援被夹击的南越国军第1伞兵营14连，11连迅速西移，从南面进攻D高地，掩护14连撤回C高地。可11连还没冲起来就被西面另一个山头的越军82毫米迫击炮火力封锁，11连1死4伤。

清晨，待14连撤下来，11连又在炮兵和81毫米迫击炮的火力准备下，从南面对D高地展开了新的进攻。经过6个小时惨烈争夺战，最终11连拿下了D高地山顶。不到10分钟，越军就从1062高地同时组织各类火力压制D高地。11连巧妙地依托越军旧的交通壕隐蔽，减少了损失。

躲得过初一，躲不过十五。越军除了用122毫米榴弹炮和130毫米加农炮轰击D高地外，还组织60毫米和82毫米迫击炮靠近炸。在猛烈的火力打击下，第11伞兵连损失了四分之三兵力，不得不撤了下来。

连续几次进攻都失败了，第11伞兵连伤亡殆尽，第14伞兵连失去战斗力，南越国军第1伞兵营只剩阿寿中尉的第12伞兵连和阿禄上尉的第15伞兵连还有战斗力。为了拼力攻击，第1伞兵营营长吴松洲少校把第12伞兵连给顶了上去。可他们的运气并没有比第11伞兵连更好。在越军的炮击下，阿寿和接替指挥12连的阿康相继负伤，12连也在进攻中损失了半数兵力。再这么硬拼下去，第1伞兵营就要全灭了。为了保住战斗力，阮文定上校只得让第1伞兵营撤下来，把谢光文少校的第8伞兵营给顶上去。

谢光文少校照例把营部设在河牙村，信心满满地要一举拿下1062高地。他们想得太天真了。越军为了守住1062高地做了充分准备，他们的炮兵已经算好了射击诸元，每当南越国军伞兵往山顶冲击都会遇到猛烈的火力抗击。

和第1伞兵营一样，第8伞兵营也是先打D高地，再突击1062高地。谢光文以阿明少尉的第84伞兵连和阿协少尉的第83伞兵连，从东面突击D高地。同时，他还亲自带着武世雄中尉的第81伞兵连和阿南少尉的第82伞兵连沿着上德小道周围的山路运动，迂回D高地山顶。

开始爬山的时候，第8伞兵营将士们才意识到艰辛，周围高地坡陡路窄，坡度经常达到70度，稍不留神就会摔得粉身碎骨。在第8伞兵营副营长陈全少校指挥下，阿明和阿协的第83和第84伞兵连抵达C高地，正面向D高地发起攻击。武世雄少尉的第81伞兵连和阿南少尉的第82伞兵连利用夜幕掩护，悄悄迂回D高地山顶。

虽然第8伞兵营在进攻前呼叫航空兵和炮兵进行了猛烈轰击，可登山冲击的时候还是受到越军十分顽强的抵抗，第81伞兵连的段新少尉和阿德准尉被一枚手榴弹炸伤，第84伞兵连的阿石中尉与何梅常少尉也被手榴弹炸倒。尽管如此，阿雄、阿明和阿协带领第81、第84和第83伞兵连冲上了D高地山顶，迅速攻下了1062高地主峰前沿的这个重要山头。第8伞兵营趁热打铁，又扑向1062高地山顶。

面对南越国军伞兵压倒性的攻击，接防1062高地的越军第24步兵团5营寸土必争，除了投出密集的手榴弹抗击外，还从周围山头组织直射火力和85毫米、76毫米加农炮实施拦阻射击，大量杀伤了冲上山顶的南越国军第81和第84伞兵连。伤亡很大的第8伞兵营没能拿下山顶，只得隔着50米和越军第24步兵团5营对峙。

9月15日，南越国军第8伞兵营和越军第24步兵团5营已经对峙了两个多星期，神经紧绷到了无以复加的地步。对双方来说，一瞬间的疏忽都是致命的。20点30分，越军第24步兵团5营突然从1062高地两侧山头扑过来，夹击南越国军第8伞兵营。谢光文少校组织部队拼死抵抗并呼叫炮兵火力支援，炸垮了越军的战斗队形，最终把对方击退。

第二天，越军第24步兵团5营又组织新的反击，打算把冲上1062高地山顶的第8伞兵营给打下去，南越国军第81、第83和第84伞兵连依托工事顽强抗击。战斗打得异常惨烈，排长武德乾重伤而死，董文明上尉与何梅常中尉重伤后送。

眼看1062高地的战斗逐步陷入僵持，南越国军第1伞兵旅团旅团长阮文定上校决心组织猛烈的空炮火力打击，然后一举拿下1062高地主峰。9月19日，第8伞兵营后退200米，让航空兵和炮兵对山顶附近的越军阵地轰击了差不多1个小时。接着，第8伞兵营以迅雷不及掩耳之势冲上山顶，生生把越军第24步兵团5营给逐了下去。这是一次成功的急袭战斗，南越国军第8伞兵营宣称毙敌300人，抓获7名俘虏，缴获近200条各类枪支。之后，南越国军第8伞兵营布置各连在1062高地主峰坚守，准备打敌反扑。谢光文预料得没错，越军是不会就这么咽下这口气的。9月20日02点00分，越军突然对1062高地进行猛烈的炮火急袭，然后以潮水般的兵力连续反扑。虽然第8伞兵营早有准备，可还是抵挡不住越军冲击。危急时刻，谢光文少校又祭出绝招，命令部队后退200码，用空炮火力对山顶实施火力覆盖。在南越国军空炮火力进行了绵密打击后，第8伞兵营冲了上去，夺回了山顶。

时隔大约两个星期，越军第66步兵团9营投入战斗，于10月2日对1062高地反扑。可这一次上德之战的功臣——9营失算了，他们陷入了南越国军第8伞兵营设下的火力口袋，不仅没能靠近1062高地山顶，反而还损失了200多人。

连续两次击退越军的反击，宣告南越国军伞兵暂时确保了1062高地。然而，在持续不断的战斗中，第8伞兵营累积损失很大，逐渐失去了战斗力。为了保持战斗势头，南越国军伞兵师团师团长黎光亮准将把第1伞兵旅团给撤下来，换上第3伞兵旅团，旅团长张文发上校让第3伞兵营前往1062高地一试身手。上阵地前，张文发上校叮嘱第3伞兵营营长武清同中校一定不要轻视越军的实力，要做到知己知彼，同时还要想方设法拿下1062高地周围各个山头，继续往上德推进。遗憾的是，张文发太低估对手了。

得知南越国军伞兵换防的消息，越军第304步兵师师长黎公世大校研究决定，让24步兵团全军顶上实施反击，一定要夺回1062高地。这次战斗由第24步兵团团长冯定钙少校亲自指挥，第66步兵团凑出一个加强营予以配合。

对即将到来的危险，南越国军第3伞兵营并非一无所知。武清同一上1062高地山顶就感受到了阵阵杀气。

1974年10月29日下午，1062高地周围一片平静。不过，南越国军第3伞兵营的官兵们却打起了十二分精神，他们看到1062高地周围有许多树枝在动，这显然是头戴草环伪装网的越军正在悄悄逼近。副营长张文云少校马上命令各连提高警惕，做好战斗准备，随时准备引爆克莱默尔定向雷和各种拌发雷，一定要把反击的越军给打下去。突然间，阮文登上尉的第31伞兵连阵地响起了枪声，越军要动手了！还没等武清同和张文云下令战斗，越军的85毫米加农炮就从周围4个山头朝1062高地山顶打了过来。接着，越军第24步兵团在第66步兵团1个加强营的支援下，从四面八方蜂拥冲击1062高地。伞兵们虽然早有准备，条件反射般地从交通壕冲出来还击，可还没等他们开枪扫射和投出密集的手榴弹，越军就冲进了第31伞兵连阵地。

伞兵们顽强死斗，击毙了不少冲上来的越军。可是，兵力对比为4：1，越军可谓人多势众。伞兵就是有三头六臂也难以抵挡。在激烈的刺刀拼杀和手榴弹互砸中，第31伞兵连几乎全军覆灭，阮文登和许多官兵倒在血泊里，战死沙场。

第31伞兵连覆灭的消息震惊了营部，营长武清同和副营长张文云含泪请求空炮火力支援，他们要求对1062高地山顶进行密集的火力覆盖。在绵密的火力打击下，越军第24步兵团死伤很大，但却没有后退一步。火力打击后，第34伞兵连冲上山顶，用AR-15自动步枪和手榴弹勇猛攻敌。危急时刻，越军果断把第66步兵团凑出的加强营投入战斗，拼死击退了第34伞兵连的冲击，第32和第33伞兵连接着冲上来也没能撼动越军一步。10月29日至30日的战斗，是南越国军伞兵师团历史上最黑暗的一页，第3伞兵营蒙受了7名军官和140名士兵战死的惨重代价。

丢失1062高地山顶对伞兵师团来说是不可接受的。11月1日，南越国军第1伞兵旅团最后一个营——第9伞兵营换下第3伞兵营，参加1062高地夺回战斗。他们以第93伞兵连（连长：胡墙上尉）和第92伞兵连（连长：阿仁上尉）分两路强攻1062高地。

越军利用山顶坚固的地下工事顽强组织战斗，抵挡住了南越国军105毫米榴弹炮的轰击。不过，胡墙上尉却巧妙带兵踩着弹着点冲上1062高地山顶，靠近越军地堡用手榴弹炸，把越军驱出掩体，然后再退下来呼叫航空兵用凝固汽油弹轰击山顶，大量杀伤越军指战员。激战8天，南越国军第9伞兵营终于夺回了1062高地山头，但他们也损失了大约一半的兵力，失去了战斗力，只能换上第2伞兵营继续战斗。可越军没有停歇，第304步兵师给第24步兵团和第66步兵团补充兵力后，继续组织猛烈的反扑，第2伞兵营和第6伞兵营在1062高地的相持战斗中也相继失去了战斗力。激战到12月20日，南越国军伞兵师团共向1062高地投入了6个营的兵力，相当于自己战斗兵力的三分之二，却始终没能彻底守住该高地，反而在最后一次战斗中被越军给夺回。再打下去，伞兵师团必将丧失战斗力。南越国军第1军区司令吴光长也忍无可忍，一纸命令叫停了反击，把伞兵师团撤回岘港。

上德会战结束了，双方都在这个血肉磨坊蒙受了巨大的损失。南越国军伞兵师团战死500人，负伤2000人，宣称击毙越军2000多人，击伤5000人。应该说，他们的歼敌数字是准确的。按照越军最新的统计结果，“在1974年7月29日到8月7日（实际应该是7月29日到12月6日）进攻解放上德的战役中，第304步兵师66团、第324步兵师3团在各炮兵、工兵、防空兵单位及地方部队的配合下实现了目标，这次胜利对1975年总进攻解放整个南方具有特别重要的意义。在战役期间，许多干部、战士、游击队员和大禄县人民牺牲。据不完全统计，第304步兵师就有1300多名干部战士牺牲，其中只有800名烈士的遗骨安葬在各个陵园”[6]。

第304步兵师在上德付出的代价之大，不亚于溪山战役，但上德会战对越军来说还是具有重要的意义。这次会战的胜利宣告越军砸开了对方保卫岘港西面的“铁门”，为1975年顺化—岘港战役创造了有利的战场态势和进攻跳板。这是越军主力部队和南越国军战略总预备队的一次决战，同时也是试探美军在撤离越南南方后对越军如此大规模（军级）进攻胜利是否会重返越南南方的试金石。战役结果证明，越军的主力部队已经具备了和南越国军最精锐的伞兵师团和第1师团较量的能力，而且也表明了美军已经不会再重返越南南方，这是越南中央军委最终决心在1975年争取全胜和统一的可靠依据和参考。

不过，在1975年战幕拉开前还有一场前戏要上演，这就是福隆战役。

注释

1. 陈文茶中将，真名叫阮产。1919年出生于越南广义省，1936年参加革命，1938年成为印度支那共产党党员。抗法时期，他在西贡周围的第7联区抗战，《日内瓦协定》签署后他随军北撤。1962年底他返回B2战场，并作为南方解放军副总司令一直奋战到抗美救国战争胜利。

2. 原文为“Sau 135 ngày đêm chiến đấu chống địch phản kích trên vùng trung tuyến bắc Sài Gòn, 623 cán bộ, chiến sĩ Sư đoàn đã anh dũng hy sinh, 2.602 lượt đồng chí bị thương”。出自《Lịch sử Sư đoàn bộ binh 9, 1965-2010》。

3. 越南人把南越政权的公务员统称为“霸”。

4. 原文为“Các cơ sở quân y hướng Nông Sơn- Trung Phước đã thu dung cứu chữa 929 thương binh, tỷ lệ thương binh là 11% quân số, 358 tử vong (27.8% so với tổng số thương vong, 4.23% so với quân số）”。

5. 原文为“Trong chiến dịch Thu 1974 （15-7 đến 31-8-1974） thương vong là 9.2% so với quân số, trong đó có 3.176 thương binh（6.8% ）và 1.105 tử vong （2.4%）, bệnh binh là 3.4%”。

6. 原文为“Chiến dịch tấn công giải phóng Thượng Đức do Trung đoàn 66 （Sư đoàn 304）, Trung đoàn 3（Sư đoàn 324） cùng các đơn vị pháo binh, công binh, phòng không phối hợp và lực lượng bộ đội địa phương thực hiện từ ngày 29.7 đến 7.8.1974, là chiến thắng có ý nghĩa đặc biệt quan trọng trong cuộc tổng tiến công giải phóng miền Nam năm 1975. Trong chiến dịch này, nhiều cán bộ, chiến sĩ, quân du kích và người dân huyện Đại Lộc đã hy sinh. Theo thống kê chưa đầy đủ, hơn 1.300 cán bộ, chiến sĩ của Sư đoàn 304 hy sinh, nhưng chỉ mới hơn 800 hài cốt liệt sĩ được quy tập về các nghĩa trang”。出自《Lich su Su Doan Bu Binh 304 1950-2010》。

第三章
丧钟敲响

尽管连续两次粉碎了越军在B2战场的旱季和雨季攻势，重创了越军第5步兵师和第9步兵师，可南越国军也付出了不菲的代价。根据南越国防部的统计，从1974年1月1日到6月30日，南越国军损失47839人，开小差逃亡者超过6万人，这个数字几乎和1968年上半年持平（1968年7月，越南共和国公布的逃兵数字是68793人）。在越军持续不断的打击下，南越国军各部的战斗力受到很大削弱，兵力缺编不小。其中，第4军团缺编最大，每个主力营平均才200人左右；第3军团情况稍好，每个主力营平均有380人，但还是离满编有很大的距离。南越国军空军也是江河日下，拥有的1800多架各型战机中，可用飞机不足1000架，100多架F5C战斗轰炸机出勤率不到50%。

为了保持战斗力，南越国军不得不采取严厉措施，彻查兵员，禁止吃空饷，禁止以老弱病残充数，整编联合参谋本部和各个军区、小区机关，裁减冗额，撤销大量非作战单位，从民卫队和保安军抽调兵力补充给主力部队，把征兵年龄放宽至18岁到40岁。尽管如此还是没有多大起色。

相反，越军经过1973年至1974年度旱季的奋战，不仅完全夺回了1973年1月28日以前的控制区，而且还解放了20多个乡，约30万人口。特别是在B2战场，第7、第8和第9军区完全巩固了根据地，沿柬埔寨边界从广德到福隆、平隆和西宁连成一片，禄宁和隆原也连在一起，使北方经长山公路（559号公路、胡志明小道）运往南方的物资和兵力可以直接通到第7军区（南部东区），然后往第8军区（南部中区）、第6军区（中部南区）和第9军区（南部西区）延伸。越军终于获得了越南战争爆发以来彻彻底底的根据地畅通权。

对胜利坚信不疑的越南劳动党中央决定打破常规，指示南方中央局在1974年雨季一边巩固根据地，一边加强军需物资囤积和整顿军队，务必使1975年旱季到来时能做好大反攻准备。

根据越南中央军委的指示，南方中央局打算在B2战场大力扩军，首先要把每个省的地方部队由1个营扩建到4个营，接着又把分散活动的团级部队整合成师，确保每个军区都有一个主力师单位：第9军区组建第4步兵师，下辖第10、第20和第30步兵团，师长阮廷职大校；第8军区组建第8步兵师，下辖第18、第24和第320团，师长黄文然大校；第7军区组建第6步兵师，下辖第4团和第23团，师长邓玉士大校；第6军区把186、840和15营合并，组建812综合团；西贡—嘉定特区由第1、第2、第3、第4决胜营和县地方连组建嘉定团。

此外，越南南方解放军司令部还直辖第5、第7和第9步兵师，第201、第205、第16和第271步兵团，第27特工部队（特工第429、第79和第10团）、第316城市别动团、第69炮兵师、3个坦克营、1个工程工兵营、2个战斗工兵营和3个修路工兵营，以及2个无线电通信营和1个有线通信营。从番号来看，南部平原战场的越军师级部队不少，达6个师，可真正拥有师级战斗经验的部队也就第5、第7和第9三个步兵师。为了减少指挥层级，形成集团作战威力，越南南方解放军司令部向越南人民军总参谋部建议，把第5、第7和第9步兵师集中起来，得到部分技术兵种加强，组建一个军，在南方战场实施大兵团作战。这个建议很快得到了批复。

1974年7月20日，在越南南方解放军司令部召开的军事会议上，南方中央局书记范雄正式宣布组建越南人民军第4军，第9步兵师首任师长黄琴少将出任第4军军长和党委书记，原第559兵团政委黄世善少将任军政委，裴吉武大校任副军长，下辖第5步兵师（第4和第5步兵团）、第7步兵师（第141、第165和第209步兵团）、第9步兵师（第1、第2和第3步兵团）、第24机械化炮兵团、第71防空团、第25工兵团、第429特工团、第69通信团。军机关单位由参谋部、政治部、后勤部组成，总兵力为35112名干部战士，其中指挥干部6285名，战士24862人，3968名专业技术、业务干部和技术兵。武器装备为21385件各类步兵武器（从半自动步枪到重机枪）、1033具B40或B41火箭筒、227具高射机枪和高射炮（37毫米、57毫米高射炮和12.8毫米高射机枪）、228门迫击炮（60毫米、82毫米、120毫米和160毫米）、90门82毫米无后坐力炮、33门H-12火箭炮（63式多管火箭炮），36门85毫米、122毫米和130毫米加农炮，以及223辆运输车、56辆炮兵牵引车、17辆工程车、94辆吉普车、1366辆自行车。

为了便于指挥，越南南方解放军还把第205和第271步兵团组建成不满员的第303步兵师，由杜光兴大校任师长。第303步兵师、第201步兵团、第16步兵团、第27特工部队和第316城市别动团直属于越南南方解放军司令部。

在整编扩军的同时，越南北方还加大了对南方的物资运输力度。根据越军总后勤局的指示，第559兵团下辖的第470、第471、第473和第427师对长山公路两条长达1240公里的主干线进行维修并提高公路等级，使长山公路在1975年初的纵、横、迂回总长达到16790公里（其中，纵向公路总长6810公里，横向公路总长4980公里，迂回公路总长5000公里）。同时，越军总部还把第559兵团的各个机械化汽车团营合并，组建第571和第471两个师，各兵站组建起29个汽车运输团，兵团共有汽车6770辆。

在道路保障和汽车部队的大力运输下，6.8万名新兵、8000名干部和上万名青年突击队员，以及20万吨物资进入南方战场，使越军在南方的军需储备量达7万吨弹药（含10万发重型炮弹、22万发各式肩扛式炮弹和火箭弹）、10.7万吨油料、8万吨主粮和副食品、2400吨药品和5400吨粮秣等军需品，保障了1974年至1975年旱季战略进攻的战场需求和消耗。可是，在保障大规模运输的同时，第559兵团也付出了很大的损失。根据长山部队的卫勤报告统计，他们在1973年至1975年的运输过程中蒙受的战斗损失并不亚于1975年任何一次战役："从1973年到1975年5月，公路线上战斗伤亡是4542人，含1382人死亡：1973年负伤1250人、死亡886人（占兵力2.15%）；1974年是负伤626人、死亡355人（占兵力的0.9%）；1975年负伤284人和死亡141人（占兵力的0.46%）。"[1]可与1972年做个对比，1972年负伤4565人、死亡2450人。

经过雨季的整军和战略储备，越军变得异常强大，而南越国军却日益虚弱，甚至停止了“蚕食”和“绥靖”，变成自保收缩状态。南方中央局和南方解放军司令部经过综合分析，敏锐地注意到了这个有利的态势，决心把握机会，尽力争取在1974年—1975年旱季以新组建的第4军，对西贡连续展开两个阶段的攻势，在其他战场配合下，力争于1975年至1976年旱季结束长达15年的抗美救国战争。

福隆省，很不幸成了越军1974年至1975年旱季战略进攻的第一个目标。

福隆？福隆！

福隆省位于西贡—嘉定首都特区西北120公里处，西邻平隆省，东靠广德省，南贴隆庆省。此外，福隆省还与柬埔寨有一段不短的边界线。南方重要的生命线之——14号公路，就是从福隆省穿过，经由省内同帅等几个重要的军事支区，卡在了长山公路（胡志明小道）和各个重要根据点之间，是越南人民军的眼中钉、肉中刺。在长达14年的越南战争中，福隆省军民一共进行了2次总攻击，虽然取得了不小的胜利，但始终没能彻底解放福隆省。

南越国军也很清楚14号公路和福隆省的重要性，第3军区在美军的协助下苦心经营多年，把福隆省建成了一个坚固的基地，常年袭扰和拦截长山公路通往南部平原的各条补给干线和支线，给越军的南下部队和物资都造成了一定的损失。由于南越国军第3军区牢牢控制着福隆省和14号公路沿线，使西原军区和南部平原始终难以进行有效的战略配合。

1974年旱季（11月底）到来时，南越国军第3军区在福隆省以福隆市、福平县、同帅支区、布都县、德福县和婆拉山（火力基地）构成主防线。对于越南共和国总统阮文绍而言，福隆省是西贡外围重要的屏障，一旦这里发生会战，结果将直接决定西贡外围防线是否崩塌。

对逐步赢得战场主动权的越军来说，1974年至1975年旱季战略进攻是打垮对手的宝贵时机。为此，越南南方解放军司令部计划在南部平原从北面、西北、东面和西南继续往西贡压进，日益孤立、包围和进逼西贡。

在西南，越军用新组建的第4军先打下同帅到广德之间的14号公路，从北面向西原扩大南方解放军司令部所在的禄宁根据地，并使之和西贡东面的根据地连成一片，为从这个方向对西贡发动总攻击开辟道路和存储技术装备创造有利条件。时任越南南方解放军代司令员的陈文茶中将分析，要想打通14号公路，必须攻下同帅，只要打下这个县，福隆省就会陷入完全孤立的态势，越军就可以把全省守敌困在福隆市。如果条件成熟，越军甚至可以一举解放整个福隆省，使南部平原的后方根据地变得更加完整，同时还能在心理上沉重打击对手。

除了打通同帅到广德之间的14号公路段，南方解放军司令部还计划用第5步兵师扩大西宁省西部的运输走廊，解放德惠县周围的边求、拐婆与德和县北部地区，建立从西面封锁西贡的桥头堡和部队对西贡发动总攻击的跳板。此外，越军还要打下黑婆山，这个西宁市郊的制高点，同时也是南越国军第3军区重要的通信联络中转站。通过拿下安禄、真城、油汀控制住西宁省的26号公路，进一步向西贡压进，在西贡西北和北面夺取进攻跳板。

这个宏大的压缩包围计划中，最重要的一环就是解放福隆省。简而言之，解放福隆省是一石三鸟：一是测试美国的反应，看看福特政府是不是像尼克松政府那样无条件全力支持南越并对一个省的失守做出军事反应；二是看看南越国军的应对能力，是否还像1968年新春总攻和1972年阮惠战役那样能够承受单点（甚至多点）打击，继而进行大规模反扑；三是一旦打下福隆省，就可以完全打通南部平原的补给干线。

根据陈文茶的决心，越军对福隆省的进攻将分成两个阶段：第一阶段，先打福隆市周围的布登、布那、布都、德福、同帅等县，孤立福隆市；第二阶段再打完全失去外围依托的省会——福隆市、福平县，以及重要的婆拉山火力基地。在两个阶段作战中，越军要封锁住14号公路，阻止南越国军第5、第25和第18师团增援，确保越军第4军全歼福隆守敌，具体部署是以越军第4军主力第9步兵师布置在边葛隆原，实施战役佯动，牵制住防守西贡中间防线和外围的第3军区各个主力部队，不让他们调往其他地区。南越国军联合参谋本部判断，越军将在1975年旱季解放整个西宁省，把西宁市作为南方共和国临时革命政府的首都。越军为了进一步迷惑和误导对方，将计就计让第9步兵师往西宁市佯动，装出一副要打西宁市的样子，把南越国军联合参谋本部的注意力吸引过去。

在第9步兵师佯动的掩护下，越军第4军下辖的第7步兵师和第303步兵师，南方解放军司令部直辖的第16步兵团、第24机械化炮兵团、第71防空团、1个坦克连（7辆T-54坦克）在第4军军长黄琴少将和政委黄世善少将统一指挥下，从禄宁解放区出动，开赴战场。具体计划是，第7步兵师所辖的第165步兵团和第141步兵团，在1个坦克连和2个130毫米加农炮连的支援下攻下同帅军事支区，同时以第303步兵师在福隆省地方部队配合下解放14号公路沿线，以第7步兵师209团为预备队。

总的来说，同帅军事支区是战役胜利的第一个关键环节，打同帅只能胜，不能败。陈文茶中将在回忆录中对同帅的意义评述道：

同帅这个点是整个福隆省，也是14号公路的关键点，因为它是把福隆省和南越第3军团控制的整个地区联系在一起的咽喉要地和门户，是生死攸关的通道。失去同帅，福隆省其他地方和14号公路就陷于孤立，给这个粮食、食品匮乏的穷山区提供补给就更困难了。解放14号公路的目的是开辟东部通道，运输储存在A区和20号公路东面根据地的武器弹药、粮食，为从东线攻入西贡的部队做好准备。而这条通道必须经过同帅或靠近同帅的北部地区。不解放同帅，通道就会像过去一样受到限制，也就是说计划的目标没有达到。只要打下同帅，敌第3军团一部就会被包围在福隆市，为我军在必要时解放全省创造条件。虽然同帅只是一个点、一个县、一个比较坚固的军事支区，但这个点却是B2战场旱季整体计划中的一环，对敌人来说将是出其不意的第一仗，（若胜，则）对我军而言将是莫大的鼓舞。

再看南越国军，福隆省守军是保安军5个营和48个民卫排，兵力约5400人，由南越国军第3军区司令杜国东中将节制。守军部署如下：第341和第352保安营把守同帅军事支区，第363保安营防守布那支区，第362保安营把守永善到布登之间的14号公路段，304保安营做福隆省预备队，第341、第352和第363保安营还共同负责14号公路及周围路段的防卫，驻福隆市中心的1个炮兵营（装备105毫米和155毫米美式榴弹炮）负责提供炮火支援。

与1972年阮惠战役一样，南越国军第3军区（同时也是第3军团）把主力部队都放在福隆省周围省份，准备抵挡越军可能的进攻。如果福隆省遭到攻击，驻边吉的第5师团与边和、隆庆省的第18师团可以快速驰援。另外，杜国东中将还可以调动别动伞降第81联团和100多架直升机（主要是UH-1“休伊”直升机和CH-47“支努干”直升机），以及南越国军第3、第5飞行师团的F5战斗机、A-37攻击机实施空中支援。

初战得手

经过2个多月的准备，黄琴少将、裴吉武大校指挥的越军第4军正式向福隆省进军。部队行军100多公里，穿山林、走夜路，271团、165团和201团于12月11日顶着滂沱大雨占领了指定集结位置。

1974年12月12日，越军165团4营首先对14号公路沿线的南越国军一个前沿据点（由1个保安连把守）发起攻击，成功地打下据点。与此同时，福平县的一个特工连偷袭了布都军事支区。战役沿14号公路全面打响，14号公路处处遭袭，交通中断。遭到进攻，南越国军第3军区司令杜国东中将赶紧命令预备队第304保安营反击，试图恢复交通，但在越军165团各营的阻击下，他们没能打通14号公路。12月13日，福隆省军事小区司令阮仲清（Nguyen Thong Thanh）上校视察14号公路沿线地区后，认为情况紧急，下令福隆省驻军将警戒级别由“黄色”提高到“橙色”。在此期间，福隆省地区接连下大雨，淹没了通往福隆市的各条主要干线，迫使黄琴少将和裴吉武大校推迟了12月13日的预定进攻方案。

12月14日拂晓，越军第303步兵师271团对布登军事支区发起猛烈攻击，遭到第362保安营顽强抵抗。激战2小时，271团以2连几乎被全灭的代价突破了第362保安营防线外围，冲进了军事支区，双方短兵相接。尽管兵力处于1∶2的劣势，第362保安营还是竭尽所能地奋战到底，最终被271团吞没。11点30分，271团向第4军军长黄琴少将报告，完全夺取了布登军事支区。同一天，越军第7师165团和第303师201团对永善和布当也展开攻击，耗时2小时，打下了永善和布当。

12月15日，第4军所辖的特工第429团突袭布那支区，这里由第363保安营1个连和1个炮兵排把守。接到支区遭袭报告，第363保安营赶紧出动救援，试图在驻边和机场的战斗轰炸机的支援下，替布那支区解围，但遭165团3营坚决阻击，步履维艰。第429特工团也是好样的，出手果断，干脆利落地在黄昏前全歼守敌，攻克了布那军事支区。12月16日，南越国军第3军区司令杜国东中将急忙飞抵福隆市，评估战况后，他决定抽调驻边吉的南越国军第5师团下辖的第7步兵团2营去增援福隆省。同一天，杜共清（Do Cong Thanh）上校再次组织反击，试图打通14号公路，但每次都被越军第201团和第141团一部联合打退，14号公路沿线完全落入越军第4军之手。

经过4天连续激战，越军第4军在福隆省地方武装（2个营）的配合下，全歼了布登支区和布那支区之敌，拔除60多个据点，宣称歼灭和俘虏敌2000人，缴获各类武器900件（包括4门105毫米榴弹炮、7000发105毫米榴弹），解放14号公路沿线100多公里（从11号桥到建德），解放人口1.4万。

1974年12月20日，南方解放军司令部副司令员兼参谋长黎德英中将向在河内开会的陈文茶中将报告：“……在14号公路段，我已完全解放了靠近同帅的11号桥到布登外围建德支区边缘的整段地区……在布登、永善和布那，我缴获4门105毫米榴弹炮、炮弹7000发、各种枪支3000件，俘虏300多人，将继续追击败敌。”

▼*福隆战役示意图，1974年12月13日至1975年1月6日*

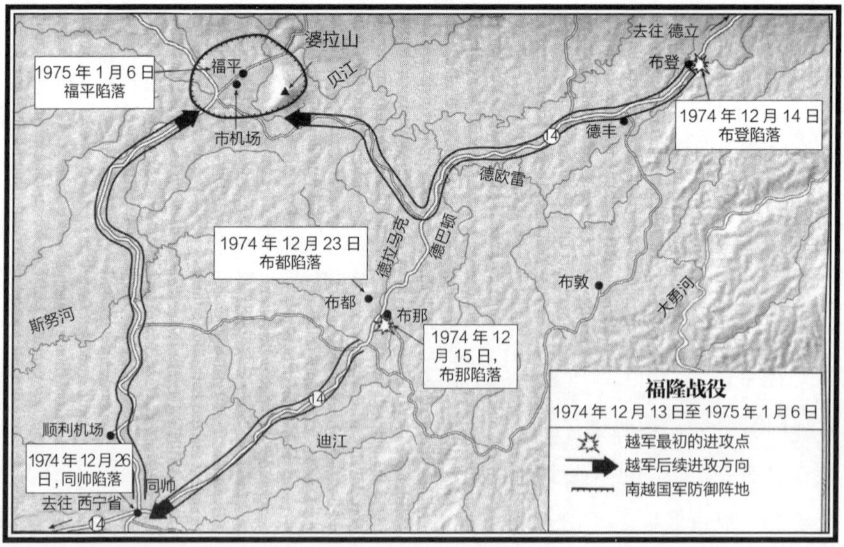

为了扩大战果，黄琴少将决定继续进攻。12月22日，165团对驻守布多据点的341保安营发起攻击。与此同时，第7步兵师141团和209团也对福支、福归和福禄等地相继展开攻击，均顺利克敌。期间，第304保安营试图反击布多据点，但被165团6连轻松打退。经过3天激战，165团攻克布多据点，341保安营幸存官兵突围而出，向婆拉山逃窜。2天后，南越国军第3军区司令杜国东中将打算从南越国军第18师团抽调1个团增援福隆省，但被总统阮文绍否决，阮总统指示没有他的允许，不准调动任何团级部队。结果，杜国东中将只得命令第5师团师团长黎阮维准将派兵加强同帅周围基地。然而，当南越国军第5师团所部赶到目的地时，越军已经把同帅支区团团包围，前来增援的第5师团所部完全暴露在越军M46 130毫米加农炮的射程内。尽管南越国军空军第3、第5飞行师团竭尽全力进行空中支援，可最终进入同帅支区的只有第5师团1个连，剩下的主力还是缩了回去。

南越国军增援同帅的失败大大振奋了越军的士气。1974年12月26日05点37分，越军第7步兵师141团和第209团顺势从4个方向对同帅支区发动总攻，炮火准备足足打了15分钟。由于越军第4军炮兵群强大的火力（使用缴获的4门105毫米榴弹炮）支援，同帅支区的南越国军炮兵完全被压住了。此外，投入战斗的越军第20高射炮营使用37毫米和57毫米高射炮，结合12.8毫米高射机枪，张开一道密不透风的火力网，没有给南越国军空军A-1“天袭者”攻击机和A-37攻击机任何机会。激烈的战斗打到10点30分，同帅支区守军全部投降，南越国军第352保安营营长和全体参谋做了越军的阶下囚。

不到两周的时间，越军第4军就攻下了布多、布那、布登和同帅等福隆省内的各个要点，基本控制了福隆省内的7号公路段、14号公路段，和1号、2号福隆省道，形成了对福隆市守军的包围态势。

战役进入到第二阶段——攻城。

大战告捷

为了阻止福隆省陷落，杜国东中将需要从别的军区得到至少1个步兵师团和1个装甲骑兵旅团的增援，当时显然只能从吴光长中将的第1军区（下辖第1、第2、第3师团和海军陆战师团、伞兵师团）抽兵，但没有总统阮文绍批准，一兵一卒也无法调动。12月29日，意识到福隆省危在旦夕，总参谋长高文园上将亲自跑到独立宫面见阮文绍总统，请求批准10月份被打回票的计划（一旦福隆有变，立即从第1军区调海军陆战师团），守住福隆省，但阮文绍不为所动，坚持己见。在给高文园的答复中，阮文绍对增兵一事闭口不谈，只说要杜国东中将不必庸人自扰，当务之急不是增援，而是稳住福隆省守军的士气，他相信福隆省守军能安然退敌、逢凶化吉。

正当第3军区司令杜国东中将求爷爷告奶奶的到处乞求援军的时候，越军第4军却在12月27日到30日朝着福隆市和福平县压了过来。12月30日下午，越军第4军各部占领进攻阵地：越军第7步兵师165团在福平县南面和东南展开，越军第141步兵团在北面和西北沿着通往福平县的2号省道展开，越军第271步兵团封锁309号公路，第16步兵团从西宁省赴援，第79特工营在婆拉山脚集结，第209步兵团充当预备队。除了上述部队外，越军第4军还增派了1个M46 130毫米加农炮连和2个坦克连（装备14辆T-54坦克）。

1974年12月30日，正当杜国东中将收到总统阮文绍"礼貌而坚决"的增兵否决答复并陷入绝望之际，越军第4军军长黄琴少将正式向第7步兵师师长黎南风大校下达进攻福隆市的命令。第165步兵团、第141步兵团在第16步兵团3营和福隆省地方部队支援下展开攻击！由于第79特工营和第271步兵团行动较为迟缓，使得驻防福隆市的南越国军1个炮兵营（装备105毫米和155毫米榴弹炮）可以从容不迫地猛轰越军第165、第141步兵团，以及婆拉山周围集结的第79特工营和第271团。此外，赶到福隆外围的南越国军第5师团所辖的7团2营突然向婆拉山脚周围待机的越军165团5营和6营发起反击，迫使越军第7步兵师师长黎南风大校改变计划，命令165团全力打退反扑之敌，越军141团先打福平县，再打福隆市。12月31日13点，黄琴少将给141团增派4辆T-54坦克，支援攻坚，但其中1辆坦克因触雷失去战斗力。尽管如此，越军141团还是很争气，在剩余的3辆T-54坦克支援下冲进了福平县中心，打下了福平机场，切断了福隆市守敌退路。战至15点，141团解放了福平县，南越国军第5师团7团2营被迫停止反击。

12月31日傍晚，南越国军空军为了挽救败局，出动了50多架次战斗轰炸机猛袭婆拉山脚下的越军第271步兵团和第79特工营，短暂阻止了越军的进攻步伐。面对肆虐的敌机，配属越军第4军的第20高射炮营迅速机动到婆拉山脚，以猛烈的防空火力抵挡敌人F5战斗机和A-37攻击机的密集支援，使第79特工营在夜间恢复进攻，很快打下婆拉山。随着福平县和婆拉山的失守，福隆市已经失去了依托和制高点，完全陷入重围。得胜的越军第4军开始用炮火猛轰福隆守军，密集的炮火逐渐削弱了守敌的士气。1975年1月1日，南越国军空军再次努力，又出动50架次战斗机、轰炸机攻击第7步兵师，又一次暂时稳住了福隆局势。战至当晚，南越国军空军宣称15辆北越坦克中弹起火（实际上，投入战斗的坦克一共就14辆，何来15辆起火一说？明显是在夸大战果）。另一方面，驻福平县的南越国军炮兵营随城覆灭，8门105毫米榴弹炮和4门155毫米榴弹炮全部成了越军第4军的战利品。黄琴少将毫不客气，当即命令炮兵掉转炮口轰击福隆市守敌。1975年1月2日清晨，福隆市已完全处于越军第4军炮兵射程内，炮弹一刻不停地落入市内，守军覆灭指日可待。

在这危急关头，杜国东中将想到了别动伞降第81联团。他们是第3军区的战略预备队和快速反应部队，当前只有他们才能挽救败局！此时，别动伞降第81联团正在西宁省境内的黑婆山，向越军第429特工团发起反扑，力求夺回黑婆山通信中心。战斗打得异常艰苦，越军特工顽强抵抗，别动伞降第81联团进展缓慢。

1月1日夜，位于西宁省朗庄（Trang Lon）的别动伞降第81联团指挥部（前美国特种部队营地）里，参谋们照常忙碌，准备拟出第二天的黑婆山进攻方案，一些人劳累大半天正在打个小盹，突然间联团指挥部电台收到紧急电报，第3军区司令杜国东中将要跟别动伞降第81联团联团长范文勋上校通话。通过无线电，杜国东中将简要地介绍了福隆省战况，并指示范文勋上校迅速集合别动伞降第81联团救援福隆。看着联团长的脸色“晴转多云”，大家的心情也跟着紧绷起来。通话完毕，范文勋上校径直走到别动伞降第81联团参三军官（即参谋部情报科军官）跟前，以冷静而坚定的口吻下令：“明天从山上撤出联团侦察连所有搜索队，我们奉命要参加新的战斗。”

听到这话，别动伞降第81联团指挥部全体军官都感觉被浇了一盆凉水，战局变化实在太快了：为了夺回黑婆山，别动伞降第81联团官兵们顶着对方的火力，克服困难顽强冲击，逐个肃清越军特工，艰难朝山顶逼近，眼看大功就要告成了，却在这个时候接到撤退命令，这不是前功尽弃了吗？但军人以服从命令为天职。他们克服万难，硬是以无一伤亡的代价，在越军第429特工团的火力下安全撤离了黑婆山。1月2日下午，别动伞降第81联团主力和侦察连搭乘CH47“支努干”直升机返回他们的新营地——位于边和机场的血溪营地，但813连留在西宁省继续和友军一同奋战。

此时，福隆市的激战也进入白热化。意识到越军第7步兵师即将发动总攻，福隆城防司令杜共清上校调整部署，准备最后的决战——福隆省小区司令部转移到黎利（Le Loi）兵营，第304保安营死守勇溪（Suoi Dung）的各个大桥，南越国军第7步兵团2营沿着多贤（Tu Hien）1号和多贤2号地区的各条主要街道两边的楼房组织防御。在南越国军第304保安营和第7步兵团2营的拼死抵抗下，越军第141步兵团和第165步兵团的轮番冲击被打退，福隆市又苟延残喘了24小时。1月3日清晨，越军第4军集中火炮朝福隆守敌猛轰1小时，接着越军第141步兵团、第165步兵团和第271步兵团从三个方向猛攻福隆市。在南面，第165步兵团打下了段文垮（Doan Van Kieu）军营；在西面，越军第141步兵团和南越国军第5师团的9团1营在胡隆绥（Ho Long Thuy）大街展开激战；在东南，越军第271步兵团粉碎了南越国军第7步兵团2营的抵抗，拿下了多贤1号和多贤2号地区。

福隆日渐恶化的战况终于让独立宫清醒过来。阮文绍这才意识到大事不好，一个省沦陷在即！下午，他把总参谋长高文园上将以下的联合参谋本部主要成员召到独立宫，商讨救援福隆省的对策。

会上，高文园上将首先做形势简报，他站在大比例的福隆省地图前介绍当前作战态势：越军第4军自1974年12月12日起用3个师约3万步兵在1个坦克营、1个炮兵团和1个高射炮团（含57毫米高射炮、20毫米高射炮、12.8毫米高射机枪和萨姆7肩扛式防空导弹）的支援下，向我福隆省和14号公路沿线各个支区展开攻击。12月14日，他们攻破了布都和布那军事支区；12月21日又夺取了福平机场；12月26日，同帅支区陷落，福隆市完全暴露在越军兵锋之下。12月30日，第5师团发动一系列反击，但未获成功。在激战中，南越国军空军进行了强有力的支援，击毁16辆T-54坦克。1975年1月1日，越军第4军又发动了两波攻势，在坦克和炮火的支援下，他们冲进了福隆市区，但被我第

304保安营和第7步兵团2营打退。在婆拉山火力基地争夺战中，我军败北，战役主动权完全落入敌军之手，救援福隆省一刻也不能耽搁。

接着，高文园上将再次建议从吴光长中将的第1军团（同时也是第1军区）抽调精锐的南越国军第1师团、海军陆战师团或伞兵师团之一驰援福隆省，但仍被阮文绍拒绝，理由是南越国军已无力在短期内进行师级部队的快速机动，远水解不了近渴。讨论来讨论去，最终决定让别动伞降第81联团增援福隆省。

于是，联合参谋本部紧急草拟作战计划，命令别动伞降第81联团拼凑一支特遣队，由战术指挥部、1个特战连（装备1门90毫米无后坐力炮）、第811和第814伞兵连，共300人组成，先机降在福隆市，顶住越军第4军进攻，确保别动伞降第81联团主力2500人于未来10天安全展开。

命令下达不到1个小时，血溪营地的别动伞降第81联团就行动起来，匆忙抽调精锐组建起一个快速反应特遣队和一个小型战术指挥部，由特战连、第811连和第814连、卫生队组成，归武春通中校和阮山少校指挥，谭友福少尉任该特遣队的军医官。别动伞降第81联团司令范文勋上校检阅了这支特遣队，并和每名战士郑重握手，他亲自把大家领进简报室，展现在他们面前的是一幅大比例的福隆市地图。

当参三部（即参谋部情报科）主管阿富少校用指挥棒对着地图逐个讲解地标时，伞兵们被地图上展现的大片大片的红点点和红箭头（标志越军）震惊了。反观标志南越国军的蓝点点却少得可怜，几乎处于红点点的惊涛骇浪之中。形势很明显：福隆市被包围了！婆拉山的火力基地也已丢失！严峻的形势让伞兵们冷静下来，这次增援凶多吉少！

1月3日清晨，越军第141团一部冲进福隆市，发现守敌完全陷入分割孤立据守状态。接到报告，第4军军长黄琴少将遂改变打法，由各路向心突击转为集中兵力于一点强行突破。在黄琴少将的命令下，越军第141团全部出动，在第201团1个营的加强下，击退南越国军的抵抗后，全力压缩守敌空间。

为了配合第4军进攻福隆，南方司令部也命令南部东区第69炮兵师组织炮兵袭扰边和机场，阻挠南越伞兵增援。从05点30分到06点30分，第69炮兵师一连对边和机场组织了5次炮火急袭，107毫米火箭炮、85毫米加农炮和DKB

（66型单管火箭炮）猛打机场，大量CH47“支努干”直升机中弹受损，边和机场也被迫关闭2小时。部分下班后离开基地的飞行员因机场暂时关闭无法按时上班。原定于09点00分的起飞行动不得不推迟到下午，让清晨05点00分就从血溪营地乘车赶到平隆机场待机的别动伞降第81联团特遣队等候多时。13点40分，边和机场勉强凑足30架直升机（大部分是“休伊”直升机），赶紧往平隆机场飞去。

由于直升机数量不足，特遣队计划分成两拨走。14点，30架直升机载着特遣队第一拨伞兵（150名官兵）呼啸着离开平隆机场，飞往福隆。一小时后，福隆战场全貌映入眼帘。只需往下瞟一眼，马上就能明白福隆形势的严峻性：周围的制高点，同时也是火力基地的婆拉山已落入越军第4军之手，在山顶展开的越军炮兵居高临下开炮，密集的弹群凶狠地砸向市区，整个城市像是沐浴在火海之中。这种情景让特遣队长武春通中校心里直打鼓：机降必须在敌前展开！这么一来，空军的支援就显得尤为重要，如果战斗轰炸机不能及时赶到，用轰炸和扫射来削弱婆拉山顶的越军第4军炮兵，特遣队的机降就会有极大风险。

看到直升机到来，第4军军长黄琴少将早有准备。在他的命令下，越军第71防空团（装备12.8毫米高射机枪、20毫米高射炮和57毫米高射炮）立即在福隆市周围展开火力，迫使30架直升机在市郊来回盘旋躲避。但始终不见南越国军空军的F5战斗轰炸机和A1攻击机的踪影。倒是C-130运输机不顾恶劣天气和第71防空团的防空火力频频出击，向福隆市北部空投粮弹，企图接济守军，无奈守军控制区太小，物资被越军第4军“笑纳”。

眼看空军还不到来，武春通中校透过无线电向在别动伞降第81联团司令部守候的范文勋上校报告地面敌情，并称空军战斗轰炸机未能到来，请求指示是否机降。接到报告，范文勋陷入短暂沉思：目前是15点15分，如果现在机降，那么第一拨伞兵完成集结大约在15点30分，按平隆机场到福隆市之间约100公里的距离来算，那么第二拨伞兵最早也只能在17点30分机降。这样的话，当第2拨伞兵机降时，福隆市已被夜幕笼罩，无论是直升机（UH-1）还是战斗轰炸机都无力提供空中支援，这也意味着第一拨伞兵必须承受越军重兵围击。由于范文勋上校不愿就这么白白牺牲掉第一拨伞兵，考虑再三后下令取消3日的机降行动，撤回待命。

直升机离去了，但福隆战斗还在继续，越军第4军加大了炮击力度，3日这天的落弹量高达3000发，福隆城防副司令中炮阵亡，刚逃出福平县不久的福平县守军司令也身负重伤。尽管战局异常恶劣，但南越国军第304保安营和第7步兵团2营、第9步兵团1营还是坚持抵抗，死死顶住一步步朝市中心推进的越军第141团。

1月4日清晨，南越国军空军的A-1“天袭者”又飞了过来，继续猛攻越军第141团和第165团，又给守军提供了象征性的支援。当天清晨，大量直升机修复，南越国军第3军区终于在09点00分前凑足了60架直升机（这一回，CH47可用数字达18架），可以一次性将特遣队全部运往福隆市，但天公不作美，范文勋上校不得不一再推迟出发时间。为了督促特遣队出兵，第3军区司令杜国东中将带着大批高参亲临平隆机场，给伞兵们打气，他严令不管天气条件多么恶劣，都必须在15点前机降福隆，否则军法从事！12点00分，特遣队全体出动，搭乘着47架直升机飞往福隆。

在此期间，越军第141团在炮火的掩护下，在福隆城里逐街逐巷地和守军激战，南越国军第7步兵团2营、第9团1营和第304保安营完全被压缩在福隆省长厅和集市里，越军控制了90%的城区。

13点05分，别动伞降第81联团特遣队分两拨机降。第一拨伞兵由武春通中校率领，在福隆市德隆大桥安全机降，一着地他们就立即和守军取得联系，在省长厅周围布防。第二拨伞兵（由阮山少校指挥）就没有那么幸运了。在着陆区，他们遭到了数以百计的40火箭弹攻击，不少伞兵当场阵亡。与此同时，在省长厅附近的警察局刚刚占领阵地的第一拨伞兵也遭到越军第141团和4辆T-54坦克猛攻。伞兵们朝T-54拼命发射M72火箭弹，但收效甚微。坦克每次中弹就停下来一会，然后用主炮轰击伞兵火力点，再继续隆隆前进。显然越军坦克兵已经从1972年安禄战斗中吸取了宝贵的经验教训，学会了保护坦克，他们给坦克加强了厚重的装甲和沙包，使之免于被火箭筒轻易摧毁。

在越军第141团猛烈进攻下，特遣队被迫退出福隆市警察局，撤往德隆大桥，大群平民也跟在他们背后逃难。不少人哀号着倒在了越军的炮火下（越军在夺取婆拉山火力基地后，利用缴获的8门105毫米榴弹炮和155毫米榴弹炮猛轰福隆市），也有不少人死于F5战斗轰炸机对地投掷的炸弹和火箭弹。

自特遣队增援福隆省的那一刻起，越军第141团就打算把伞兵们赶尽杀绝，但特遣队临危不惧，顽强抵抗，暂时稳住了战线，打退了第141团。第141团和T-54坦克撤退后，越军第4军又用63式107毫米多管火箭炮轰城，密集的火箭如雨点般砸下。伞兵们估计约千发火箭砸到了守军日渐缩小的防区。大半天时间里，越军猛烈的炮火和火箭完全压制了伞兵，没有人敢挪动一步。军医官谭友福少尉的掩体（位于省长厅附近）周围，将士的尸体、负伤的官兵和平民躺了一地。

此时， 黄琴少将通过前线报告已经知道特遣队的到来，并建立起比较坚固的战术支撑点。为了不影响总攻，他下令军属预备队——越军第16步兵团投入战斗，务必消灭伞兵。

1975年1月4日15点，新锐的第16步兵团接替141团进入福隆市区。16团一上来就用2连和4连对市中心的守军城防司令部发起新一轮进攻。为了确保司令部无恙，伞兵特遣队与敌展开激烈肉搏，特遣队长武春通中校身先士卒，他朝冲进省长厅的越军投出一枚手榴弹，当场炸倒一片。M72火箭筒也终于发威了，近距离击毁一辆T-54。在全体将士的奋战下，特遣队又把第16步兵团的进攻打退，但他们的伤亡也越来越大，M72火箭弹也全部打光，原本以为可以支撑10天的药品也快消耗光了。谭友福少尉不得不把长长的电话线剪断，用来缠住绷带，给伤员们包扎伤口。伞兵特遣队的告急电直接发到了南越国军联合参谋本部：福隆市危在旦夕，救援刻不容缓！

夜幕缓缓降临。别动伞降第81联团特遣队机降福隆才几个小时，就承受了越军两次进攻。负伤的将士和平民躺满了谭友福少尉那小小的掩体，因缺乏急救药品，只能眼睁睁地看着不少人流血至死。在这种情况下，一名上尉也看不下去了，他命令谭友福少尉准备撤退。恐慌开始蔓延。掩体内躺着的平民号啕大哭，乞求同行。谭友福少尉不得不好言相劝，稳住了他们的情绪。所有人都备受折磨地等待着时间的流逝。当夜就这么过去，特遣队没有接到任何新指令。

伞兵特遣队的顽强抵抗让越军第4军军长黄琴少将、政委黄世善大校、副军长裴吉武大校和第7步兵师师长黎南风大校很是吃惊，尤其是141团已伤亡惨重（连续4天激战，该团伤亡约500人），不得不调整部署，暂缓攻城。

1月5日，黎南风大校把165团5营和6营调上来，协助141团巩固既夺城区，同时加大炮轰力度，促敌崩溃。一整天时间，拖着长长尾焰的107毫米火箭弹都不断砸在静如死城的福隆市中心，弄得守军以为末日将至，手不离枪、保险不下，始终处于战备状态。黄昏，城防司令杜共清上校下令各部加强防线，防止越军突然进攻。在这生死攸关的夜晚，南越国军第3军区却没有下达任何指示，既没承诺增援，也没允许撤退。

随着1月6日黎明的到来，最后的决战开始了！为了尽快全歼残敌，黄琴少将把越军第4军最后的预备队303师201团也拉上来投入战斗，他决心以201团、141团、16团和165团2个营在14辆坦克的配合下，以雷霆之势冲击市中心，务必在当天全歼残敌，彻底解放福隆市。

201团行动迅速，展开侧翼迂回，很快封锁了丁先皇（Dinh Tien Hoang）大街，切断守敌最后的退路。与此同时，第16步兵团和第141步兵团一起再次向市中心发起冲击，重点是摧毁伞兵支撑点。

清晨，越军第4军再次对福隆市进行了几小时炮击。巨大的爆炸声掩盖了16团和141团步兵逐渐逼近的脚步声。接着，嘎吱嘎的坦克履带碾压声传来。伞兵们警觉起来，各就各位，做好战斗准备。当坦克出现在眼前时，他们还是措手不及：到处都在爆炸，爆炸冲击波和弹片横扫周围，大量伞兵和平民倒下。这真是极为恐怖的一幕。

此时，连一向沉稳的特战连连长阿特上尉也惊慌起来，他跑到谭友福少尉的掩体出口，大喊撤退。同时，特战连也赶了过来，掩护卫生队转移。所有能动的伞兵统统行动起来，将重伤员抬上担架撤退。特战连和卫生队跟在811连和814连后面艰难地撤了出去。

出城后，特遣队先朝德隆河撤退一段。缓过气来，特遣队长武春通中校感到有些不对劲，此行的目的就是守住福隆，就这么撤退，算哪门子事呀？于是他调整部署，试图反攻夺回福隆城，结果不仅以失败告终，反而陷入越军第16团的重围。武春通中校只得反身杀开一条血路，朝德隆河撤退。然而，突围行动遭到越军猛烈的火力拦阻，河对岸的越军机枪火力和B40火箭弹横扫伞兵特遣队，如割麦般地逐个撂倒伞兵，鲜血染红了德隆河。尽管如此，特遣队还是杀出重围，消失在福隆省的密林中。

10点30分，141团战士阮文勋把“决战决胜”的大旗插上了福隆省长厅屋顶，但激烈的攻坚战还在继续。19点，越军第4军攻克了最后的据点，南越国军7团2营、9团1营和304保安营残部放下武器，举起了双手。整个福隆省获得解放！

战斗一结束，守候在电台旁的别动伞降第81联团司令范文勋上校就下令出动直升机搜查福隆市郊森林，营救幸存伞兵。在他们的不懈努力下，特遣队长武春通中校、副队长阮山少校、811连连长张越林（Truong Viet Lam）上尉、814连连长黎乐禄（Le Dac Luc）上尉等约150名伞兵和7名陆军士兵被救了回来。别动伞降第81联团总计307人参战，阵亡及被俘约150人（含7名军官）。

越军第4军打赢了自成立以来的第一仗，宣称俘虏2444人（含26名军官），缴获5000件各型武器和10000多发炮弹。而南越国军第3军区此战完败，阵亡1160人、负伤2000多，近2500人成了俘虏。为了这次胜利，第4军也付出了一定的牺牲。《越南人民军卫生勤务史》第三卷第374页记载：“在进攻福隆市的战斗中，部队也连续激烈战斗，伤兵数字高于前面各次战斗，共收容救治761名伤兵，含390名重度和中度伤兵（占伤员比例51.24%）。战役卫生部门（在整个战役中）共收容救治1222名伤兵。”[2]不管从伤亡数字还是实际战场控制情况来看，越南人民军都是当然的赢家。

福隆战役的硝烟远去，但余波未了。

战役结束的第二天，联合参谋本部就对福隆事件进行检讨，内部吵成一团，检讨会变成了指责会，最后联合参谋本部干脆提议成立军事法庭，要南越国军空军第43战术战斗机联队和别动伞降第81联团共同对福隆沦陷负全责。1月7日08点00分，在联合参谋本部作战大楼开庭审理“福隆”事件，别动伞降第81联团司令范文勋上校和空军第43战术战斗机联队队长绍上校出庭受审，在场的还有大批将军组成的陪审团。庭长阮友利（Nguyen Huu Loi）上校做完开场白后讯问绍上校时，范文勋打断了他的话头。范文勋上校当天身着笔挺的伞兵军服，在一名中尉的陪同下，信步走进法庭，请求先发言，获得允许。接着，他以洪亮嗓门一字一句地进行陈述，震撼着在场的每一名军人的心：

在座的各位将军、校官们，你们都很清楚福隆失守的原因，即便如此，诸位也没人敢把事实真相大声地说出来。说到别动伞降第81联团，我们接到命令明知是鬼门关也硬闯进去了，这没什么，因为我们（伞兵）的职业性质就是去寻死。说到空军，直升机飞行员们竭尽全力，甚至做得远超自己职责所在，对此我要向受我们拖累而牺牲的飞行员真诚地道歉。搞这个军事法庭并对他们提出控告是完全不公平的。如果真的要找一个人为福隆失守负责，我愿意承担这个责任，揽下所有罪名。请法庭继续审判，判决结果请随时通报。我现在还有很多事要做，在福隆失散的弟兄正等着我去救。抱歉，失陪了！

言毕，范文勋上校立正，向审判台庄严地敬了一个礼，然后以标准军人姿态转身大步流星地离去。尽管他在法庭上的发言不到5分钟，甚至可以说是一个极为简短的陈述，但这一历史性的时刻和他的气度却震住了整个军事法庭。指控他们的联合参谋本部高参们一言不发，将军陪审团干脆离去。谁都明白范文勋说的是大实话，搞这个军事法庭，无非就是想寻找替罪羊，替政府和军方顶罪而不是真正寻找解决的办法。

范文勋的一席话也震撼着庭长阮友利上校的心，拷问着他的军人道德良知。出于来自上级的压力，同时也是坚持军人操守，他没有对第43战术战斗机联队队长绍上校宣判重罪，而是判处留职察看一年，终于结束了这场审判闹剧。

丧钟长鸣

虽然这一仗失败了，但南越国军第3军区司令杜国东中将在阮文绍总统处处掣肘、处处干涉用兵的情况下，已经竭尽全力。对南越共和国而言，战役的失败不仅是丢掉了整个福隆省，而且还阵亡了上千将士，2444人走进战俘营，西贡大门向越南人民军敞开。第3军区的日子更加难过了。

1975年1月7日中午，越南共和国陆军发言人黎忠贤中将几乎是支支吾吾地向新闻界公布最新战况：国军野战部队和保安军在面对万余共军的进攻下英勇奋战了一周，最终不敌共军攻势，1000多名将士殉国，福隆省全境沦陷。

面对福隆之败，西贡当局无论是在军事上还是政治上都陷入了恐慌状态。对高文园上将而言，形势已经很明朗：如果南越国军连单点打击都应付不了，那面临大规模多点进攻时他们的表现如何，也就不言自明了。他在回忆录《南越的崩溃》中对福隆省的陷落评论道：

1975年1月6日，福隆省省会的失守是这条坚固防线崩溃的开始。许多人认为，福隆市的失守意味着南越开始瓦解……共产党为了考验南越共和国国军的决心，尤其为了试探美国政府的反应，果真选择了一个容易得手的目标。福隆省的失守具有重要意义。在越南战争史上，整个省落入共产党手里，这还是第一次。

南越陆军上校杨好也在回忆录《悲惨的一页》中提到：

福隆事件以后，我军后勤总局参谋长范伯华上校在谈到福隆失利的后果时说道："福隆激战的那些日子里，尤其是福隆失守的时候，也是我军联合参谋本部全体军官最紧张的日子。可以说，我们大家都惶恐不安，沉浸在忧郁和恐惧的气氛中，被压得透不过气来。这种忧虑不是因为激战就发生在西贡大门前，也不是因为福隆失守以及六七千军队的覆灭和瓦解，主要在于福隆失败说明共和国国军的实力。单点打击就已无力应付，如果多点同时遭到打击，那结果会如何？6年来实行'战争越南化'的效果如何，福隆事件已经说明得很清楚。以往，共和国国军渡过很多难关，全靠美国的救援。它充分供应一切装备，补充损耗，给予强大的支援，甚至补充足够的生力军。现在，面对惨痛的失败，丢掉整个省份，尽管阮文绍多次求见美国驻越南共和国大使马丁，要求美国干涉，但美国却置若罔闻。越南共和国外交部还正式发出照会，接着阮友劝将军还同密斯特直接通话，统统无济于事。这种紧迫的形势使我们极为惊慌和悲观。可以说，福隆是双方实力的一次较量，其结果太明显了……"。

对福隆失守，南越共和国的反应是惊慌失措和沮丧，而美国的反应却是漠不关心。

得知福隆省沦陷后，白宫发言人内森召开新闻发布会，用惯常的外交辞令宣布福特总统对福隆失守表示遗憾，对越南共和国事态发展表示关切，并表示美国密切关注那里的局势。当记者问到福特总统会不会考虑再派兵回越南时，内森斩钉截铁地答道："法律不允许总统这么做。"接着，记者又追问："总统是否认为国会会拒绝授权采取空中行动？"内森回答："是的。"记者还是不甘心，最后又反问道："是否由于国会的限制，总统只能毫无作为地听任越南共和国逐渐衰亡，直至完全陷落？"内森没好气地回答："这是一个纯属假设的问题，我真不知道应该如何回答你。总统肯定会按照法律行事！"

果然，美国的反应正如内森说的那样，除了驻泰国美军将1万多支M16自动步枪和5万发105毫米榴弹运往西贡，并通过外交渠道对越南人民军攻陷福隆省、“破坏”《巴黎和平协约》表示谴责外，没有更进一步的举动。甚至连1974年度国会授权批准的1975年度对南越共和国的4亿经济援助也没有拨发，1975年度对南越共和国的军援更是从1974年度的11亿削减为7亿。

面对美国如此“无情”，无可奈何的南越共和国总统阮文绍只得一边对全国发表电视讲话，称要发动反攻夺回福隆省，一边下令全国为福隆陷落哀悼三日！

事后，阮文绍越想越气。在1975年1月27日，《巴黎和平协约》签署两周年之际，阮文绍对全国发表讲话，承认南越共和国当前面临的局势比1972年《巴黎和平协约》签署前还要危险。他号召全民紧勒裤腰带，支援前线抗敌，以打败共产党的进攻，使共和国免于落入共产党手里。他还特别谴责了美国：

“共和国公民普遍认为他们受了美国政府的欺骗。在这危难关头，盟国竟然对我们撒手不管，我们现在缺少抗击共产党侵略所需要的一切东西。因此，每个人都必须尽自己的本分支援前线，以打败共产党人。”

或许是被阮文绍的诉苦打动了，福特总统有些心软了。他向国会提议1975年度给南越共和国的军事、经济援助款额增加3亿美元，以购买油弹、飞机零部件和通信设备、医疗用品，缓解南越国军战略储备的巨大缺口。

然而，美国国会看透了阮文绍政权的腐败和无能，福特总统提交的议案未获通过。阮文绍政权在经济上彻底被美国抛弃了。于是，福隆战役成了南越共和国军事、政治和外交衰败的风向标。

对福隆战役的最初意义，美联社倒是有一番不同的见解。美联社在1975年1月6日评论说，福隆战役是越共在今后六个月内对越南共和国发动总攻击的开端，目的是想迫使西贡和华盛顿在政治上对北越让步。他们认为越共1975年攻势的四个基本目标是，一要对付西贡的绥靖计划；二要设法使人民留在越共控制区并从事生产活动；三要使南越国军蒙受重大伤亡；四要通过进攻使南越由于战争而已经拮据的经济更加枯竭。

驻西贡的美联社著名记者威廉·瑞安的评论更是一针见血。他认为《巴黎和平协约》签署后，越军在福隆战役的胜利使人们对南方能否抵挡住越共的进攻狂潮表示严重怀疑。虽然美军撤离了，可越南局势仍让美国现政府像前四届政府那样感到不安。他坦言，美国公众一直对越南抱持着这样的看法：美国已经摆脱了越南这个包袱，可事实却是美国依然卷在越南的局势里，越南问题就目前来看是不会消失的，而且它还将继续给历史性的讽刺事件增添新的讽刺事件。自1973年1月27日以来，美国又投入了大约80亿美元的援助，目前仍在南越留驻5000名文职顾问。可是，这些投资和顾问援助的效果又如何呢？

威廉·瑞安引用了越南共和国国防部公报数字，显示1973年和1974年南越国军战死了约3万人。实际数字却比公布的数字大得多，根据越南共和国国防部内部统计，1973年战死25473人；1974年前8个月战死19735人，全年战死约3.1万；合计两年战死56473人。武器装备的损失更是大得惊人，甚至超过了1972年：1974年南越国军损失816件重武器（含重炮、坦克、装甲运兵车），而1972年是316件；1974年损失各种常规武器19340件，而1972年是16897件！这表明1974年的兵力损耗和武器装备损失都达到了1972年越军发动全面战略进攻时的程度。人们不会忘记，正是依靠美国的海空炮火力，特别是B-52战略轰炸机的鼎力支持，才力保南越不失。可这一次没有了B-52和美国海空炮火力支援，南越还能挺得过去吗？知者无不为南越捏一把汗。按照威廉·瑞安的看法，南越垮台令美国付出的大量鲜血和资金援助付之东流不是没有可能的事情。值得赞扬的是，这名美国记者看到了战争失败的可能，他算是为数不多提前预知南越失败的美国记者。

战争是两面的，一方有失，另一方必有所得。

阮文绍政权加速走向全面崩溃的同时，越南民主共和国和南方临时革命政府却是一派欢腾。福隆战役胜利，而越南人民军第4军伤亡甚微，更重要的是，此后北方通过长山公路（胡志明小道）能完整地延伸进入南方各个根据地，与西原和湄公河三角洲连成一片，为1975年春季的总进攻和总奋起创造了良好的先决条件。

1月6日下午，黎德英中将给河内去电，报告了福隆大捷的消息：“1975年1月6日下午，我军拔除了敌人利用刚增援的250名伞兵别动队队员在5日恢复起来的支撑点……我们主张继续追敌，全歼残敌，固守省会和福隆省。如敌反扑，就逐团、逐师地消灭敌人，空降和陆路增援也不放过，为我方向敌方各个薄弱环节实施进攻创造条件，最大限度地减少我军伤亡，保卫人民的生命财产。”

晚上，黎德英发来综合战报：“1月3日拂晓，开始全面进攻福隆军事小区和省会；1月6日15点30分，我军已消灭并俘虏全部敌军，完全解放福隆省。”

消息传来，正在河内参加越南劳动党政治局和中央军委联席会议的代表们沸腾了，大家欢呼起来，从座位上站起来，跟南方中央局书记范雄和越南南方解放军代司令员陈文茶中将握手，庆祝胜利。接着，劳动党中央书记黎笋总结：“在南方，这是第一次完全解放一个省。这个省又靠近西贡，还扩大了我们在南部东区的重要根据地。这一事实充分说明了我们的力量，也说明了敌伪尤其是美国的反应如何。”这句讲话充分表明了劳动党中央对福隆省战役的评价。

越南人民军战史也高度评价福隆战役：

伪军第3军团兵力虽多（第5、第18和第25师团，以及第3装甲骑兵旅团），但已被我军有效牵制，滞留在西贡北面、西北面和东北面的防线上。阮文绍伪政权叫嚣“重占”福隆省，但他们不敢把预备队调上来，而且也没有足够的兵力反攻。美帝国主义也威胁说要派远征军进入南方，重新恢复对北方的轰炸行动，但都未付诸行动。

在南方战场和抗美救国战争中，我军第一次完全解放靠近西贡的一个省份。14号公路—福隆战役的胜利，标志着我军民战斗力的进一步提高，我军有能力开展以军为规模的战役，攻克敌人军事支区和小区，解放城市。这是一次成功的“战略侦察”，它使我们看清了美国远征军撤离南方后敌人的应付能力，进一步坚定了党中央政治局1974年10月会议确定的战略决心。

这次战役不仅完全改善了越军在越南南方的军事形势，而且充分说明了美国福特政府对越南战争态度——对越南共和国的死活已经漠不关心了。美国的反应给越南劳动党增添了必胜的信心，促使劳动党中央下定决心发起春季总进攻、总奋起。风暴很快就要到来。

注释

1. 原文为“Thương vong do chiến đấu trên tuyến đường từ năm 1973 đến hết tháng 4 năm 1975 là 4.542, trong đóo có 1.382 tử vong: năm 1973 có 1.250 bị thương và 886 tử vong（2.15% quân số）,năm 1974 có 626 bị thương và 355 tử vong（0.9% quân số）và năm 1975 có 284 bị thương và 141 tử vong（0.46% quân số）（so với năm 1972 có 4.565 bị thương và 2.450 tử vong）”。出自《Lịch sử Đoàn 559, bộ đội Trường Sơn đường Hồ Chí Minh》。

2. 原文为“Trong tiến công vào thị xã Phước Long, bộ đội phải liên tục chiến đấu quyết liệt,lượng thương binh cao hơn các trận trước, đã thu dung cứu chữa 761 thương binh, trong đó có 390 thương binh nặng và vừa （51.24%）......Lực lượng quân y chiến dịch đã thu dung cứu chữa 1,222 thương binh”。

第四章
别了，邦美蜀

危机四伏

传统观点认为越南共和国没有预计到河内在1974年至1975年度旱季发动战略进攻，这个说法是不正确的。美国和南越双方的情报部门都预测到越军要发动大规模进攻。从缴获的文件、战俘审讯和叛逃者的供词都可以感知到河内政治局的决心。与此同时，无线电监听机构也捕捉到越军3个总部直辖机动师正往越南南方开进的信息，这是他们要发动新一轮总攻击的信号。美国驻越南共和国武官约翰·墨里少将在1974年8月结束任期时，告诉访问越南共和国的美国太平洋战区司令诺埃尔·盖勒尔海军上将："盯住北方敌人6个（主力机动）师（的动向）。要像（印度）吹笛手紧盯眼镜蛇那样看紧他们。"

尽管阮文绍和中情局西贡分站都预警说越军要发动一次总攻击，可许多美军情报分析员和军事观察员都不相信这个说法。不少人还认为未来两三年内是北越专注于重建和发展经济的时期，在相对短的一个时期内他们不会对南方发动总攻击。

对美国方面的判断，河内也散布了许多假消息，掩盖自己真实的战略意图。1974年12月中旬，越南劳动党中央政治局委员黎清义和阮威程在国会上发表演讲，声称完成社会主义建设使命要高于解放南方、统一祖国。12月底，越通社还播发了庆祝越南人民军成立30周年的评论报道。北越官方评论员声称，河内对建立社会主义经济体制的关注程度超过了新的进攻。越南人民军总参谋长文进勇大将也在当月发表文章，声称越南人民军必须大力参加经济建设和保卫北方，但丝毫没有提到解放南方。

这些烟幕并没有蒙住南越的眼睛。早在1974年12月9日到10日，越南共和国总统阮文绍就主持召开了应对越军1974年至1975年旱季战略进攻的国家安全委员会会议，拟定1975年的国防计划。阮文绍预计越军要在1975年发动总攻击，可联合参谋本部却有不同看法，他们认为越军不可能像1972年那样在多个方向发动协调一致的战略进攻。联合参谋本部判断，依越军现有的能力，只能发动类似1974年上德会战或铁三角攻势（当时福隆战役还没打响）的进攻，进攻时间可能是1975年3月底。总参谋长高文园上将坚称，如果越军不调动任何师级战略预备队南下的话，南越国军有把握在丢失有限领土的情况下粉碎他们的进攻。至于河内的战略设想，高文园上将认为，河内的目的是通过进攻把阮文绍轰下台，然后组建一个联合政府（而不是彻底独吞南越）。在战术上，他准确判断越军将首先对南越国军第2军团发动主要攻击，目的是在对南越国军第1军团和第3军团发动总攻击前“消耗掉我们的预备队”。对第1军区，高文园上将认为河内想拿下广信省，孤立顺化和岘港；如果越军在北方的战略预备队南下增援北部方向（广治、承天）的话，高文园上将解释说，吴光长中将会集中兵力死守顺化和岘港，力保这越南南方第二和第三大城市不失。对第2军区，高文园上将认为越军会集中兵力打昆嵩省，就像1972年的西原北战役一样，先从德都—新景实施突破，然后会攻昆嵩。不过，他判断越军这次的进攻规模会较大，除了打昆嵩市和14号公路外，还可能在平定省北部发动进攻。在第3军区方向，高文园上将认为紧靠柬埔寨边界的西宁省将成为越军进攻的重要目标，第4军区将是越军的次要进攻目标。

在回忆录中，高文园上将坦言，总统阮文绍给联合参谋本部的指导思想十分有限。可高文园的说法并不准确。1974年12月，越南共和国总统阮文绍就已经对越南共和国几个生死攸关的问题进行了回答。第一，他认为南越国军的预备队已被钳制，国军蒙受了巨大的损失；第二，美国援助陷入枯竭，战略储备短缺，补给不足；第三，国家经济萧条，对外依赖严重，阮文绍还面临着外界要求他和越共政治和解的巨大压力。面对这一系列问题，他并没有坐以待毙。在国家安全委员会会议上，他要求清查各区所有的弹药和装备库存，做好战斗准备；同时也要求国家安全委员会拿出更准确的村落控制评估报告以了解目前双方实际的军事斗争态势。在做好一切准备后，南越国军将在1975年前3个月发动新的绥靖行动，由越南共和国总理陈善谦牵头，努力加强保安军，巩固前沿防御，甚至准备局部反击夺回失地。

更重要的是，阮文绍还命令组建新的预备队。他要求海军陆战队和伞兵各组建1个新的旅团。由于新预备队的组建迫切需要大量的兵员，2个新组建的别动军第8和第9联团主要由各个被解散的宪兵营和逃兵组成。这些新组建部队的武器装备主要来自西贡周围剩下的战备仓库。一旦组建完毕，这些部队就负责西贡防卫任务，并作为联合参谋本部的总预备队。不过，总参谋长高文园上将却有别的想法，他打算把这些部队派给第1军区，换回伞兵师团。吴光长也拟好了伞兵师团的回援计划，一旦西贡受到攻击，“红色贝雷帽”（伞兵师团）能在72小时内从岘港回援西贡。此外，南越国军还新组建了保安军45个营，归各省长和军区司令节制，目的是加强各县守备能力，在必要情况下实施独立的顽强防御战。

1974年10月，美国在越南的顾问团和南越国军中央联勤司令部联合草拟未来的作战保障计划，调整剩下的美援额度用于购买更多的弹药和汽油，以应付未来战事。美军后勤顾问们认为，要在1974年到1975年度让越南南方储备足以应付越军60天高强度攻势的弹药和汽油，让南越国军能在越军大规模攻势下顶住一段时间，等待美国新一批军援物资抵达（再反攻）。由于美援的削减和通货膨胀，南越国军的炮弹储备只够45天高强度战斗。由于剩余资金不够，绷带、军靴、电台电池、手榴弹、轮胎、零备件和许多其他物资都很短缺。

由于联合参谋本部预计越军要对西原各条主要干线发动进攻，因此他们在1975年1月底把大批弹药和食品运抵波莱古和昆嵩。按照南越国军中央联勤司令部参谋长的说法：“储备的物资足够守卫波莱古和昆嵩的2万人在没有任何外援的情况下打60天。”福隆陷落后，高文园上将更是认为越军对西原的进攻时间会比预计的要提前。因此，从后勤角度来说，南越国军已经做好了应付越军总攻击的准备。

1975年1月27日，《巴黎和平协约》签署两周年纪念日。华盛顿邮报驻西贡记者菲利普·麦克康布前往独立宫，一对一采访阮文绍总统。在采访中，阮文绍老调重弹，急切希望获得美国更多支援。麦克康布在新闻稿中写道：阮文绍总统“希望给美国人民和国会一个（深刻）印象，那就是我们急需他们支援抵御共产党的侵略……他希望看到在《巴黎和平协约》框架内的自由民主选举……他打算无条件重返谈判桌”；然而，他坚持认为如果共产党不进行《巴黎和平协约》条款中规定的让步，就绝不和共产党妥协。政治上，阮文绍绝不答应和对方组建联合政府，除非通过自由选举。在采访中，阮文绍没敢抱怨说美国抛弃自己，他坚持认为“南越人民开始对美国失望了”。在经济援助方面，阮文绍请求获得更多资金，至于说南越的经济腾飞，目前看来不现实，这得等到1980年才能实现了。军事上，面对越军即将到来的总攻击，美援的削减使“他的军队的战斗效能被削弱了三分之二”，扣下3亿美元军援对南越来说无疑是个“灾难”。不过，他还是表示“我们会战斗到底”。采访结束时，阮文绍总统说出了自己的心声：“我们都很希望一直站在自由世界一边。（可）自由世界怎么能抛弃我们呢？”

春节前，阮文绍总统针对未来越军的总攻击做了四项举措。第一，他派前外交部部长陈文林代表越南共和国出访美国、英国和法国，寻求支援。陈文林一行访问美国时，正值美国国会代表团出访越南南方，虽然陈文林和国会主席进行了会谈，但在争取军援方面毫无进展。几位参议员，包括执政党领袖曼斯菲尔德、弗兰克·丘奇和克里福德，拒绝和陈文林会谈。在和国会主席会谈时，陈文林搬出了上届美国总统尼克松在《巴黎和平协约》签署前的承诺：一旦共军“侵略”，美国会做出“积极反应”。虽然陈文林用三寸不烂之舌说了半天，美国国会还是没有同意继续给南越增加军援。

看到陈文林游说没有成功，阮文绍又祭出第二个撒手锏：他给福特总统写信，请求获得更多的政治援助。他痛陈《巴黎和平协约》以后北越不断增强实力和破坏协约的行为，接着话锋一转又说美国削减军援给南越带来的灾难，以及福隆省陷落给越南共和国带来的困境，他的绝望是显而易见的：“两年前我们满怀希望，为了维护世界和平签署了《巴黎和平协约》。签订协约时（你们）还留下了庄重的承诺，那就是如果共军恢复使用武力的话，我们会获得足以自卫的支援。今天，我希望你们采取一切必要行动捍卫《巴黎和平协约》……”

第三，阮文绍开始放弃寸土必争的政策，决定把军队和平民从部分争夺区撤出，采取防卫固守态势。这个政策最初是在1974年初提出的，阮文绍当时拒绝了，因为没法实施。1974年8月底，阮文绍在和美国太平洋战区司令、美国海军上将诺埃尔盖勒尔上将会谈时指出：“放弃任何国土的行为都会给越南共和国（民众）带来严重的心理阴影。”尽管阮文绍很厌恶这个政策，可在1974年12月的国家安全委员会会议上，总参谋长高文园上将和总理陈善谦再次提出了逐步放弃部分领土的请求，阮文绍还是摇摆不定。为了说服阮文绍，高文园上将和陈善谦找到前澳大利亚军官特德·塞隆准将，请他来说服阮文绍。塞隆在越南南方待了很多年，和越南共和国许多政界高层都有深交，包括阮文绍。塞隆给阮文绍的计划更是大胆，他建议逐步把第1军团和第2军团从北部地区和西原撤下来，放弃这两个地区，集中兵力固守南部平原，这里经济潜力高，而且以后还能开发南中国海石油，启动新的经济引擎。

阮文绍仔细思考了塞隆的计划，最终还是拒绝了。如果真按塞隆说的，将会让本来就脆弱的越南共和国瞬间心理崩溃，还会因此出现几百万难民；而且进行如此大规模的撤军和放弃地盘，会不会影响美国对南越的信心，继而进一步削弱军援呢？这些都是阮文绍无法承担的政治责任。另一方面，美国总统福特承诺会尽力说服国会给南越新的援助。无论出于什么原因，阮文绍就像一个快要溺亡的人，仍然把国家的希望寄托于美国的援助，依然幻想着美国不会放弃他和南越。遗憾的是，他的幻想很快就破灭了，福特总统没能说服国会继续给越南共和国援助3亿美元的方案，美国实际已经放弃了南越。

第四点，阮文绍在春节演说中警告全体公民危险将至。他表示，1975年将比1974年更困难，不过他决心不让南越落入共产党之手。他进一步指出，越南共和国在1975年的三大目标是“最大限度支援前线，最大限度稳定后方，增加生产”。“在后方，我们绝不允许共党地下分子搞破坏和煽动蛊惑，动摇民心军心……绝不允许有向共党投降的倾向出现。”

就在阮文绍求美国、告国民，呼吁做好准备的时候，狼真的来了。

目标邦美蜀

1974年10月，越南劳动党总书记黎笋召开政治局会议，制定未来两年的战略。当总体计划出炉时，中央政治局却推迟了决定。1974年12月18日，劳动党召开第二次会议，回顾总结了南方整个政治形势和外交形势的变化后，最终做出决定。中央政治局委员黎德寿对外交形势总结道："1975年的外交形势对我们来说不是个大问题……如果我们实力不够强大，外交谈判也不会有任何结果。"

在12月18日的会议上，经过激烈的争论，最终决定选择西原南部作为1975年春季攻势的第一目标。从这里实施突破，越军就能把整个越南南方拦腰截断。负责北起昆嵩省、南到广德省之间的高原地区的是越军西原军区（B3战场）。截至1974年底，西原军区共有第10和第320A步兵师两个主力师，以及新组建的第198特工团，在昆嵩附近活动的第95A步兵团和在多乐省活动的第24步兵团，以及坦克装甲兵、炮兵、防空兵、工兵和通信兵等诸多技术兵种。次要进攻方向由第5军区负责，该军区下辖芽庄到岘港的海云岭南梢之间的广大沿海地区。第5军区拥有强大的兵力：第3"金星"步兵师在平定省活动，第52步兵旅在广义省活动，第2步兵师在广南省活动，此外还有2个炮兵团，以及坦克装甲兵、防空兵等若干技术兵种单位。

当中央政治局开始做出决策时，河内又接到了安插在南越联合参谋本部的高级间谍发来的密报，里面有1974年12月9日到10日召开的越南共和国国家安全委员会会议的决定和最新的南越国军作战部署计划，包括各个军区的炮兵、坦克装甲兵和飞机的详细统计表和分布位置。根据这个情报，河内得知了南越国军联合参谋本部估计自己要在南越国军第2军团的北部展开攻击，而南越国军第2军团主力正是根据这个判断集结到西原北部，导致西原南部的多乐省防御空虚。这个情报更加坚定了劳动党中央政治局把主攻方向选在西原南部的决心。

即便获得了这么重要的情报，越南劳动党中央政治局还是不放心，他们担心美国的军事干涉。在政治局会议上，大家围绕如果越军发动大规模进攻美国是否会恢复轰炸进行了激烈的辩论。最终，政治局大多数人的意见是美国很可能不会做出反应，但仍要提防。一名与会人士回忆："这是一个很棘手的问题，大家各有不同意见。讨论十分激烈，大家都各自表达了自己的看法。大多数人认为……美国不会派地面部队重新介入越战，在任何情况下都不会进行军事干涉，挽救伪政权。这虽然是大多数人的意见，可还是有少数人担心美国会重新干涉南越战事。”即便是1975年1月21日，美国总统福特发表声明，美国绝不会重新介入战争也没能完全消除越南劳动党中央政治局的担忧。

经过几个星期的开会讨论，1975年1月6日，黎笋在政治局会议闭幕式上发表讲话，坚定地宣布：“

在会上，政治局就战略目的达成一致，那就是取得完全胜利。我们全体都要齐心协力，在1975年至1976年取得革命的彻底胜利。1974年，我们赢得了有利的态势并积攒了实力，敌人在各个战场都受到了削弱。我们当前的任务是抓住历史性的机遇，用我们的主力部队发动协调一致的系列进攻战役。

在主要突击方向的选择上，黎笋和武元甲大将意见一致，都认为西原是首战进攻目标，如果“战略时机”来临，将毫不犹豫地立即对西贡发动总攻击。陈文茶在B2战场的各个部队的任务是在湄公河三角洲破坏与扯散南越国军防线，包围各个主要城市，扩大解放区。在西原战场，越南中央军委决定不打德立，而是集中兵力拿下多乐省邦美蜀，打通邦美蜀到福隆的14号公路段，使越军主力部队可以迅速沿14号公路南下，扑到西贡附近。如果战略机遇来临，越军将以2个军的兵力，直下南部平原，直接对西贡发起总攻击。

在中央政治局召开会议2天后，中央军委也召开作战会议，敲定作战计划。按照分工，中央政治局决定战略方向，中央军委决定战术细节。中央军委会议开始后，黎德寿却突然与会。他参加会议的目的是强调中央政治局希望打邦美蜀而不是德立。

黎德寿的意见引起了越南南方解放军代司令员陈文茶中将的共鸣：

解放德立在战略上没有意义，既无法打击敌人（越南共和国国军第2军区），也打不到对方援军。因为德立到四周要地只有一条14号公路穿行于树木林立的高山峻岭之中，法国远征军第100机动团就是在这里被阮明州少将（1954年6月军衔中校，指挥西原主力团108团和803团）重创，范文富（第2军区司令）不会傻到重蹈覆辙，跑到那里让我们消灭。虽然我们需要德立，但它对敌人在整个南方的战略防御计划并没有任何影响。如果西原军区能调动3个师的兵力打德立，那为什么不去打邦美蜀呢？只要解放邦美蜀，我们就占领了一个重要的、具有战役和战略意义的目标，将震撼整个西原，而我们的运输通道自然就得到了巩固和扩大。打邦美蜀，用2至3个师是足够的，因为敌人在那里疏于防范，只把它当作师、团一级的后方基地。虽然多乐是一个大省，地形有利，但防守薄弱，兵力少，尤其是敌人想不到我们能把大部队调到那里去打邦美蜀，而且这样做同目前的战略阶段完全吻合：开展大规模进攻，消灭敌人，解放大片地区，创造更好的战机。现在已不仅仅是打通通道的时候了。

对陈文茶中将的意见，西原军区司令员黄明草中将和副司令员武凌少将反驳道：

这事还得商量，如果已经到了开展西原战役的时候，就不只用这点力量了。总参谋部正在拟订计划，我们将集中具有压倒性优势的大部队，一开始就直插崑嵩，消灭敌人，解放崑嵩省。接着，我们就打波莱古的伪第2军指挥部。我们将消灭伪第22和第23步兵师以及全部支援部队，解放整个西原。一开始就打崑嵩，我们具有各种便捷条件。它靠近我们广阔的解放区根据地，交通方便，559司令部的仓库系统是现成的，能立即为战役服务，而且具备集中大部队的许多条件，很容易使用各种技术兵种。

对黄明草和武凌的意见，陈文茶很不屑：

长期以来，敌人一直判断我们会先打崑嵩，所以把部队和一切注意力都集中到崑嵩。虽然我们有条件集中兵力并做好一切准备，但敌人肯定有所提防，我们的进攻将会遇到很大的困难。至于打邦美蜀，对敌人来说将是完全致命的一击，是冷不防攻打敌人后方。他们将被迅速击溃，而我们却不需要动用太大兵力。后方一旦被占领，前方防守的敌人将惊慌动摇。邦美蜀的战略位置极为重要，有规模巨大的和平机场，有通往宁和、芽庄的21号公路，背靠嘉义、大叻。失掉邦美蜀，西原整个伪第2军就只能依靠穿过险峻的山岭、容易被切断的19号公路和唯一的波莱古机场得到补给和支援。其他诸如5号和7号公路都是山路，桥多而不坚固，难以保障畅通，尤其无法保证机动车辆通行。还有，如果我军封锁，这是肯定的，那么伪第2军几万人马和大量技术装备就陷入绝境，无法救援。打个比喻，打邦美蜀对西原各省来说，就像挖了大树的树根，树枝和树叶就会统统倒下。只有这样打才是战役和战略上的一手绝招，一定能赢得胜利，并且必须取得大胜。

尽管陈文茶说尽利害关系，磨光了嘴皮子也没能说服黄明草和武凌，会议没有形成决议。1975年1月8日，越南劳动党中央军委常委召开会议，讨论1975年春季实施战略作战计划第一阶段的军事任务。第5军区、西原战场的领导（武志公、朱辉珉、黄明草）和副总参谋长黎仲迅出席了会议。会议首先分析了南越国军的战斗力。越南南方解放军代司令员陈文茶中将和南方中央局书记范雄先后发言，首先分析了南越的军事斗争形势，认为南越国军经过1973年到1974年两年战争已经逐渐衰落，现在不要说应付1968年新春总攻和1972年阮惠战役那样的大规模多点进攻，连单点危机都无法应付，福隆省的解放就很能说明问题；相反，越军在南方的军事力量和控制人口空前强大，与1968年总进攻、总奋起时不相上下，总的形势概括来说就是我强敌弱，因而建议以西原作为主攻方向，先打邦美蜀，动摇南越国军第2军区根基，继而再解放整个西原，将越南南方拦腰截断。

经过讨论，中央军委最终同意越南南方解放军司令部和南方中央局的意见，修改了越南人民军总参谋部拟订的1974年至1975年度作战计划，定下先打邦美蜀、展开西原会战的决心。战役行动代号为275，主要任务：消灭敌人有生力量的重要部分；解放多乐、富本、广德各省，主要目标是邦美蜀市，如有时机将解放波莱古、崑嵩或直下富安、庆和等省；协助群众奋起扩大解放区，发展当地武装力量，配合南方各个战场。

通过解放邦美蜀，提高西原军区主力部队的诸兵种协同作战组织指挥水平，特别是打运动战和城市攻坚的水平。政治局委员、总参谋长文进勇大将受政治局委托，前往西原战场，代表政治局和中央军委和人民军总司令部进行现场指挥，实施政治局关于攻打邦美蜀、解放西原的战略意图。

误判

在西原战场和越军对峙的是南越国军第2军区，司令是参加过奠边府战役的范文富少将。他出生于1928年，是越南北方人，24岁就开始在军队中服役，屡立战功，曾获得过法国的十字勋章和越南的勇气十字勋章（获得过17次），战斗中四次负伤。最初，他是法国远征军的一名翻译，因表现出色被选送到大叻的越南军官学校学习。1953年7月，从大叻军官学校毕业的范文富自愿加入越南第5伞兵营担任2连连长，在博泰拉少校指挥下参加奠边府战役。他指挥的2连在奠边府战役中打得英勇顽强，基本做到了战斗到最后一人。不过，再英勇的战斗也是独木难支，法军最终在奠边府落败，他和7000名将士成了越南人民军的俘虏，被迫徒步500英里进入越军的战俘营，挨过了16个月的铁窗生涯并患上了肺结核。这个经历让他对越军战俘营的恐怖有了深切的体会，打死也不愿意再做对方的俘虏。

双方相互遣返战俘后，他选择南下加入新组建的南越国军，并成为南越国军特种兵首批指挥官之一。1969年，他在湄公河三角洲服役时晋升为准将，接着被派往第1军区，担任第1师团副师团长（师团长是著名的吴光长）。当吴光长晋升为第4军区副司令时，他又顺理成章地接过吴光长的指挥棒成为第1师团师团长。不幸的是，出任师团长的范文富准将却迎来了他人生中的第二个低谷。1971年2月，范文富准将指挥着这个久负盛名的师团，在兰山719行动（越军称为南寮—9号公路反攻战役）中损兵折将。但这次行动失败并没有影响范问富的仕途，阮文绍反而将他晋升为少将。在1972年广治反攻战役中，范文富劳累过度，身体完全垮了。1972年10月，他交出了第1师团的指挥权，住院休养。1973年到1974年，他在西贡附近的霍门县光中训练中心担任教官，主要负责训练新兵。1974年11月5日，在副总统陈文香坚持要阮文绍撤换阮文全中将后，范文富少将出任第2军区司令。

范文富一般不参与政治，贪污也不多。不过，他像绝大部分高级军官那样，对自己妻子搞商业活动睁一只眼、闭一只眼。由于奠边府战役中表现勇敢，法军对他的评价很高，这是阮文绍器重他、把他视为自己最出色的将领之一的重要原因。不过，了解范文富的人却认为他的确是一名勇敢的军官和一位出色的师长，不过由于健康状况和受教育程度，对更高级别的指挥任务，他显然无法胜任。

范文富一上任就面临着两个看似简单但却十分棘手的问题：第一个是在第2军团兵力分散的情况下如何应对越南人民军的进攻，第二个问题就是他该如何布置兵力守备防区内各个要点。对这两个问题，应该说范文富还是进行了思考的。1974年12月，南越国军联合参谋本部和范文富都认为越军的进攻会围绕切断西原的三条主要交通干线——14号、19号和21号公路——进行，接着再打昆嵩和平定省北部。范文富认为越军的另一个目标是沿着和胡志明小道平行的方向修一条延伸插入14号公路的小道。他判断这条新的公路将从德立附近拐入柬埔寨，这将使越军通往南部平原战场的后勤补给线增加125英里。在越军进攻福隆后，范文富少将、高文园上将和阮文绍都认为越军会往北打，控制广德省境内的14号公路段，缩短自己的补给线。根据这个判断，范文富马上命令别动军第24联团前去保卫广德省。

1975年1月，范文富又被迫调整自己的计划。1月初，南越国军第22师团在平定省西部的安溪小道附近抓获了一名越军战士。安溪小道和芒江小道是沿海地区到波莱古之间的19号公路上的两个重要检查点。这名战俘在审讯中供认，安溪小道是越军主要进攻的目标。这名战士是随同越军第3步兵师师长一起对安溪小道执行侦察任务，从他身上南越国军搜出了一份标注越军第3步兵师各部阵地位置的态势图。切断19号公路是越军自抗法战争以来对付西原联军的不二法门，这名战俘身上携带的秘密计划表明越军第3“金星”步兵师要对安溪小道实施突击，协同西原军区对波莱古的大规模进攻。

这是越军战术上的重大转变。1972年战略进攻期间，越军第3“金星”步兵师奉命仅以一个团的兵力切断安溪小道，迫使南越国军经过了几个月的奋战才重新打通安溪小道。如果越军这次用一个整师的兵力切断安溪小道，昆嵩和波莱古就会陷入孤立。更为糟糕的是，根据新的情报表明，越军第968步兵师从老挝渗透进西原战场，这让范文富少将更加坚信波莱古和昆嵩就是越军当前进攻的主要目标。基于这个判断，1975年1月底，范文富少将把防御重点从昆嵩转移到19号公路和波莱古。

在他的命令下，南越国军第22师团以第47步兵团扼守安溪小道。不过，范文富更关心平定省北部沿海地区的安全。情报部门告诉他，越军第52步兵旅很可能要打平定省北部。在这种情况下，范文富少将决定平均用兵，第22师团除了47团放在安溪小道外，还把2个团的兵力放在平定省北部，第4个团担任预备队。

1975年2月中旬，范文富少将接受南越最受欢迎的《戡乱》报社最有影响力的大记者阮游的采访。阮游毕业于越南北部的山西军事学院。他在越南记者中间很有影响力，曾在河内和西贡的报社工作过。他不喜欢待在西贡咖啡厅里道听途说和搞花边八卦，而是经常亲赴战场，和一线将士交谈，报道他们的战地生活。他在越南的影响力不亚于第二次世界大战期间著名的美国记者派尔。3月，他在一系列战地评论文章中声称，一旦从波莱古撤军将对西贡的民心士气造成灾难性的影响。后来的事态发展正如他所说的那样。

在采访中，范文富少将对即将到来的战役提出了自己的分析，他透露越军将以师级规模的兵力封锁19号公路。南越国军联合参谋本部的情报官黄玉隆上校看到《戡乱》报纸时，对范文富在采访中透露如此多的有价值情报感到十分震惊。黄玉隆上校在回忆录中写道：“在1975年2月的采访中……第2军区指挥官毫无保留地把他所知道的敌人作战目的和在他的军区未来的行动计划，甚至是他自己的作战计划都透露出去。”

不过，对范文富少将的判断，他手下的参谋却只是部分同意。第2军区情报主管郑绍就判断越军的主要进攻目标不是波莱古，而是邦美蜀。郑绍是一位在西原战场服役多年的情报官，他曾在1972年西原北战役中担任南越国军第23师团情报官，拥有丰富的经验。他对情报分析有自己独特的方式，他更倾向于传统的人力情报。1975年1月初，南越国军突然跟丢了通常在昆嵩周围活动的越军第10步兵师的踪迹。不久，南越国军第2军区收到一份报告，称越军第10步兵师的一个侦察队出现在昆嵩以南150英里的广德省。通过人力情报收集，郑绍还得知越军第10步兵师和第320A步兵师提早庆贺春节后就向南运动。1975年1月底，越军一名战俘供称，西原军区的第25步兵团奉命转移到邦美蜀东面，切断21号公路。

更重要的是，2月4日，越军第320A步兵师的一名通信士官叛逃，向南越国军投诚。他证实，自己所在的单位已经从波莱古西面的德古周围阵地向南运动，留下广播设备进行无线电欺敌。他同时还供出了越军第320A步兵师的秘密集结位置是多乐省与波莱古省交界的顺曼地区，以及越军计划的详情。他声称，第320A步兵师的任务是切断14号公路，第10步兵师计划打德立，越军将以2个师的兵力，在坦克、炮兵、特工的加强下突击邦美蜀，至于进攻时间他不知道。

这对范文富来说又是一个不祥之兆。如果越军第320A步兵师切断了波莱古和邦美蜀之间的14号公路段，越军第3步兵师同时切断19号公路，而21号公路又被封锁的话，西原的南越国军就将变成昆嵩和波莱古两个孤立的作战集团。更糟糕的是，范文富少将的南越国军第2军团主力在西原北部，而越军西原军区却把主力集中在西原南部，这里是南越国军防御最薄弱的地区，一旦遭到越军进攻，邦美蜀很难守住。

春节到来时，总统阮文绍视察了各个军区，在给部队送礼物祝贺新春的同时，还听取了各个军区的前线情况介绍。在第2军区，阮文绍和范文富开了一个简短的会议，他问范文富，对越军第320A步兵师投诚者供出的情报有何看法，范文富回答："我认为这是北越方面的诡计，目的是要把我们骗开，用第23师团防守邦美蜀，敲开波莱古。"阮文绍毕竟是经历过沙场的将领，他并不同意范文富的意见，而是命令范文富把第23师团集中到邦美蜀周围，并给该师团加强一个坦克中队。可是范文富少将执行阮文绍的命令时打了折扣，他让第23师团的第53团调离波莱古，把团部和2个营放在邦美蜀，1个营去广德。一个星期以后，趁着阮文绍离去，天高皇帝远，他干脆不服从命令，拒绝把第23师团调到邦美蜀周围。他这么做似乎有自己的理由，那就是第2军区情报部门截获了第320A步兵师的电报，发报位置就在德古附近。这个消息让范文富开始怀疑第320A步兵师那名通信士官的供词，他认为第320A步兵师的目标仍然是波莱古，因而没有遵从阮文绍的命令把第23师团全部调到邦美蜀。

范文富这么做绝对是个巨大的错误。正如越军第320A步兵师投诚者供认的那样，从德古发出的电报纯属欺敌佯动。按照西原军区的命令，1975年2月初，越军第968步兵师在波莱古附近进行一系列欺敌通信，引诱南越国军上当。按照越军记载，"第968步兵师19团通信排伪装成西原军区司令部，第19步兵团4营伪装成第320A步兵师师指，第29步兵团伪装成第10步兵师。"越军的战役佯动不仅包括无线电欺敌，还有频繁组织侦察作业并大张旗鼓地修路，摆出一副准备打波莱古的样子。

尽管越军第320A步兵师通信士官和郑绍的总结都认为越军真正的战役目标是邦美蜀，可范文富还是我行我素，完全落入越军战役佯动和欺敌行动的圈套中，坚持认为波莱古才是越军进攻的第一目标。我们很快就会看到这个误判造成了严重后果。

犹豫不决

1975年2月底，范文富少将的第2军区主力仍在崑嵩和波莱古驻防。其中，崑嵩由别动军3个联团把守，第4个别动联团在崑嵩—波莱古之间的14号公路段驻防。这些部队由南越国军第2军区别动军司令范威塔上校指挥。

范威塔上校是南越国军前特种部队的一名军官，同时也是范文富的得意门生。1972年，他来到第2军区服役，他的作战指挥能力和勇气闻名全军（南越国军），他曾获得过美国授予的一枚银星勋章和几枚铜星勋章。在1975年2月初阮文绍视察第2军区第44步兵团时，他向总统拍胸脯保证，他将不惜一切代价守住崑嵩市。在作战理念上，他完全赞同范文富的决定：集中第2军区主力于崑嵩市，防范越军进攻。

负责波莱古方面守备任务的是南越国军第23师团师团长黎忠尚准将。他在第2军团里服役了8年，先是当参谋长，后是担任指挥作战的副司令。1973年11月20日，他升任第23师团师团长。按照范文富少将的命令，黎忠尚准将以第23师团所辖的第44步兵团、第45步兵团和别动军第25联团把守波莱古。第23师团的第53步兵团以2个营的兵力在武世光上校率领下负责邦美蜀城防，1个营放在广德省。第23师团所辖的第8装甲骑兵支团，以1个小队的M113装甲运兵车群驻邦美蜀，支团的M41轻型坦克群则配属给守卫德立的1个保安营。不过，范文富少将重点关注的对象依然是波莱古。在这里他除了放上第23师团主力和别动军第25联团外，还有别动军第4联团和第2装甲骑兵旅团的1个支团（装备M41坦克），以及让第8装甲骑兵支团剩下的M113装甲运兵车群担任预备队。

尽管范文富认为波莱古是越军的进攻目标，可他的情报主管郑绍还是坚信邦美蜀才是越军的目标。1975年2月19日，范文富少将召开第2军区作战会议，郑绍根据各种情报综合分析，再次肯定邦美蜀是越军进攻的第一目标。他还提到了邦美蜀西北25英里处，紧靠柬埔寨边界的班屯哨所报告发现有坦克车辙和看到大群越军卡车正向南行进。之前，在南越国军第2军区内的所有越军装甲部队都集中在北面。可现在广德省省长却通知郑绍说一支卡车纵队正载着越军1个团的兵力从德立穿过柬埔寨边界。郑绍相信，这两个情报都清楚无误地表明邦美蜀就是越军要打的目标。

遗憾的是，对郑绍的正确分析，范文富仍不以为然，他坚持认为邦美蜀是越军的佯攻目标，而第2军区司令部所在地波莱古才是越军最可能进攻的城市。前一天，也就是1975年2月18日，范文富刚刚在西贡参加了由阮文绍和高文园主持召开的关于1975年国防作战的会议。在会上，阮文绍对第2军区的防御做出指示，要求范文富要特别提防越军打广德省的嘉义市和波莱古。

河内通过安插在高文园上将办公室的高级间谍及时而全面地掌握了这次会议的主要内容。黄文泰在回忆录中说："我们得知了阮文绍在2月18日召集他的将领开了一个紧急会议。敌人会议的两个要点引起了我们的特别注意。第一，他们认为我们将在近期发起旨在削弱他们绥靖和在各个战场夺回失地、人口的春夏季攻势，主要指向第2军区。第二，阮文绍要求防范我们对德立、波莱古和崑嵩的进攻，（他们判断）这些将是（我们进攻的）主要目标。对邦美蜀，（他们认为）这是一个次要目标，就算我们去打的话（也是如此）。"这个情报促使越南劳动党中央政治局更加坚定了自己先前的决定，同时也说明战略计划的保密工作是成功的。

对范文富来说，当前最大的问题是手头有限的兵力如何有效地布置在宽广的西原战场上。由于辖区广大，南越国军第2军区的作战完全有赖于对敌战役目的的准确情报，然后依靠机降投送快速增援受攻击的地点。遗憾的是，范文富根本做不到这两点（第一点，郑绍已经给了他准确的情报和判断，可他不信）。当前，他主要关心的是越军第968步兵师是会和第320A步兵师一起打波莱古，还是会南移打邦美蜀。除了第320A步兵师的一名通信士官的口供以外，并没有其他情报来源可以佐证第320A步兵师转移到多乐省准备打邦美蜀。在这种情况下，范文富是万万不能把部队从波莱古拉出来，调到邦美蜀的。否则，一旦波莱古遭到越军2个步兵师进攻，后果不堪设想。对越军要打邦美蜀，范文富也不是一点准备都没有。他认为，如果河内要打邦美蜀的话，他可以用直升机运输的方式，把兵力通过机降快速投送到邦美蜀。遗憾的是，这位伞兵出身的将领却高估了第2军区的直升机投送能力，他还沉浸在美军驻越时期强大的直升机投送能力的幻想之中，而这种幻想注定让他遗恨终生。

当然，越军能达成战役突然性的原因并非只因范文富的低估和误判。越军战前组织的捕俘与缴获的地图表明，南越国军第2军区并没有像往年那样实施先期扫荡和大范围侦察搜索行动以先鞭阻止越军的集结，而是摆出一副防御固守的态势。春节期间，在总统阮文绍视察了各个军区后，总参谋长高文园上将下了一道指令，要求部队节省资源，战略储备不多了。在指令中，高文园上将特地强调由于盟国遇到了困难，美援大幅减少，世界石油危机也让越南共和国的经济雪上加霜。美援削减迫使高文园上将在1974年10月下令各个军团每个月只能进行连续10天作战（物资保障没法支撑，这也是上德会战伞兵师团逐渐失败的根本原因）。现在，他更是要求各个军区司令在战术上尽量避免大规模协同战斗，因为在装备和后勤支援上已经无法持久，部分原因是美援削减，部分原因是《巴黎和平协约》的限制。在这种情况下，各个军区的地面部队作战不能过分依赖空炮火力支援。在运输保障方面，人力运输将成为主要方式，辅以卡车和直升机（这些运输工具因汽油和维修保障问题，已经不能再作为主要运输工具）。如若非要以卡车和直升机运输为主，也是在战场形势绝对需要和人力运输无法完成既定保障任务的前提下实施。

在具体作战方面，从营级往上，高文园强调只有对大的、已经证实（得到情报）的和评估确认的目标才能实施打击。采取这种方式，高文园希望取得的效果是节约资源、经济用兵，并保存大量的预备队在手，一旦情况万分危急时可以抽调大单位应付。从后勤角度来看，南越国军当前面临的最大一个问题是武器、弹药和汽油的国际市场价格贵得离奇，如果继续按照先前的消耗标准持续作战的话，国家财政和日渐削减的美援显然无法继续支撑战争。在指令中，高文园又一次提点部队，在先前联合参谋本部下发给全军的指示里就已经要求部队节约资源，减少消耗，可部队并没有做到这点。他强调，在未来的作战中，南越国军在保障方面会遇到越来越多的困难，财力和物力已经没法再支撑下去了。从这个角度出发，从这时起，我们（南越国军）就必须节约每一发弹药和每一桶汽油。

这道指令的下发捆住了各个军区的手脚，范文富也不例外。在没有得到确切情报证实的情况下，他是万万不能主动出兵实施打击的，因为资源有限，不能浪费。此外，从1974年12月起，按照越南共和国国家安全委员会的计划，要在1975年1月到3月在全国范围内实施为期三个月的绥靖活动，范文富的精力自然也放在了这个活动上，而没有对部队做大的调动。南越国军的财力和物力枯竭给了北越绝好的战机。从这点来看，越南劳动党中央政治局选择在1975年春季发动总攻击是直击南越的软肋，也是绝杀。从战争经济角度来看，南越未战先输，失败已经是铁板钉钉的事情。

尽管范文富坚称波莱古才是越军的主要进攻目标，可不断截获的情报却越来越清楚地表明越军要打邦美蜀。为了查明情况，他把第23师团所辖的第45步兵团从波莱古调到卡在波莱古和邦美蜀半途的顺曼县。第45步兵团的任务是实施积极的搜索，查明越军第320A步兵师是否潜伏在14号公路附近。在第45步兵团完成搜索任务后，范文富少将又打算把该团派到邦美蜀，此外他还把第54步兵团2营从多乐省调到广德，加强那里的防御。

南越国军的调动并没有瞒过越军的眼睛。西原军区很快获悉了范文富的命令，得知了南越国军第45步兵团南下的消息。上到总参谋长文进勇大将，下到西原军区司令员黄明草中将都很担心，如果第45步兵团进入邦美蜀，情况就会变得复杂，给越军攻城带来很大的困难。虽然越军的战役计划中已经做好了万一邦美蜀得到加强，越军实施联合诸兵种强攻的准备，可文进勇大将还是希望尽可能打一个基本没有多少防备的城市，否则强攻作战，越军的伤亡和技术装备损失都不会低。对文进勇来说，范文富这次兵力调动是个危险的因素，很可能打乱河内总体战略计划。如果让南越国军第45步兵团发现越军第320A步兵师的隐蔽集结地，自己的战略意图就将完全暴露给对方，战役突然性将荡然无存。

时任西原军区政委的邓武协少将在回忆录中提到，为了把南越国军第45步兵团拉到波莱古，越军在昆嵩和波莱古周围展开积极的电子佯动和电子欺敌，摆出要打波莱古的样子。范文富信以为真，截获了越军欺敌电报后，他取消了让第45步兵团继续往邦美蜀开进的计划，但还是命令该团留在顺曼继续搜索。为了避免暴露，西原军区司令员黄明草中将命令第320A步兵师从14号公路附近的秘密集结阵地后撤。

不过，隐蔽自己的战役企图并不容易。1975年2月28日，范文富又接到了一个新的情报，南越国军在邦美蜀西北6英里处捉住了一名越军战士。他是西原军区炮兵部队的，在审讯中他承认自己从波莱古西面的德古（这是第320A步兵师传统的活动基地）出发，于1月26日抵达多乐省。这次被捉的原因是他在执行侦察炮兵阵地任务，准备实施一次“联合战役”。这个情报印证了先前越军第320A步兵师投诚者供认的320师南下的消息。遗憾的是，这名战俘身负重伤，没能供出更多有价值的情报。范文富虽然知道越军炮兵南移，但具体位置依旧不明，而且也没法确认越军炮兵南下究竟是要打邦美蜀还是进行一次游动炮击。

针对对方的疑惑和犹豫，为了加深范文富的误判，文进勇大将决定来点真格的。1975年3月1日，越军第968步兵师对波莱古附近组织了一系列袭击战斗，主要目标是打清安县西面的南越国军别动军第25联团一个营驻地。清安县坐落于波莱古西南，紧靠19号公路，是两军争夺区（也是南越国军控制区边缘）。在短促的炮火掩护下，越军第968步兵师（使用第320A步兵师的电台呼号）突破了别动军几个阵地，直接威胁到清安县。正如文进勇预料的那样，遭到第968步兵师的进攻后，范文富少将马上把第45步兵团给拉回来增援清安县。看到范文富继续对波莱古敏感，文进勇又命令越军第968步兵师在波莱古地区加大进攻力度。他提醒部队要“以一当十”。遵照文进勇大将的命令，越军第968步兵师派出多个小分队，对波莱古附近各个目标实施火箭弹袭击，目标包括南越国军第2军区司令部和古行机场（这是南越国军第6飞行师团的基地）。这些袭击战斗的目的是用游动炮击把范文富牵制在波莱古。

越军第968步兵师的牵制作战既牢牢吸引了南越国军的注意力，又让越军第320、第316和第10步兵师赢得了宝贵的战役准备时间，也骗过了南越国军的巡逻。在此期间，越军第316和第10步兵师抓紧时间完成了对邦美蜀和德立的进攻战斗准备，第320A步兵师也做好了打下顺曼切断14号公路的准备。文进勇和黄明草给第320A步兵师师长金巡的任务是拿下富奔省省会叫遥市。1975年2月，越军第320A步兵师派出一个侦察组前往叫遥侦察。接着，第320A步兵师命令工兵“要秘密准备修一条通往叫遥的公路，保障部队和技术兵器能按需要迅速机动到该地区……师要派1个步兵营（第64步兵团9营）在叫遥市西面4英里处建立阵地”。师通信营克服许多困难，架通了师部到第64步兵团9营之间的电话线。这条电话线在未来战役中发挥了关键性的作用。

1975年3月1日，黄明草中将正式接过战役指挥权。在一名炮兵侦察员被俘后，黄明草中将命令各单位要加强戒备，防范对手捕俘暴露自己的意图。尽管他一再告诫，可双方之间小的遭遇战还是无法避免。1975年2月28日到3月3日，多乐省的南越国军保安军部队先后和越军发生了6次小规模遭遇战。3月3日，南越方面一名伪装成伐木工的探报突然发现越军一个营在邦美蜀西面集结，此前这里从来没有越军活动或集结的迹象。更糟糕的事情发生在3月4日夜，负责从东南方向突击邦美蜀的越军第316步兵师的一名年轻中尉不慎丢失了一本日记。南越国军在多乐省的一支巡逻队于次日无意间发现了它，并上交省情报部门。这本日记记载了第316步兵师某部于1975年1月24日从越南北部开拔，2月4日进入多乐省。在3月3日的日记里，这名中尉记载自己的部队正朝邦美蜀开进，准备参加进攻。日记最后一段写道："**3月4日：跨过14号公路朝邦美蜀开进。**"遗憾的是，幸运女神再次向越军微笑。这名中尉的日记虽然透露出许多有价值的情报，但却没有标明自己部队的番号，让南越国军没法判明越军的进攻规模和进攻时刻。

面对迫在眉睫的危机，南越国军联合参谋本部高级情报官黄玉隆上校也得出了和郑绍一样的结论，那就是越军的进攻目标肯定是邦美蜀！1975年3月初，黄玉隆飞赴芽庄，企图说服范文富相信自己的判断，可范文富却拒绝见他。

至此，各种迹象和第2军区情报主管郑绍上校、联合参谋本部高级情报官黄玉隆上校的判断，都表明越军的主要进攻方向是西原南部。那为什么范文富少将还是坚持认为越军主攻目标是波莱古呢？许多人猜测这是范文富的思维局限所致，包括对被俘和威信丧失的巨大恐惧。波莱古和昆嵩关系到他的前途、威信和命运，绝不能丢。相对的，邦美蜀却没那么"重要"。

对范文富来说，负责西原地区的防御实在是难为他了。许多南越国军的军官都认为范文富对西原的地形和实际情况并不熟悉，影响到了他的决断。在军旅生涯中，他除了这次担任军区司令外，此前从未在第2军区服役过。大家都认为，如果阮文绍不撤换前第2军区司令阮文全中将的话，第2军区是可以粉碎越军意图的。事实上，阮文全在离任前打算在1974年11月打德古，干扰河内的旱季进攻战役准备，可他还没能实施自己的计划就被阮文绍给撤职了。这本来是一个可以迫使河内改变计划的进攻，却因阮文全的离职而化为泡影。对新登第2军区司令宝座的范文富少将来说，唯一可以让他加强邦美蜀防务的人就只剩下越南共和国总统阮文绍。虽然阮文绍总统在2月初命令范文富把第

23师团调到邦美蜀，但阮文绍也并不完全相信邦美蜀就是越军主攻的目标，从而错失了最后的机会。

揭开序幕

1975年3月3日夜，南越国军第22师团第47步兵团团长黎桥中校把团部转移到平定省19号公路的安溪小道正东。在6周持续不断的巡逻和24小时最高戒备后，黎桥中校和手下将士都累得筋疲力尽。

之所以让黎桥执行守卫安溪小道的任务，是因为他对安溪小道了如指掌：他曾于1972年越军发起战略进攻期间，在这里奋战过。他很清楚越军第3“金星”步兵师想拿下安溪小道，可他不知道对手进攻的具体时间。尽管南越国军情报部门预计第3“金星”步兵师会全部投入战斗，可黎桥中校和第22师团师团长潘定年准将还是认为第3“金星”步兵师会采取他们典型的战法：以1个团的兵力打安溪小道，另2个团去打平定省北面的沿海地区。实际上，双方从1974年12月起就围绕这一地区展开激烈争夺，范文富很担心越军第52步兵旅要打沙黄港，于是命令潘定年准将把2个团留在那里，1个团做预备队，唯一可以增援黎桥中校的是一个新组建的保安营。

可这一次，黎桥和潘定年猜错了：越军第3“金星”步兵师改变了传统打法。在即将开始的西原会战中，第3“金星”步兵师的任务角色十分重要。根据第3步兵师师史记载，该师的任务是“消灭消耗敌人一部分重要有生力量……切断19号公路，为西原军区发动总攻击消灭敌人创造有利的条件，同时还要往东发展支援平定省军民的奋起。这次战役时间和截断公路的里程数，以及战役目标都比1972年战略进攻大得多。1972年，我师仅仅是切断公路，协助其他单位赢得胜利。这一次，我师奉命要消灭敌人，同时在相当一段时间内切断公路”。

切断19号公路的目的是孤立昆嵩和波莱古，阻止西原地区的南越国军往沿海地区撤退。19号公路长约125英里，是西原地区的主要交通干线。从昆嵩和波莱古的物流都是从平定省省会归仁市（越南南方第四大城市）开始，沿19号公路输入。19号公路的起点是归仁附近的1号公路，穿过稻田区和丘陵地区，与安溪小道交会，然后继续往著名的芒江小道延伸，1954年法军第100机动团正是在这里被越军第96团伏击，几乎全军覆灭。过了芒江小道，19号公路进入波莱古省，继续向西延伸，终点是靠近柬埔寨边界的德古县。

为了加深对手的误判，越军第3“金星”步兵师也实施大规模欺敌行动。第3“金星”步兵师的指战员们到处散布消息，声称自己要解放平定省北部。每当夜间来临，第3“金星”步兵师的许多单位就派兵潜入南越国军各个据点的铁丝网障碍带，留下自己存在的痕迹就撤退。平定省农业委员会的拖拉机和推土机也奉命往北大开车灯，发出震耳欲聋的马达轰鸣声行进，在地面上留下类似坦克车辙的痕迹。这些欺敌行动一直持续到战役开始前几天，然后第3“金星”步兵师隐蔽集结，全军南下参加西原会战。

3月2日，范文富少将前往视察黎桥中校的作战情况。在视察过程中，范文富少将对黎桥中校强调，波莱古和归仁之间的19号公路段必须不惜一切代价保障畅通。黎桥中校的答复是这段公路太长了，要想在敌人最初进攻下就保障全线畅通显然是天方夜谭：一路上桥梁太多，地形太复杂，他的部队过于分散、兵力单薄，空中侦察帮不上什么忙。第22师团被限制每天只能使用1架飞机，而且时间只有3个小时。尽管如此，黎桥还是向范文富少将保证，如果越军切断19号公路的话，他会重新打通的。

1975年3月4日06点20分，浓雾笼罩大地，19号公路沿线高山在雾中时隐时现。突然间，南越国军第47步兵团团部发生一阵惊天动地的爆炸。13号公路桥附近一个由民卫排把守的涵洞被渗透进来的越军特工摧毁。范文富的陆地生命线被切断。06点35分，晨雾散去，两发信号弹升空。越军的炮火突然砸在当地民卫队和南越国军第47步兵团阵地上。

西原战役开始了！

在越军第3“金星”步兵师进攻安溪的同时，越军第95A步兵团也对波莱古省的芒江小道西侧的南越保安军或民卫队据点展开攻击。下午，越军第95A步兵团控制了一大段公路。由于越军的破交断路作战，范文富少将的大部分主力都被牵制在昆嵩市和波莱古市，他只能派别动军第4联团1个营在有限的坦克支援下，前往攻击越军第95A步兵团，别动军第4联团剩下的兵力要应付其他的危机。范文富少将还命令南越国军第22师团第42步兵团从平定省北部转移到19号公路的平溪小镇，防范越军的后续进攻。

虽然南越国军在3月5日缴获的越军日记清楚无疑地表明越军已经包围了

邦美蜀，但范文富少将的注意力却被越军第25步兵团切断21号公路的作战给吸引住了。从整体上看，南越国军第2军区可以说是四处起火：两处在19号公路，第三处在清安县，第四处在21号公路。其中，越军第25步兵团在多乐—庆和省界附近的21号公路段（邦美蜀东面）的封锁让范文富特别揪心。他必须立即出兵重新打通这段公路。为此，他命令散布在沿海各省的南越国军各个保安营集结起来，不惜一切代价重新打通21号公路，这次作战由庆和省省长亲自指挥，反击定于3月7日开始。尽管得到了空炮火力和坦克装甲车的支援，可南越国军参战的保安军部队就是没法把越军第25步兵团打出去，21号公路仍被牢牢封锁。

作为军区司令，当对方进攻到来时，他应该留在军区司令部，甚至吃睡都在那里，以便随时掌握情况动态，做出最正确的判断并及时下达命令。遗憾的是，范文富并没有这么做，他还是像奠边府战役时当连长那样，不断出入各个战场，设法亲自指挥战斗。这是南越国军伞兵军官特有的品质和勇气，可这种事情对一位旅团长、联团长、师团长或军长来说就不合时宜了。单有勇气是不足以指挥大兵团作战的。范文富的指挥方式从1954年到1975年就没有丝毫变化，仍像过去一样把自己当作一名前线指挥官。可在1975年，战争形态已经发生了巨大的变化。越军在大范围的战役地盘上发动了多路多向、协调一致、计划周密的战役进攻，这需要范文富少将能随时了解整体战场动态情况，及时正确下达命令。可按照他这种指挥方式，注定是没法适应这种大空间、大兵团、变幻莫测的决战形势的，悲剧已不可避免。

范文富除了命令沿海各省保安营集中起来反击越军第25步兵团，同时还命令驻德立的南越国军第53步兵团3营马上缩回邦美蜀。为了统一指挥邦美蜀城防部队，他还命令第23师团副师团长武世光上校带着一支车队开进邦美蜀，建立战术指挥部协调广德省和多乐省的南越国军部队。路上，武世光上校的车队遭越军第320A步兵师伏击，被摧毁了10台军车。虽然武世光上校侥幸逃脱，但一名被俘的南越国军少校向越军第320A步兵师师长金巡供认说南越国军第45步兵团已经派1个营返回顺曼搜索第320A步兵师。这是个重要的情报，金巡不敢怠慢，马上向黄明草中将报告，并请求允许第320A步兵师切断公路，阻止第45步兵团南下。

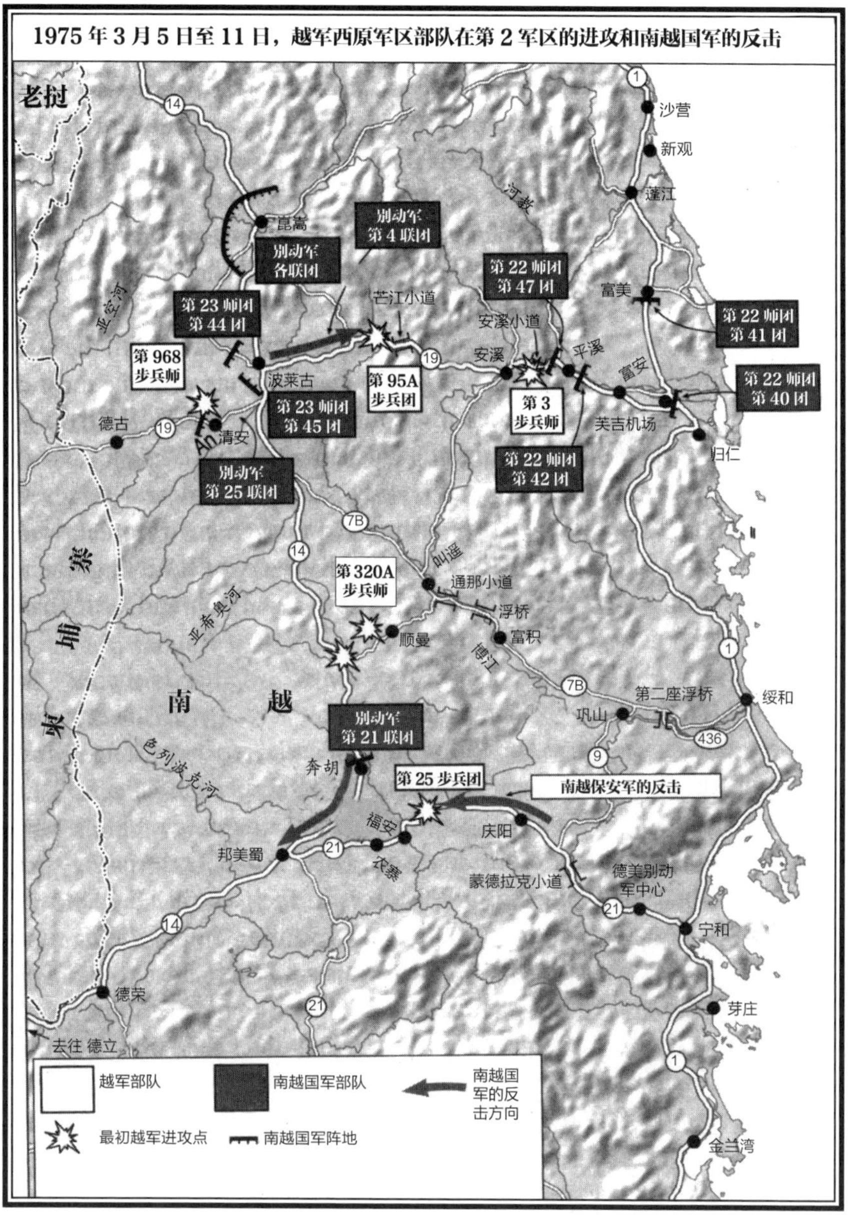

▲1975年3月5日至11日，越军西原军区部队在第2军区的进攻和南越国军的反击示意图

接到金巡大校的报告，越南中央军委代表、总参谋长文进勇大将和西原战役指挥长黄明草中将紧急对战况进行评估：19号公路和21号公路已被越军第3“金星”步兵师和第25步兵团切断，下一个要切断的公路自然是波莱古和邦美蜀之间的14号公路段，可目前时间是个大问题；西原战役指挥部下一步要打下顺曼和切断14号公路，可打的时机得拿捏准确。打早了，就会引起范文富的警惕，甚至让他意识到邦美蜀才是越军进攻的目标，出现这样的情况可就麻烦了。可如果打晚了，没有及时切断14号公路的话，南越国军第45步兵团就有可能进入邦美蜀，给越军的进攻作战带来困难，情况也会变得很复杂。这真是个两难的抉择，文进勇的老部队第320A步兵师的师长，同时也是他的爱将金巡大校一个劲地催促战役指挥部早做决定。在仔细回顾了范文富的一系列举措后，文进勇和黄明草认为，范文富的注意力应该是放在19号公路，目前并没有调整第2军区的兵力部署。根据这个判断，文进勇大将告诉越军第320A步兵师要“保守秘密，避免和对方巡逻队接触，没有接到（战役指挥部）命令不准打14号公路”。这确实是次赌博，文进勇押的宝是范文富的性格。他押对了，范文富果然没有让第45步兵团南下，仍然把该团留在波莱古附近。

度过紧张焦躁的2天后，文进勇大将和黄明草中将决定抓住战机，一举切断14号公路！3月7日，他命令越军第320A步兵师以1个团的兵力袭击顺曼南面的南越国军1个保安军兵营。他的目的是通过攻坚战把南越国军第53步兵团3营给引诱过来，防止他们往邦美蜀北面派出巡逻队。遗憾的是，第320A步兵师第48步兵团只用40分钟就拿下了目标，没能把南越国军第53步兵团3营给诱出来。尽管如此，越军第48步兵团在3月8日还是以迅雷不及掩耳之势，只消2个小时就打下了顺曼并切断了14号公路周围路段。至此，南越国军第2军区在西原的三条主要交通干线——14号、19号和21号公路——都被切断。

在破交封锁作战打得如火如荼的同时，奉命参加邦美蜀攻坚战的越军各路部队也隐蔽进入阵地。按照计划，越军决心从5路打邦美蜀，每一路都是联合兵种作战，步兵得到坦克、炮兵、防空兵的加强，他们的任务是突入邦美蜀市区，攻下多乐小区指挥中心和主要设施。一旦多乐小区的指挥系统被打掉，邦美蜀外围各个据点也就不攻自破。简单地说，这套打法用“猛虎掏心”来形容恰如其分。

对邦美蜀的第一击预定由越军第198特工团负责，该团下辖3个特工营，其中2个营负责袭击波莱古，第3个营配合第10步兵师打德立。除了3个营外，第198特工团的3个侦察组摸进城里，侦察确定进攻路线和各个目标的防御组织情况。即将到来的进攻中，越军计划在第198特工团摸进去打的时候，也组织战役炮兵对邦美蜀的和平机场、南越国军第53和第44步兵团驻地、梅黑帝仓库区、东面的丰德机场实施猛烈的炮火准备。文进勇大将选择炮击这些目标也是有自己的理由的：和平机场和丰德机场很可能是守军逃逸和获得增援的平台，而梅黑帝仓库区则是对方获得补给的源头。无论如何，炮兵和特工都必须要牢牢封住对方的退路，断绝对方获得援兵、弹药物资补充的能力。

在炮兵和特工压住梅黑帝仓库区、和平机场与丰德机场后，越军5路进攻部队直插市区，目标是拿下邦美蜀市中心的六路交叉路口、南越国军第23师团战术指挥部、多乐小区、第8装甲骑兵支团驻地。在5路进攻大军中，越军第316步兵师的第98、第148和第174步兵团各为一路，分别从西北、东南和西南对邦美蜀市区实施突击。各路进攻部队都得到1个防空营加强，西北和西南进攻纵队还得到8辆坦克和8辆装甲车支援。

越军第10步兵师第95B步兵团和第24步兵团分别负责第四路和第五路进攻（第95B步兵团是越军有名的英雄团，在1972年广治古城81天保卫战中血战南越国军第258海军陆战旅团多日，赢得了很高的声誉），第24步兵团仅以1个营的兵力参加进攻，作为第五路突击部队。和第316步兵师一样，第95B步兵团和第24步兵团1个营也各得到防空营和坦克装甲车的加强。其中，第95B步兵团要从东北方向实施突击，拿下六路交叉口、和平机场和多乐小区。第24步兵团要与西南方向的突击部队联合打下南越国军第23师团战术指挥部。在整个攻城作战中，越军2个炮兵旅负责提供炮火支援。

从本质上说，越军的进攻计划就是一次豪赌。文进勇和黄明草打算把在邦美蜀周围集结的全部兵力，除了留下越军第10步兵师1个营外，都投入战斗，一鼓作气打下邦美蜀。这个计划看起来完美，实际上还存在着一定的漏洞，就是如果南越国军顶住越军猛攻，战斗久拖不决的话，范文富很可能通过机降投送方式调来援军，加强守军。在这种情况下，越军进攻部队很容易陷在邦美蜀周围，受到南越国军增援部队和空炮火力的打击而蒙受大的损失。不过，这个漏洞终究没有出现，幸运女神眷顾了越军。

计划是拟定了，就看部队的执行情况。战役进攻前，最困难的就是隐蔽进入攻击前出发阵地。东南方向突击部队花了2天2夜，渡过2条河，隐蔽穿过14号公路才完成兵力展开。北路进攻部队也花了不少工夫隐蔽穿过双方争夺区和南越国军诸多哨所。坦克部队更是在行军中创造了奇迹：他们从距市区15到20英里的隐蔽点出发，在没有掉队或淤陷一辆车的情况下，穿过浓密森林，浮渡过宽阔急流的色列波克河，最终隐蔽抵达攻击前出发阵地，和各路进攻部队的步兵会合。炮兵、通信兵、工兵和防空兵也在丝毫没有暴露的情况下完成展开。

在邦美蜀逐渐陷入孤立，范文富少将的注意力被吸引到波莱古和19号公路的同时，西原战役的第二阶段也在广德拉开了序幕。3月7日下午，越军第10步兵师对德立发动进攻。德立是邦美蜀南翼重要的侧卫。为了守住德立，南越国军在县周围建了5个坚固的据点，内有野战工事、地下掩体，外有雷场保护。德立守军包括保安军1个营、3个炮兵连和M41轻型坦克。

越军第10步兵师师长胡德大校，对打德立县也是倾尽全力，以求一击而下。战役指挥部给他的命令是必须速战速决打下德立，然后马上回师多乐省。胡德大校拟定的进攻计划和战役指挥部打邦美蜀的计划类似：绕过外围坚固据点，集中兵力直接打三个主要目标——德立支区、第23师团一个战术指挥部、主要兵营，每个目标由2个营负责攻坚，由师属炮兵团提供炮火支援。

3月9日05点55分，胡德大校下达进攻命令。在15分钟时间里，越军第10步兵师师属炮兵团15门火炮对三个主要目标实施猛烈的火力突击。炮火开始延伸，越军步兵接到进攻信号。09点30分，越军第10步兵师指战员突破了德立兵营和第23师团战术指挥部，他们迅速消灭了德立的M41轻型坦克小队。整个战斗发展顺利，只有打德立支区时遇到很大的麻烦。据守支区的保安军部队在航空火力支援下击退了越军的冲击。激战正酣时，支区司令突然给部队发出明码电文，告诉部队他正在撤退，并请求航空火力掩护自己退却。监听到这个消息，越军2个营奋勇冲上去，试图截住保安军部队的撤退。

然而，这是南越国军设下的一个圈套。当越军开始前进时，南越国军保安军部队突然伏击了对手，重创了越军进攻部队。战至中午，负责打德立支区的越军2个营被迫撤下来，调整部署准备次日再战。与此同时，越军第10步兵师师属工兵营奉命修一条直通到德立附近一座高地的简易道，保障炮兵把2门85毫米加农炮拉上高地，对德立县进行直瞄射击。经过一夜努力，越军第10步兵师的工兵协助炮兵把2门85毫米加农炮拉上山顶。拂晓，85毫米加农炮对德立县进行直瞄射击，摧毁了许多碉堡掩体。3月10日08点30分，越军第10步兵师攻克德立，彻底孤立了邦美蜀。[1]

一个伟大的胜利

在19号公路，黎桥中校的南越国军第47步兵团击退了越军第3“金星”步兵师的多次冲击。在安溪小道附近的公路两侧，南越国军第47步兵团以排连规模兵力，分散在多处苦战。双方为了争夺各座山头爆发了惨烈的战斗。越军炮兵竭尽全力轰击南越国军阵地，接着第3“金星”步兵师各团发起潮水般的冲击。在对方优势兵力冲击下，南越国军第47步兵团各个阵地岌岌可危，每当丢失一个阵地，黎桥中校都会马上组织反击予以夺回。他甚至经常亲率部队反击，夺回失地。第47步兵团的勇战大量杀伤了越军指战员，当然黎桥中校所部损失也很大。依仗3：1的兵力优势，越军第3“金星”步兵师逐步把南越国军第47步兵团给压出了阵地。3月5日下午晚些时候，南越国军第47步兵团在安溪小道东出口只剩一个阵地还在坚持。如果连这个阵地都丢失的话，那整个安溪小道就归越军控制了。现在，南越国军第47步兵团伤亡太大，已不可能组织反击了，除了固守待援外，黎桥没有别的办法。

不过，南越国军第22师团防区内可不只有第47步兵团在奋战，平溪同样也遭到了攻击。在卓越的近距离空中支援下，南越国军第42步兵团击退了越军的进攻，保住了小镇。总结当前战况，南越国军第22师团师团长潘定年准将发现只有第47步兵团陷入绝境，急需救援。他果断命令第41步兵团前往平溪换下第42步兵团，然后以第42步兵团朝安溪小道攻击前进，解救第47步兵团。随着第42步兵团的离去，潘定年在沿海人口稠密区的几百平方英里地盘上只有1个团加保安军或民卫队把守。

第41步兵团动作很快，他们迅速抵达平溪接过防务。3月7日，南越国军第42步兵团展开旨在救援第47步兵团并夺回丢失地盘的进攻战斗。第42步兵团首先夺回了安溪小道东面出口北面的各个高地，但在进入山地地形战斗时却陷入僵局。担心南越国军第22师团进一步反击，越军第3“金星”步兵师于3月8日展开新一轮攻击，力求彻底打下南越国军第47步兵团最后的阵地。阵地几经易手，可两天残酷战斗打下来，黎桥中校的部队还是守住了阵地。

尽管损失很大，但“金星”师不打算放弃。3月10日，接到文进勇大将下达的加大战斗攻势牢牢钳制住南越国军第22步兵团的命令后，“金星”师投入一个整团的兵力疯狂冲击南越国军第47步兵团。越军攻势凌厉，第47步兵团2营被打垮，营长战死，情况十分危急。潘定年准将别无选择，只得把南越国军第41步兵团从平溪拉出来，前往安溪小道换下第47步兵团。连续几天的战斗打下来，第47步兵团蒙受了40%的损失，潘定年准将在41团到位后，把撤下来的第47步兵团转移到平定省北部驻防。

与此同时，3月9日清晨，范文富少将飞赴邦美蜀，和南越国军第23师团副师团长武世光上校、多乐省省长阮仲栾上校会晤，讨论邦美蜀城防。阮仲栾是一位职业装甲兵军官，也是阮文全中将的挚友。早在阮文全当第2师团师团

▼*邦美蜀之战示意图，1975年3月10日至16日*

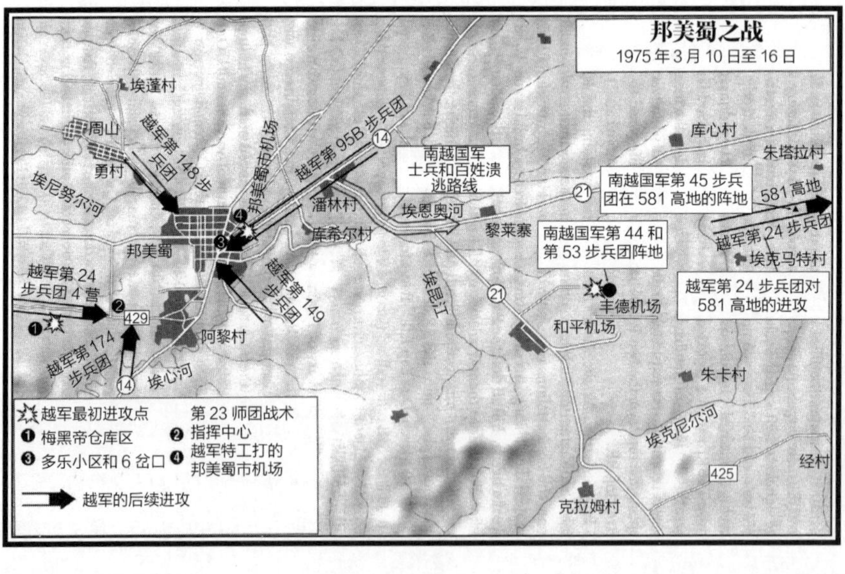

长时，阮仲栾上校就是师里的装甲兵指挥官。1971年2月，兰山719行动中，他就曾率第1装甲骑兵旅团冲锋陷阵，但却惨败而归。阮文全被解除第2军区司令职务前，任命他为多乐省省长。

阮仲栾在机场等到范文富少将，并接他到邦美蜀市内的第23师团战术指挥部。在那里，范文富少将、武世光上校、第23师团师团长黎忠尚准将和广德省省长召开了作战会议。广德省省长向范文富少将报告，德立爆发战斗，通过缴获的文件发现进攻之敌是越军第10步兵师。听取了情况介绍并进行简短讨论后，范文富少将决定组织反击夺回德立县。同时，他还审查了邦美蜀的防御计划，并命令城防部队进入100%戒备状态。范文富还派别动军第21联团（欠1个增援清安县的别动营）加强多乐省的奔胡县（位于邦美蜀北面大约25英里处，14号公路沿线）。如果说德立是邦美蜀的南翼屏障的话，奔胡就是邦美蜀的北翼屏障。范文富估计，奔胡可能是越军下一个要打的目标。

别动军第21联团由黎归岛中校指挥，他曾在1972年阮惠战役中率1个别动营镇守平隆省省会安禄市，打赢了这场关键性的保卫战。3月9日下午，别动军第21联团采取机降投送方式，全部机降在奔胡县。范文富给黎归岛的任务可不只是守住奔胡，还有要么反击夺回顺曼，要么根据需要支援邦美蜀。此外，阮仲栾还把驻多乐省班屯的一个保安营给拉回来，保卫邦美蜀。虽然获得了增援，可邦美蜀的守军力量还是显得很薄弱。城防部队的正规军只有第23师团侦察连、第53步兵团1营和3营、第8装甲骑兵支团1个M113装甲运兵车小队，其他的都是后方部队成员，以及保安军2个营和邦美蜀市内的野战警察。和平机场与丰德机场驻有南越国军空军勤务人员和部分飞行员。

就在范文富少将和手下将领研究邦美蜀城防问题的时候，文进勇大将也开始了最后的进攻检查。3月9日下午，他给武元甲大将去电，概述了对邦美蜀的进攻战斗准备工作已经完成，并报告德立攻坚战的胜利。在电报的末尾，他强调部队和技术装备都处于最佳状态，指战员们士气高昂。

3月9日下午，越军参战的坦克装甲车开始渡过色列波克河。第316A步兵师师属工兵用木船和竹筏扎起来，先把电台等送过了250码宽、水流湍急的色列波克河。坦克装甲车奉命直到炮火准备开始才过河，保障进攻战斗按计划进度表进行。与此同时，第198特工团也悄悄接近了邦美蜀。

当时间指到H时，文进勇大将拿起电话，接通了位于邦美蜀西面5英里的战役指挥部，接电话的是黄明草中将。此时，越军通信兵刚刚完成过色列波克河的电话架线工作。文进勇大将询问部队准备情况，黄明草回答各路进攻部队都报告完成战斗准备，文进勇要求黄明草和自己保持密切联系，保障部队迅速取得决定性的胜利。最后，文进勇以一句话结束了交谈："我期待你的胜利！"

3月10日02点45分，越军第198特工团进入攻击位置，3个连潜伏到邦美蜀东北机场的铁丝网障碍带附近，另一个连计38人溜进邦美蜀西南角的梅黑帝仓库区附近，做好了进攻准备。

03点00分，进攻时刻到！顷刻间，炸药包、迫击炮弹和火箭弹爆炸声在机场各个角落此起彼伏。接着，越军的DKB 122毫米单管火箭炮开始对多乐小区和南越国军第23师团战术指挥部进行密集射击。在炮声掩护下，特工剪开铁丝网，冲进了机场向南越国军的警戒哨开火射击。遭到攻击的南越国军机务人员和守卫机场的保安军部队马上还击，到了06点00分，越军特工还是拿下了机场一角。不久，特工1个连直插邦美蜀市，扑到重要的六岔路口。在仅遇微弱抵抗的情况下，特工们迅速包围六岔路口，等待越军第95B步兵团的坦克和步兵赶到。

就在机场进攻战斗激烈进行的同时，越军38名特工也摸进梅黑帝仓库区，直接冲到仓库指挥中心开火。仓库长1300码、宽750码，共有64座封闭库房和敞开库房，这个仓库是南越国军在西原地区最大的弹药库，周围铁丝网环绕。以邦美蜀为起点延伸的429号公路就从梅黑帝仓库附近而过直抵色列波克河。经过短促交火，越军特工于06点00分击毙了梅黑帝仓库区的指挥官，夺取了仓库区。

梅黑帝仓库区的丢失让多乐省省长阮仲栾大为惊恐，他马上派1个保安连实施反击。虽然特工击退了保安连的第一次冲击，但保安连丝毫不给他们喘气的工夫就兵分两路，又实施新一轮冲击。为了阻止保安连，黄明草中将命令特工炸毁几个敞开的弹药库房，用火势和连环爆炸挡住第一路，集中火力反击第二路冲击的保安军部队。

这个战术很快奏效了。经过3个小时战斗，保安连就是没法夺回梅黑帝仓库区，可是特工的损失也很大，参战的38名特工指战员只有18人活了下来。危难之际，越军第316步兵师所辖的第174步兵团2营赶到，接过了防务，救下了特工。

与此同时，越军特工主要突击的目标是邦美蜀东面大约5英里的丰德机场，周围还有南越国军第53和第44步兵团的后方基地（官兵们的家属生活区正在此地）。南越国军第53步兵团3营依托基地区修筑良好的工事组织顽强抵抗，而第44步兵团的后方基地只能依赖于后方勤务部队的防御。越军2支特工部队，其中一个是第27特工营，是武元甲大将亲自下令调来南方参加战斗的精锐部队。第27特工营负责打南越国军第44步兵团和机场指挥中心，第198特工团负责打南越国军第53步兵团兵营。由于任务重要，第198特工团团长亲自指挥这次进攻。

03点20分，这2支特工部队打响了进攻。07点00分，他们突破了南越国军第44步兵团后方基地和丰德机场指挥中心。在南越国军第53步兵团后方基地，特工们却遇到了第53步兵团3营极为顽强的抵抗。在武安中校（第53步兵团团长）指挥下，3营很快扭转了局面渐渐压住了越军特工。破晓时刻，南越国军炮兵群对冲击中的越军特工进行密集的射击，很快打垮了这个方向冲击的第198特工团1个营。为了达成突破，第27特工营也奉命转移过来，参加对第53步兵团基地的突击。虽然他们竭尽全力，但精锐的轻步兵毕竟不是炮兵的对手，他们很快也被密集的炮火给压住了，第27特工营营长在战斗中牺牲，死伤的特工指战员躺满一地。在没法进行炮火对抗的情况下，第198特工团团长只得叫停了进攻。尽管没能打下南越国军第53步兵团后方基地，第198特工团还是完成了他们的主要任务，但也付出了高昂的代价。在围绕邦美蜀进行的6天战斗行动中，第198特工团伤亡150名指战员，接近参战兵力的三分之一。

对于南越国军第53步兵团3营来说，他们的胜利价值也极其有限。虽然依托坚固的工事守住了本团的后方基地，可他们却陷入了第198特工团1个营和第27特工营的包围，没法打出去策应在市区内奋战的第53步兵团主力。尽管如此，第53步兵团3营的这次胜利仍是整个西原会战中南越国军第2军团仅有的闪光点之一。

在各个主要突击方向上，06点30分随着DKB 122毫米火箭炮对邦美蜀的炮火准备结束，5路进攻部队同时开始冲击。从北面，越军第95B步兵团在坦克装甲车的配合下，沿着14号公路高速冲进邦美蜀；其中一路部队直扑和平机场，另一路负责拿下六岔路口。在粉碎了南越国军保安军部队在这两个方向的连续反击后，占领六岔路口的越军第95B步兵团一部又朝多乐小区突击，受到蒙塔格纳德人和南越国军第23师团侦察连的激烈抵抗。为了挡住越军的装甲铁流，阮仲栾上校让部队使用M72反坦克火箭筒朝坦克射击，几辆T-54坦克中弹起火，瘫在多乐小区周围。经过4个小时激烈战斗，多乐小区依然在南越国军之手。

然而，越军进攻部队的实力远在守军之上。当太阳升起，晨雾被驱散后，越军炮兵观察员可以清楚地观测到目标，引导炮兵修正射击诸元。黄明草中将马上命令炮兵加大射击力度，集中火力支援第95B步兵团冲击。多乐小区通信中心被一发炮弹直接命中，大型电台发射机被摧毁。接着，越军第95B步兵团冲进了多乐小区，虽然残存的南越士兵退入附近大楼继续顽抗，但在兵力占优势且经验丰富的越军第95B步兵团的冲击下，最终他们被吞没了，多乐小区陷落。

在西路进攻方向，越军第10步兵师所辖的第24步兵团4营在8辆T-54坦克和8辆63式装甲车加强下，越过色列波克河，沿着429号公路直插市区。他们采取摩托化战斗行军方式，穿过梅黑帝仓库区，接着穿过居民区，突入南越国军第23师团战术指挥部附近。第24步兵团胜利的消息马上送到黄明草中将处，指出他们已经拿下了南越国军第23师团战术指挥部。可是，西原军区的情报部门依然监听到武世光在指挥。显然，越军第24步兵团的报告有误。黄明草想起了1972年的崑嵩战役也发生过类似的误报：当时越军进攻部队也声称夺取了重要目标，可西原军区情报部门通过无线电监听却发现对方仍在有效指挥，并认为一线部队报告有误，最终证明进攻部队把一座类似南越国军指挥部的大楼当成是目标。黄明草中将马上派司令部的一名高级干部下到一线核实情况。最终结果再次证明了情报部门的正确：越军第24步兵团把南越国军第23师团的卫生和通信中心当成是师团战术指挥部。

可错误已经来不及纠正了。07点30分，南越国军空军战机出现了，开始对越军第24步兵团4营投弹轰炸。在航空火力支援下，南越国军保安军部队试图反击，夺回卫生和通信中心。越军的损失开始增大，几辆坦克被摧毁。第

10步兵师战史记载道：“经过一天连续战斗，突入纵深的联合兵种部队夺取了许多目标，可我军也蒙受了很大的损失。营长牺牲，副营长负伤，8名连排级干部牺牲或负伤，我们耗尽了各类弹药，如果接到在夜间继续组织进攻的命令，进攻会遇到很大的困难。”

与此同时，越军第316步兵师的三路进攻部队也遇到了不小的困难。在西北方向上，越军第148步兵团于06点30分按时占领进攻出发阵地，可坦克装甲兵和防空兵却没能按时抵达。天亮了，第148步兵团团长试图让部队隐蔽在南越国军第8装甲骑兵支团驻地附近的一片墓地，可还是暴露了。南越国军毫不留情地组织炮兵火力和机枪火力对着暴露的越军第148步兵团疯狂扫射，许多越军指战员牺牲了。面对危急的局面，第148步兵团果断发起冲击，可没有支援火力他们寸步难行。就在第148步兵团进退两难的时候，坦克群突然出现，他们用主炮朝守敌的碉堡和防御阵地射击，压住守军火力。尽管守军进行了顽强抵抗，但第8装甲骑兵支团驻地还是在中午落入了越军第148步兵团之手。得手后，越军第148步兵团直插市内，与第95B步兵团在六岔路口会师，接着两军一起会战多乐小区。

西南路进攻纵队的装甲兵和炮兵也没能按时到位。按照原定计划，坦克先过色列波克河，然后才是防空兵。可是，负责保障部队渡河的工程工兵却违反了命令。他们竟然让卡车牵引火炮先过，结果卡在了河中间，花了几个小时才最终让交通畅通。尽管缺乏支援，第174步兵团还是打下了梅黑帝仓库附近的一条山脊线，保障支援第24步兵团4营的坦克群顺利地沿着429号公路前进。战至09点左右，负责支援第174步兵团的第273坦克装甲车团3营终于和步兵会合。踏上14号公路，越军第174步兵团和第273坦克装甲车团3营冒着南越国军空军的密集突击，冲进了邦美蜀市区，在省立医院与越军第24步兵团4营会师。

第316步兵师的南路进攻部队在炮火准备开始时距邦美蜀市区还有2英里远，他们没有得到任何技术兵种单位的配合，只能依靠徒步冲击。不过，他们的表现也不差，拂晓时刻就抵达邦美蜀郊区，一路攻击前进，1个营前出到南越国军第23师团战术指挥部大门，但却没能冲进里面。

3月10日日终，越军攻下了邦美蜀市中心并拿下市内许多坚固要点，胜利女神已经在向越军微笑。西原战役指挥部在总结时也指出："在对邦美蜀市区进攻的第一天，我们就赢得一个伟大的胜利。我们夺取了两个重要的目标——和平机场和小区指挥部，而且使丰德机场瘫痪。各路突击部队都打得很出色，虽然南路进攻部队遇到了一些问题，付出的伤亡和所获的战绩并不相称。尽管敌人在航空火力支援下进行激烈反击，可敌人没法把我军从市区给逐出去，伪军官兵都极度害怕。不过，敌人指挥官仍然顽抗到底。战役指挥部决定集中一支猛力部队迅速摧毁和拿下第23师团战术指挥部及剩下的各个目标。"

陷落

1975年3月10日，从越军进行炮火准备开始，多乐省省长阮仲栾上校就留在第23师团战术指挥部和武世光上校一起统一指挥城防战斗。清晨，武世光通过电台，向师团长黎忠尚准将请求派兵支援，解邦美蜀之围，可黎忠尚却对这个请求置若罔闻。黎忠尚准将转达了范文富少将的命令，要求武世光上校再死守邦美蜀几天。范文富认为，越军的打法很可能与1968年相似：在邦美蜀市内攻击三四天，然后就撤走。驻丰德机场的武安中校报告粉碎了越军对第53步兵团后方基地的进攻，这个消息更是加重了范文富的误判。在报告中，武安中校称所部已经击毙了100多名越军（这个统计基本属实）。范文富认为，打邦美蜀是越军第320A步兵师和地方部队所为，目的是以佯攻骗开南越国军的注意力，越军的真正意图很可能是要打广德省省会嘉义市，然后会攻波莱古。就这样，范文富少将仍认为邦美蜀无虞，对方很快就会撤军。

这是范文富少将又一个致命的误判。如果范文富得知越军的进攻部队是第316步兵师和第24、第95B步兵团的话，他的反应会截然不同吧。不管怎么说，范文富的误判导致他没有及时派兵增援邦美蜀，鼓舞了文进勇和黄明草，促使越军加大进攻力度，最终顺利克城。

邦美蜀战斗打响，也牵动了阮文绍的心。09点00分，阮文绍打电话给范文富，询问战况发展情况。范文富少将指出，空军已经出动了80多架次战机，打掉许多坦克，可对方猛烈的防空火力阻止了战机完全打垮敌人的进攻部队。范文富还报告他命令南越国军炮兵进行炮火反击，试图压住越军炮兵，减少市民的损失。范文富明显在撒谎，市内的居民区并没有受到越军炮击，整个城市根本就没有碉堡林立的防御系统。

听完范文富的报告后，阮文绍要求他一定要组织兵力夺回邦美蜀。放下电话，范文富命令别动军第21联团从奔胡出发，实施反击夺回丢失的市区。傍晚，别动军第21联团抵达邦美蜀外围，却没法突破越军的封锁线，不得不撤到邦美蜀西郊。第一次反击失败并没有让范文富少将沮丧，他又命令别动军第21联团在3月11日清晨继续反击，务必夺回多乐小区，并支援在第23师团战术指挥部的守军。此外，他还命令波莱古的第45步兵团待命，准备乘坐直升机增援邦美蜀。对范文富少将采取的一系列措施，阮文绍并没有显示出满意的样子，相反他要求范文富查明进攻邦美蜀的究竟是越军哪个单位，这是判明河内战略意图的关键因素。

然而，还没等阮文绍和范文富回过神来，越军第316步兵师和第24、第95B步兵团经过通宵准备，又在3月11日清晨对邦美蜀市内的南越国军第23师团战术指挥部发动了最后的进攻。清晨05点30分，越军炮兵开始猛轰第23师团战术指挥部。黄明草中将集中第24步兵团4营、第316步兵师4个步兵营，以及第95B步兵团1个营合计大约2个步兵团的兵力，在坦克、炮兵和防空兵支援下，对南越国军第53步兵团1营和后勤人员据守的第23师团战术指挥部展开攻击。

07点00分，炮火开始延伸。在坦克引导下，越军步兵冲进了第23师团战术指挥部。可南越国军也早有准备。当越军的T-54坦克群冲进指挥部时，多乐省省长阮仲栾上校正坐在一辆加装106毫米无后坐力炮的M113装甲运兵车上恭候多时。看到第一辆坦克扑上来，阮仲栾上校下令开火，106毫米无后坐力炮却打不响。意识到危险已近，阮仲栾上校赶紧召唤滞空盘旋的A-37攻击机飞行员，提供近距离空中支援。不幸的是，这名飞行员提前量计算出了问题，竟然把炸弹扔到了自己人的头上，炸毁了第23师团战术指挥部的大型电台发射机，炸死、炸伤了许多南越士兵。顷刻间，第23师团战术指挥部的守军陷入了各自为战的窘境，至11点00分越军攻下了第23师团战术指挥部。

阮仲栾上校和武世光上校在指挥部陷落前沿着不同方向逃出，但武世光很快被越军抓获，阮仲栾上校带着大约100名士兵从侧门逃出，跑到附近的咖啡种植园灌木丛里。他打算躲在里面等夜幕降临再择机逃往芽庄。可惜他打错了如意算盘，这一路官兵很快被越军发现并遭到机枪火力横扫，死伤了不少官兵，被压制在开阔地。眼看无路可逃，阮仲栾只得命令副手打出白旗投降，邦美蜀终于陷落了。不以成败论英雄，从战斗表现来看，守军可以说是竭尽全力了，越军攻城部队损失很大。《越南人民军卫生勤务史》第三卷第405页记载："在打邦美蜀市的战斗中，共有伤兵1317人，占参战兵力8.34%（相当于整个战役伤员总数的54.8%），其中12.4%是重伤员、26.9%是中等伤员、60.7%是轻伤员。"[2]

打下第23师团战术指挥部后，黄明草又命令部队继续进攻，彻底消灭邦美蜀周围的南越国军各个残余基地：丰德机场、第53和第44步兵团后方基地、训练场和市区周围的12个村落。越军第316步兵师扫荡了邦美蜀周围的大部分村落，并以第149步兵团对南越国军第53步兵团后方基地展开攻击。

就在越军开始对南越国军第23师团战术指挥部发起最后的攻击时，别动军第21联团也展开反击。3月11日10点30分，他们绕过越军许多阵地，扑到第23师团战术指挥部边缘。在这万分紧张的时刻，越军西原军区的情报部门截获了别动军第21联团给上级的一份报告，称多乐小区和第23师团战术指挥部都已沦陷，周围集结着大批越军坦克。黎归岛报告，他手下只有2个营，火力支援有限，没法夺回这些失地。范文富少将给他的答复是让他守住现阵地，支援仍在邦美蜀市内战斗的南越国军残部。

当晚，范文富少将又给越南共和国总统阮文绍打电话。范文富少将指出，他现在相信邦美蜀是越军主要进攻的目标，但这只是越军西原会战的一个环节。阮文绍在得知邦美蜀市内的第23师团战术指挥部丢失后也很着急，他命令范文富要不惜一切代价组织反击，务必夺回城市。

范文富少将迅速草拟了夺回邦美蜀的作战计划。他将派1个M113装甲运兵车小队在南越国军第22师团第40步兵团的配合下，重新打通21号公路；同时，以别动军第21联团在第53步兵团3营的配合下，组成对邦美蜀市区反击的第一梯队；第23师团第44步兵团和第45步兵团准备在邦美蜀东面实施机降，组成第二梯队；两个反击梯队将在最大限度的空中支援下夺回邦美蜀，整个反击作战由第23师团师团长黎忠尚准将负责指挥。范文富少将还请求阮文绍把别动军第7联团从西贡空运过来，接替参加反击的第23师团所部，保障波莱古的城防力量不被削弱。

阮文绍二话不说就批准了范文富的计划。可作战不能只随自己的意愿，正得势的文进勇和黄明草可不会给对方反击的机会。对西原军区来说，打敌反扑、粉碎对方的反击是保住胜利果实乃至扩大战果的先决条件。对方的反扑早在越军的意料中，他们早已准备好一旦拿下邦美蜀就要迎击南越国军的反扑。西原军区判断，14号公路已被越军切断，意味着南越国军不可能从南北两个方向集结兵力，范文富少将只有把兵力机降在邦美蜀东面，这里距市中心比较远，给反击带来了诸多困难和不便。更重要的是，由于公路被切断，范文富没法投入坦克和炮兵支援部队，只能依靠仅有有限空中支援的徒步步兵去反击联合兵种作战的越军，这种战斗的结果如何可想而知。

为了阻止范文富少将在邦美蜀附近投入的反击部队站稳脚跟，3月11日夜，黄明草迅速下达一系列新的命令，他要求第10步兵师迅速攻下邦美蜀市区东面的南越国军各个残存据点，特别是第45步兵团后方基地。接到命令，越军第10步兵师师长胡德大校马上命令手下的2个团从广德省回师邦美蜀，只留下第271B步兵团继续战斗。在对第10步兵师下达命令的同时，黄明草中将也命令越军第316步兵师继续打南越国军第53步兵团后方基地。此外，黄明草还要求部队迅速拿下邦美蜀北翼的奔胡和西面的班屯。

3月12日05点00分，越军第24步兵团1个营在1个坦克连和师属炮兵支援下，对南越国军第45步兵团后方基地发起攻击。战至09点30分，该营完全打下了第45步兵团后方基地，俘虏500名敌官兵，缴获12门榴弹炮、5000发榴弹和数千升汽油。与此同时，第320A步兵师9团也拿下了奔胡，控制了14号公路在多乐省境内的最后一个路段，至此越军可以畅通无阻地使用从多乐—波莱古省界穿过广德省到福隆省的14号公路段。

同一天清晨，范文富少将命令南越国军第23师团所辖的第45步兵团乘坐直升机，从波莱古出发，在邦美蜀东面的581高地机降。该高地具有很高的战术价值，正好卡在21号公路和丰德机场之间，位于南越国军第53步兵团后方基地东面大约1英里处，是一个绝好的反击跳板。根据随军记者范勋的报道，第45步兵团出师时士气很高，“*愿意战斗到最后一个人*”，不惜一切代价救出自己的家人。

然而，由于“支奴干”直升机的机械故障问题，空运准备直到3月13日下午才完成，也就是说浪费了整整2天时间。在此期间，别动军第21联团根据第23师团师团长黎忠尚准将的命令，于3月12日撤出市区，退到邦美蜀东面保卫训练中心。接着，黎忠尚不顾战况紧急，擅自动用一架直升机前往训练中心把自己的家人给接走了。随着别动军第21联团的撤出，3月12日18点00分，范文富少将向西贡报告，邦美蜀市内所有有组织的抵抗宣告结束。

与此同时，别动军第7联团乘坐运输机从西贡出发，于3月13日在波莱古着陆。继把第45步兵团送到邦美蜀市东面的581高地后，3月14日清晨，直升机群又把南越国军第44步兵团1个营、团支援部队和第23师团临时指挥部送到邦美蜀东面的福安，为反击做准备。

范文富小算盘打得很精，可他的计划还是暴露了。借助破译的密码，西原军区情报部门截获了一份至关重要的信息。3月12日，越军截获了南越国军第23师团师团长黎忠尚准将和第53步兵团团长武安中校之间的通话。黎忠尚告诉武安，援军已经上路，“他们将组织反击夺回邦美蜀。这个计划是……他们要使用（第53步兵团后方基地）和581高地作为跳板，邦美蜀的残部将在这里重组，并和解围部队配合兵分两路从邦美蜀东面和东南面实施突击”。这个情报的破获对越军取得胜利是极其关键的。

更为糟糕的是，当南越国军第45步兵团在581高地机降的时候，官兵们看到了从邦美蜀逃出的难民潮。尽管出师前大家都发誓一定要夺回邦美蜀，可这种情景让大家开始担心自己家人的安危。开小差的官兵不断增多，大家都溜出队伍，沿着公路的难民潮去寻找他们的家人。这是1975年南越方面发生的第一起“战场家庭综合征”，具体“症状”就是南越国军官兵擅离职守去寻找他们的家人，导致整个队伍瞬间失去战斗力，也毫无军心可言。

3月13日，范文富少将接到总参谋长高文园上将打来的电话，通知他去金兰湾开会。这是一次决定南越国运的会议。

注释

1.《越南人民军卫生勤务史》第三卷第405页记载："在打德立、顺曼战斗中共有276名伤兵，占参战兵力的2.33%（占全战役伤兵总数的11.4%），其中21.73%是重伤，28.26%是中等伤，50%是轻伤。"原文为"Trong đánh quận lỵ Đức Lập, Thuần Mẫn có 276 thương binh chiếm 2,33% quân số（11,4% thương binh toàn chiến dịch）với 21,73% nặng, 28,26% vừa và 50% nhẹ"。

2. 原文为"Trong tác chiến đánh thị xã Buôn Ma Thuột đã có 1.317 thương binh chiếm 8,34% quân số（54,8% thương binh toàn chiến dịch）với 12,4% nặng, 26,9% vừa và 60,7% nhẹ"。

第五章
致命的决定

邦美蜀的丢失是越南共和国一系列崩溃的第一环。在5天多时间里，河内、西贡和华盛顿的军政高层各自做出了不同的决定。原本是双方僵持的越南南方战局突然失控，陷入了雪崩状态。这究竟是怎么回事呢？一切要从金兰湾会议说起。

对越南共和国总统阮文绍来说，西原会战一开始情况就很不妙。邦美蜀丢失不说，美国国会也拒绝给越南共和国增加军援额度。由于美国大幅削减军援，阮文绍不得不放弃原先制定的“绝不放弃一寸土地”的政策，决定采取大幅战略收缩，放弃大片土地。他采取这种做法是希望世界都看清楚究竟是谁在破坏《巴黎和平协约》并危及越南共和国的安全，从而煽动国际舆论、制造压力迫使北越撤军。遗憾的是，他的想法太天真了。

3月11日清早，阮文绍在独立宫和总理陈善谦（阮文绍的心腹，同时也是南越国军的高级将领）、邓文光中将（国家安全委员会成员）、总参谋长高文园上将会餐。这四个人将决定越南共和国未来的走向。

就餐完毕，服务生撤掉餐具，阮文绍从他的口袋掏出了越南共和国的小地图。然后，他看着三位心腹，对整体形势侃侃而谈。在他看来，越南共和国已经没法守住全国领土了。在美国军事力量重新介入无望的情况下，只有大幅收缩控制地盘，保住部队和技术装备才是南越生存下来的唯一机会。这么做也能给南越赢得多余的时间，准备应对人皆尽知的越军1976年可能发起的总攻击。现在，自由世界对越军进攻的反应都只停留在口头上：包括美国在内，很多国家都受到经济危机和自身经济问题的影响，不会也不可能给越南共和国提供更多的援助。

阮文绍还认为越南共和国需要重新调整自己的武装力量，以全国人口最稠密和经济最重要的心脏地区，也就是第2军区南部的邦美蜀到沿海的绥和再到湄公河三角洲最南梢之间地盘作为越南共和国新的国土。这相当于一个放大版的交趾支那，对越南共和国人民来说也是真正的“南方”。交趾支那地区的人民本身就有着悠久而独特的文化，和越南中部（古称安南）、越南北部（古称东京）有所不同。阮文绍希望唤起这一地区的独特民族文化认同感，抵御北越的进攻。南方绝大部分自然资源，包括南方沿海大陆架附近所有重要的海上油田和越南南方绝大部分农业基地，都位于这个地区。对于北部地区，阮文绍打算放弃第1军区的大部分地区，但要守住岘港作为未来反攻夺回失地的跳板。他还打算尽可能守住顺化，万一越军进行大规模坚决突击的话，顺化也很可能不保。

为了实现这个所谓“平分越南南方”的新战略，当务之急是要夺回邦美蜀。在阮文绍看来，如果让越军牢牢占住邦美蜀，他们就可以从北面的大叻、东面的芽庄、西面的西宁，这三个方向威胁西贡。阮文绍打算把夺取邦美蜀市的越军第320A步兵师（他识别错误）消灭。最后一点，他打算把第2军团从西原地区各个孤立而脆弱的城市撤下来，否则“他们就会因为缺乏预备队的支援和空军没法给他们提供补给而被消灭”。他打算在夺回邦美蜀后，再对放弃的波莱古或昆嵩实施反击。阮文绍把这个新战略命名为“头轻脚重”。由于担心泄密，他只对这几名心腹透露了计划，甚至对美国人都保密。

阮文绍决定放弃南越大片领土是越南共和国政策上的一个重大转变。战后，许多人对阮文绍的这个决策感到疑惑。这个决策和之前的“绝不放弃一寸土地”完全是对立矛盾的。当然，以前他反对放弃领土的原因是担心伤害到南越的民心士气以及考虑到诸多复杂的后勤因素，同时他还担心放弃领土会影响美国国会和国际舆论对他的看法，这些都是他以前所难以承受的政治生命之重。

时任美国驻越南共和国大使的马丁和其他美国高级官员声称，阮文绍的决定是出于对未来缺乏任何外界援助的绝望。马丁大使告诉美国国务卿基辛格，越南共和国代表团在2月访美期间在绝大部分美国国会议员处受到冷遇，求援失败使阮文绍心灰意冷，终于认识到自己是不可能从美国那里拿到任何额外援助的。不过，马丁大使的分析并不全对。虽然陈文林访美失败，可阮文绍仍然想尽一切办法寻求美援，直到最后下台都没有放弃。因此，对未来缺乏外援的担忧并非是阮文绍做出这个决定的唯一理由。事实上，阮文绍在1972年也面临过类似的军事危机，可他还是坚持战斗并拒绝让部队撤退。对比1972年和1975年，当时的情况显然比现在更糟：安禄被团团包围，昆嵩虽然守住了可也陷入孤立态势，广治丢失。不过，在美国海空炮火力支援以及后卫战役的协助下，南越国军最终组织猛烈反击，收复了广治，解了安禄和昆嵩之围。可现在，一切都不同了。

按照总参谋长高文园上将的说法，越南共和国总统阮文绍在1972年决定死守这些城市在当时是正确的“判断”，总统命令军队“一定要守住这些城市，因为丢失这些城市的政治和心理影响将毁掉南越……放弃这些城市会导致一场政治雪崩”。高文园接着指出，如果南越国军在1972年放弃昆嵩，“那么整个西原和平定省就会丢失，由于士气受到沉重打击，进一步组织防御是不可能的……这会导致精神完全崩溃……南越会被拦腰截断，最终导致国家的毁灭”。

既然如果在1972年把部队撤出西原北部地区会导致“政治雪崩”，那为什么现在阮文绍又甘冒这种风险呢？越南共和国会议发言人阮伯勤认为：阮文绍的决定并非是“灵机一动”，也不是一个筋疲力尽的人对丢失邦美蜀的反应，而是在北越已经取得优势的情况下，对国家形势和武装力量能力进行权衡后做出的决策。

缺乏美援只是1975年和1972年的不同之一，另一个巨大差别是1975年缺乏像1972年那样的美军海空炮火力支援。1972年，美军的海空火力极大地削弱了越军的战役后勤和战场作战能力，保障了广治方向的南越海军陆战师团反击成功。可现在他什么也没有。美援不足的同时，也没有美军的海空炮火力支援，南越国军正遭到越军的大迂回，面临着对方20个久经沙场的步兵师，进行全面的战略收缩就成为当下唯一的选择，而第一个要撤退的就是正承受越军主要进攻的第2军区。

然而，要从西原北部地区安全撤下来却并不容易。越军在西原地区拥有4个师的强大兵力，一旦遭到他们的攻击，从西原北部撤退的南越国军没法击退对手，更不要指望能有1972年那样的援助（当年猛烈的美军空炮火力粉碎了越军的迂回和正面攻击）。但阮文绍也有自己的苦衷：如果把第2军区主力留在波莱古和昆嵩，而文进勇挥师东进拿下沿海地区的话，留在西原北部的大军就会渐渐被饥饿打倒。目前，波莱古已经三面被围，古行机场也不断受到零星炮击，尽管战前已经储备了60日份的各类物资，可波莱古还是出现了供应压力。在邦美蜀，越军拥有强大的兵力（第10和第316步兵师，以及在14号公路段的第320A步兵师）。在21号公路沿线，南越国军仅有少量的保安军部队和第23师团的部分力量。如果这些防线相继被越军突破的话（这种可能性很大），那么越军的步兵、坦克、炮兵和防空兵就会顺着21号公路朝沿海挺进，席卷南越中部地区（即安南走廊），接着将沿1号公路往南直扑西贡外围。

虽然阮文绍已经“深思熟虑”，可他的高级军事顾问都不同意他的决定。他们认为，第2军区主力部队最好还是待在波莱古和昆嵩修建的坚固碉堡里顽强战斗，而不是在越军的巨大压力下在危机四伏的山岳丛林公路间仓促撤退。许多南越国军将领认为，南越国军士兵坚守阵地、顽强抵抗兵力占优的越军进攻很可能说服美国国会放宽对南越的军援限制。

可阮文绍的决心坚定不移。驻芽庄的美国总领事蒙克里埃夫·斯皮尔在谈到南越国军第2军团崩溃时，指出“**1975年春，我被告知，在（中央）高原受到全面进攻的情况下，越南共和国做的一个最高决定是放弃昆嵩**”。然而，在美国人和他的亲信知道这个决定的同时，阮文绍却仍在对他手下各个高级将领保密，致使大家接到命令时有些手足无措。

决心好下，执行起来却不那么简单。首先，南越国军对如此大规模的撤退可以说是毫无准备。甚至于阮文绍就算定下了决心，也没有要求联合参谋本部拟定一套周密的计划（一切原因都是为了保密）。对阮文绍的举措，他的心腹除了同意以外，也没有别的选择。在这次独立宫密会后，作为大撤退的先期准备，阮文绍决定把伞兵师团从岘港撤回来。3月12日，也就是范文富少将向西贡报告邦美蜀市内有组织的抵抗已告结束的当天，联合参谋本部命令第1军区（即第1军团）司令吴光长中将把伞兵师团归还西贡。对此感到大吃一惊的吴光长中将马上要求觐见阮文绍。在会谈中，阮文绍向吴光长解释了自己的战略收缩理念，他打算放弃那些容易受到攻击的国土，退守放大版的交趾支那。至于第1军区的地盘，阮文绍告诉吴光长，除了岘港要不惜一切代价固守外，其他地盘都可以牺牲。

吴光长惊愕不已。他说在越军即将开始的总攻击前把伞兵师团调走很可能会导致北部地区的惨败。即便是在最好的情况下，（把伞兵师团调走）也会迫使他放弃一些有利地形，因为他要抽调部队接过从岘港西部阵地撤走的伞兵师团的防务。对吴光长的请求，阮文绍做出部分让步，允许吴光长一次撤一个旅，逐步把伞兵师团撤回西贡。说是这么说，可在3月17日，也就是越军发起顺化—岘港战役当头，阮文绍就命令第1伞兵旅团撤回西贡。吴光长只得命令新组建的第468海军陆战旅团接替第1伞兵旅团的防务。

在和吴光长会谈后，阮文绍又电令范文富少将于3月14日飞到金兰湾，举行秘密会议。

3月14日清晨，阮文绍、陈善谦、邓文光、高文园飞赴金兰湾，和范文富会晤。在会上，他们把新的计划告诉范文富，计划内容让范文富大吃一惊：第2军区“大搬家”。这个风险可比从北部地区撤回伞兵师团要大得多。虽然这次重要的会议没有留下什么官方记录，但高文园上将还是提供了一份书面总结，足以说明这次会议决定的大致内容。

会议一开始，阮文绍就询问范文富少将对形势的分析。范文富描绘了一幅令人沮丧的情景：19号公路，这条西原最重要的公路已经被拦腰截断，剩下的各条主要公路也被封锁。他还告诉阮文绍说自己的部队刚刚在邦美蜀附近抓获了越军第316步兵师的一名战士。这个消息让阮文绍倒吸一口冷气，这说明越军又把一个战略预备师投入到西原，在兵力对比上越军已经压倒了西原守军（特别是在西原南部）。介绍完情况，阮文绍马上问他能否以目前布置在邦美蜀周围的部队夺回失地，范文富回答得很干脆：“不行。”他请求获得伞兵师团的增援，以期夺回邦美蜀。阮文绍也很干脆地拒绝了这个请求。接着，阮文绍扭头问高文园（联合参谋本部）是否还有别的预备队。高文园指出，范文富已经得到了最后的预备队——别动军第7联团，目前联合参谋本部手上也没有预备队了。于是，阮文绍命令范文富重新调整波莱古和昆嵩的部署，以期南下夺回邦美蜀，同时要范文富把波莱古和昆嵩的政府机关单位、民卫队、保安军和别击队统统留下来。

对这个决定，各方都有不同说法。为范文富少将写传记的作者范勋也参加了这次会议，当时他就坐在会议室外等候。他声称，范文富告诉他，阮文绍命令自己撤退。但撤退之说受到高文园上将的驳斥。战争结束后，高文园矢口否认阮文绍总统曾对范文富下达过从波莱古撤退的命令。1975年9月，高文园上将在接受美国记者采访时还辩解说："不知为什么有些人就是要把阮文绍的命令解释成撤退。可实际上他从来没有下过这样的命令。他只要范文富重新调整部署夺回邦美蜀。"高文园的说法得到了邓文光中将和总理陈善谦的支持。可对这种说法，美国人表示怀疑。中情局驻芽庄站站长就在报告中提到阮文绍"断然命令范文富放弃波莱古和昆嵩"。中情局西贡站站长托马斯·波尔加也很怀疑高文园的说辞，他也认为不能排除阮文绍对范文富口授撤退命令的可能性。事实很可能是阮文绍并没有明言要弃守波莱古，可调整部署和明令把保安军、民卫队、别击队留下来保卫波莱古，跟下令放弃波莱古的效果是一样的。

虽然在越军强大的进攻压力下重新调整部署困难重重，可范文富少将并没有试图说服阮文绍改变自己的决定。坦率地说，范文富没法读懂阮文绍的心思，究竟他要求夺回邦美蜀是为了让第2军区主力守住新的防线，还是借夺回作战组织撤军，现在已经说不清了。不过，范文富也是不可能说服阮文绍改变自己的决定的。阮文绍的爱将——吴光长慷慨激昂地恳求把伞兵师团留下来，获得的让步也只不过是一次撤退一个旅团。对范文富来说，他在总统面前也很心虚：1975年2月开会的时候，阮文绍曾要他加强邦美蜀的守备力量（把第23师团都撤下来加强多乐省），可范文富对这道命令大打折扣，只把第53步兵团撤到邦美蜀。理亏在先的范文富显然不会就这道命令和阮文绍讨价还价，而且他也没有别的选择，即便是以辞职相威胁，阮文绍也不会答应。

范文富少将的高级助手阮光永中校陪同他一起出席了金兰湾会议，并坐在会议室外等候。根据阮光永中校的说法，会议结束后，阮文绍并没有和范文富握手，也没有理会范文富的敬礼。阮光永听到阮文绍在会议室谈话时那高高的嗓门以及把桌子敲得砰砰作响。阮光永还特地强调，在飞回波莱古的途中，范文富“一言不发地坐着，低头看着地板。过了一会儿，我问他是否被解除了指挥权。范文富抬起头来，泪流满面地说这个国家没有前途了，作为一名将军，他的（军人）生涯到头了。阮文绍命令他用3天时间撤下来，如果他做不到，就将面临军法审判”。

阮文绍的决定已经做出，可接下来的撤退又将如何完成呢？南越国军的空运能力有限，19号公路周围地形复杂也没法迅速打通。越军第95A步兵团在3月13日组织了一次突袭，歼灭了支援别动军第4联团的M113装甲运兵车小队。当年法军第100机动团曾经选择沿19号公路从安溪往波莱古转移，结果被越军第96团在德波设伏全歼，故19号公路不可取。走14号公路也不可取，沿着这条公路的任何向南运动都很容易让对方探明，而且这一路撤退必须要从越军第320A步兵师的防区，以及第10和第316步兵师的防区通过，如果强行突围必然会蒙受较大的损失。14号公路不可选，21号公路也不是个好的选项。

高文园上将对范文富无视联合参谋本部战前一再警告邦美蜀危险，导致现在这不可收拾的局面感到十分愤怒，他希望范文富辞职谢罪而不是指挥第2军区的主力部队撤退。可是，性格倔强的范文富就是不辞职，还决定把部队带出困境。既然如此，高文园上将打算作壁上观，让范文富自己负责这次撤退行动。

范文富少将也很清楚这次撤退的复杂性，突然性是成败的关键因素。为此，他打算带部队走7B号公路，这是西原地区目前唯一畅通的公路。这条公路从波莱古南面的14号公路岔出，穿过富奔省省会叫遥市，然后往东拐，终点在富安省省会绥和市。抵达绥和市后，第2军区主力部队将南下走1号公路到21号公路，接着向西沿着21号公路往邦美蜀实施反击。从波莱古到绥和的公路总长155英里，从绥和到邦美蜀的总长是147英里。因此，从波莱古到邦美蜀，范文富少将的部队总计要行军超过300英里才能投入反击战斗。

不仅路程长，而且7B号公路只有波莱古到叫遥可以通行，出叫遥往绥和之间的80英里路段都在狭窄、险峻、崎岖且密覆森林的山地间蜿蜒。瀑布、陡峭的隘口、被毁的涵洞，以及众多溪流都给撤军行动带来了很大的困难。从叫遥市到绥和市沿途共有17座桥梁，所有的桥梁都没法承载重型装甲车辆的通行（最大承重不过12吨到20吨）。更重要的是，部队在撤退阶段不得不两次跨过波河。第一次是在叫遥市东南大约10英里处，当地的桥梁没法承载坦克通行，因此南越国军工兵必须搭建浮桥才能保障装甲战斗车辆通过这道宽约50码的河段。从这里再走55英里到富安省巩山县之间，沿途只有一个村——富积村。到了巩山县，距绥和市就只剩15英里路程，可这段路却在多年前就被韩国国军首都师团埋设了绵密的地雷。唯一可以绕过这片雷区的路就是7B号公路上岔开的一座桥，这座桥连接通达绥和市的436号公路，可桥已经在多年前就被炸毁。在巩山县，范文富少将的部队又必须第二次跨过波河，这一次河宽达到了300码，给工兵架设浮桥又带来了不小的难题。

面对如此多的地形困难，范文富竟然声称公路路况要比预想的好多了。他还认为，此时正值旱季末期，许多溪流水位很浅，部队可以徒涉。他甚至认为波河水位也很浅，在巩山县很可能不用架浮桥就能徒涉。（不组织战前侦察，就靠想象制定计划是个绝对的错误。）他声称如果工兵从当地机场跑道拆下钢板铺在河床上，他的装甲车辆就能碾过钢板过河，然后开上436号公路。

阮文绍对范文富少将的建议照单全收，并限期3天完成撤退。对阮文绍的决定，其他高级将领没有提出异议。在给范文富少将的指示中，阮文绍还补充说如果范文富能成功夺回邦美蜀的话，他可以继续往北反击波莱古和昆嵩。

在会谈中，也许是太自信了，范文富并没有向联合参谋本部请求给第2军团配备渡河用的装备器材。会议快结束时，他给阮文绍的最后一个提议是请求让第2军区别动军指挥官范威塔由上校晋升为准将。阮文绍最初有些犹豫，思考再三后还是同意了。

总的来说，范文富少将组织第2军区撤退只有两条路可选：要么打通19号公路，要么先佯攻然后亲率大军走7B号公路撤退。如果组织好兵力对19号公路实施坚决突击的话，是有可能打通19号公路的，因为越军第3“金星”步兵师的实力比想象的还弱，他们没法扛住南越国军组织的大规模进攻。可就算成功打通了19号公路，按照阮文绍的命令，第2军区撤下来以后还要反击邦美蜀，走19号公路无疑会增大总的行军里程。至于佯攻，范文富可以派一支装甲特遣队往南沿着14号公路打，牵制住越军第320A步兵师，保障第2军区主力部队能沿着7B号公路撤退。另一个佯攻方向就是朝德古反戈一击，威胁西原军区的补给线，让越军心惊肉跳，然后再撤退。遗憾的是，范文富少将在会上没有提出任何自己的意见，他对丢失邦美蜀感到很愧疚，自己也没法说服阮文绍意识到从西原北部进行大撤军实际上是行不通的，即便范文富知道这次撤退会导致自己的部队损失很重，也把心里话给咽回肚子里了。按照一名随同范文富参加金兰湾会议的南越国军将领的说法，在会议上，范文富说如果他能把手下50%的兵力和车辆带到西原南部地区的话，他就是个“英雄”了。这名将领回应说，如果范文富损失半数兵力和技术装备的话，他可不是什么英雄，而是要被解职。

对于大家的怀疑，范文富少将承诺会迅速修复桥梁和损坏的路段，在对方反应过来以前就带着部队、装备和补给品撤出西原北部。奇怪的是，范文富似乎没有意识到越军会在波莱古、崑嵩和7号公路沿线山头布置观察所监视公路情况和南越国军的一举一动。此外，他似乎忘了1972年广治市丢失后沿1号公路撤退的难民潮对南越国军撤退的影响。如果说范文富少将健忘的话，阮文绍也没有记得这一茬就令人很难理解了。总之，这个仓促的决定，还有诸多欠考虑的因素是撤退失败的原因。

传达命令

3月14日19点00分，南越国军第2军区的战斗工兵第20联团联团长吴黎省中校正在办公室忙碌的时候，电话铃声响起。1975年1月，吴黎省中校刚刚接过战斗工兵第20联团联团长一职，之前他是南越国军工兵司令阮文实准将的一名参谋。他之前的任务是负责修复和保障南越境内所有公路和桥梁的结构完好，在越军特工和工兵的不断袭击下，这是一个恼人而吃力不讨好的活。当他接过工兵联团长一职时，手下有2500名工兵和价值几百万美元的工兵装备。

给吴黎省中校打电话的是第2军区参谋长黎可里上校，他要吴黎省中校带上他的地图，向第2军区司令范文富少将报告第2军区所有桥梁和公路的情况。这个命令让吴黎省中校大为震惊。自他调到第2军区以来，他只面见过范文富少将两次，他不明白为什么范文富这个时候突然要见他。带上地图，扣上钢盔，吴黎省中校前往第2军区指挥部掩体。

当时，范文富少将刚刚从金兰湾开会回来。他马上召集范威塔、黎可里和范玉生准将（南越国军第6飞行师团师团长），以及陈文琴准将开会。一开会，范文富少将就宣布阮文绍总统同意让范威塔上校晋升为准将。把准将军衔肩章别上范威塔两肩后，范文富正式宣布本次会议的议题：总统阮文绍决定把所有正规部队从西原撤到沿海地区。这些部队的任务有二：防卫沿海地区，并沿着21号公路反击夺回邦美蜀。他提醒与会将领必须严守秘密。为此，范文富少将甚至没有通知各个省长、军事支区指挥官和保卫昆嵩、波莱古的保安军、民卫队。当地政府机关也对撤退行动一无所知，他甚至不准军属撤退。他的命令意味着10多万蒙塔格纳德人和南越平民，包括许多南越国军官兵的家属都必须留下来，承受越军的进攻。

介绍完情况和阮文绍的指示，范文富少将还命令参谋长黎可里上校草拟从昆嵩和波莱古沿着7B号公路往芽庄进行军团级别撤退的计划，撤退行动必须在3月16日到19日之间完成。他的安排是，军团司令部将乘坐直升机撤到芽庄；而第6飞行师团将采取转场方式，从波莱古往芽庄和藩朗机场撤退；工兵们要修缮公路和桥梁，黎可里上校将带着一个精简的军团指挥部随同大军撤退。

黎可里上校惊呆了。他恳求范文富少将给他36个小时的时间进行计划准备和安排。范文富可没有这么多时间，他拒绝了黎可里上校的请求，重申了总统的命令是不可违背的。范文富出身野战指挥系统，根本没有受过参谋训练，也不理解参谋作业有多么繁琐。相反，黎可里上校一直都在参谋系统工作，他曾在第1军团参谋长任上待了2年。1974年12月1日，他又从第1军团参谋长任上平行调动到第2军区任职，成为范文富少将的参谋长。由于他不是范文富的心腹，范文富一直怀疑他是高文园上将和联合参谋本部派来监视他的眼线。可他错了，其实黎可里上校多年来都是美国中情局在南越国军军官团里发展的内线。

当黎可里上校拟定撤退计划时，他首先把吴黎省中校唤了过来。当吴黎省到时，范文富恰巧也在。第2军团要沿着7B号公路撤退到绥和市，范文富急需了解沿途的公路和桥梁状况。吴黎省中校坦承，沿途的第一个障碍就是叫遥市东面的波河大桥根本没法承载坦克和重炮通行，而且河宽达50码，必须要搭建浮桥才能保障坦克和重炮通过。一座浮桥要由方形钢板、空心铝材、充气动浮具套装起来，顶住急流冲击。根据水深和流速测算，一座浮桥至少重70吨。范文富少将可不想听吴黎省中校解释这些技术问题，他就问吴黎省需要多久时间才能架好桥。吴黎省中校答得也很干脆——48小时。范文富答应了他，告诉他就给48小时，不能再多了。返回指挥部，吴黎省中校马上把他手下最好的工兵营营长唤来，把这个新任务交给了他。

接着，范文富少将做了两项致命决定，直接导致了这次撤退的悲剧。第一，他没有亲自指挥部队撤退，而是让范威塔准将代替他全权指挥这次撤退，陈文琴准将负责“监督”。这个安排有欠妥当，导致了第2军区高级指挥官们为了争夺权力而相互掣肘，影响了撤退。第二，在吴黎省中校请求获得48小时架桥后，范文富并没有把第2军区主力部队的撤退时间推迟到3月17日。其实，他完全可以把这个情况向阮文绍总统报告，请求撤退时间推迟一天，好让工兵完成浮桥架设。按原定时间撤退的后果就是部队抵达叫遥市后不得不停滞24小时，等待浮桥架好。这24小时对南越国军来说是致命的，同时也给越军可乘之机。

不管怎么说，范文富的命令迅速向部队传达。按照黎可里上校的计划，南越国军战斗工兵第20联团先走，抵达波河开始架浮桥。别动军第23联团随工兵一起前进，然后待在叫遥市组织防御。别动军第6联团奉命于3月15日夜从崑嵩出发，在叫遥和工兵取得联系，接着和一支装甲骑兵部队一起随同工兵沿7B号公路而下，保护他们的安全。当地的保安军及民卫队负责警戒从叫遥到巩山路段的安全。同样是负责守备崑嵩市的别动军第22联团，撤出来负责包围崑嵩到波莱古之间的14号公路段上重要的渚宝隘口。清安县的别动军第25联团奉命守住自己的阵地，别动军第4联团确保19号公路。南越国军第6飞行师团准备从波莱古的古行机场转场到芽庄机场。为了防止泄密，范文富少将特地指示部队不准讨论行动计划，更不能泄露给平民。

在南越国军第2军区开始组织撤退前，双方还在邦美蜀进行了第二回合较量。

覆灭

3月12日下午，当南越国军第45步兵团2个营在邦美蜀外围机降并控制581高地时，越军西原战役指挥长黄明草中将马上就接到了侦察兵的报告。目前的情况和他战前估计的一模一样：范文富少将要想夺回邦美蜀只能把增援部队机降在邦美蜀东面，并从这里发起反击。当越军发现南越国军第45步兵团侦察连试图和第53步兵团取得联系时，黄明草中将当机立断，命令部队主动靠上去消灭581高地和第53步兵团后方基地的敌人。

南越国军第53步兵团后方基地距邦美蜀市区大约4英里，位于21号公路和另一条北向公路之间的开阔地。守备这个长半英里多的基地，南越国军第53步兵团团长武安中校手下只有500多名士兵——第53步兵团3营和团部连。幸运的是，武安中校以下各个军官都准备顽强战斗到底。基地周围布有7层铁丝网，接着是一条深深的防坦克壕沟，最后才是砖墙和大量机枪掩体掩护。几辆M113装甲运兵车和各个迫击炮小组有力支援了守军的战斗。正是依靠坚固的防御体系和武安中校的卓越领导，南越国军第53步兵团3营才在3月10日清晨击退了越军第27特工营和第198特工团1个营的进攻。

首战失利的越军并没有气馁。3月11日，越军第316步兵师第149步兵团对南越国军第53步兵团后方基地展开攻击。一阵炮兵弹幕射击后，第149步兵团开始冲击，可他们的进攻太仓促了，根本没有什么组织协同。2小时后，几十名越军死伤指战员躺在战场上，南越国军第53步兵团3营再次击退对手冲击，守住了后方基地。可两次胜利给53团3营带来的不是喜悦感，而是日益强烈的紧张感和压抑感。随着被围时间越来越长，他们的形势也日渐危急：伤员没法撤走，补给储备不断下降。虽然南越国军组织空投给了守军一些补给，可随着越军布置的防空武器越来越靠近基地，南越守军持续获得空投补给的难度也越来越大。此外，第53步兵团3营不仅白天要受炮击，晚上也要挨袭击。3月13日，南越国军第53步兵团3营抓获了一名战俘，这才明白越军第316步兵师投入了战斗，情况实在是糟糕透了。

两次进攻受挫的越军也调整了部署并重新拟定计划。这一次，越军第316步兵师打算兵分两路进攻，一路打南越国军第53步兵团后方基地，一路打附近的丰德机场。和大部分南越国军基地一样，第53步兵团后方基地也有一个致命的缺点：基地大门没有任何障碍物。因此，越军把第三次攻击的方向选为正对基地大门。各路进攻部队的组织是3辆坦克冲锋在前，后面跟着1个步兵营。然而，越军并没有对第三次进攻进行周密的计划，特别是，他们没有对南越国军的坚固工事群进行炮火准备。越军错误地认为围困之下对方的士气已经崩溃，只要坦克引导步兵冲击，对方就会举手投降。他们要为自己的傲慢付出代价。

3月14日清晨，越军第149步兵团以2个营的兵力，在6辆坦克伴随下，对南越国军第53步兵团后方基地和丰德机场发起攻击。发起冲击后不久，越军就顺利冲进了空空如也的丰德机场，这里的守军已经撤退了。可南越国军第53步兵团3营却没有放弃基地，他们进行了极为顽强的抵抗，引导步兵冲击的3辆坦克有1辆迷路了，另2辆坦克又犯了致命的错误：在基地大门前左转，把薄弱的侧面装甲暴露给了守军，一辆坦克随即被打坏，伴随冲击的越军步兵也蒙受了惨重的损失，后来第二辆也被打坏了。

越军的第三次进攻还是失败了，可他们并没有动摇。第149步兵团团长请求增援并给他时间重新拟定进攻计划，但黄明草中将没有应允。黄明草中将严令第149步兵团要不惜一切代价，在黄昏时刻拿下基地。为了支援第149步兵团，黄明草中将又派去了5辆坦克，加上原本剩下的4辆坦克，第149步兵团共将得到9辆坦克的支援。新的计划要求主要突击方向直指基地大门，西南方向为次要进攻方向，另以3辆坦克从北面开火，给部队提供直瞄火力支援。

夕阳落山，越军第149步兵团又一次下达了进攻命令，可结果和第三次并没有什么区别。主要突击方向的步坦联合纵队被守军猛烈的火力打击给压住了。坦克搭载的越军步兵被南越国军准确的机枪火力扫倒在地。夜幕降临，坦克迷失了方向，一辆坦克掉到防坦克壕沟里，然后又被一发火箭弹打中。另一辆坦克的车载机枪撞树损坏，第三辆坦克被缠在铁丝网里动弹不得。从西南方向展开攻击的部队的表现也好不到哪去。一辆坦克被击中，另两辆坦克也没能突破基地周围的防御地带。虽然步兵最终抵达，可夜幕已经降临。在之前没有进行周密侦察的情况下，部队陷入一片混乱，很快被对方的猛烈火力压制。第四次进攻还是失败了。战至午夜，越军第149步兵团团长只得命令部队撤退。

这次防御战斗实在打得太漂亮了。为了嘉奖武安中校的出色表现，范文富少将决定把他晋升为上校，并告诉他援军已在路上了。运输机群很快飞过来，给守军投下大量补给品，南越国军空军的轰炸机群也猛烈攻击周围疑似越军阵地的地方。范文富少将还命令21号公路的保安军部队要不惜一切代价打通路障。

就在南越国军第53步兵团3营击退越军多次冲击的同时，黄明草中将又计划对581高地的南越国军第45步兵团2个营展开攻击。第45步兵团是第23师团建制内战斗力最强的部队，可他们在这里的表现却和第53步兵团大相径庭。表现欠佳的主要原因是581高地缺乏预设工事以及大量士兵开小差去找家人。越军第10步兵师第24步兵团在坦克兵和1个防空营的支援下，于3月13日夜隐蔽开进。南越国军空军的C-119空中炮艇在581高地上空巡逻时，投下照明弹并朝周围可疑的越军集结地开火射击。越军克服重重困难，隐蔽进入了攻击前出发阵地。

3月14日07点00分，就在范文富少将飞往金兰湾和阮文绍密会时，越军第24步兵团打响了对581高地的反击战。当时，南越国军第45步兵团的防御部署是1个营守卫581高地，另1个营放在后方半英里处。为他们提供火力支援的有附近的1个保安军105毫米榴弹炮连和空中支援。看到越军步坦协同朝581高地山顶冲击，南越官兵士气崩溃，没怎么抵抗就一哄而散。越军第24步兵团轻松拿下山顶后，顺着山脊而下，攻击了南越国军的第2个营，他们压低高射炮和坦克主炮猛轰暴露的南越士兵。至11点00分，越军打垮了第45步兵团第2个营，冲上了21号公路。不一会儿，越军第24步兵团就冲上邦美蜀东面的第一座大桥。如果越军攻下这座桥的话，他们就将获得向东朝沿海地区进击的跳板。守桥的南越国军1个保安连看到扑上来的越军坦克群，顿时吓得魂飞魄散，只来得及炸毁大桥就逃之夭夭。越军第10步兵师的工兵迅速架了一座浮桥，保障坦克渡河继续追击。重新踏上公路，越军步兵和坦克兵很快看到了600码开外的南越国军保安军105毫米榴弹炮连阵地。越军坦克开足马力冲了上去，打垮了对方的炮兵，完整缴获了4门105毫米榴弹炮和几百发炮弹。

连续获胜的越军第24步兵团再接再厉，与坦克群一起沿着21号公路杀了下去。不一会儿，他们又击溃了保安军1个营，拿下了沿路的一座小镇。战至3月14日中午，越军第24步兵团一共击溃了南越国军3个营，毙伤敌200人，抓到许多俘虏，缴获几百件武器装备。在这次闪电般的打击下，南越国军第45步兵团受到重创，范文富锐意要反击邦美蜀的进攻跳板被摧毁，夺回邦美蜀的计划也彻底泡汤了。

连遭失败令南越国军第23师团师团长黎忠尚准将失望透顶。为了重整旗鼓，他命令第45步兵团残部在21号公路沿线的农寨（Nong Trai，位于邦美蜀东面大约12英里处）与别动军第21联团会合。不幸的是，越军的通信兵再次截获了黎忠尚的命令。为了打好续战，越军侦察兵前出，摸清了农寨周围的南越国军防御组织，同时还得知往东5英里的福安县城里有南越国军第23师团的前指。

就在黎忠尚准将力图收拢自己分散的部队时，CH-47“支努干”直升机群再次因为机械故障和检修问题，出勤率减少。范文富战前预想的用直升机一次调动一个团无法实现了。尽管南越国军从其他各个军区调来直升机群支援，可到了3月14日下午只有第45步兵团、第44步兵团1个营和团部赶到邦美蜀东面，其中第44步兵团1个营和团部在福安附近着陆，该团主力直到第二天才到位。不仅兵力调动困难，补给品运输也困难重重。由于越军封锁了福安到沿海地区之间的21号公路，南越国军第44步兵团和第45步兵团的作战保障全靠直升机维持。不停地往返运兵和投送补给品给直升机的维修保障带来了巨大困难，在汽油和零备件都不足的情况下，直升机群趴窝率越来越高。更为糟糕的是，投入战场的第23师团既没法得到坦克支援，也没有炮火支援，恶劣的天气和越军的SA-7肩扛防空导弹给实施空中支援的F-5战斗机和A-37攻击机带来巨大威胁。相反，越军的进攻是步坦工特炮五个兵种协同，靠着轻步兵武器和有限的空中支援的南越国军是无论如何也没法打败对手的。

得知第45步兵团被打垮的消息，范文富少将明白邦美蜀周围的形势发生了巨大的变化。根据阮文绍新的命令，范文富决定先打通21号公路把重武器调上去再谈夺回作战。3月15日，范文富少将命令黎忠尚准将停止反击，集中兵力从西面、保安军从东面对进突击，重新打通21号公路。此外，范文富还下令停止用直升机把第44步兵团剩下的2个营调到邦美蜀，他打算把节约下来的直升机资源用于转移第2军区指挥部到芽庄。没有和团部会合的第44步兵团2个营将和第 2军区主力部队一起走7B号公路撤退。

范文富调整部署还算及时，可黄明草根本没有给他这个机会。3月15日清晨，越军第10步兵师留在德立县的最后一个团也赶到了邦美蜀。当天，师长胡德大校命令第24步兵团和第66步兵团沿着21号公路南北两侧，对农寨实施钳形攻击。这个任务可不轻，他们要徒步行军15英里、翻山越岭才能赶到指定的攻击前出发阵地。炎热的天气、险峻的地形和水源的缺乏都给部队带来了很大的困难，穿过山岳丛林地带还不时受到对方的空中打击。尽管如此，两个团还是按时赶到了指定位置。

3月16日清晨，越军第10步兵师发起总攻。浓云阻碍了南越国军空军进行对地支援，担任主要突击的越军1个步兵营在坦克掩护下，沿着21号公路直插农寨，迅速突破了南越国军第45步兵团残部的防线。与此同时，越军第24步兵团和第66步兵团从公路南北两侧实施钳形突击，很快打下了农寨。在越军的迅猛打击下，南越国军第45步兵团残部四散溃逃。接着，越军步坦联合进攻纵队又朝福安挺进。南越守军士兵不堪一击，一触即溃。唯一还在奋战的是趁着云开雾散出击的南越国军空军，他们对越军坦克纵队实施攻击，打坏了几辆车。依靠南越国军空军的支援，福安的友军残部才侥幸逃脱。

当天晚些时候，黎忠尚准将乘坐直升机飞临前线时，受到越军防空武器的射击，脸部轻伤。借口负伤，他擅离职守，下令直升机飞到芽庄，住进医院。恼怒的范文富当即赶到医院，对黎忠尚进行了一番斥责后解除了他的指挥权。接着他命令黎友德（Le Huu Duc）上校接过第23师团指挥权。不过，此时的第23师团已经被击溃了。3月16日傍晚，越军第10步兵师完全控制了福安。（整个福安进攻战斗，越军第10步兵师收容伤兵仅78人！）

就在南越国军第23师团残部、多乐省保安军部队、别动军第21联团在越军的进攻下节节后退时，范文富少将也命令庆和省省长组织兵力打通21号公路。可是，庆和省保安军部队费了九牛二虎之力，也只是打通了21号公路的南端，渚句段仍牢牢掌握在越军第25步兵团手里。

夜幕降临，3月16日的战斗终于告一段落。黎友德上校也乘坐直升机接管了第23师团。可展现在他眼前的却是一幅恐怖的景象：5000多难民从邦美蜀涌出，逃到福安东面的第23师团新防线。1972年广治那样的难民潮又一次出现了。更让他感到震惊的是自己收容的残部少得可怜：别动军第21联团只剩下不到240人（正常编制是1000人），原本 2500人编制的第45步兵团更是只剩200人，师团指挥部也只点到42人，各个技术兵种单位，比如通信兵、后勤运输兵、工兵伤亡殆尽，唯一还有战斗力的就是第44步兵团1个营。就这点兵力，别说反击，能保证不全灭就万事大吉了。黎友德叹了口气，这仗没法打了。

有人哀愁、有人欢。彻底打垮了南越第45步兵团和别动军第21联团后，黄明草决心集中兵力火力，彻底拔掉南越国军第53步兵团后方基地这颗钉子。这是第五次进攻了。为了确保稳赢，黄明草下了血本，他不仅增派了坦克和炮兵，还把越军第10步兵师所辖的第66步兵团（波莱美团）从农寨拉回来，与第316步兵师第149步兵团一起展开攻击。按照新的计划，越军第66步兵团从北面展开攻击，第149步兵团从南面展开攻击。步兵冲击前，越军炮兵要对目标进行猛烈的炮火准备，然后工兵在铁丝网障碍带组织爆破炸开多个口子，步兵再组织冲击。

3月16日15点00分，越军开始炮火准备，一连持续了40分钟，密集的弹群如雨点般砸进了南越国军第53步兵团后方基地里，摧毁了许多车辆，基地也多处燃起大火。16点30分，坦克群开始在基地外围游动，对基地外围碉堡组织破坏射击。不久，工兵冲上去，准备用爆破筒在铁丝网地带连续爆破，为步兵开辟了一条进攻通道。

不管越军炮火打得多么猛烈，只要工兵露头出现，南越国军第53步兵团3营的将士们都会集中机枪和迫击炮火力狠狠打击。在53团3营的火力打击下，越军步兵和工兵死伤很大，突破对方外围防御地带后，他们耗尽了所有的炸药爆破筒，伴随突击的坦克也被对方火力给压住了。一辆坦克被反坦克火箭弹命中，另一辆坦克掉进了反坦克壕沟。激战9个小时，越军第66步兵团和第149步兵团还是没能冲进基地。尽管损失不断增加，可越军两个团还是顽强向前挺进。

夜幕降临，越军指挥员让坦克进一步靠上去，用主炮对第53步兵团3营阵地进行轰击，射击一切移动或还击的目标。与此同时，越军组织动员民工把炸药、爆破筒和弹药前送，做好新的战斗准备。夜间，工兵们终于在7层铁丝网地带炸开了一条安全通道，接着又在拂晓时刻炸开了围墙，撕开突破口。坦克群迅速冲进基地，步兵紧随其后跟进打击。面对潮水般冲上来的越军步兵和坦克群，势单力薄的南越国军第53步兵团3营再也没法扛下去了。3月17日08点00分，武安中校带着大约100名士兵撤离基地，逃往福安县。尽管基地陷落了，可武安中校带着第53步兵团3营顽强战斗7个昼夜，击退越军在炮火支援下组织的多次步坦联合冲击，宣称击毁5辆坦克，毙伤敌几百人，他们自身的损失也是惊人的，最终被优势敌人压倒。这次防御战例是整个西原会战中南越国军唯一的荣光。3月24日，筋疲力尽的武安中校带着残部撤到芽庄时，清点兵力只有24人喊到。

在21号公路沿线，越军第10步兵师师长胡德大校并不满足于打下农寨和福安，他要吃掉南越国军第23师团残部。汇总各方情报，胡德大校准确判明第23师团目前只剩第44步兵团1个营还有战斗力，而自己的部队士气正盛。为了保持攻击力，他让刚刚赶到的第28步兵团换下第24步兵团，用这支生力军连续冲击，彻底打垮对手。在战术上，他还是沿袭了前面的老办法，用1个步兵营在装甲兵和防空兵支援下，沿21号公路挺进，2个步兵营实施迂回，插到守敌背后，争取一个不漏全歼第23师团残部。

3月17日清早，越军第28步兵团就发动了进攻。虽然南越国军第44步兵团1个营组织坚决抵抗，可越军第28步兵团开始达成突破，并继续往东挺进。绝望的范文富少将赶紧把放在平定省做预备队的第22师团第40步兵团调到庆阳镇组织新的防线。在给阮文绍的汇报中，范文富苦求增援。为了稳住形势，阮文绍把刚刚从第1军区撤下来的第3伞兵旅团转移到芽庄，并在芒德小道组织防御，卡住庆阳与沿海地区半途，不让越军一口气冲到芽庄。3月18日中午，越军第10步兵师冲到了庆阳附近，活捉了2000名南越士兵，彻底消灭了第23师团。这是南越国军在20年奋战历史上，第一次被彻底全歼一个师团，这也预示着覆灭的开始。

暂缓攻打西贡

3月11日清晨，越南劳动党中央政治局召开会议，研究讨论3月的进攻情形。在听取了黄文泰上将报告西原会战和各个配合战场的胜利后，所有人都猜测下一步该怎么走。有人猜测要打顺化和岘港，一些人认为要把南越国军钳制在波莱古，还有人觉得南越国军很可能会从西原撤退是不是要组织拦截。

听了各位的讨论，黎笋提出了一个重要的问题：“以前，我们准备用两年解放南方。可不久前我们就解放了福隆；现在又是邦美蜀。我们是不是可以快一些？邦美蜀不就是总进攻和总奋起的开端吗？”黎笋这话实际提出了两个问题，第一就是邦美蜀的胜利是否预示着北越期待已久的战略时机的到来。如果是的话，是现在就向南朝西贡大进军，还是按1974年12月政治局会议的原定方案？

激进的黎笋自然是很希望马上发动对西贡的总攻击，可文进勇大将却持不同的意见。相对黎笋打算一鼓作气往西贡的总攻击想法，文进勇倒是很希望稳步展开攻势，逐步蚕食最终消灭南越。在他看来，西原军区应该加速进攻，解放整个多乐省和富奔省，然后往北向波莱古和邦美蜀发起总攻。在越军攻破邦美蜀市内的南越国军第23师团战术指挥部后，文进勇给武元甲大将去电，提出了自己新的意见："我们已经完全控制了邦美蜀，所有主要目标，包括第23师团战术指挥部、多乐小区、装甲和炮兵兵营，以及和平机场都落入了我军之手。现在，我们正在搜剿藏匿在市区内的残敌。初步统计我们已经抓了差不多1000名俘虏，缴获大量敌人的武器装备……根据情况，西原之敌的士气正处于崩溃之中，他们的实力受到很大削弱并处于孤立态势，而我军锐气正盛……我们的初步意图是一要加强邦美蜀方向的力量准备打敌反扑，继续扩张战果至解放整个多乐省；二要继续往东朝叫遥市突击，然后掉头包围消灭波莱古守敌，孤立崑嵩，待准备完毕再攻城。我们将推迟南下时间。"

文进勇电报中关于推迟南下的意见引起了他和越南劳动党中央政治局常委之间的激烈争执。主要问题是文进勇在打下邦美蜀以后打算往哪里进攻。根据先前越南中央军委拟定的计划，主要目标自然是西贡。这个计划的内部代号是"一号计划"，由黎笋、武元甲、陈文茶共同拟定，要求文进勇在取得邦美蜀大捷后，沿着刚刚夺取的14号公路段南下扑向西贡。西原军区3个步兵师加上陈文茶的部队，足以发动攻克西贡的大规模进攻，一劳永逸地结束战争。

可文进勇却没打算按一号计划规定的那样，在攻克邦美蜀后挥师南下，直捣黄龙。为什么他不愿意这么做呢？第一，文进勇不是一个喜欢冒险的将领，他要在南下前扫平后方的敌人，确保南下进军时自己后方的安全，他可不希望在南下进军时，自己的补给线受到波莱古和崑嵩守敌的袭扰。第二，他认为直接南下进攻有防御准备的南越国军第3军团是个糟糕的战略决策。进攻依托坚固既设工事固守的敌人会遇到很大的困难，这个结论已经在第316步兵师进攻南越国军第53步兵团后方基地的战例中得到证明。另外，他认为范文富会组织兵力反击，力求夺回邦美蜀，而自己可以轻易粉碎对方的企图，然后再扫荡整个西原残敌。

3月11日夜，武元甲大将给文进勇大将回电，表明了中央政治局的态度，同意文进勇大将提出的暂时推迟向西贡进军的意见，黎笋对文进勇的判断做出了让步。在这份电报中，武元甲大将还对西原会战下一阶段的行动做出重要指示："政治局和中央军委指示应立即包围波莱古，破坏敌人的陆空补给线，准备进攻并解放波莱古。对于崑嵩，你们应该先孤立守敌，然后再歼灭之。"为了支援文进勇大将，武元甲大将还命令越军第3"金星"步兵师和第95A步兵团扩展19号公路的控制区，日益孤立波莱古—崑嵩地区。

按照这个意图，如果范文富不撤退的话，他也会被越军包围在波莱古，并面临着对方优势兵力和技术装备的猛攻。不过，据守波莱古的战斗很可能打得比走7B号公路往沿海地区撤退要好得多。毕竟波莱古的地形对守军有利，而且南越国军也能展开自己的火力，并依托经营多年的工事群实施抗击，必将给进攻的越军造成重大损失，即便失败也没有多少遗憾。可惜的是，阮文绍和范文富选择的却是一条逃跑之路。

3月13日，越南人民军总参谋部分析了南越国军第2军区对丢失邦美蜀可能的反应。他们认为，如果西原军区全歼了邦美蜀周围的南越国军部队，如果邦美蜀能守住，如果19号公路持续封锁，范文富将只有两个选择：要么把部队撤进波莱古里面死守，要么就从西原撤退。越军总参谋部认为范文富很可能会选择固守波莱古死战到底。根据总参谋部的判断，武元甲大将马上电令文进勇大将要"组织好包括防空火力在内的一切力量，切断敌人的补给线，同时应做好在各种情况下歼灭敌人的准备"。

邦美蜀大捷过了2天，如此轻松的胜利也让文进勇大将的目光变得更长远起来。对文进勇大将来说，西原军区伤亡很少，他的补给还够用。先前，他在给武元甲大将的电报中就报告，他会比原计划更早达成目标。现在，他又在草拟一个更宏伟的计划。3月14日，在给武元甲大将的电报中，文进勇大将声称他将在更短的时间内完成更高的目标并提前进度几个月时间完成1975年全年目标。他还在电报里告诉武元甲，自己相信西原军区有足够的兵力解放整个多乐省、富奔省和广德省，他的终极目标不仅是要解放整个西原，连沿海地区也要解放。

3月15日，越南人民军的情报部门截获了南越国军联合参谋本部3月12日的电报。阮文绍在电报里命令范文富要组织全面反击，利用邦美蜀周围的阵地做跳板夺回失地。这份电报还表明南越国军已经发现了越军第316步兵师的存在，并判明了越军的主要突击方向，目前南越国军第3伞兵旅团正前往西原地区准备参加重新打通21号公路的反击作战。

武元甲大将马上把这份电报转发给文进勇大将，并反复强调自己先前的指示："我们的第一件事就是要把兵力集中到邦美蜀……逐个消灭敌部队，首先要打福安地区，然后准备消灭机降和陆路增援的敌人部队……对于波莱古，应当系统地逐步包围和围攻城市，一步步压制敌人机场群并摧毁他们的仓库补给系统……"

正当武元甲向文进勇保证说，越南劳动党中央政治局采纳了他的意见，西原军区主力部队暂不南下的时候，黎笋却又有了新的想法。黎笋决定再召开一次中央政治局会议，重新研究战略进攻方向。得知中央政治局又要召开新的会议，文进勇大将于3月16日给河内发了一份总结报告。在报告中，文进勇大将请求中央政治局允许自己继续肃清邦美蜀周围的南越国军残部，然后对叫遥市和波莱古发起攻击。文进勇大将还请求改变原计划：由南部平原抽调兵力解放广德省剩下的地区，西原军区全力以赴打波莱古。

在河内的总参谋部，黄文泰上将马上把文进勇大将的电报抄送越军领导层。越军高层领导人都认为，阮文绍不得不改变策略，转而固守岘港、金兰湾和西贡。越南劳动党总书记黎笋认为越军应该再逼上一步，加大对已经动摇的南越国军的压力。更重要的是，战场不断传来的新消息让大家都很振奋。新的进攻方向该选哪里呢？

与此同时，西原军区的情报部门也发现了对方许多异常情况。3月16日中午，他们监听的消息显示，南越国军许多飞机从波莱古起飞并请求允许在芽庄机场着陆。文进勇对这些消息感到很疑惑，因为越军并没有对波莱古机场进行猛烈炮击啊。15点00分，武元甲大将打电话给文进勇，告诉他南越国军第2军区司令部已经转移到芽庄。一小时后，越军一个侦察小组报告一支长长的车队从波莱古沿着14号公路南下。

接到报告，文进勇大将马上召开作战会议，可没有人能判明南越国军到底要干什么。21点00分，文进勇又接到了新的情报：波莱古市内各个弹药库正接二连三爆炸，市内发生多起大火，车队已经离开了波莱古，目前正沿着7B号公路撤退。根据这个情报，文进勇可以断定，南越国军撤离了波莱古。

听到这个消息，文进勇异常愤怒，他拿起电话接通了第320A步兵师师指，师长金巡接了电话。2天前，金巡曾向文进勇保证说7B号公路无法使用。可南越国军现在竟然沿着这条越军根本没有设防封锁的公路撤退，而目前也根本没有任何兵力可以赶去封堵他们！大怒的文进勇警告金巡："如果敌人逃脱的话，这就是个严重的犯罪，我将不得不追究你的责任。"

带着余怒，文进勇大将迅速下达了一连串的命令。第320A步兵师奉命马上赶往叫遥市，切断南越国军的退路。由于第320A步兵师各单位目前正分散在邦美蜀到多乐—波莱古省界各地，西原军区只得命令所有卡车紧急集中，派给第320A步兵师充当运兵车。越军第968步兵师也奉命直接对波莱古发起攻击。富安省地方部队奉命尽量靠近绥和市，封锁7B号公路的最后一段。

发完火，文进勇大将才意识到自己还有一张牌可用。战役开始前，越军第320A步兵师的第64步兵团9营就奉命隐蔽，准备进攻叫遥市。目前，他们距叫遥市仅两座山头。3月16日22点30分，第320A步兵师师长金巡给9营下达了死命令：马上出动，切断叫遥市南面的7B号3公路，堵住敌人的撤退。

第64步兵团9营刚走10分钟，天就黑了。伸手不见五指的黑夜和崎岖的地形极大地制约了9营的行军速度。至午夜，第64步兵团9营才走出一小段距离。看了看表，营长意识到再这么下去肯定没法按时赶到。要想在清晨抵达叫遥市东面的7B号公路段就必须在森林覆盖的山岳地形跑步前进。夜间跑步行军是很危险的，他们很容易落入南越国军的伏击圈。此外，炎热和缺水也给部队带来影响。为了完成任务，他打算冒一次险，赌上全营指战员的生命。他命令全体指战员把干竹或胶鞋点燃当火把，进行照明。现在，越军第64步兵团9营和南越国军第2军区开始了行军赛跑。

第六章
血泪之路

撤退

经过3月14日通宵工作，范文富少将和黎可里上校共同拟定了撤到芽庄的作战计划。计划期间，黎可里上校又一次试图说服范文富少将把撤退路线改为19号公路，却被范文富以总统的命令不可违而驳回。范文富少将的第一个决定就是把南越国军第2军区司令部从波莱古转移到芽庄，在那里他要拟定对邦美蜀的反击计划，最终夺回波莱古。为了这个理由，他取消了用直升机把第44步兵团投送到邦美蜀东面的福安县的计划，把节约下来的直升机群用于把自己的军区司令部转移到芽庄。黎可里上校奉命带着一个小型指挥部负责指挥大军的撤退。范文富的小算盘打得挺精，他让黎可里上校负责指挥撤退事宜，自己又打算在福安县附近设立前指全程监控撤退的进程并锐意准备夺回邦美蜀。（不过他的设想没有实现。）

可，这次撤退并不容易。要想行动成功，吴黎省中校的战斗工兵第20联团不得不执行几个至关重要的任务。第一，他们要在叫遥市东南10英里的波河架一座浮桥。吴黎省中校很清楚，这面临着严重的问题。他手下受过严格训练的舟桥部队此时正在芽庄，这意味着他不得不动用常规工兵部队来完成架桥任务。在没有专业舟桥兵的情况下，架桥需要48小时。让他烦恼的还不只是架桥，他的第二个任务是加固富积（位于叫遥和巩山半途）的一座危桥，第三个任务是检查和维修富积到巩山之间的路段，第四个任务是在巩山附近的波河再架一座浮桥。上述四个任务只要有一个失败，第2军团的撤退大军就将驻足野外，在没有坚固工事可依托且只有少量补给品的情况下，面临越军的围攻。

富奔省省会、山城叫遥原本是个默默无名之地，却因为1975年见证了越南共和国的覆灭之门而名扬天下。城市坐落于一个狭小的、风景如画的山谷，西面是朱巴山脉，东面是水流湍急的波河。市中心遍布西原少数民族特有的高脚屋，市民主要是2万雅莱人，负责叫遥市守备任务是南越国军保安军3个营，1个营驻市内，另2个营在周围镇守。

黎可里上校拟定的撤退计划打算把全军分成三个梯队用三天撤完，最先走的是工兵，他们的任务是确保叫遥市并在东面的波河架浮桥。1975年3月15日，南越国军战斗工兵第20联团所辖的先头营从波莱古出发。在工兵上路后不久，南越国军别动军第23联团也上路了，目的地——叫遥市。一旦他们抵达叫遥市，别动军第23联团就以1个营的兵力占领朱巴山脉，防范越军的进攻。接着，第2军区第一部分——别动军第6联团、1个M113装甲运兵车小队和战斗工兵第20联团余部，将于3月16日清晨从波莱古出发，开赴巩山县。叫遥市到富积县之间的守备任务由富奔省保安军部队负责。别动军第6联团负责确保富积到巩山县之间的公路安全。富安省保安军要确保巩山县的第二座浮桥到绥和市之间的安全。

第二梯队在3月17日清晨出发，包括黎可里上校的小型军指，别动军第4联团、坦克和炮兵，以及第44步兵团主力、军属支援部队。第三梯队包括别动军第25、第7和第22联团，他们将于3月18日出动。

为了保密，每个部队只在出动前1小时才接到通知，波莱古和昆嵩的全体政府机关单位和保安军、民卫队都要留下来，奋战到底。分三个梯队撤退的第2军区主力部队将在撤出波莱古和昆嵩以后，先到叫遥市与别动军第23联团会合，然后再往绥和市撤退。

3月15日，在别动军第23联团离开波莱古以后，范文富少将也乘坐飞机转移到芽庄。范文富离去后，本来负有“监督”之责的陈文琴准将不愿意和范威塔准将共事，他一怒之下也离开了波莱古跑到绥和，作壁上观。临行前，为了掩饰自己对范文富的安排的不满，他告诉黎可里说，自己会乘坐直升机在叫遥市与绥和市之间“监督”整个撤退进程，不会放弃自己的职责。

黎可里上校对陈文琴的这种做法自然是火冒三丈。他怀疑陈文琴更关心他在绥和市的商业利益而非第2军团的撤退安全。在范文富去芽庄，陈文琴去绥和，范威塔只关心自己的“宝贝”别动军的撤退的情况下，军团的整体撤退计划只能由黎可里上校和寥寥几名作战参谋来负责。令人不解的是，像范文富这样一位经验丰富的战将竟然会没想到抛弃平民和把指挥权交给别人会导致战争中最复杂的战斗模式——撤退作战的失败！对他的这种不可思议的表现只可能有一种解释，那就是他认为撤退行动将会轻而易举地完成，他要集中精力于策划夺回邦美蜀。如果确实如上述猜想，那么就印证了范文富的许多同僚对他的评价：他缺乏高级将领的指挥组织能力，不了解撤退和大规模部队运动需要周密的作战计划，不了解亲自指挥处理各种复杂情况才是保障成功的最重要因素。

作为中情局的内线，黎可里心里最主要考虑的自然是“主子”的利益（也就是美国的利益，而不是越南共和国）。3月15日范文富召开会议下达撤退命令后，黎可里上校就违反总统阮文绍的命令，偷偷把撤退计划透露给了美国人。他告诉中情局派驻当地的代表要他们带上人马离开。在中情局驻波莱古站人员撤离后，范文富和黎可里上校又把美国驻波莱古代表埃尔·蒂姆请到范文富办公室。范文富亲自通知他，请马上撤离在波莱古的所有美国和外国侨民，但范文富没有对他透露疏散的原因。

从波莱古撤离后，中情局官员赶紧通知西贡站的汤姆·波尔加，指出南越国军第2军团要从西原撤退。与此同时，蒂姆也通知了芽庄的美国领事蒙克里埃夫·斯皮尔。波尔加在震惊之余，赶紧打电话给邓文光中将，核实消息是否属实。没想到邓文光，这个阮文绍的心腹爱将，遵照总统的命令，矢口否认。尽管邓文光中将嘴把得严实，但波尔加还是选择相信自己手下的情报，下令在西原的所有中情局工作人员撤离。美国驻越南共和国副大使沃尔夫冈·莱赫曼，接到斯皮尔和波尔加双双下达的撤退命令后，也组织所有留在西原的美方使馆工作人员、侨民撤离。随着美国人的撤离，第2军区的撤退行动实际已无密可保。

违反阮文绍总统要求把行动保密到出发前一刻的人可不是只有范文富和黎可里，第6飞行师团师团长范玉生准将接到命令后，就马上向南越国军空军将领陈文明中将报告，询问自己该如何撤退第6飞行师团的人员和装备。范玉生可不打算仓促撤退，他的第6飞行师团还有许多零件、发动机、汽油、弹药、趴窝的飞机和维修站都需要转移，如果没有充分准备就仓促撤退，势必要扔掉许多宝贵的武器装备和物资。对范玉生的疑问，陈文明一边要他执行范文富的命令，一边又给他不少支持。3月15日清早，陈文明就派了几架C-130“大力神”运输机到波莱古，名义上是协助第6飞行师团把设备和物资运出来，实际上这些飞机除了运物资外，还撤走了不少第6飞行师团的人员和军属。

当“大力神”运输机在波莱古着陆、第6飞行师团的家属们赶往机场时，在波莱古市内引发了骚动。一般住在越南南方大型军事基地附近的平民都有一个习惯，那就是密切注意基地的动向，一旦发现南越国军准备从基地撤退，他们就要马上跑路。这次，西原会战一开始，各条公路就被切断了10天，平民和军属都特别着急。当他们得知C-130降落机场后，纷纷涌向机场。越南共和国空军人员和平民都争抢着要挤上飞机，一时间波莱古各个机场秩序大乱。范玉生竭尽全力想恢复秩序，可拥挤的平民和混乱的情形让第6飞行师团的人员根本没法销毁带不走的设备和物资。虽然C-130“大力神”运输机群撤走了许多高价值的物资，包括波莱古通信情报站的监听设备，可还是有许多物资被扔在后面。3月15日下午，越军再次对波莱古的古行机场组织炮击，迫使南越国军停止用C-130撤运物资，第6飞行师团其他各类战机自行组织飞离机场。部分倒霉的第6师团地勤人员和许多不幸的平民，以及军属只能和陆军一起走7B号公路撤退。

同一天清晨，范威塔准将乘飞机查看别动军和装甲骑兵突破越军第3“金星”步兵师设在19号公路的路障的战斗情况。在空中，范威塔准将和地面指挥官、南越国军第2装甲骑兵旅团旅团长阮文东上校通话，当时第2装甲骑兵旅团和别动军第4联团正联合展开攻击。范威塔准将命令阮文东暂停攻击，通知他撤退计划，并要求他飞往叫遥市，在那里设一个战斗指挥所。为了确保叫遥市和7B号公路畅通，范威塔准将把别动军第6联团和第23联团配属给阮文东。

阮文东大吃一惊：19号公路就不要了？第2装甲骑兵旅团和别动军第4联

团在这里损失了不少兵力，M113装甲运兵车也被打坏不少，可进展却微乎其微，就这么撤退真是对不起这几天伤亡的将士们，而且还会浪费大量宝贵的汽油和坦克装甲车弹药，这些可都是1975年1月联合参谋本部费尽九牛二虎之力给送过来的。

虽然很愤怒，可阮文东上校还是执行了命令，于3月15日中午乘直升机抵达叫遥市。在市里，他惊讶地发现富奔省省长在家里悠闲地享用着早餐，丝毫不关心第2军团已经开始的撤退。3月16日清早，阮文东又带着参谋们侦察了叫遥到富积之间的7B号公路段。这一侦察，阮文东就发现了问题：叫遥市到波河浮桥（第一座浮桥）之间的通那小道是这段公路的天然检查点，也是越军最容易打埋伏的路段，必须派别动军予以控制。战后，他声称自己向范威塔准将提了这个建议，却被冷冷拒绝："不，等命令。"范威塔也活到了战后，他矢口否认阮文东的说法，并指出阮文东负责全权指挥叫遥市周围的别动军，要先期控制住通那小道是轻而易举的事情。这种相互推卸责任，却根本不办事的作风，害苦了第2军团。

3月16日清早，阮文东手下的第19装甲骑兵团从崑嵩转移到波莱古，其中一个M113装甲运兵车小队配属给别动军第6联团。由M113装甲运兵车小队开道，第2军团第一梯队自波莱古出发，载着别动军、工兵的车队长龙沿公路开进，支援部队在背后跟进。11点00分，第一梯队安全抵达叫遥市，第19装甲骑兵团团长奉命向阮文东上校报到。阮文东给第19装甲骑兵团的任务是沿着7B号公路穿过富积到叫遥市东南34英里的歌留保安军哨所。别动军负责把守富积的大桥，第19装甲骑兵团负责确保歌留。1小时后，也就是12点00分，第2军团第一梯队继续上路。

3月16日的撤退情况表明范文富的两个估计是正确的。第一个估计是走7B号公路可以出其不意；第二个估计是第2军团的第一梯队——别动军2个联团和第19装甲骑兵团从波莱古走到叫遥市，越军没有任何反应。范文富很清楚，撤退行动的关键就在一个"快"字，可究竟需要多快他也不清楚。

不过，叫遥市和波莱古市一样，都是越军西原会战第二阶段要打的目标。为了打叫遥市，越军早就做了各种准备。第64步兵团9营早在会战爆发前就隐蔽集结在叫遥市西面几英里的群山中，另一个步兵营也在兼程急进赶来和第64步兵团9营一起会攻叫遥市。1975年2月，越军工兵部队开始修一条从14号公路通到叫遥的秘密小道。目前，越军第48步兵团2营已经完成了这项任务，正在离叫遥市不到10英里处集结。3月14日，越军一个炮兵侦察分队也悄悄摸进叫遥市，偷偷侦测了许多目标，获取了准确的坐标数据。越军打算在不到1周的时间内组织对叫遥市的进攻，拉开解放富奔省的序幕。

现在问题来了：范文富究竟有没有机会抢在越军做出反应前修好公路和组织撤退呢？答案是可能的，但前提是他要拟定更周密的撤退计划。可阮文绍硬性规定3天内完成撤退和范文富什么也不考虑就当甩手掌柜把责任推给下属，给撤退蒙上了巨大的阴影。另一方面，南越国军的情报搜集实在太差了，范文富根本不知道3月15日清晨到3月17日清晨7B号公路全无敌踪。如果能趁着越军的误判，范文富或黎可里能等到第一座浮桥架通，然后把重装备一路开进的话，装甲骑兵部队是可能逃出叫遥市的。结果，富积和巩山的两座重要浮桥都没有完全架通，部队拥挤在叫遥峡谷里，成为越军步兵冲击和炮兵轰击的活靶子。如果范文富少将能够多花些时间周密拟定撤退计划，而不是把这个吃力不讨好的任务推给下属，撤退成功的概率还是很大的。

对范文富来说，撤退过程中的另一个麻烦就是难民潮。第2军团第一梯队身后紧跟着满载惊慌失措的平民的卡车、巴士、摩托车、小轿车，他们绝大部分都是第2军团将士们的家属。对平民的跟随导致的混乱，范文富把责任一股脑推给空军，他声称是第6飞行师团在撤退时间到来前把行动计划告知家属，从而导致全波莱古都知道了撤退计划。范文富的说法不能说是错误的，可他这么说的根本目的就是要为撤退失败找替罪羊。实际上，波莱古早就挤满了从昆嵩和被越军切断的14号、19号、21号公路周围县城逃来的难民。这些人口中的战况已经让波莱古市民的心绷紧了弦，只要第2军团一撤退，这根弦就会绷断。无独有偶，英国海外广播电台（BBC）又在新闻中报道了南越国军第2军团司令部转移到芽庄，开始毁坏物资就是最后的信号，至此成千上万的平民开始逃亡，他们极少有人想着要带上食品、汽油或淡水，他们疯狂地跟在部队后面形成庞大的难民潮。这，终于引起了越军的关注。

3月16日15点00分，大约900部车辆挤进了叫遥峡谷。由于通那小道坡陡路窄，叫遥市南面很快出现了交通拥堵。尽管如此，到3月16日傍晚，大群车辆还是从波河上唯一一座桥过去了。不过，第2军团的主力，包括所有的坦克和重炮，仍然留在波莱古。

与此同时，越军第320A步兵师师长金巡大校正命令第48步兵团2营和第64步兵团9营，这两个最靠近叫遥市的步兵营马上向叫遥市扑过去。其中，第48步兵团2营从叫遥市西面的朱巴山脉扑下去；第64步兵团9营向南迂回，要在通那小道附近切断7B号公路。西原军区所有可用车辆都去把越军第48步兵团1营、3营从14号公路运过来，和2营会师。接着，车队再返回去接运第64步兵团7营、8营。第320A步兵师最后一个团——第9步兵团当时正在多乐—波莱古省界，该团的任务是往北沿着14号公路踏上7B号公路，然后将公路截断，阻止第2军团的一切撤退，接着再沿7B号公路往叫遥市打。总的来说，越军第320A步兵师的计划是兵分三路对叫遥实施分进合击：第9步兵团从北面打击，第48步兵团从西面打击，第64步兵团在叫遥市南面的通那小道实施堵截。

堵截任务十万火急，第320A步兵师三个团都采取急行军方式赶路。3月16日夜，南越国军第2军团第一梯队抵达富积和歌留。可不知是阮文东指挥无方还是怎么的，别动军第6联团除了留下1个营保护在富积架浮桥的工兵外，主力和第19装甲骑兵团一起走到巩山县，而没有留下来在歌留据守，他们这一走也为失败埋下了伏笔。

3月16日夜幕降临，成千上万饥肠辘辘的平民和士兵开始在叫遥市到处搜寻食物和栖身之地。很快，所谓的“搜索”就变成了打劫。整个叫遥市秩序大乱，南越国军士兵们打家劫舍，抢掠食品不算还向当地的蒙塔格纳德居民开枪。他们翻箱倒柜抢走东西以后又纵火焚烧山民们的房屋。成群结队的士兵有组织地盗窃平民车辆，还干脆在他们的车上出售赃物。可悲的是，当地的警察不仅没有制止南越国军的抢掠，反而也趁火打劫。在军警做匪的情况下，叫遥市的蒙塔格纳德人除了逃离家园外别无他法。倒是一些有良心的嘉莱人组成的保安队为了保卫家园，拿起枪支和抢掠的南越国军士兵发生多起枪战。

叫遥市乱成了一锅粥，波莱古也好不到哪去。3月16日中午，看到南越国军炸毁库存储备物资和第2军团第一梯队撤离后，波莱古省保安军部队纷纷开小差，带着家人一起逃难。下午，黎可里上校和联合参谋本部作战主任陈定寿准将通话，报告了士兵们在大街小巷大肆抢掠和强奸，失控的局面会扰乱原定的撤退计划。陈定寿马上把黎可里的报告转给高文园上将。高文园感到很不满，立即和范文富取得联系，要求他采取措施制止士兵暴行。对高文园上将的指责，范文富一脸不屑，他断然否认黎可里的说法，大言不惭地声称波莱古仍完全处在自己的控制下。挂了高文园的电话，范文富少将并没有飞回波莱古处理乱局，而是打电话给黎可里，指责他越权给联合参谋本部打小报告。范文富这种不负责任的做法，彻底激怒了黎可里。此次以后，双方关系彻底破裂。从这时开始，黎可里上校几乎是公开"背叛"范文富，对第2军团的高级将领也采取不合作的态度，导致第2军团指挥层在这个生死攸关的时刻关系紧张，没法正确处理各种复杂状况。

前面提到的越南战争最著名的战地记者阮秀，在1975年2月中旬采访了范文富以后，又在邦美蜀战役开始后重返波莱古。他是唯一一名随军从波莱古往叫遥市撤退的战地记者。在他的笔下，一幅悲惨的情形映入眼帘：

越南方面大批撤离的工作今天上午（17日）在本周第一天的烈日之下继续进行着。数以千计的民用和军用车辆继续排成长龙前进，目的地是富奔（省会叫遥市）。人们看到路旁停着许多超载的车辆。军队奉命在一位准将的指挥下撤出，他们认真地执行了这位将军的指示。

看到不能乘坐汽车、卡车或不管什么可用的车辆的人是令人遗憾的。他们都是些穷苦可怜的人，他们只能靠两条腿徒步撤离，而且他们是人数最多的一批人——有妇女、儿童、年纪较大的人——他们尽快地往前走，但是他们连解渴的一点水也喝不上……

谁也不知道他们靠两条腿是否能到达富奔，许多人在途中就可能死去。在去富奔的路上，所有的集镇、村庄和山地人村庄看上去都是空无一人。这条公路上的荒凉情景给我一种很难用言辞来描述的印象。

人们听到爆炸声，这表明省会波莱古的弹药库正在遭到摧毁。烟柱直冲云霄，这表明燃料库也遭到了破坏。

有消息说，省长已下令烧毁当地的财政局大楼，据信，在它的地下储藏室里存放着大约三亿皮阿斯特……

在这座城里，找不到一个医生，不管是民间医生，还是军医。无论在军医院还是在普通医院里，都有一些病人被撇下不管，听其自生自灭。当然，这些可怜的人除了躺在医院的病床上慢慢等死以外，不知道如何对局势作出反应。

我背着背包，于3月16日晚上10点30分加入了撤退者的行列……

直到现在，我仍不知道让波莱古和昆嵩城变成不设防城市的命令来自何处。对于为什么要采取这一行动根本没有对居民作任何解释。进行这次大规模的疏散工作也没有建立任何的组织。我不知道为什么老百姓要这样匆忙地撤退。

从1954年以来，我目睹过许多次大撤退。但是波莱古和昆嵩的疏散工作使我产生强烈的厌恶，使我感到自1954年以来我内心深处一直抱有的一点希望化为泡影了……

在波莱古周围，南越国军另外3个别动军联团也奉命参加撤退。别动军第25联团从清安县撤离，在14号公路和撤退大军会合；别动军第4联团沿着19号公路往波莱古撤退。在昆嵩，另一个问题出现了：别动军第22联团的卡车刚好只够运送2个营。得知情况的范威塔准将命令别动军第22联团把1个营留在昆嵩，却遭到联团长的拒绝。他斩钉截铁地说："我要和手下将士们同生共死。"他不仅这么说，也是这么做的，遗憾的是最终别动军第22联团只有少数将士抵达沿海地区。

3月17日清晨，第2军团第三梯队也撤离了波莱古。不久，波莱古和芽庄的第2军团司令部电话联系彻底中断。留下来殿后的工兵准备炸毁波莱古的原第2军区指挥掩体。穿过14号公路时，别动军第7联团和第4联团相继入队，别动军第22联团也加入进来，担任全军后卫。下午，南越国军空军出动机群对波莱古各个机场趴窝的飞机和剩下来的物资实施打击，力求全部摧毁，但没能完成任务。

另一方面，别动军第25联团没能从清安撤下来。接到文进勇大将的命令后，越军第968步兵师组织1个步兵营穿过丛林，截断了别动军第25联团的退路。3月17日拂晓，越军第968步兵师2个步兵营迅速跟进，在短促的炮火准备后，他们突然对正在组织退却的别动军第25联团展开攻击。在开阔地被打了个措手不及的别动军第25联团损失惨重。他们拼命突围，却还是被死死夹在越军第968步兵师和阻击部队之间。为了救出别动军第25联团，范威塔准将拼命呼叫空中支援，但没人回应。无奈的他只得命令别动军化整为零，采取越野机动穿过丛林突围，可惜只有寥寥几人跑了出来，其他的不是做了越军的俘虏，就是化做孤魂野鬼。15点00分，范威塔准将也抵达了叫遥市。

与此同时，越军第968步兵师另一个团也在崑嵩南面切断了14号公路并活捉了崑嵩省省长。越方资料记载，第95A步兵团和第968步兵师主力于11点30分冲进了波莱古，不久也解放了崑嵩。可南越方面的资料却显示，直到3月18日，崑嵩、波莱古机场及其他重要的军事设施仍在运转。不管怎么说，西原这两个要地最终还是沦陷了，越军没费什么力气就拿下了他们梦寐以求的目标。

在叫遥市，越军也逐步掐住了南越国军第2军团撤退大军的脖子。3月16日晚，越军第48步兵团2营终于赶到了叫遥市西郊的朱巴山脉，并对别动军第23联团的前沿据点发起攻击。3月17日清晨，越军第48步兵团1营、3营也赶到战场，和2营会合。别动军马上组织大部队试图打跑越军，不料却掉进了越军第48步兵团设下的伏击圈，蒙受了惨重的损失。10点00分，越军第48步兵团团长命令1营穿过丛林，在叫遥市北面切断7B号公路。2门105毫米榴弹炮很快也赶来和第48步兵团会合，可火炮拉进阵地时夜幕已经降临。

经过一整夜的急行军，越军第64步兵团9营也在3月17日上午赶到了7B号公路。核对地图，营长很快发现自己的位置不对，于是马上带部队重新上路。最终他们在16点00分抵达通那小道，并以1个连的兵力抢占小道附近的山头，营主力依次展开，准备堵截南越国军第2军团的退路。

虽然不断有民用车辆和军车通过波河上仅有的一座桥，但前一晚叫遥市的打砸抢烧导致的秩序大乱却给第2军团制造了一场交通堵塞，让原本有序的撤退大军变得毫无组织，异常混乱。尽管如此，吴黎省中校的工兵还是在3月17日下午完成了浮桥架设作业。于是，第2军团主力的头一批坦克装甲车隆隆离开叫遥市，朝通那小道驶去，准备渡过波河。

听到装甲车辆发动机的轰鸣声，越军第64步兵团9营尖刀连迅速隐蔽在公路两侧的浓密森林和蚁丘背后。火箭筒手们紧张地扛起B40、B41火箭筒，做好了射击准备，等待着装甲车辆缓缓爬上陡峭的通那小道（坡陡路窄）。坦克群进入伏击点时，越军火箭筒手纷纷扣动扳机，一枚枚火箭弹飞进坦克队形里，爆炸声此起彼伏。短短几分钟时间里，南越国军就有十多辆坦克和装甲车起火燃烧。第2军团没能确保通那小道——不管是阮文东还是范威塔的责任——对这次撤退来说都是最致命最直接的失误。

得知越军封锁了通那小道，南越国军第2装甲骑兵旅团旅团长阮文东上校马上意识到自己需要立即逃出叫遥市。为了保障大军撤退，他决定对通那小道组织夜袭，打掉越军第64步兵团9营。他打算召唤直升机群用探照灯照亮公路沿线，并出动飞机在通那小道上空盘旋，扔下照明弹。接着，第2装甲骑兵旅

▼西原示意图

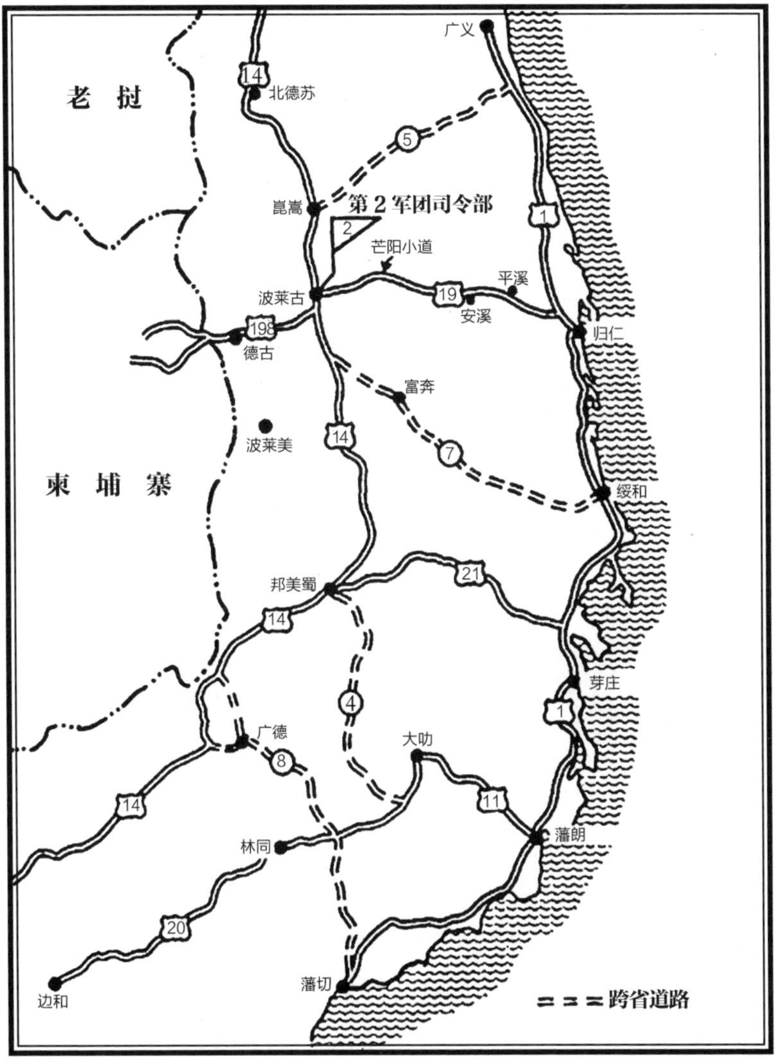

团高速冲上通那小道，对越军第64步兵团9营发起攻击。不幸的是，越军监听了他的无线电通信，准确获悉了他的作战计划。第64步兵团9营迅速做好了战斗准备，不仅在通那小道上布雷，还加强了阻击阵地，决心不惜一切代价阻敌突围。午夜，阮文东上校果断发动了试图重新打开通那小道的反击战斗。这一次，他亲自坐在一辆M48坦克上，带领部队前进。在地面上，坦克主炮和车载机枪疯狂怒吼，武装直升机低空沿着通那小道两侧实施猛烈的火力打击。越军第64步兵团9营全体指战员顶着对方凶狠的火力打击，顽强进行阻敌突围的战斗。在没有步兵支援的情况下，坦克和装甲车辆在坡陡路窄的通那小道根本没有机动空间。结果，号称“陆战之王”的坦克根本没有用武之地，他们不再是钢铁巨兽，而是庞大且显而易见的攻击目标。当坦克群进入火箭筒射程时，越军B40和B41火箭筒手们不失时机地扣动了扳机，密集的火箭弹如同箭矢般射进坦克纵队里。5分钟不到，7辆坦克装甲车爆出熊熊烈火，化为一堆钢铁残骸。当阮文东上校试图挥军继续冲击时，难民潮却蜂拥过来，阻碍了兵力调动。为了避免车辆撞上平民，阮文东命令坦克群打开车灯。这么做无疑是给越军火箭筒手和无后坐力炮手指明了目标，几辆坦克相继中弹。意识到突破努力失败后，阮文东下令部队撤回。围绕通那小道突击的6个小时战斗中，南越国军装甲兵蒙受了整个越战中最惨重的损失。

福无双至、祸不单行，更大的灾难悄然到来。3月18日07点00分，越军第64步兵团7营、8营赶到了叫遥市。第320A步兵师师属炮兵也在阵地上展开了炮群，算好了射击诸元，做好了发射准备。不久，南越国军联合参谋本部警告待在芽庄的范文富少将，称根据截获的越军无线电通信内容可以判明越军第320A步兵师已经集结到叫遥市周围，准备发动进攻摧毁第2军团的撤退大军。这下子轮到范文富着急了。他一言不发跳进自己的座机就飞往叫遥市。他命令阮文东上校马上组织别动军第7联团和第2装甲骑兵旅团一起实施突击，一定要打掉通那小道的路障，给突围大军杀开一条血路。

集中了20多辆坦克和众多卡车后，阮文东又在3月18日午前重新组织突击。这一次，阮文东组织进攻组织得很不错，别动军小心翼翼地走在前面，坦克群跟在后面提供火力支援，目的是压住越军火力点。南越国军毕竟还是训练有素的，步坦协同很快压住了越军第64步兵团9营，逐步突破了通那小道。遗憾的是，幸运女神已经不再眷顾他们了。担任尖刀任务的一个别动营抵达通那小道最高点时，奉阮文东上校指示提供火力支援的南越国军第6飞行师团的4架A-37攻击机却误将炸弹扔进了己方战斗队形里，几辆坦克被炸毁，别动营营长也被炸死。

不过，南越国军的步坦联合突击还是给越军造成了重大威胁。眼看越军第64步兵团9营就要顶不住了，越军第320A步兵师师长金巡赶紧命令第64步兵团7营、8营前出到通那小道，不惜一切代价坚决阻敌突围。虽然第64步兵团7营、8营最终赶到了目的地，可他们还是迟了一步：别动军第7联团和第2装甲骑兵旅团有部分逃了出去。不过，第64步兵团的到位还是彻底堵死了南越国军第2军团的退路。

就在南越国军部分兵力成功突出通那小道的同时，越军炮兵也做好了发射准备。3月18日中午，越军第320A步兵师师属炮兵团开始对叫遥市射击。成千上万的人和成百上千的车辆拥挤的叫遥市，当即在越军炮兵的轰击下变成了人间地狱。许多车辆中弹爆炸，数以百计的平民和南越国军士兵被炸死、炸伤。人们疯狂地向四面八方逃窜，躲避可怕的炮击。车辆要么被遗弃，要么就像一群疯狂的野马载着妇女和儿童在狭窄的路上横冲直撞躲避炮击。记者阮秀继续报道：“炮火的轰鸣声、轻武器的射击声、哀号声和小孩的哭声交织成一首地狱协奏曲。”

3月18日17点00分，越军第48步兵团1营、2营对叫遥市发起总攻。2营突击富奔省长厅，1营从北面打叫遥市内的保安军兵营。尽管他们受到许多小股的别动军士兵的顽强抵抗，但越军第48步兵团还是迅速打垮了对手。战至午夜，越军第48步兵团完全控制了叫遥市。现在只剩叫遥市南面残存的第2装甲骑兵旅团一部和部分别动军还在苟延残喘，越军胜利在望！

越是面临总崩溃，南越国军的军心就越乱。在大军陷入绝境之际，作为第2军团司令的范文富少将再也不是奠边府战役时那个与部下同甘共苦的好连长，而是做起了逃跑将军，不仅要自己跑路，还要带着手下主要将领一起跑。在越军对叫遥发起第一轮进攻后，范文富马上派直升机到叫遥接走了黎可里上校和范威塔，却把旅团长阮文东扔在了后面，让他全权指挥部队，不惜一切代价突围。阮文东能遇到这种危难时刻集体跑路的上级，也真是“三生有幸”，失望和愤怒之情溢于言表。目送范威塔与黎可里坐直升机“逃走”后，阮文东把剩下的所有坦克装甲车和能找到的别动军官兵都集合起来，准备决死突击。3月19日清早，阮文东发动了最后的突击。可这一次他们的对手不再是形单影只的第64步兵团9营，而是整个第64步兵团！气势如虹的越军是绝对不会允许阮文东他们走公路突围的。连续几次冲击都给越军第64步兵团打回来以后，阮文东下令放弃所有重装备，钻山沟、穿森林、趟河流越野突围。虽然部分官兵侥幸逃脱，可还是有许多人要么成了越军的枪下之鬼，要么就做了俘虏，阮文东上校就是其一，他在3月26日于富安省成了越军的俘虏，“享受”了12年的铁窗生涯。

至3月19日13点00分，越军第64步兵团也完成了金巡大校给自己的任务，全歼了叫遥峡谷的残存南越国军。叫遥堵截战斗以越军第320A步兵师全胜而载入史册。在三昼夜持续不断的紧张激战中，越军第320A步兵师宣称击毙南越国军755人、俘虏5590人（含512名军官），另有7225名南越国军士兵投诚，合计歼敌13570人。按照西原军区政委邓武协的说法，战斗结束后还有大约2万平民留在叫遥峡谷，越军给他们提供吃喝以后，民心稳定并逐步返回了波莱古和昆嵩。根据南越方面的报道，许多平民也抵达了巩山县。这些资料都表明，随同第2军团撤退的平民大部分都躲过了叫遥的兵灾，幸存下来。但对南越国军第2军团而言，叫遥峡谷的战斗却是一场不折不扣的灾难：只有大约三分之一的车辆逃出了重围；别动军中只有第7联团较完整地逃出，第4、第22、第23和第25联团被歼灭了；第2装甲骑兵旅团和第2军团炮兵群完全丧失了战斗力；支援部队和后勤单位被歼灭殆尽。这是南越国军在这场20年的战争中最惨痛、最彻底的失败。

形势发展得太快了

在河内密切注视战局发展的越南中央军委主席、中央政治局常委兼国防部长武元甲大将也开始预测战争的下一步发展。问题再次摆上台面：越军下一个目标是什么？是全歼第2军团还是趁势进军西贡？在3月12日的越南劳动党中央政治局会议上，黎笋和武元甲都主张进攻西贡，可文进勇大将却说服他们以追杀第2军团为南方战场的首要任务。尽管如此，武元甲大将的参谋们还是拟定了两套计划。第一个计划是沿着两个方向发展进攻，主要突击方向指向西贡，西原军区主力部队在邦美蜀取得胜利后应沿14号公路南下，与南部平原的主力部队合击西贡市。第968步兵师和第3“金星”步兵师继续东进，沿着19号公路进入平定省。第二套方案是西原军区主力在击败南越国军第2军团后，向中部沿海地区进军，解放平定、富安与庆和省，接着挥师南下从东面与从西面而来的陈文茶合击西贡。对南越国军未来的行动，武元甲大将和手下参谋判断他们将往沿海各个城市收缩。这个计划最初是1966年美国陆军中将詹姆斯.M.加文提出来的，越军把这个计划称为“加文计划”。对武元甲来说，阻止南越国军撤进中部沿海地区的各大城市也许才是越军当前的要务。他决心让越军不惜一切代价完成这个任务，阻止对方进行战略收缩。

3月17日清晨，还在叫遥战斗打响前，武元甲大将就致电文进勇大将，和盘托出了自己的考虑：“敌人很可能比我们预计的还要早进行战略撤退和调整。他们的计划可能是把兵力集中在西贡、金兰湾，也可能还有岘港。这是一个绝好的机会。向你认为主要的地区发展进攻吧。请告知你对发展方向的意见，我好在明早征询政治局的意见。”

在武元甲大将赋予文进勇大将选择进攻方向的自由以后，越南人民军副总参谋长黄文泰上将和黎仲迅中将还是希望主攻方向能指向西贡。他们建议武元甲大将考虑第一计划。他们很懂武元甲的心，武元甲大将自身就很倾向第一计划。3月17日上午，武元甲大将又发了第二封电报，命令文进勇大将执行第一计划。

3月18日，越南劳动党中央政治局再次召开常委会议。会上，黎笋就感叹：“形势发展得太快了！”他要求越军加大进攻力度，阻止他们进行战略收缩。虽然黎笋也很清楚现在就打西贡会遇到不小的困难，但他还是希望西原军区主力能够南下直扑西贡。

在黎笋发言后，越南人民军总参谋部也报告了南方战场的整体情况，可黄文泰也承认总参谋部对B2战场方面的情况知之甚少。黄文泰说，他们收到了B2战场报告的要和文进勇打邦美蜀协调一致的进攻计划，可自那以后B2战场的消息就少得可怜。听完黄文泰的回报，黎笋愤怒了。越南劳动党中央政治局开始对南方中央局书记范雄不满。早在1975年2月底，范雄就向越南劳动党中央政治局提交了自己拟定的关于1974年至1975年旱季第二阶段攻势的战略计划，内容无外乎就是通过进攻和奋起解放村、县和省，可具体措施并不明了。3月13日，越南劳动党中央政治局常委之一的黎德寿批评范雄，说他的计划设想野心太大。范雄答复说南方中央局以往的计划（即1968年新春总攻击）失败是因为敌人的力量强大，可现在已经是我强敌弱，这个计划完全有可能实现。

可，这一次河内的风向却变了，从黎笋到各个政治局常委都主张快一点打西贡。为了确保南方中央局贯彻执行中央的意图，黎笋决定委派黎德寿下去，全权“监督”B2战场的作战行动。不过，在去南方中央局以前，中央政治局委派黎德寿和黎仲迅去第5军区，传达中央政治局的指示。完成这个任务后，看情况再决定黎德寿是否南下去B2战场。

在黎笋做出这个决定后，武元甲大将接着发言。武元甲说，在10天连续不断的战斗中，南越国军的实力迅速被削弱，他们现在正往沿海地区收缩。美国遇到了很多国际麻烦，现在不敢再介入战争。越南人民军现在兵强马壮、兵力集中、士气高涨。武元甲大将建议，越军现阶段应该兵分三路进攻：第一路切断顺化和岘港之间的1号公路；第二路沿19号公路横扫沿海地区；第三路就是文进勇的主力部队，应该直下西贡，而陈文茶的部队应该切断西贡南面的4号公路。更重要的是，武元甲大将的发言意味着越南要调整原定用2年时间，即到1976年完全解放整个南方、统一祖国的战略决策，把解放进程缩短到1975年内。按照武元甲大将的意见，越南人民军最后的战略预备队——第1军（决胜兵团）只留第308步兵师在北方，全军南下参加解放西贡的战役。

对武元甲大将的意见，黎德寿表示热烈拥护。他指出南越国军已经不再有美国的火力支援，目前处于崩溃边缘，而且他也相信美国不会重新介入越南战争。现在争取全胜统一的唯一障碍就是中央政治局内部是否能统一意见，定下决心（在1975年解放南方）。长征和范文同也同意武元甲大将的意见。经过表决，越南劳动党中央政治局最终决定改变原本制定的2年解放战略，集中力量在1975年彻底解放南方！

会后，武元甲大将亲临越南人民军第1军军指，命令第1军半数兵力马上开赴边海河北面的指定集结地。不久，1000多台车辆就载着第1军第312步兵师南下，赶往指定集结地。接着，武元甲大将又给文进勇大将去电，通知他中央政治局的决定并再次强调他的部队要南下直指西贡。武元甲在电报里还通知文进勇说，黎德寿和黎仲迅也将南下去传达中央政治局的决议。在电报的末尾，武元甲大将特地指出了南越另一种可能的战略举措。他说，阮文绍也许会抛出“政治解决或把南越平分的提议”。武元甲大将说得没错，他通过安插在南越高层的卧底，准确获悉了阮文绍的一切决策。

不过，文进勇大将还是认为武元甲的计划是错的。接到3月17日武元甲大将的电报——让他自由选择发展进攻方向——文进勇大将和手下的参谋就开会研究讨论如何答复。他们已经意识到阮文绍冒险从西原撤退出现的危机，当然，有危就有机。他们的看法是，西原地区巨大的胜利沉重打击了阮文绍政权，如能取得一系列军事胜利必将促使阮文绍政权的垮台。现在，不管是后勤还是时间等一切因素都对越南人民军有利。文进勇很清楚打西贡的重要性，可他坚信目前全歼南越国军第2军团、令其永远不得翻身才是“进一步让阮文绍在军事上瓦解、在政治上崩溃”的绝招。文进勇担心如果自己停止进攻或是分兵的话，就会给“敌人以喘息之机”。经过激烈讨论，西原军区最终还是决定为了全歼第2军团应该先向东发展进攻，而不是南下直接打西贡。

文进勇没有耽搁，马上把自己的意见电告河内。可由于电报传输的时滞，他的复电和武元甲的第二份电报几乎是同时到对方手里。毫无疑问，武元甲大将在第二份电报里指出黎笋希望西原军区主力部队南下，也就是明确无疑地要文进勇停下目前的脚步，向南转。虽然文进勇可以对武元甲大将的决定据理力争，可他不能不重视劳动党总书记黎笋的决策。在给河内的第二份复电中，文进勇大将表示坚决执行中央政治局做出的新决定，但却指出他的部队在打西贡前需要时间进行周密的计划和调整部署。而且，他还认为贸然南下会浪费宝贵的时间，旱季就要过去了。在他心里，目前全歼南越国军第2军团才是最重要的。为了完成这个任务，他并没有挥师南下，而只是让越军第316步兵师进入南部平原，应付了事。

尽管黎笋要解放南方的决心很迫切，可他还是又一次听从了自己的爱将的看法，让文进勇先解放中部沿海，确保后方之后再打西贡。与河内的争论又一次取得了胜利，信心满满的文进勇遂向部队下达了新的命令：“继续沿19

号、7号和21号公路发展进攻，解放富安省、庆和省，并和第3步兵师配合，解放平定省。你们的主要目标是……解放芽庄和金兰湾。”

这道命令随着电波传达给了西原军区每个部队，范文富残部的毁灭也开始进入倒计时。

向沿海进军

虽然越军在叫遥峡谷消灭了南越国军第2军团部分重要的有生力量和技术装备，可还是有部分南越国军官兵逃出了重围。文进勇大将给越军第320A步兵师师长金巡大校的新任务就是追击消灭从叫遥峡谷逃脱的第2军团残部。经过一夜努力，越军第320A步兵师疏通了堵塞在叫遥峡谷的车辆残骸。3月20日清晨，该师第一路纵队从叫遥市出发向东挺进。当部队抵达叫遥市东面的波河浮桥时，南越国军的A-37攻击机蜂拥而来，对越军第320A步兵师进行空中突击，打坏了许多车辆，迫使第320A步兵师暂停一会儿。利用这个千载难逢的机会，A-37炸毁了浮桥。但，越军第64步兵团、6辆63式装甲车和第320A步兵师师指已经过了河。只有越军第48和第9步兵团还留在对岸，在自己的工兵修复浮桥以前，没法动弹一步。

叫遥峡谷的战斗只是整个西原会战的一个环节。在广德省，南越国军别动军第24联团击退了越军对建德军事支区的多次冲击，可还是受到巨大的压力。在平定省，南越国军第22师团把第41步兵团给调上来，对封锁19号公路、目前实力受到很大削弱的越军第3“金星”步兵师进行突击。在阮绍上校的指挥下，南越国军第41步兵团早在3月16日就调到安溪小道东面出口，准备发起攻击。遗憾的是，第2军团从西原的撤退也拉开帷幕，第41步兵团和第42步兵团只得撤回19号公路沿线重要据点——平溪，转入防御。与此同时，南越国军第47步兵团奉命确保广义省省界附近的1号公路，防范越军第52步兵旅从南面突击平定省北部。南越国军第40步兵团和平定省保安军部队要守住芙吉空军基地和归仁南北两侧的1号公路路段。由于坚信第22师团可以稳住19号公路的形势，范文富少将遂把第40步兵团给拉出来，以2个营的兵力确保21号公路沿线重要的庆阳县。

范文富对21号公路的担心并非没有理由。越军第10步兵师的第66步兵团在3月17日打下了第53步兵团后方基地后，又奉命在13辆坦克装甲车的加强下，继续东进，目标是拿下庆阳县。庆阳县坐落于一个四面环山的平坦谷地，是通往沿海大门的芒德小道前最后的阻击阵地。在第2军团主力从波莱古和昆嵩撤退的同时，范文富也把庆阳县作为收拢邦美蜀之战残兵败将的收容点。他的这番努力还是有些成效的。南越国军几个保安营和多门火炮好不容易撤到了庆阳县。虽然庆阳县本身就是一个坚固的防御据点，可撤下来的保安军各营军心士气荡然无存，只靠他们是绝不可能守住庆阳的。唯一可靠的就是第40步兵团2个营，3月19日他们抵达了目的地——1个营布置在庆阳西北几英里处，另1个营负责守备21号公路。

范文富不仅要防范越军继续沿21号公路突击，他还想守住平定省的平溪和富奔省的巩山县。只要庆阳、巩山和平溪在手，就能确保被打得七零八落的第2军团残部能建立一条防线，保卫中部沿海地区。为了实现这个战略设想，范文富目前最需要的就是预备队。为此，他命令多乐省逃出的全部保安军、民卫队补入庆和省保安军部队。第23师团残部（所剩无几）也奉命在芽庄北面紧靠1号公路的前特种部队兵营重组。阮文绍也急于稳定形势，命令刚刚从第1军区撤下来的第3伞兵旅团在金兰湾上岸。3月19日凌晨01点30分，“红色贝雷帽”们踏上了金兰湾，他们的任务是守住蒙德小道，做守卫庆阳县的南越国军第40步兵团和庆和省保安军的后盾。

这已经是阮文绍能给范文富提供的最大的支援了，南越国军的作战资源已经到了极限。驻芙吉空军基地的南越国军第2飞行师团一边全力以赴支援第22师团；一边不断往西原出击，试图摧毁第2军团仓促撤离波莱古时丢弃的大量技术装备和物资。范玉生准将指挥的第6飞行师团的基干兵力就是驻藩朗机场的第92战术航空联队（联队长：黎文韬上校），他们也是忙个不停：既要支援沿7B号公路撤退的第2军团残部，又要支援庆阳守军，还要炸毁丢弃在叫遥峡谷的装甲战斗车辆。

对范文富来说，当前最重要的是争取时间。如果他能重新拼凑一条防线的话，文进勇的部队就会被牵制在中部沿海，而无暇按越南劳动党中央政治局指示的那样南下西贡。如果真能如此，范文富就将为越南共和国继续苟延残喘立下“奇功”。不过，文进勇可不会给他任何喘息的机会。文进勇严令手下各个师长要不顾任何后勤困难，持续往中部沿海地区挺进。在平定省、7B号公路和21号公路，越军全面进击，丝毫不给南越国军任何调整部署的机会。

文进勇这种持续不断攻击的战法很快就奏效了。在平定省东部，南越国军第40步兵团被调走后，越军平定省地方部队2个团开始活跃出击。他们给在1号公路沿线守备的南越国军保安军、民卫队造成了巨大的压力。由于叫遥的灾难和顺化的丢失，南越国军士气崩溃，1号公路沿线的保安军几乎是一触即溃。不到一周的时间，越军平定省地方部队就横扫归仁南北两侧的1号公路路段，打掉了保安军大部分据点，严重威胁到归仁市的安全。南越国军第47步兵团猛然发现自己的后方竟然变成了“共军活动的重灾区”。为了加大南越国军后方的混乱，越军第3“金星”步兵师也以1个步兵团插到平溪守军的背后，切断他们的退路并威胁芙吉空军基地。对南越国军第22师团来说，要想活命，唯一的希望就是往归仁退却，从越军封锁的公路杀开一条血路，龟缩到归仁重新组织防线。

在21号公路，越军第10步兵师第66步兵团迅速调整部署，兵分两路突击庆阳县：一路部队在6辆坦克装甲车的支援下，从西北突击庆阳县；另一路部队在7辆坦克的支援下，沿着21号公路突击。3月21日，西北方向的部队发动了首次进攻，但被南越国军第40步兵团在航空火力支援下击退，越军几辆装甲车被打坏。3月22日清晨，越军第66步兵团重新组织攻击。西北方向的部队二打庆阳，结果又有几辆装甲车被飞机炸坏。沿着21号公路挺进的进攻部队因一座大桥被南越国军炸毁而受到迟滞。主要方向没法挺进，次要方向两次受挫，这些并没有让第66步兵团灰心丧气。第66步兵团团长命令西北方向的部队在剩下的1辆坦克和1辆装甲车的支援下，三打庆阳。这一次，越军改变打法，先绕过南越国军第40步兵团2个营侧翼，然后直插庆阳县。这种打法让原本心理就脆弱不堪的南越国军彻底崩溃。中午，范文富少将无奈地命令第40步兵团撤下来，转而守住芽庄西面出口。庆阳县的丢失宣告越军打开了沿21号公路向沿海进军的通道。

在工兵修复了被炸毁的庆阳县桥梁后，越军第10步兵师师长胡德大校又命令另一路尖刀部队夺取芒德小道。居高临下的南越国军第3伞兵旅团马上发现了扑过来的越军，并设下炮兵火力陷阱。当越军抵达芒德小道前的平坦开阔地时，南越国军第3伞兵旅团突然开火射击。密集的炮弹如雨点般砸下，越军的几辆车中弹起火，被迫撤退。南越国军第3伞兵旅团总算迟滞了越军第10步兵师的推进，尽管只是暂时的。

与此同时，在7B号公路沿线侥幸逃出叫遥峡谷的南越国军第2军团也继续往前“拱”，他们自叫遥市东南的浮桥逃出后，往富积和巩山县跑。其中，第一梯队中走得最快的南越国军别动军第6联团和第19装甲骑兵团的1个M113装甲运兵车支团，于3月17日就抵达了巩山县。然而，他们在那里什么也没做，让富安省越军地方部队3个营冲了过来。文进勇大将给富安省队（负责指挥全省地方部队）的任务是切断波河北岸的7B号公路和436号公路。尽管这3个营的兵力都只有主力部队1个连的规模，可他们还是决心不惜一切代价切断7B号公路，堵截南越国军的撤退之路。经过急行军，其中一个营于3月17日控制了7B号公路在绥和市西面大约10英里处的一座重要桥梁，并在巩山县附近建立第二层封锁线。另一个营化整为零，用步枪、迫击炮和火箭筒袭扰436号公路上的交通运输。为了驱逐这些“讨厌”的对手，富安省保安军各营奉命重新打通这些公路，却没有成功。

后面的第2军团残部继续往东，他们的下一个目标就是富积。别动军第7联团和第2装甲骑兵旅团部分坦克装甲车，以及数千凄凉的平民与别动军第4、第22和第23联团零星逃出的官兵，进度落后别动军第6联团2天。

正当他们为自己好不容易逃出叫遥峡谷而庆幸的时候，越军游击队却潜入富积县，于3月18日黄昏袭占了富积军事支区指挥部。夜间，别动军第7联团进入富积，稍做准备就在3月19日清晨发起攻击，迅速驱逐了越军游击队。虽然他们前面并无越军拦阻，可旧的问题依然挥之不去：富积县的桥梁承重不足，吴黎省中校的工兵没有足够的器材加固桥梁。目前，工兵们只能集中精力整平富积到巩山之间公路的路面，能完成这项任务也是很不容易了。

别动军第7联团可不管那么多，他们抛下坦克装甲车徒步过桥继续前进，把第2装甲骑兵旅团侥幸逃出来的坦克装甲车扔给第4、第22、第23联团的残兵败将掩护。坦克装甲车也很无奈，走桥必垮，只能冒险涉水而过。尽管河水较浅，可两岸都是泥沼，第一辆下水的坦克很快淤陷了，只得通过无线电呼叫求援。得知情况的南越国军工兵司令阮文属准将马上下命从巩山机场拆掉蜂窝钢板，把它们铺设在两岸泥沼地，保障坦克通过。2架CH-47“支努干”直升机把1000块蜂窝钢板给送了过来，工兵们赶紧铺设拼接钢板。至3月20日，这项工作总算完成。包括几百辆军事和民用车辆在内的车队顺利过了波河。按照范勋的说法，“过河的装甲车辆是6辆M-48坦克、16辆M-41坦克和13辆M113装甲运兵车。”如果范勋的数字没错的话，就意味着南越国军第2军团的装甲兵70%损失在了叫遥峡谷。

南越国军在富积被迟滞又给了文进勇绝好的追杀机会。3月21日，越军第64步兵团攻下富积县，第二天又冲到歌留河边，并和南越国军一支别动军和装甲兵组成的混成支队展开激战。为了挡住越军第64步兵团，南越国军官兵召唤空中支援，战斗机应声而至，却再度发生误击事件，几辆坦克被炸毁，别动军许多人也成为误炸的牺牲品。这已经是西原会战中，南越国军空军第三起严重的误炸事件，这个后果也是相当严重的：受到己方误炸，原本还顽强抵抗的南越国军部队军心崩溃，迅速被越军打垮。3月23日，越军第64步兵团先头部队抵达巩山县。

3月18日下午，吴黎省中校抵达巩山县。他和阮文属准将一起查看河段后，把架桥点选在巩山东面6英里处（位于原本被炸毁的桥梁西面3英里处）。这个架桥点选得十分有眼光，波河在这里不仅河面宽大而且水流较为平缓，同时岸边还有平坦开阔且没有植被覆盖的地盘，足可当作停车场。

3月19日清晨，南越国军第20工兵联团开始架桥的时候，一名中士开着一辆推土机开始逐个牵引着车辆过河。到3月20日下午，大约300辆车（并非坦克装甲车）依次过河，并抵达了436号公路附近的一个村庄。当他们要继续往东撤退时，却遇到越军的路障。没有坦克装甲车的支援，他们不可能打破越军的封锁。

那边遇到了路障，这边架桥却没能完成。对阮文属准将和吴黎省中校来说，最大的困难是CH-47“支努干”直升机的运力不足。尽管架桥急需大量直升机支援，可零件不足带来的维修保养压力使阮文属每天只能获得十几架次的直升机支援。另一方面，由于架桥器材不足，工兵们没法搭建浮桥。阮文属和吴黎省中校只得命令把巩山机场的所有蜂窝钢板给拆下来，加上金兰湾储备仓库的蜂窝钢板，全部用直升机运过来，完成架桥。由于这一阶段第2军区可用的CH-47数量严重不足，致使战斗工兵第20联团用了5天时间才完成任务，可这5天对第2军区而言是又一个拖延。

在第二座浮桥架设期间，估计有大约10万平民和大约3000台军用和民用车辆聚集在波河河畔。等待逃难的平民纷纷坐在岸边，饥渴交加。一路逃难让许多人跟家人失散，各种交通事故也让许多平民无辜横死，被激流卷走和在森林里失踪的人也不在少数。也许是起了恻隐之心，自觉愧对国民，范文富少将命令出动直升机群给滞留在波河河畔的难民们提供食物，如有可能尽量把部分人空运到绥和市。虽然部分直升机降下来，接走一些妇女、儿童、老人或负伤及行动不便的平民，但大部分直升机飞行员还是出于担心越军炮兵的威胁，匆忙投下食品就掉头飞走。

3月23日09点30分，南越国军战斗工兵第20联团历尽艰辛，终于完成了浮桥的架设作业。看到浮桥建成，大家都一拥而上，抢着过河。首先挤上去的是众多民用车辆，他们一心只顾着逃命，丝毫不顾浮桥的承载限度与行车秩序。大量机动车同时涌上浮桥超过了桥面的最大承载，浮桥被压垮了！就在大家不知所措的时候，越军的迫击炮弹又打了过来，落在密集的人群中，当即杀伤差不多百位平民。当晚，天气突然转冷并下起雨，更加重了人们的痛苦。第二天清晨，水位上涨和流速增大严重阻碍了渡河行动。尽管如此，工兵还是重新修复了浮桥，1000多台车辆安全过河。至3月24日10点00分，别动军第6联团联团长报告，所有车辆顺利渡河。

可是，逃出巩山县并不意味着自身的安全，别忘了越军富安省地方部队1个营仍然封锁着436号公路。越军在打跑了保安军以后，依托436号公路沿线韩国国军精心修筑的工事掩体组织封锁战斗。为了重新打通公路，范文富少将命令南越国军第92战术战斗机联队的联队长黎文韬上校出动战机，用凝固汽油弹炸掉这些工事掩体，协助地面部队重新打通公路。这个时候，陈文琴准将站了出来，向范文富请求把特种部队最精锐的侦察队——利虎队（Loi Ho）调上去打，突破对方的路障。想法是好的，但利虎队也在撤退之中，他们绕过了436号公路的路障，带着家人正在逃命，接到上级命令时他们是说什么也不愿意撇下家人的。为了免去他们的后顾之忧，范文富派直升机把利虎队家属都接到了绥和市。接着，利虎队员迅速掉头，在黎文韬上校的航空兵支援下，重新打通了436号公路。

第2军团残部终于可以上路了，可越军也及时组织兵力运动到绥和市附近，再次实施封锁。别动军第34营奉命马上打通路障，可连攻几次都没有得手。范文富着急了，他在绥和命令刚刚沿7B号公路撤下来的一个M113装甲运兵车支团马上返回去，和别动军第34营进行对进突击。刚刚才好不容易从虎口逃脱，连气都没喘上一口又要回去打路障？将士们一致拒绝了范文富的命令。为了说服他们掉头，范文富承诺全体官兵打完这一仗官升一级。所谓重赏之下必有勇夫，这么一刺激大家还真掉头就干。在别动军和M113装甲运兵车的对进突击下，最后一个越军路障终于被拔除了。3月25日下午，从波莱古和昆嵩逃出的第2军团残部先头部队终于进入了绥和。

再回头看看越军。迟至3月23日，越军第64步兵团才抵达巩山，和富安省地方部队取得联系。由于越军工兵没法迅速修复叫遥东南被炸毁的一座浮桥，第320A步兵师也就只有第64步兵团过河，第48步兵团还留在后面。担负追击任务的第64步兵团除了自身携带的步兵武器外，只配有2门120毫米重迫击炮、6辆63式装甲车提供支援。他们面对的别动军殿后部队可是有坦克和几门火炮支援。敌强我弱，贸然进攻除了徒增损失外不会有别的结果。第320A步兵师师长金巡大校权衡再三，决定除非对方准备逃跑，否则在第48步兵团跟上来前绝不贸然强攻。

3月24日16点00分，越军第64步兵团侦察部队发现负责殿后的别动军官兵和配属作战的坦克已经离开阵地，开上公路。越军认为他们显然是要往第二座浮桥点运动。越军侦察部队的判断完全正确。在大部分车辆都过河后，别动军第6联团联团长自然要命令担任后卫掩护的部队撤下来，准备渡河。

接到报告，金巡大校当机立断，命令第64步兵团和富安省地方部队追上打。不一会儿，越军的120毫米迫击炮齐声怒吼，头一批炮弹就准确地在别动军队形中爆炸，立即给他们制造了一场混乱，别动军和车辆四散躲避。越军的反坦克小组队员们扛着B40和B41火箭筒，靠上去打南越国军的坦克装甲车。在近距离射击下，5辆坦克被击毁，剩下的坦克装甲车也逃到巩山东面的一座小山。不幸的是，他们气还没喘过来，又落入了越军新的伏击圈。越军的火箭筒手们再次大展神威，30分钟内就把残存的坦克装甲车击毁或缴获。与此同时，越军富安省地方部队也组织迫击炮轰击浮桥，炸毁了许多卡车。上午没来得及渡河的平民疯狂逃跑，躲避越军的炮火。战至3月24日黄昏，越军粉碎了对方后卫部队最后一股有组织的抵抗。在浮桥点，慌乱无序的别动军殿后部队官兵和许多平民选择跳河，试图游到对岸。可他们忘了，涨水的波河水流湍急，激流活生生吞没了几百条人命，酿成了第2军团沿7B号公路撤退的最后一次悲剧。

3月28日，第2军团的撤退结束了。这是一次损失惨重的、失败的撤退行动。大部分南越方面的材料证明，11000名参加撤退的别动军官兵只有900人逃出；黎可里上校估计参加撤退的2万名第2军团后勤和支援部队人员中只有5000人到绥和。保住战斗力的只有别动军第6和第7联团。第2军团除了1个M113装甲运兵车支团外，所有坦克装甲车被毁；炮兵部队6个营全灭，许多火炮成了越军的战利品。几千台车、大量物资和维修设备落入越军之手。越军方面的战史记载，他们一共在叫遥峡谷击毙南越国军755人，俘虏13570人；沿着7B号公路还击毙了300多人，抓俘2000多人；在巩山歼灭6000人。按照越军的统计，从叫遥到绥和一共消灭南越国军1.8万，只有大约6000人逃脱。应该说，越军的统计还是十分准确的，南越国军第2军团确实蒙受了史无前例的惨重损失。这种损失只有顺化—岘港战役中第1军团的损失可以与之“媲美”。

相对南越国军的惨重损失，越军的损失实在是微乎其微，整个战役中组织救治转送的伤员是2416人，其中重伤17%，中等伤势27.3%，轻伤55.15%，阵亡率占伤亡总数的21.33%，[1]推算数字是战死655人，合计战役伤亡3071人。

对南越国军来说，西原会战只是噩梦的开始，很快他们就要面临一场更大的雪崩——顺化—岘港战役。

注释

1. 原文为“Đã tổ chức cứu chữa vận chuyển 2.416 thương binh trong toàn chiến dịch, thương binh nặng là 17%, vừa là 27,3%, nhẹ 55,15%. Tử vong hoả tuyến chiếm 21,3% so với tổng số thương vong”。引自《越南人民军卫生勤务史》第三卷。

第七章
大崩溃

突破口选择的争执

战争在1974年再次席卷第1军区就预示着1975年这里将爆发另一场大战。随着治天军区和第5军区的越军实力不断增强，特别是地形优势对攻方有利，越军一旦组织大规模进攻很可能会击败吴光长。顺化和岘港之间的一条大山岭把这个地区分成两个相互独立的区域。这条山岭从长山山脉分离，一直延伸到海边的海云岭。海云岭是南越国军第1军团防区的锁钥之地。如果越军以一支小部队直插海云岭的话，就会切断南越国军最棒的3个师团的退路。海云岭北面是广治省、承天省和皇家故都顺化市，海云岭南面是广南省和岘港——越南南方第二大城市和具有战略价值的重要港口。再往南是广信省和广义省。第1军区的地形绝大部分是山岳丛林地形，它们三面包围着狭窄且人口稠密的沿海平原。

1975年初，第1军区人口为300多万，绝大部分居住在沿海平原或该地区的各大城市。经济上，这里是整个越南共和国最贫穷的地区，但拥有充满浪漫和文化气息的故都顺化，以及岘港这个深水港，岘港可是仅次于西贡的越南南方第二大港口。虽然越南共和国总统阮文绍在战争中曾几次想要放弃这个地区，可这是不可能的，无论是从政治、心理还是后勤方面考虑，现实都不允许他这么做。为了这部分占用资源远比经济贡献大的国土，阮文绍用了他军事资源中最重要一部分来防卫。

广治和承天两省，自越战爆发以来一直都是激战最猛烈的战场，这很大程度上是因为它们紧挨着北越所致。这一地区狭小的沿海平原由一长条山脉包围，给南越国军固守带来了很大的困难。现在的形势对南越国军来说就更麻烦了。1972年以前，越南人民军要发动进攻还得从老挝边界或边界对面跨过非军事区。可1972年的战略进攻让越军获得了从越老边界的西部山脉地区到平原的横贯，以及边海河到后汉河北岸的纵贯控制权。而1972年顶住越军战略进攻后，南越国军只能守着从沿海穿过广治市，沿着后汉河往西到山区，然后往南延伸到海云岭之间的地盘。《巴黎和平协约》签署后，这里的局势曾一度平静下来，现在又轮到越军“开球”。按照威廉·黎格洛的说法就是，越军要在南越国军大门前“30码开球”。

在先前的攻势作战中，因缺乏完善的公路网，南越国军始终没法储备足够的后勤物资保障攻势的持久，这也是导致他们应对对方进攻反应时间长和反应慢的根本原因之一。不过，在防御作战中，由于南越国军控制着较好的公路且防线和后勤基地的距离更短，他们可以比越军更快速地调动增援部队。为了削弱对手的优势并弥补自己的缺点，签署《巴黎和平协约》停火后，越军在1972年战略进攻中得到新解放区里大力扩建公路网，逐步完善了自己的交通网络。现在，越军有效利用新修的公路网把大量兵力和物资调到前线，对南越国军第1军团形成多点压迫的态势。在没有美国海空火力阻止越军的情况下，南越国军只能坐视越军一步步扩大自己的优势，逐步在总攻击打响前迂回自己的核心地区。

在丢失了有利防御地形的情况下，南越国军第1军团目前在广治省和承天省处于相当被动的态势。如果越军以强大的兵力突然从山区对他们发动进攻，依照目前的对峙情形，越军可以很快冲到沿海平原地区，切断顺化和岘港之间的交通生命线——1号公路。由于沿海平原的宽度只有10到15英里，很容易被越军切断。要守住狭小的沿海平原只有依靠准确的关于敌人战略目的的情报，以充足的部队兵力和强大的火力粉碎越军第一波强攻，然后再调动预备队实施反突击，铲除越军达成的任何突破口。

遗憾的是，上述三要素南越国军第1军团前指司令林光世中将都不具备。首先是他没法获得准确而可靠的情报，这也是1974年7月底上德会战开始后吴光长中将面临的难题。南越海军陆战师团副师团长阮清治上校就解释说：“自我们失去先前美军提供的情报后，我们对敌情的判断能力就变得很有限了。这个情况多次给我们造成混乱并导致我们对敌人的计划和作战能力的判断模糊。”这种情况并非第1军团独有，第2、第3、第4军团也面临着较为严重的有效情报短缺的问题，他们没法准确预判越军的战略动向，更没法准确预判越军的进攻地点和进攻时间，尤其是在越军前线指挥员频繁改变计划（武元甲大将就经常这么做）时，南越国军将领就更是无所适从。

对南越国军第1军团来说，《巴黎和平协约》签署带来的影响可不仅仅是情报资源的缺失，还伴随着美援减少导致的火力削弱，此外1974年连番大战也导致不小兵力损失。在第1军团的地盘上，只有海军陆战师团还保持着较为良好的战斗力，第1师团和别动军各联团都严重缺编。作战机动上，先前的大战主要依靠直升机，可现在直升机群却因汽油不足和缺乏零备件在使用上受到很大的制约，目前只能依靠1号公路进行地面机动，把预备队从受压力较小的地区调到最危险的方向。在这种情况下，保障1号公路畅通就成为南越国军第1军团，或者说是吴光长面临的首要问题。拿前美国驻越南共和国武官默里少将的话来说，这里是“没有船的敦刻尔克”。

第1军区前指所在地顺化市是这片交战热点区最有价值的地盘。1972年，越军在战略进攻中，从边海河与溪山两个方向攻入了广治省北部，他们的目标和1968年新春总攻击一样——夺取顺化市。不过，他们因自己的行动迟缓和南越国军较为快速的反应而功亏一篑。到了1975年，守卫顺化的南越国军还是面临着对手两路突击的压力：一路是1973年1月28日的停火线，一路是西面山区。在后汉河，南越国军部队的任务是保住广治市和1号公路的广治—顺化段。根据这项任务，南越国军的左翼守备地段从后汉河南岸到顺化延展宽达36英里。在这个宽大的区域内，几条从西部山区流出的大河注入沿海平原。其中，顺化市西北的波河走廊对顺化市守军来说是最大的威胁，因为这里是直通顺化市区最近和最直接的进攻通道。

除了这两个传统进攻方向外，越军又在顺化南面的重要山区开辟了第三战线，这里是1972年战略进攻中越军忽视的地区。这里有着理想的进攻地形：40多平方英里崎岖陡峭的山岳丛林，1号公路蜿蜒从海云岭瓶颈穿行而过。

对越军即将到来的进攻，南越国军第1军团前指司令林光世中将也做好了准备。他的计划很简单——他不相信越军胆敢跨过后汉河直扑广治市，因为这么做的话就意味着北越将完全撕毁《巴黎和平协约》。可如果越军真要这么打的话，南越国军的压力就太大了。只要越军发动全面进攻，林光世就打算采取边打边撤的方针，放弃广治市，依托众多河流作为屏障节节抵抗，把部队撤到顺化。从广治市往南到美政河（位于广治—顺化半途），他布置了南越国军2个海军陆战旅团、以广治市为基地的1个别动军联团、第1装甲骑兵旅团1个团。从美政河到顺化，他依托顺化西面的山岳地形组织了一条环形防线，并把兵力放在这条防线的各个结点上，计1个海军陆战旅团、第1师团1个步兵团和许多别动军联团，以及1个装甲团。

这么布置下来，南越国军精锐的第1师团还剩3个团的兵力，他们没事可干了吗？当然不是。林光世让他们去把守顺化到海云岭之间的高地群。第1师团也不负众望，在指定防区内的许多高地修筑了许多据点工事，于防区内形成了交叉火力配置。经历了1974年的某豆和蓬山战役后，南越国军第1师团调整部署，把单一无纵深防线布置改为尽可能把前沿阵地往前靠，建立拥有纵深保护的防线。这种调整是专门为了粉碎越军正面进攻时分兵一部迂回穿插后路打掉防线后方各级指挥所的战术而定。

本来，林光世中将手里还掌握着伞兵师团，可在越军发起上德会战后，第1军团司令吴光长中将就把伞兵师团第1、第3旅团调到岘港，连续对上德实施猛烈反击，保卫岘港西翼。这个调动立即让广治—顺化地区出现缺口，林光世只得从后汉河沿线抽1个海军陆战旅团前往顺化北面接替伞兵师团防务。不过，伞兵师团也没走完，还留了第2伞兵旅团镇守重要的海云岭，让林光世中将多少手里还有个预备队——别动军第15联团。

在第1军区的中部战线上，吴光长中将除了把伞兵师团第1、第3旅团摆到岘港西部外，还命令阮威幸少将的第3师团向南移动，保卫广南省剩下的地盘。按照第1军团情报部门的判断，他们认为越军在1975年对第1军团的主要进攻方向就是广南省，目标自然是岘港。吴光长中将还是比较信赖自己的情报部门的，他把别动军第12联团从广义省拉过来，布置在广信省北部地区。别动军第11联团和倍受重创的别动军第14联团则集中到广义省，准备防范越军对第1军团南翼的打击。可这么一来却让广信省1974年的激战焦点——先福县空虚无防，只剩少得可怜的保安军部队来把守。不过，在第1军区所辖地盘上，广信省的保安军是各省保安军中的佼佼者，他们很少依赖外援。不管是出于自信还是自大，把先福县完全交给保安军来把守是吴光长在1975年部署上的一大失策，这个漏洞会给越军送上一份厚厚的“大礼”。

除了步兵和装甲兵，吴光长中将手里还掌握着南越国军第1飞行师团和海军第1海防舰队。在充分估计到越军要在1975年对第1军团发动总攻后，吴光长中将忙里忙外，准备给1974年各次战役中蒙受惨重损失的部队补充兵力，使之重新恢复战斗力。他的努力虽然初显成效，可部队士气还是萎靡不振。普通士兵微薄的工资根本没法养活家人，补给严重短缺，药品和汽油储备都消耗殆尽。在1974年应付越军的各次进攻战役中，吴光长中将消耗了很大一部分炮兵弹药储备，结果造成了这样的窘境：吴光长手里握着南越国军武装力量中最强大的部队，可他一没有预备队，二没有多少战略储备，三所辖部队严重缺编，四地形对他不利，五支援火力受到严重削弱。

在吴光长面临重重困难的同时，河内却在南越北部进行最大密度的兵力集结。越军在南越国军第1军团前指所辖地区拥有2个军/军区指挥机构：第2军和治天军区。越军的第2军下辖第304、第324和第325步兵师，这三个师是曾在1966年到1968年溪山战役中立下汗马功劳的精锐之师。除此之外，越军第2军还有第673防空师、第164炮兵旅、第203坦克旅、第219工兵旅、第463通信团和一些直属单位。治天军区也拥有3个主力团和8个主力营。在海云岭南面，第5军区还有久经沙场的王牌部队——阮真少将的第2步兵师（活动在广南省南部）和广义省的第52步兵旅，以及地方部队大约12个营的兵力。

面对越军重兵压境，吴光长中将也抓紧时间草拟自己的防御计划。1974年12月，南越国军联合参谋本部通知他说，河内在1975年对第1军团的主要进攻目的是打破广治省的平衡，通过拿下海云岭切断1号公路，孤立顺化和岘港。如果越军还以和1974年进攻同样的部队展开攻击，吴光长中将有信心击败他们。可如果越军从北方调动几个战略预备师增援北部战线的话，那他就只有把兵力撤下来，集中固守顺化了。如果战况发展更糟糕，比如中部和南部战线崩溃的话，吴光长就会把兵力集中撤到岘港和广信省南部的朱莱半岛。当时，朱莱是南越国军第2师团指挥部所在地，同时也是美国海军陆战队以前的大型基地，内有一个大型机场和港口码头设施，进可攻退可守。

吴光长的龟缩固守顺化和岘港，以及南越国军往沿海各个城市收缩固守的方案，正是河内最担心的。越军的战役计划制定者们都担心，如果南越国军龟缩沿海城市的话，会集中兵力和火力死守，这样就会给越军的突破攻坚带来巨大麻烦，当然也会加大越军的损失。而吴光长最担心的是河内把战略预备队的几个师调过来，打破双方的力量平衡。1974年11月，接到南越方面的间谍报告说越军第308步兵师从北方南下后，吴光长中将更是提高了警觉。1975年1月，南越情报机构获得消息，说越军第341步兵师进入广治省，换下第325步兵师。这些情报虽然都没有得到证实，但南越国军联合参谋本部却据此认为广治就是河内1975年春季进攻的主要目标。

总的来说，南越国军第1军团情报主任预计，越军先在各省发起零星攻击，直到所有部队都卷入战斗，再逐步演化成总攻击。最初的进攻将会是猛烈而短促的，大约到1975年4月底至5月初达到高潮。第1军团情报主任做出这些判断结论的理由如下：第一，越军在1974年的各次进攻战役中也蒙受了很大的损失，要花时间重建受损部队和送上大量补给品；第二，天气依然不佳。通常，越南中部的雨季到每年1月就会逐步消停，可今年（1975年）雨一直下到2月份。洪水暴涨迟滞了越军的攻势准备工作和战役打响时期，因为越军需要花时间修复损坏的道路，给部队提供食物和加强部队训练。

相对南越国军第1军团的捉襟见肘和吴光长的忧心忡忡，越南人民军却是士气高涨，立志全胜。

1974年的农山—上德战役以及罗山战役的胜利，让越南人民军第2军逐步成长壮大，逐步学会了兵种协同攻坚突破作战和兵种协同防御战斗。根据这两个战役暴露出的部队建设质量有待提高和中下级指挥员在多兵种协同作战上的组织指挥能力欠缺，越军第2军党委和军指决定1974年10月到12月的工作重点放在组织干部培训和充实军指机关上。为此，第2军从治天军区各机关抽调一批干部（主要是以前的9号公路—北广治阵线干部），总参谋部各机关也派一批组织指挥多兵种协同作战能力强的干部下来，完成了对第2军军指的充实。

在稳定了组织后，越军第2军开始组织集训，意在加强中高级指挥干部的组织指挥能力。1974年12月，第2军连续举办两期中高级指挥干部集训班，后勤部门也进行集训和轮训，各师和技术兵种单位（旅级）也自行组织了几轮营连干部集训，提高对技术兵器的操作和组织使用能力。

各级指挥干部在充电，士官和战士也没闲着。部队诸兵种协同战斗能力的提高不仅仅取决于指挥，也取决于广大战士的训练水平的提高和对技术装备的了解熟悉程度，以及兵种之间配合的默契程度。有鉴于此，越军第2军部队，特别是第325步兵师不断和坦克、炮兵进行营、团级别的兵种协同训练，让战士们进一步熟悉了坦克和重炮的同时，也提高了兵种协同能力和默契程度。在战术上，除了以前的伏击和运动进攻战法外，越军开始越来越多地强调正面攻坚突破和长途追击战斗，以及白昼的防空、坦克装甲兵、炮兵、工兵、步兵和特工协同对拥有空炮火力支援并依托坚固防御阵地的守敌实施诸兵种进攻战斗的训练。

为了检测训练水平，1974年12月底，越军第325步兵师在241高地（原美军的卡罗尔火力基地）周围进行大规模实战演习，第673防空师、第164炮兵旅、第203坦克旅、第219工兵旅，第463通信团各派一部参加。通过这次演习，越军第325步兵师证明自己已初步具有诸兵种协同组织和战斗能力，这为1975年顺化—岘港战役作为奇兵的胜利打下了坚实的基础。

通过部队训练、总结学习农山—上德战役和罗山战役的战斗经验，并通过演习，越军第2军的指战员们初步拥有了诸兵种协同战斗能力，并进一步增强了步兵和技术兵种的默契程度。不过，未来的战役不能只靠部队战斗力的提高，后勤保障同样是胜败的关键因素。

兵马未动粮草先行。1974年底，越军第2军后勤部门开始为即将打响的战役忙碌起来。各仓库系统、兵站线和各收容队、机动调制队相继运转起来。第2军的汽车兵克服雨季带来的洪涝泥泞等诸多困难，连续行车1012趟，把各类火炮的95%、各类运输车的85%，以及10000支各类枪支和各类技术装备送到前线，同时还往承天省的阿里（A Lưới）地区转运了上千吨弹药、粮食、副食品和药品。

根据越南人民军总参谋部拟定的1975年春季战略攻势计划，第2军要在12号公路和12号公路北面（也就是顺化西北）发动一次大规模进攻战役，任务是消灭南越国军第1军团一部分重要的有生力量，钳制吸引住南越国军重要的战略机动兵团，对西原战役形成有力的配合。

不过，返回河内汇报战役准备工作的第2军参谋长裴公治上校却向副总参谋长黎玉贤少将指出，在目前的战场态势下，12号公路是对方竭尽全力防御的地段，选择这个方向作为突破口，不仅会在进攻的时候受到对方极为顽强的抵抗，而且交通网有限，难以展开大兵团，即便突破了对方的防御地带，也没法快速发展进攻。裴公治表示，不同意总参谋部选择的这个突破口。

面对裴公治的质疑，黎玉贤断然驳回："这是总参谋部首长的一致意见，不容你们擅自更改！"回到第2军军指，裴公治向第2军军长黄文泰和军政委黎灵大吐苦水，诉说了自己在总参谋部汇报工作时碰壁的情况。黄文泰和黎灵都对总参谋部的意见感到很不理解：这么打岂不是硬碰硬？他们决定在执行总参谋部命令的同时，依然保留自己的意见。

1975年1月，战役准备工作完成的同时，第2军军长黄文泰晋升上将，返回总参谋部担任副总参谋长，从苏联留学归来的阮友安少将补任第2军军长。

阮友安也许是越南人民军中除了武元甲外，最为人所熟知的将领，同时也是出色的战术家。他是从一名战士一步步成长为将军的典范（和第304步兵师师长黎公世一样）。1950年边界战役的时候，阮友安就是第174步兵团的一位营长，后晋升为174团团长参加了奠边府战役，在第二阶段打A1高地的战斗中蒙受惨败。不过，A1高地的失败并不能完全怪他，武元甲也没有深究他的责任。战后，在越南人民军和平发展建设时期，他出任越军第325步兵师师长，并带着部队于1964年底到1965年初开赴越南南方，参加越战。1965年11月，他出任西原军区副司令员兼参谋长，指挥了著名的德浪河谷地战斗，随后出任越军第1步兵师师长，在1967年11月的德都1号战役中，重创了美国陆军第173空降旅，获得了西原军区对美军作战最大的战役胜利。1968年，他离开西原军区，前往老挝战场担任武立少将的副手，协助指挥了139号战役。1970年，他出任第308A步兵师师长，在1971年南寮—9号公路反攻战役中大败南越国军，特别是首战即半歼南越国军黑虎营，打开了战役胜利之门。

1972年，他指挥老挝战场的越军第308B步兵师、第312A步兵师和第316A步兵师，发起直捣王宝老巢的桑通—龙镇战役（越军将此战命名为Z战役），最终攻克了桑通和龙镇。战略进攻开始后，他于南越国军第1军团反攻阶段，临危受命再次出任第308A步兵师师长，重点击退了南越国军伞兵师团的反击，保障了在广治市内和古城的第48步兵团和第95步兵团的侧翼安全。接着，他又率第308步兵师在后汉河防御战中粉碎了南越国军伞兵师团和海军陆战师团的多次冲击，保住了广治省新解放区。由这位战功卓著的战术专家来出任第2军军长，充分说明了越军对治天方向进攻的重视程度。

他上任以后，仔细审核了黄文泰留下的作战计划，并多次召集第2军参谋部研究作战方案。经过多次讨论，第2军党委、军指和参谋机关集体对战役方向的选择产生了极大的忧虑，他们一致认为12号公路区域敌人防御严密、地形复杂、交通不便，如果坚持要选择这个方向作为战役突破口的话，那么战役发展会遇到很多困难，特别是千载难逢的战略大机遇到来时很难解放整个治天地盘。

刚刚在苏联留学2年归来的阮友安少将对军事指挥艺术也有了新的认识。在他看来，采取一切办法创造兵力和技术兵器的绝对优势，同时兼顾后方交通网便利，保障自己在战役发起后牢牢掌握主动权，迫敌陷入被动不利态势，才算是正确的战役突破口。因此，选好战役突破口就等于战役胜利了一半。苏联红军在第二次世界大战中的诸多胜利战役就是以此为基础实现的，美军在太平洋的诸多岛屿战也是遵循着这一原则。突破口选得好不好直接关系到战役成败，阮友安不得慎重再慎重。

铺开治天战场的敌我兵力态势图，阮友安仔细审查着敌情：在南越国军第1军团地盘上，第2军情报部门标定的是5个师团的兵力（包括海军陆战师团和伞兵师团）、4个别动军联团、炮兵21个营又部分连排计418门105毫米以上火炮，坦克装甲车4个战团又6个支团计449辆，第1飞行师团96架作战飞机和第1海防舰队。在辅助军事力量上，仅治天战场就有保安军2个联团又21个连、民卫队319个排、34550名民事防卫兵，加上野战警察，总计武装力量是10万人。

具体到各个区域的防御部署：

后汉河到美政河之间的地区驻有第258和第369海军陆战旅团、第913保安联团、第17装甲战团；

美政河到顺化之间的区域驻有第147海军陆战旅团、第20装甲战团、同林火力基地和一些保安营；

顺化北面是第1师团所辖的第51步兵团；

顺化西南到富禄之间驻有第1师团所辖的第1、第3、第54步兵团，别动军第15联团、第17装甲战团部分兵力和一些保安营；

顺安港驻有海军第106营、第11船团、第12船团和第60、第92和第32江河分舰队；

从富禄到海云岭之间区域驻有第2伞兵旅团、保安军第914联团；

在思贤港，驻扎海军部分江河分舰队。

在仔细研究了南越国军第1军团的兵力部署态势后，第2军军指注意到对方采取以团为单位的区域联防模式进行固守防卫，主要集中防守广治、顺化和1号公路，重点注意广治和顺化西北地区，也就是12号公路沿线。在这里，南越国军的防御系统十分坚固，他们以广治省和承天省保安军各部队做外围守备力量，各海军陆战旅团做机动力量。通过缴获的文件，第2军更是清醒地认识到对方的防御重点就是对付越军从顺化西北偏北方向进行大规模进攻，对方的第1军团打算分成三个阶段实施“迟滞作战”：第一阶段，先在后汉河实施防御；第二阶段，一旦无法阻止越军进攻就撤到美政河；第三阶段，龟缩到顺化周围进行集团防御。

比起顺化西北，在顺化西南和南面守军防御十分薄弱。虽然如此，南越国军还是很清楚这个地区关系到他们的生死。一旦越军从顺化西南实施战役突破的话，南越国军第1军团在广治、承天的战略兵团（主要是第1师团和海军陆战师团一部）就会成为瓮中之鳖。尽管如此，林光世和吴光长却不相信越军的兵力和技术装备能突破顺化西南险峻的山岳地形，突然对顺化—岘港之间唯一的交通大动脉——1号公路发动致命的进攻。

从地形上看，在顺化西南的14号公路沿线，南越国军主要在某豆、303高地、金萨、洞耒、224高地、560高地、312高地等处组织实施防御。但这个方向缺乏纵深，只要越军能拿下这几个重要的高地，就可以直接面对1号公路。从战略上来说，选择顺化西南的14号公路沿线作为突破口是一个大手笔，是

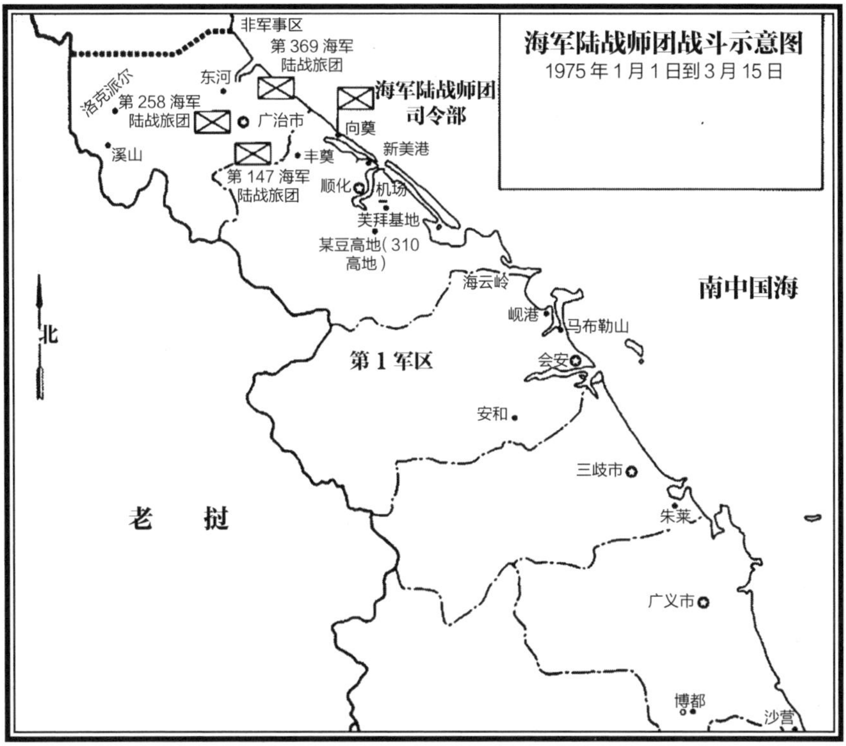

▲ *1975年1月1日到3月15日，海军陆战师团战斗示意图*

一个打击对方要害的绝招，既能出其不意，又能置敌于死地。

如果选择12号公路进攻的话，越军第2军就会和南越国军主力迎头相撞。在这种情况下，第2军和治天军区全部力量加在一起，也没法创造出对敌优势兵力和技术兵器的对比态势，甚至总兵力、火力还弱于对手，这种打法就是下下策的硬碰硬且自己还处于不利地位的死招。清点自己可用的兵力，阮友安少将发现第304步兵师24团、66团和第324步兵师3团还留在上德地区，第325步兵师95团奉总参谋部的命令已经调到西原战场参加攻打邦美蜀的战斗。军编制内的9个步兵团，实际能用的就是第324步兵师1团和2团，第325步兵师18团和101团，以及第304步兵师9团。

经过仔细研究讨论，越军第2军党委和军指一致认为应该集中第2军主要突击力量对顺化西南的14号公路和沿着耒江区域对1号公路实施突击，任务是突破南越国军第54步兵团把守的蓬山、艺山、224高地、273高地、303高地、某豆高地，切断1号公路，分割顺化和岘港，包围孤立治天—顺化的第1军团，切断顺化和岘港之间的联系。

在这种情况下，越军第2军军长阮友安少将和军政委黎灵少将决定向总参谋部提议，把主要突击方向从12号公路，转移到14号公路。1975年2月初，越军第2军和治天军区主要军政干部前往河内开会。在总参谋部会议上，第2军参谋长裴公治上校除了报告自己根据旧的方案拟定的作战计划和战斗决心外，也报告了新的突击方向和兵力使用情况。

通过2天的讨论、分析，结合国防部长武元甲大将和总参谋长文进勇大将的指导意见，会议通过了第2军关于把战役突破口转移到顺化西南的决定。总的意图是让第324步兵师对1974年打过的蓬山和某豆展开攻击。只要越军把炮兵布置在蓬山和某豆高地，就可以用炮火封锁1号公路和顺化附近的芙拜基地，有效压制1号公路和芙拜基地，孤立南越国军第1军区前指。越军第325步兵师要隐蔽机动到第324步兵师右翼，再对海云岭附近高地群实施突击。这个集中多个步兵师实施宽大多点突击的计划，主要以整个治天地区作为战场。虽然计划给第324步兵师和第325步兵师的任务是寻机歼灭南越国军部队，可第325步兵师的主要任务还是切断1号公路。与此同时，治天军区还要发动牵制进攻，把吴光长的注意力吸引到广治省北部，接着再打承天省北部，防止那里的南越国军部队增援顺化南面守军。

对第1军团南部的进攻，越军也将分成两个阶段进行：第一阶段从1975年3月持续到5月初。为了和北部第2军的进攻配合，第5军区的进攻时间不得迟于3月5日。第二阶段从1975年7月持续到8月。每个计划都拟定两套方案：一个是基础方案，另一个是积极方案。战役实施时以基础方案为主，如情况极为有利于越军的时候，就马上转入实施积极方案。各个阶段的进攻将以特工袭击对方的后勤仓库设施和各座重要桥梁开始。第5军区第一阶段的进攻将没有任何坦克或122毫米、130毫米加农炮支援，武元甲大将打算把重武器留到第二阶段最后的总攻击再拿出来，一击制胜。

虽然越南中央军委同意了第2军正确的意见，可是从这时到战役发起时间只有30天的准备时间。要把囤积在12号公路方向的物资调到14号公路，并且让第325步兵师转移到新的战场，这困难实在不小。阮友安少将在回忆录里写道："我们面临的问题是……从接到命令至进攻打响日只有30天时间，在这段时间内我们不得不重新开始战役准备工作。之前我们的后勤准备工作都是为了进攻承天省北部。现在所有的补给品（转移重任）都要压在我们运输部队的肩膀上，他们要扛着物资穿梭在陡峭泥泞的山间（才能送抵新的指定位置）。"

与此同时，越军第2军的第219工兵旅也仓促开始从岩山地形中开辟军供路，把汽车、重武器和补给品送达新的进攻方向。阮友安少将不是一个只懂机械执行命令的人，多年的军旅生涯和苏联学到的东西告诉他，打仗不是儿戏，准备需要时间！经过计算，他很清楚原定进攻时间到来时，自己是不可能完成进攻准备的。越军第325步兵师需要更多时间才能完成机动和兵力展开，而且照目前的状况，第2军根本没有足够的物资保障两个师同时在顺化南面打响进攻。尽管武元甲大将命令1975年3月5日打响进攻，可阮友安少将还是决定把第324步兵师的进攻时间推迟到3月10日，将第325步兵师的进攻时间推迟3个星期。

1975年2月26日，越军第2军副军长黄丹少将返回河内向武元甲大将和越南人民军副总参谋长黎仲迅中将报告第2军打算推迟进攻时间。听到黄丹要推迟进攻时间时，黎仲迅中将发飙了："这是一个与其他战场（密切）配合的具有重要战略（意义）的主要战役，岂能是你们想什么时候打就什么时候开始的？如果你们推迟你们的进攻，敌人很可能会把伞兵师团派到西原南部，会破坏我们主要方向的战役行动……"

尽管黎仲迅对第2军推迟进攻大为不满，可战役后勤是保障作战能否成功的关键因素之一，没有物资，就算有千军万马也没法打仗啊。黄丹解释说，第2军要给担负进攻重任的4个步兵团和作战支援部队提供粮弹，可补给品和炮兵在恶劣的天气下于群山中运动速度异常缓慢，运输也十分困难。经过协商，双方最终决定：治天军区于3月5日对广治打响进攻，吸引住南越国军的注意力。D+3日，越军第324步兵师1个团和治天军区2个团要对某豆高地和附近各个山头展开攻击。D+21日，越军第325步兵师1个团要从第324步兵师右翼展开攻击。

到1975年3月初，越军第2军在耒江两岸修了一条可通汽车的公路和50多英里长的侧道。沿着这几条新修公路，越军第325步兵师和第2军运输部队抓紧时间赶路，终于在325师规定的进攻时间前，基本完成了兵力展开和物资前运。

遵照武元甲大将提出的把南越国军注意力往北引开的计划，越军于3月5日在越门港突然进行大规模演习，摆出一副准备进攻的样子。为了把动静搞大，治天军区不断调部队和车辆进出多个地点。为了搞逼真的电子佯动，治天军区司令员还命令越军第46步兵团在无线电通信中全部使用第308A步兵师的呼叫代号和通信规则，派出去执行地形侦察任务的该团干部们也都使用第308A步兵师各单位的呼叫代号和通信规则。在作战指挥层面上，治天军区司令部也不断发出一大堆命令，做出一副在指挥某个重要地区实施进攻战役的样子。

虽然越门港的演习并没有引起南越国军的注意，但越军第46步兵团的电子佯动还是达成了欺敌目的。南越国军第1军团副司令林光世中将就在回忆录中提到，他认为3月19日跨过后汉河进攻的先锋部队是越军第308步兵师。南越国军总参谋长高文园上将和吴光长中将却认为是第341步兵师。遗憾的是，他们的判断都是错的。越军第308步兵师还留在河内，第341步兵师当时转移到西原附近，随时准备直下南部平原，实际跨过后汉河的越军进攻部队只是得到坦克支援的广治省地方部队而已。不过，后汉河一线的南越国军主力早已不在，留下来防守的只是南越国军保安军和别动军而已。

1975年3月初，越军特工突然炸毁了南越国军第3师团的一个弹药库并炸坏了顺化北面布江的安泸大桥时，吴光长中将认为越军春季攻势即将开始。可南越国军第1军团要守卫的区域太大了，只能待在掩体里，等越军打上门来。

风暴来临

1975年3月5日，为了实现配合西原战场的任务，治天军区主力第4、第6、第271步兵团，以及广治省、承天省地方部队和乡村游击队突然打响进攻战役。从3月5日到3月7日，治天军区的地方部队也积极对各条交通线展开攻击，炸毁了安泸桥，消灭了海云岭行进的部分车辆，威胁了367、325和翁杜东等高地的守敌，组织火力袭击了5村和芙拜机场。3月6日到3月8日，广治省8营、承天省4营和10营，以及治天军区主力部队第5、第21步兵营，军区直属特工3营和2营，以及100个武装工作队和个地方武装队（总共2500人）直下治天平原，同时对各个支区、县、分支区打响进攻，消灭了梅灵县、11个分支区和武装县的守敌，解放了53个乡（150个村）和20万人口。

不过，南越方面的记载却与越军的说法大相径庭：

3月8日，越军地方部队对广治和承天两省许多目标发动了一系列进攻。在广治省北部，大部分保安军都守住了阵地，只有一个前哨被对方打了下来，导致越军突入1号公路东面地区。在地盘争夺上，越军虽然解放了15个村，但顽强战斗的广治省保安军还是顶了对方进攻2天。在承天省北部，越军的进攻同样受到了顽强抵抗，除了攻下51高地外，没有任何值得一提的进展。即便是在51高地，执行防御任务的南越国军1个海军陆战排，要顽强顶住了治天军区主力第4团的几次冲击。战至下午，越军冲进了51高地。危难时刻，排长呼叫炮兵向自己开炮。虽然他英勇战死，但51高地的死战迟滞了治天军区第4团的进攻，为南越海军陆战4营的反击赢得了时间。第二天，陆战4营在航空火力支援下，组织猛烈反击，把越军赶下了51高地。

在顺化南面，越军地方部队的2个营也突破到南越国军防线背后，然后朝沿海方向运动，他们的目标就是摧毁该地区的政府机构。越军进了几个村并呼吁人民奋起，捣毁“伪政权”，却没有得到任何响应。回过神来的林光世中将马上组织一支特遣队反击，迅速夺回失地，重创渗透进来的越军一部。

总的来说，越军最初对广治的进攻完全失败了。到3月12日，越军参加进攻的各部撤了回去，他们的战斗效果仅仅是让广治省北部的10多万平民，占当地人口约半数，逃回顺化，许多村子是整村整村逃亡。到3月10日，共有5万人逃到顺化，剩下5万第二天才到。承天省还有大约2万人逃到岘港。顺化和岘港市政府马上采取措施，给难民提供吃喝救助他们。南越红十字会也忙里忙外，给他们分发食物，并和志愿者、政府机构一起给他们提供临时住宿和医疗救护。接着，南越当局软硬兼施，力图遣返难民，可大部分人都拒绝回家。1968年顺化屠杀和1972年顺化—广治的“死亡公路”仍然给普通平民留下了深刻的影响，他们已经被战争给弄怕了。

为了实现总部批准的计划，在第2军主要方向上，在第324步兵师师长阮威山和师政委阮仲丹指挥下，第324步兵师所辖的第1、第2步兵团第二次对某豆高地和303高地展开攻击。

▼ *1975年3月6日至12日，越军对南越国军第1军团的进攻示意图*

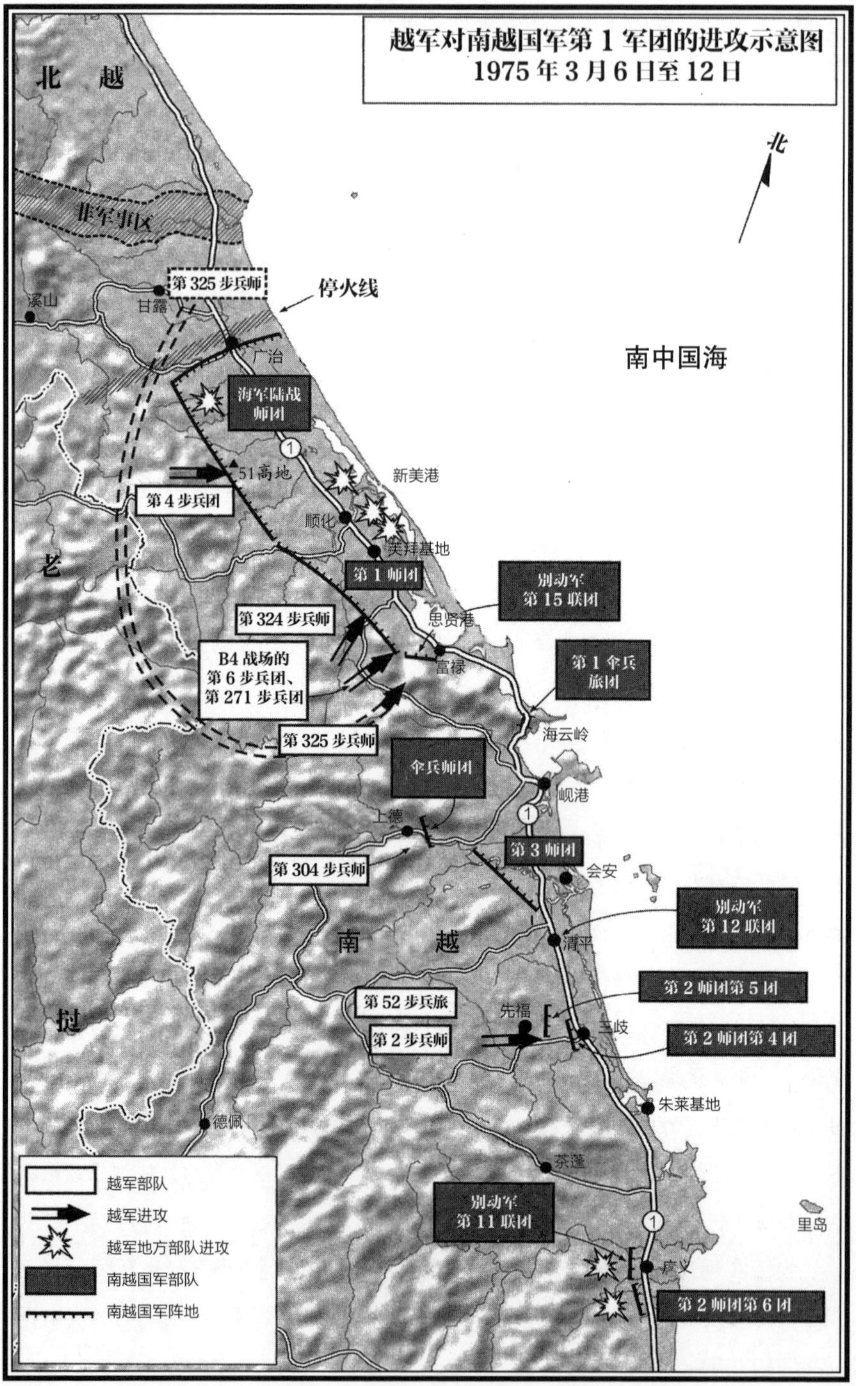

又在旧战场打击敌人，第324步兵师有许多便利，可困难也不少。原本各部队都是准备在12号公路方向打，可上级一纸命令又同意了第2军最初的方案，转移回14号公路方向打，结果后勤保障和战役准备没有跟上节奏。另一方面，越军第324步兵师打某豆和303高地是去年K18战役的翻版，目前已经失去了突然性。在巩固了某豆高地和303高地后，南越国军第1师团已经总结了失败的经验教训，重新组织了防御地带，把单线防御变成三线纵深防御。第1师团打算依托各个高地形成连环据点，一旦遭到进攻可以相互策应。

可对于阵地进攻的打法，越军第324步兵师并没有太多的实战经验。为了创造条件让第324步兵师完成任务，第2军司令部和参谋机关直接下去协助各单位进行作战准备，引导各单位拟定打法和指导师属炮兵部队把装备（主要是85毫米加农炮和37毫米高射炮）拉到各个山头的指定阵地，支援步兵对敌进攻。

1975年3月8日05点45分，随着一声令下，越军第78炮兵团的战士们突然把密集的弹群砸到了303高地、75高地、76高地、224高地和某豆高地上。虽然早上有雾，可弹群还是准确命中了目标；经过20分钟的炮火急袭，越军第78炮兵团开始对罗山、五村和弥山进行炮火延伸。在第324步兵师的次要突击方向上，第1步兵团团长指挥1营和3营对75高地和76高地发起正面冲击。在团火力消灭了外围各个火力点后，第1步兵团16连使用12.7毫米高射机枪平射压制了依托工事的守敌，给1营各位战士突破前沿、直插75高地中心创造了有利的条件。与此同时，3营也对76高地守敌展开攻击。战斗进行了不到30分钟，越军第324步兵师1团1营、3营就拿下了75高地和76高地，以及14号公路周围各个高地。到10点，南越国军以10辆GMC搭载保安军第61营从罗山出动反击。南越国军的车队刚刚开上坦克山（这是越军命名的高地，理由是越军步兵战士在该高地击毁了一辆敌坦克），就被越军工兵埋设的地雷炸翻了首车，保安军第61营被迫撤退。第324步兵师1团16连的4挺12.7毫米高射机枪从两翼侧击，10连迅速出击打垮了保安军第61营。

在主要方向上，越军第2步兵团在团长黎辉梅指挥下，负责进攻303高地和324高地。由于战斗准备不够周全，步兵和炮兵协同欠佳，占领进攻前出发阵地时部分兵力迷路、部分兵力迟到，导致第2步兵团的进攻战斗遇到了很大的困难。

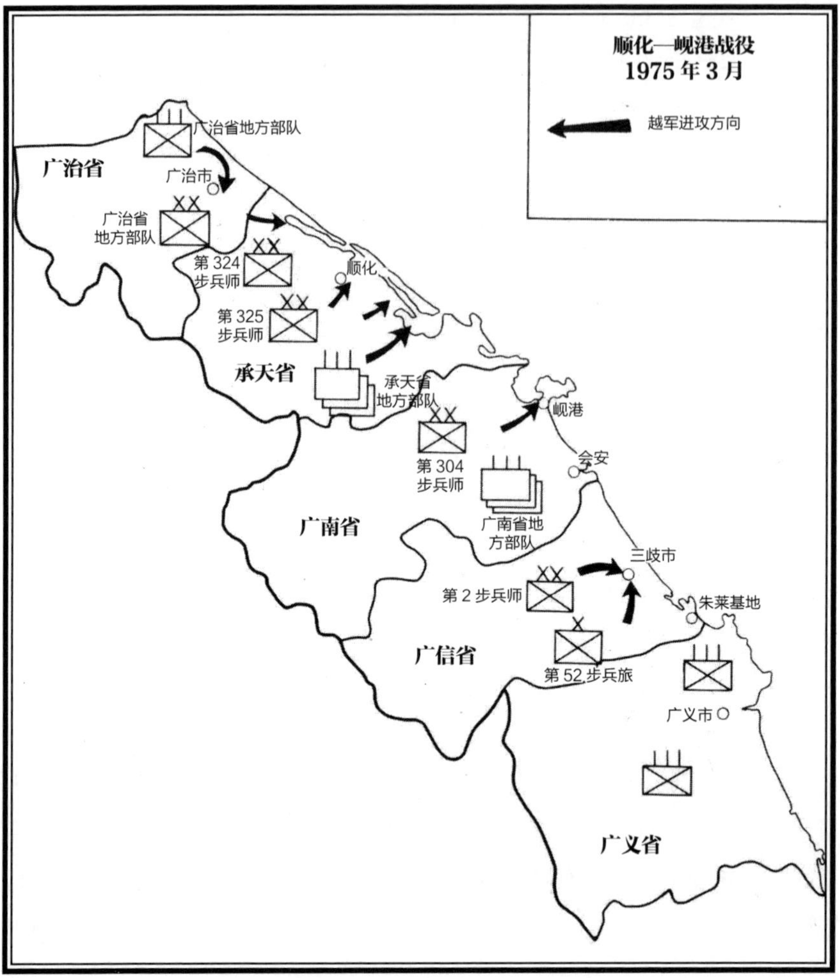

▲顺化—岘港战役示意图

3月8日清晨，越军第2步兵团组织对主要进攻方向进行多路冲锋，可都被对方极为猛烈的火力给打退了，6营蒙受了相当的损失。为了继续实现拿下303和224高地的任务，第324步兵师第78炮兵团又在下午开始新一轮炮火准备。负责打E6和E7高地的越军第2步兵团5营从清晨起就分兵一路打303高地，有力配合了6营的战斗。4营退下来担任第2步兵团预备队。虽然越军第2

步兵团的指战员们打得很顽强，可到3月8日结束时还是没能攻下任何目标。

经过一天战斗，在主要方向上战斗发展一点也不顺利。根据第324步兵师师长阮威山的提议，第2军军长阮友安少将同意第324步兵师组织剩下力量继续进攻。在第324步兵师组织进攻303高地和224高地的同时，第2军指示第325步兵师也组织炮兵战斗，压住梁奠、罗溪的南越国军炮兵阵地。

3月9日，南越国军以据守224高地的大部分兵力实施反击，又夺回了E6高地。越军第324步兵师急忙调第2步兵团4营和5营重新组织攻击，拿回了E6高地，并准备继续打224高地。与此同时，越军第324步兵师1团3营得到2营2连加强，打下了迫击炮山（303高地南山，因南越国军经常在这个高地布置迫击炮轰击越军部队，故而命名为迫击炮山）；越军第324步兵师3团8营7连（从上德赶来）奉命打273高地，形成对303高地的包围态势。

为了指导各单位进攻争取胜利，第2军司令部也派副军长黄丹少将下第325步兵师传授分享第324步兵师的攻坚战斗经验教训，并派军副政委直接下去协助第324步兵师师指组织各单位继续战斗。

1975年3月10日，在巩固和布置剩下的力量后，越军第324步兵师又开始勇猛、大胆地进攻，第2步兵团拿下了224高地，南越国军第1步兵团1营失去战斗力。与此同时，第324步兵师3团8营7连步兵也从上德地区机动过来，直接投入战斗，拿下了273高地。

采取正面进攻结合敌后穿插的打法，越军第324步兵师使用一部分侦察兵在侦察连副连长阮文禄指挥下，隐蔽穿插到敌后，于艺山伏击了敌人的坦克群。3月10日16点00分，越军第164炮兵旅51营19连的反坦克导弹射击员曹先丁（谅山人）在2500米距离上使用4枚B72反坦克导弹消灭了4个目标，其中包含3辆M48坦克。由于表现出色，曹先丁获得了一等战功勋章。

越军第324步兵师拿下224高地和14号公路许多重要高地后，南越国军第1军团前指司令林光世紧急增兵加强防御。别动军第15联团下辖的第61营赶往蓬山；别动军第96营、第94营及第27装甲骑兵团一起固守31高地及周围。第1师团第3团第3营也在昆萨展开战斗队形，他们还加强了52高地防御。南越国军第1师团师团长阮文艳还把第1步兵团2营给调过来，准备反击夺回224高地。

1975年3月上旬，第324步兵师在14号公路沿线和敌人的战斗打得越来越激烈。越军占领的地区，使顺化到岘港的战略交通线——1号公路有被切断的危险，芙拜基地受到威胁，治天—顺化有被孤立的危险。为此，南越国军第1师团把1团2营调上来，连续反击。南越国军空军和炮兵也集中轰击越军第324步兵师的进攻战斗队形。他们的炮火十分猛烈，炮兵平均每天投射4600发炮弹，航空兵出动60架次掩护步兵防御。双方在224高地展开了激烈又反复的争夺。在持续7天的血战中，越军击退了对方多次冲击，最后形成双方各占一半的态势。

面对苦战态势，第324步兵师全体指战员都很清楚自己承担的重任，那就是进攻对方一个极为重要的防御目标，把敌人的兵力、火力吸引过来，保障第325步兵师继续抓紧时间进行战斗准备。为了完成这个任务，越军第324步兵师以顽强、勇敢，不怕牺牲的精神，不断与敌恶战苦斗。在艰苦的战斗中，涌现出了不少战斗英雄。比如，第2步兵团6营营长阮文时上尉在第5次进攻战斗中，看到一名高射机枪战士牺牲后，英勇地抱着机枪冲在队伍最前头，一边用机枪压制守敌火力点，一边鼓舞指战员们继续冲击。

在第1军区中部战线上，越军集中第2步兵师和第52步兵旅主力，于3月10日12点30分，对先福县展开猛烈攻击。这一次，广信省保安军好运不再，他们于16点00分被越军打垮，先福县也让给了对手。败退的保安军部队只得撤到通往三岐市的公路重新组织防线。

3月11日，南越国军第2师团师团长陈文毅准将从广义省匆忙赶到三歧市，准备组织反击，夺回先福县。为了助陈文毅准将一臂之力，吴光长中将还把第1军团的预备队别动军第12联团顶上去，增援三歧市。3月12日，南越国军第2师团的第5步兵团从广义省赶来实施反击。无线电监听和战俘审讯都发现先福县周围的越军兵力强大，足有一个步兵师的规模，第5步兵团的反击自然没法获得胜利，他们在先福县前方驻足不前。

先福县的丢失对南越国军来说确实是一个沉重的打击，不过吴光长中将关注的焦点是顺化西南的群山。治天军区被俘的几名战士向南越方面供认，沿着后汉河防线，广治省地方部队换下了越军第325步兵师。越军第324步兵师的俘虏也证实了第325步兵师已经转移到顺化南面的群山，吴光长中将马上采取补救措施。他认为越军第325步兵师转移过来只会实施越军传统的多路多向进攻战法，他做梦也没有想到阮友安会让第325步兵师和第324步兵师一起对南越国军第1师团施加压力，拿下海云岭，或从北面攻击岘港。3月10日，由于越军第304步兵师仍在上德地区，吴光长中将还是把1个伞兵旅团调到岘港北面组织防御，他还命令别动军第14联团从广义省出动，乘飞机转移到岘港，成为第1军团新的预备队。在别动军第14联团离去后，南越国军第3师团的1个团马上填补了他们离去造成的空缺。

吴光长中将不知道的是，越军第304步兵师所辖的第24步兵团和第66步兵团在去年上德会战中损失太大，目前失去了战斗力。该师只有第9步兵团还保持着战斗力。对越军第304步兵师战斗力的误判，是南越国军第1军团在顺化—岘港战役中情报不力的第三个例证。头两个分别是误判第308或第341步兵师南下到后汉河与第325步兵师转移到顺化西南。相比头两个误判，第三个才是最致命的。在南越国军的眼里，越军第304步兵师战斗力强悍，是越军中名气仅次于第308步兵师的王牌部队，丝毫大意不得。正是出于对第304步兵师的警惕，吴光长才把一个精锐的伞兵旅团留下来，盯住第304步兵师，保障岘港的安全，从而影响了第1军区其他战线的兵力调动。正是因为情报不灵、阮文绍的胡乱指挥和士气崩溃，导致了第1军团的惨败。

虽然丢失了先福和顺化南面部分高地，但吴光长还是有理由对第一个星期的战斗表示满意，毕竟自己的部队守住了阵地，击退了对方多次进攻。尽管越军第325步兵师还是给他带来一丝隐忧，可吴光长认为自己把伞兵和别动军第14联团调动到位后，形势又会渐渐稳定下来。1975年3月12日，南越国军联合参谋本部给吴光长中将去电，命令他把伞兵师团撤回西贡。由于南越国军的两大战略预备队——伞兵师团和海军陆战师团都被牵制在第1军区，导致联合参谋本部无兵可调，为了能夺回邦美蜀，联合参谋本部要吴光长赶紧交出伞兵师团。

对吴光长和他手下的参谋来说，这道命令来得太突然了。第325步兵师已经转移到顺化南面高地，第304步兵师还在上德地区虎视眈眈，这种情况下突然抽走伞兵师团会给岘港防御造成巨大的压力。不行，不能听任联合参谋本部的胡闹。为了阻止伞兵师团被抽走，他请求面见阮文绍。

3月13日，吴光长飞抵西贡，觐见总统阮文绍。在会谈中，吴光长陈说利害，认为在越军攻势当头把自己手下最精锐的部队抽走是愚蠢的行为。他解释说，如果伞兵师团走了的话，他就需要把海军陆战师团从广治给撤下来，去守卫岘港西面的防线。进行这样的兵力调动就意味着要弃守广治，而且能不能守住顺化也很成问题。此外，伞兵师团的离去还会影响到民心和士气。民众都很清楚，“红色贝雷帽”是第1军区的防御基石，一旦伞兵师团离开，大家都会认为这是政府要放弃第1军区地盘。如此一来，民众就会蜂拥逃难形成庞大的难民潮，会第1军团作战带来各种严重问题。如果阮文绍非要坚持下命令的话，整个形势将骤然改变，第1军团也会有覆灭的危险。

阮文绍也铁了心的。他向吴光长解释了自己的新战略。在美援大幅削减，又没有美国海空力量支援顶住北越进攻的情况下，他目前应该采取的最好措施就是战略收缩，巩固调整部队，节约后勤资源，把越军拖过旱季。然后，越南共和国再利用雨季进行全面整顿，准备迎战1976年越军的总攻击。他还告诉吴光长，自己决定只守住能让南越存活下来的关键地区（比如中部沿海城市和南部平原）。阮文绍坚持认为丧失部分国土也比与越共媾和妥协要强。针对所谓关键地区，阮文绍特地告诉吴光长，第1军区辖地内最重要的地区就是岘港及周围地区，这里要不惜一切代价予以守住；第1军区的其他地区，包括顺化在内都可以放弃，以便保留兵力守住岘港。他还要求吴光长拟出一套紧急调整部署（意思就是撤退）的计划。他打算用新组建的第468海军陆战旅团接替伞兵师团，而且规定伞兵师团的撤离时间是1975年3月17日。

既然阮文绍的宏图设想都已经定下了，吴光长也没什么好说的，唯一的请求是让伞兵师团分阶段撤退，一次撤退一个伞兵旅团，这样好让他有充足的时间重新调整部署，他保证一定在3月底把伞兵师团交还给西贡。经不住吴光长的一再请求，加上对他也很信任，最终阮文绍同意了他的建议。

为什么在这个紧要关头，阮文绍要突然撤下伞兵师团呢？这是越战史学家研究顺化—岘港战役时最感兴趣的环节。早在1974年6月，西贡就把伞兵部队调来应付西贡外围的威胁，当时伞兵师团的一个旅团在铁三角战役（越军称为7号公路战役）中从北部战场匆忙赶回（不过很快又返回了第1军区）。1974年12月，越南共和国召开的国家安全委员会议上，联合参谋本部拟定的1975年整体作战计划中就提到：“第1军团要重新调整部署，所以伞兵师团要在72小时内撤回西贡或其他（最受威胁的）要地。”从这些材料可以看出来，撤下伞兵师团是联合参谋本部早就做出的决定，而且已经明文写进了1975年的整体计划。应该说吴光长是知道联合参谋本部拟定的这个整体计划的，不过在越军突然进攻下，仓促把第1军团的防御基石之一的伞兵师团撤出去，对第1军团无疑是釜底抽薪。此外，阮文绍突然把原先守住顺化、岘港和朱莱的战略设想改为集中兵力单纯守住岘港，让正在受到越军进攻的第1军团有些措手不及。吴光长理解阮文绍的心情，也明白把伞兵师团撤下去是为西贡保留一个战略预备师，可他却认为阮文绍在第1军团受到进攻时做出这个决定，是对民心士气的重要性的低估，丧失士气和民心可比越军的进攻狂潮还厉害百倍。

其他因素也深深影响着吴光长。他怀疑阮文绍把“红色贝雷帽”撤下来是为了防止政变。对总统阮文绍来说，他制定的每个政策和做出的决定，不仅是出于军事和政治目的，还有保护自己，毕竟他可以绝对信赖的人不多。可到了1975年，军方已经不再热衷于政变了。不过，阮文绍疑心犹存，他认为吴光长中将是全国将领中唯一一个可以威胁到他总统地位的人。阮文绍对吴光长的政治戒心，使他没法向手下将领清楚解释撤走伞兵师团和随后的诸多决定。例如，阮文绍在通知吴光长时，说自己的战略意图是要寻找一个“最后的飞地，一个沿着海岸的滩头，保证美国人要返回的时候可以登陆的地点。”他打算保留这块飞地，让美国人没法说什么南越已经没有可供自己登陆之处。此外，阮文绍认为集中南越国军3个师团和别动军4个联团在岘港周围，把越军引入这个战场，让南越国军的优势火力得到发扬，给对方造成严重损失。无论越军是否会上这个当，阮文绍在这个危难关头撤走伞兵师团仍是一个败招，直接导致了第1军团的崩溃。

结束了会谈，吴光长闷闷不乐地返回了第1军区，他没有向手下和盘托出阮文绍的指示。根据第1军区海军司令胡文琪的说法，关于会谈情况吴光长对手下只字未提。战争结束后，吴光长告诉他，阮文绍指示他要“绝对保密，不要把这些透露给手下的师团长、省长或海空军说我们打算放弃越南中部。”

3月14日，吴光长中将召集手下将领开会。不过，在下达的命令中，他只提到要撤走伞兵师团，并没有提出龟缩防御的计划。阮文绍害怕越军间谍也渗透到第1军区，特地嘱咐吴光长不要把全部消息都透露出去，以免影响全面撤退的准备。而吴光长告诉手下将领们，要制定一个往岘港撤退的“紧急计划”，他的主要指示就是要求手下将领守住自己的地盘。虽然对各师团长保密，可他还是把计划透露给了自己的参谋长，要求他马上制定撤往岘港的计划。不过，吴光长和阮文绍都没想到的是，仓促拟定的撤退计划终究要出大纰漏。蜂拥而来的难民和紧追不舍的越军将南越国军堵在路上，进退两难最终覆灭。

与此同时，吴光长中将还违心地命令第369海军陆战旅团离开广治，接替撤离上德的一个伞兵旅团。接着，第258海军陆战旅团和海军陆战师团司令部也将分别和第1伞兵旅团、伞兵师团司令部换防。他还命令林光世中将把1个175毫米自行火炮营和1个M48坦克组成的装甲骑兵支团，以及大量工兵机械和弹药库调到岘港。

林光世对吴光长无端把自己手下2个海军陆战旅团抽走感到很生气。没了第369和第258海军陆战旅团，他是无论如何也没法守住顺化的。在给吴光长的报告中，林光世中将请求吴光长协防1号公路，否则他的后路就要被切断了。作为回应，吴光长改变对海军陆战师团的部署调整，并抽调兵力前往北部协防。在南越国军第369海军陆战旅团归建后，吴光长中将把别动军第14联团拨给林光世，并把第147海军陆战旅团和陆战师团副师团长阮清治上校留在顺化北面。吴光长中将也把第258海军陆战旅团司令部和1个营放在海云岭的顺化一侧，另一个营留在顺化附近，第三个营随同第369海军陆战旅团一道前往上德。3月21日，吴光长中将不等第468海军陆战旅团从西贡赶来，就把第258海军陆战旅团司令部调到广南省。

正当吴光长中将还在违背阮文绍命令的时候，越军第324步兵师突然恢复了进攻，激战焦点仍然是224高地。一连几天，双方进行了反复争夺。南越国军炮兵和航空兵猛烈轰击了越军的集结地，3月16日南越国军发起猛烈反击，夺回了整个山头，可周围山头仍在越军的手里，补给困难限制了第324步兵师进一步突击。

与此同时，在广义省，双方仍在进行低强度战斗，可谁也没有占到上风。3月13日，注意到南越国军别动军第14联团和第5步兵团撤退后，越军马上尾随追击。到3月16日，他们一口气压到了广义市，迫使南越国军第2师团1个步兵团赶紧赴援。为了缩短防线，吴光长中将命令放弃广义市西面的2个县，打算节约兵力加强1号公路沿线防御。

3月16日下午，别动军第14联团抵达广治市，换下了1号公路西面沿后汉河组织防御的南越国军第369海军陆战旅团。别动军第14联团缺编很厉害，他们只有1400人（满员是2324人），平均每个营只有300人（满编是683人），而他们换下的却是一个3500人的满员的海军陆战旅团。在防御部署上，别动军第14联团把一个营放在后汉河，另一个营正对群山，一个营做预备队。第二天，南越国军第258海军陆战旅团也从1号公路东面撤离，只留下广治保安军部队继续守备该地区，第147海军陆战旅团仍留在顺化北面。这下子，林光世可是把后汉河防线的兵力削弱到了最低限度，他赌的就是越军不敢过河。可惜，他错了。

3月15日，越军第2军军长阮友安少将召开作战会议，总结检讨战役进展情况。第2军参谋长裴公治上校报告了战役第一阶段的情形：

经过8天战斗，在战役的重点区域，第324步兵师也破坏了14号公路的一大部分防御系统，击毙和俘虏了1000多人，消灭敌1个营并重创1个营。战役第一阶段的结果虽不理想，但却具有重要的意义，为在整个阵线范围内顺利进攻创造了条件。3月8日到15日，丢失了303高地、某豆高地后，敌人陷入被分割的危机，治天、顺化也有被包围孤立的危险，敌人赶紧调动兵力增援承天省西南的防御地带。

与此同时，敌人的主力被吸引和钳制在这个地区，给治天军区各主力部队和地方部队，以及乡村游击队的全面活动创造了有利的时机。

为了密切配合主力部队的大打，从后汉河到古村（海云岭北面）之间的平原地带，各地方部队也在消耗、消灭敌人的有生力量，武装宣传争取群众基础。在潮丰县、海朗县，地方部队也消灭了梅灵支区，进攻了12个分支区，消灭海林、海永、海艺3个分支区。在承天省北面三县，地方部队也打了9个分支区，消灭了丰强、丰平、丰和、丰艺和广福分支区。在承天省南部平原，地方部队对10个分支区展开攻击，消灭了永勋和富胡分支区，并组织火力压制了永禄和桥海县。在中间线，治天军区各主力单位也积极进攻敌人，主要集中在12号公路区域。3月13日、14日、15日三天时间里，治天军区的第6步兵团和第271步兵团胜利发展进攻，消灭了300高地和渚毛据点，并用火力压制了山那，给顺化西北的守敌增加了部分压力。

总的来说，在战役开始第一阶段，第2军和治天军区各部队同时在平原和山地—平原交界处发起攻击，虽然敌人在两个战线都进行激烈反击，制造了不小的麻烦，但我军还是英勇顽强战斗，击退对方多次反击，守住了既夺阵地。

听完裴公治上校的汇报，军长阮友安少将也对8天战斗中显露出的部队的许多缺点直言不讳：战斗准备和战斗组织指挥不够细致；进攻303高地和224高地的兵力使用不够合适。在战斗过程中，各级指挥干部不够了解部队，一些人执行命令不够坚决。步兵和炮兵协同组织不够密切，炮兵射击不够准确，不够及时……第2军在这一阶段的战斗效率还是很低。进攻发展速度迟缓。在思想方面，第324步兵师的一些干部战士出现战斗前主观轻敌，战斗过程中遇到困难和挫折就悲观失望，表现为怕苦、怕牺牲和失去胜利信念，这些问题都必须坚决克服，保障第二阶段战斗顺利。”

接着，会议进入自由讨论。许多人认为，第324步兵师的进攻战斗遇到了很大的困难，建议第2军在战役第二阶段抓住时机把第325步兵师投入战斗。经过多方面研究，阮友安少将决定：增强给第324步兵师的火力支援，减少该师遇到的困难，同时把第324步兵师的战斗经验教训传达给第325步兵师。他对使用第325步兵师的意见是，一定要做好战斗准备，绝不能让哪怕1个连或1个营在没有完成准备的情况下就投入战斗。阮友安少将要求第325步兵师的进攻必须在3月21日打响，绝不提前！

《越南人民军卫生勤务史》第三卷记载：“第324步兵师在1975年3月8日到3月20日的战斗中，伤亡544人，其中403人是伤兵，重伤率25.8%、中伤率37.9%、轻伤率36.2%。”[1]

会后，一部分机关干部在军参谋长裴公爱和政治部主任黎可飘的带领下，下到第324步兵师传达第一阶段的总结，以及军司令部和党委拟定的战役第二阶段的计划，要求第324步兵师师指准备好战役第二阶段的打法。黄丹少将领着一群干部下到第325步兵师，接着军长阮友安少将和军副政委阮公常大校也下去直接指导协助第325步兵师开始紧张的战斗准备。

在第2军针对战役第一阶段出现的问题进行总结的同时，河内也做出了新的决定。

3月15日夜，越军战略情报机构向武元甲大将报告，南越国军别动军第14

联团要转移到岘港。虽然武元甲大将的注意力主要放在西原，但还是仔细研究了别动军第14联团的这次转移和对方从波莱古的撤退。结合这两次兵力调动，他敏锐地察觉到了对方的战略调整。他怀疑南越国军要大规模放弃难守的领土，撤到沿海飞地。绝不能让对方进行大规模战略收缩，这会给越军解放沿海城市带来新的困难。他马上命令第2军、治天军区和第5军区发动大规模进攻，阻止对方往岘港收缩。3月17日，他急电阮友安，要求第2军执行积极计划：解放顺化和广治、承天省剩下的地盘。在命令中，武元甲大将指示："形势发展得很快，战略机遇比我们想象的来得还快。敌人现在已经被动应付我们的攻势了……他们开始实施战略撤退和调整部署。治天战场必须在所有战线加强作战活动。具体是，从西面对敌人正规部队展开攻击，切断和战略分割顺化与岘港的联系，大胆率部队直下沿海平原，打破敌人的防守线。"

3月18日，武元甲大将又收到了一个更重要的情报。越军间谍向河内报告，南越国军伞兵师团正撤回西贡。武元甲注意力马上转向了北部战场。显然，南越国军把伞兵师团撤回，肯定是进行调防，后汉河一线防御必然兵力薄弱！武元甲手下的参谋们也发现了这个问题，并敏锐地意识到南越方面要放弃广治省。武元甲赶紧给治天军区和第2军去电，指示他们要采取果敢的行动，特别是治天军区必须马上派部队下平原，在沿海平原加大斗争力度。他要求治天军区不是派营，而是派整团的兵力展开攻击。

当天晚些时候，第2军和治天军区又收到第二个重要的情报。这个情报揭示了南越方面最新计划的同时，也有武元甲大将的最新指示："在岘港，伞兵师团正逐步撤往西贡。伞兵师团和海军陆战师团换防。这很可能是敌人要放弃顺化北面到后汉河之间的地盘的举动。这是一个重要的调整和战略大撤退的迹象。因为当前形势对我方十分有利，你们必须立即大胆挥师南下。你们绝不能让敌人轻松放弃顺化北面的地区，把部队和所有人民，包括反动平民撤到岘港固守，如果让他们得逞的话，我们会遇到很大的困难。你们必须迅速顺着1号公路展开攻击，切断公路并打机场和仓库，以及芙拜的军事设施。"

在不到一个星期的时间里，武元甲大将就已经充分判明了越南共和国新的战略意图。在这种情况下，他决定抓住机会调整战术，彻底打垮对手。3月18日，越南劳动党中央政治局召开会议，讨论当前形势，武元甲大将在发言中声称自己相信南越国军正在组织战略收缩，要往沿海飞地撤退，现在的任务就是要猛追上去，粉碎他们的阴谋。在越南劳动党总书记黎笋的强烈支持下，武元甲大将建议在1975年彻底结束革命战争，完成祖国统一，西贡将是这次总攻击最主要的目标。不过，当前第一要务是摧毁第1军区辖地内的南越国军，解放顺化和岘港。

就在越南劳动党中央政治局做出这个影响深远的决定时，海军陆战师团主力突然从广治市撤退，给广治市周围的平民造成了极大的恐慌，他们匆忙离开自己的村庄和家园开始逃难。3月17日清晨，新一轮难民潮涌进顺化，到处传播陆战师团撤离的消息。这个消息不仅在平民中引起恐慌，还沉重打击了保安军部队的士气。在2个星期前曾顽强击退过越军进攻的广治省保安军部队，现在却作鸟兽散。此外，关于越南共和国准备把第1军区许多地盘让给越军的谣言也开始扩散。阮文绍的秘密计划已经泄露了。许多南越平民认为，这是超级大国（显然指美国）一手导演的。当南越国军于3月15日从昆嵩和波莱古撤退的消息传来时，谣言更是有增无减。当晚和第二天清晨，难民疯狂往岘港涌去。众多车辆满载平民沿着1号公路南逃，广治和顺化政府也和许多官员一样向南逃窜。

面对蜂拥南下的难民，吴光长每天都打电话给陈善谦，要求他协助解决难民问题。他报告说各条公路都被难民堵塞，自己已经失去了调动部队的能力，目前部队已经不可能执行阮文绍总统下达的经1号公路退到岘港的命令。3月17日，吴光长中将试图在海云岭设立检查站，控制往岘港的难民潮，可难民如潮水一般涌来，区区几个检查站根本没法拦住。吴光长想起了1972年广治到顺化的难民潮。他害怕越军像1972年那样炮击1号公路，导致大量平民死伤。出于人道主义，他最终还是没有拦住南下的难民。结果，难民大量涌入岘港，超过了市区承受的极限。难民们露宿街头，如何给他们提供食品和医疗救治成了南越方面面临的最大难题。

得知消息后，阮文绍马上命令陈善谦和全体内阁去第1、第2军区了解情况。3月18日清晨，陈善谦抵达岘港。吴光长赶紧召集手下将领、各省省长和陈善谦会面。在正式会面前，吴光长就向陈善谦介绍了当前的军事态势，他警告说越军马上就要对顺化和岘港展开攻击，目前正有50万难民涌向岘港。这个消息把陈善谦吓了一跳，他赶紧让吴光长回西贡，直接向阮文绍报告。

会谈一开始，各省省长就轮流向陈善谦报告自己面临的困难和难民的情况。几位省长都建议由总统阮文绍发表声明辟谣，并要疏散军属，否则在前方打仗的将士们必定会担心。省长们给总理透露，要逃出第1军区的难民是35万。面对大家的疑虑，陈善谦承诺他会搞好海运，但需要4天时间才能安排好船只。他承诺会派一位特派内阁人士，由副总理潘光丹牵头，协助处理好难民南撤问题。

尽管陈善谦一再做出保证，可事实上他却没有立即着手安排船只。他和内阁成员们只是在岘港逗留了一阵，就前往芽庄会见范文富少将，又去讨论第2军区的形势。接着，陈善谦返回西贡。尽管大家批评越南共和国政府说得多做得少，口惠而实不至，但陈善谦这次还算是信守承诺。不到一天时间，他就委派1972年处理过难民问题的副总理潘光丹前往岘港，负责处理难民南撤疏散问题。

在第1军区，吴光长与陈善谦会谈后就飞往顺化，召集了宗教、政治和社会各界领袖开会，他一开始就说了当前严峻的战争形势，并希望各界能帮助他协防城市和处理难民问题。虽然大家都答应了吴光长的请求，但他们也指出难民问题确实十分突出，每个小时都有大量难民涌入，已经超出了顺化的承受限度。他们急需给这些人一些希望。顺化社会各界的民选代表就强烈要求吴光长保证顺化能够守住，以稳定民心，这是目前能解决难民问题的最好办法。如果人民看到军队决心战斗到底，选择逃难的人自然就少得多。吴光长也动情保证：“我一定用手上的一切军事资源守住顺化和第1军区地盘……我怎么能放弃这片众多人洒血捍卫的领土呢？”大家不会忘记，1968年越军发起新春总攻击的时候，吴光长担任第1师团师团长，他指挥部队顽强战斗守城，稳定了顺化和承天省的人心。尽管如此，生性谨慎的吴光长在当晚告诉陈善谦说，先前估计的35万难民数字不准确，实际要逃离的难民也许更多。

根据陈善谦的指示，吴光长又在3月19日飞回西贡，向总统阮文绍报告他在执行撤退计划时遇到的困难和当前形势的发展。在谈到部队撤退行动时，吴光长说，目前只有两种选择：要么沿着1号公路南北两侧退往岘港；要么撤进顺化、朱莱和广义市，然后再沿海路撤退。目前，第1军区面临的困难是难民已经堵塞了1号公路，分散撤到顺化、朱莱和广义，然后再走海路撤退才是最好的选择。吴光长建议尽应可能久地守住顺化、朱莱和广义市，如果越军进攻压力太大再退往岘港。他认为，就是要撤，也应该首先放弃朱莱和广义，最后才是顺化。吴光长特别希望在顺化打一仗，因为他在顺化周围拥有良好的防御阵地。另外，顺化对他来说意义重大，1968年2月的顺化之战令他声名鹊起，他不想轻易放弃这个福地。

可阮文绍和高文园上将却另有他想。他们希望吴光长不要在飞地做停留，马上带领全军往岘港收缩。阮文绍认为越军会继续展开猛烈攻击，切断海云岭的1号公路隘口，如果是这样的话，形势就危险了。高文园则认为越南共和国海军不可能提供足够的船只同时到顺化、广义和朱莱三地接运部队。他也不相信吴光长能够同时守住顺化和岘港。陈善谦和副总统陈文香也持有相同的看法。他们和阮文绍一个鼻孔出气，力主放弃顺化。尽管大家都反对吴光长的计划，但阮文绍却出人意料地同意让吴光长继续守住顺化。为了支持自己的爱将，阮文绍违背了自己的本意和手下主要官员们的意见。不过，他警告吴光长说，如果他守不住顺化的话，至少要保证1号公路和海云岭在手，让第1师团安全撤回岘港。同时，阮文绍还对吴光长表示，自己将在晚上对全国发表电视和电台广播讲话，稳定人心。

离开西贡前，吴光长又问阮文绍关于政府要撤海军陆战师团的计划。如果继伞兵师团被抽走后，又要撤走海军陆战师团，他的计划将受严重影响，因此他必须知道政府是否有此计划。其实，阮文绍私下确实打算把海军陆战师团给抽回。可如果这么做的话，第1军区马上就会土崩瓦解。为了第1军区着想，他不能这么做。按照高文园上将的说法，阮文绍矢口否认自己有撤出海军陆战师团的计划，他告诉吴光长“目前可以用手下所有兵力守住你认为该守住的领土”。

对阮文绍的性格，吴光长是再清楚不过的了。他很明白阮文绍喜欢给泛泛的指示，然后让他手下的将领去完善细节并执行。可现在是生死存亡的危急关头，泛泛的指示对大局毫无裨益，他要的是阮文绍给出清晰明确的指示。遗憾的是，阮文绍始终没有点明，带着这泛泛的指示，吴光长悻悻离去。

回到岘港当晚，吴光长中将就接到林光世中将的紧急电话。他报告说凌晨03点00分，越军全面跨过后汉河，对广治市发起攻击。虽然林光世中将和其他将领认为进攻的越军是第308步兵师，可实际却是越军1个特工营和广治省地方部队3个营。虽然不是主力部队，可防守这一地段的别动军第14联团2个营还是被越军的进攻狂涛吞没。清早，越军又一支地方部队和第203坦克装甲车旅的4辆T-54坦克向南沿着海岸悄悄包抄过来，一路插到南越国军防线背后6英里处！南越国军一个保安军部队最终发现对手后，仅仅是向上级报告了情况就逃之夭夭。他们这一跑，引发了多米诺骨牌效应，广治省许多留下来的保安军官兵也跟着跑。在几乎是没遇到抵抗的情况下，穿插到敌后的越军步坦联合兵种纵队转向内陆，朝广治市南面、坐落于1号公路附近的海朗县扑了过去，这里正是南越国军别动军第14联团司令部所在地。如果越军坦克冲进海朗县，别动军第14联团马上就会土崩瓦解。

危急时刻，北部战线指挥官兼海军陆战师团副师团长阮清治上校，召唤空中支援，力求摧毁越军的坦克装甲车，可没有一架战机飞来。16点00分，越军步坦联合兵种纵队攻下了距海朗县不到2英里的前第258海军陆战旅团指挥所。与此同时，别动军第14联团的联团长报告说，他与后汉河沿线的部队失去了联系，越军已经打下了广治市！在两翼都崩溃的情况下，阮清治上校只得命令别动军和广治省保安军撤下来，沿着美政河占领防御阵地。他也命令第258海军陆战旅团陆战7营中止调整部署（该营目前奉命在顺化外的顺安港等待经海运转移到岘港）。他要求陆战7营顶上去，支援1号公路东面的美政河防御。

在1972年的战略进攻中，南越国军一度丢失了整个广治省，经过3个月的激战才最终把战线稳定在美政河一线，并再用3个月时间和上万的伤亡才夺回了半个广治省和广治市。这是整个越南战争中，最血腥的战役，当然也是联军最大的胜利。可现在，越军仅用一天的时间就解放了整个广治省。曾一度是南越奋战和英勇象征的广治省就此失陷，这个消息和西原大撤退一道摧毁了南越的民心士气。

接到林光世中将的报告，大惊失色的吴光长给阮文绍打电话。在电话里，吴光长建议阮文绍推迟关于保卫顺化的演讲，好让他先了解清楚目前第1军区的整体状况。另外，吴光长还问，能否把伞兵师团随后一个旅团的撤退日期延后到3月31日，让人们对政府打算守住领土拾回一点信心。阮文绍同意了，但条件也是很苛刻的：伞兵们绝不能投入战斗，必须完整撤回来，当西贡的预备队。

第二天清早，吴光长乘飞机去与林光世碰头。吴光长告诉他们，顺化要不惜一切代价守下去。他的将领们回应说自己能够守住的！尽管广治省完全丢失和顺化开始受到零星炮击，但手下将领们积极求战的态度还是鼓舞了吴光长。不过，他还是命令林光世准备好，万一形势变得十分复杂，要把海军陆战师团和第1师团撤到岘港。

尽管吴光长一再叮嘱，阮文绍还是在3月20日发表了讲话。在广播演说中，阮文绍并没有透露多少细节。谈到邦美蜀时，他说当地的守军面对的是四倍于己的优势之敌，他也没有承认是自己亲自下达的从西原撤退的命令。他只是简单地说："为了保存实力和为下一阶段战斗考虑……我们的武装部队不再坚守崑嵩和波莱古。"当时，顺化的形势依然不明，他指出："我们坚决守卫自己的领土直到最后一刻。传言说的放弃承天、大叻和其他城市都是子虚乌有和完全不实的，这些谣言旨在在人民中制造混乱。"除了请全国人民团结一致应对危机之外，他并没有给出更好的解决危机的措施，他仅仅是泛泛而谈地说什么"政府会采取紧急措施以适应当前的形势要求"。遗憾的是，阮文绍的讲话没有给民心士气带来一丝鼓舞，他没有承认自己的任何错误，也没有拿出任何解决危机的具体措施。在他的演讲后，越南共和国的恐慌日甚一日，他已经被自己将了一军。

在预感到形势虽然很复杂可还是能控制的情况下，吴光长于当晚返回岘港。一到军区司令部，他就接到联合参谋本部给他的一份急件。这是由一名特殊信使送达的，内容是"有限的海空资源只够支援一个飞地。如果形势许可，你就马上组织迟滞战斗，带部队撤往海云岭"。尽管先前阮文绍答应他可以守住顺化，可这份急件却表示阮文绍的态度发生了180度的转变，要他马上放弃顺化撤到岘港。不久，联合参谋本部的第二份急件也到了，指出阮文绍总统同意保留最后一个伞兵旅团。阮文绍前后反复的态度让吴光长感到前途渺茫。在给高文园上将的回信中，吴光长说："我感到既无助又迷茫。我怕自己没法履行我的职责。请接受我的辞呈，完毕。"

接到吴光长的辞呈，阮文绍马上向吴光长解释说他的本意是让吴光长灵活处理当前的情况，而不是放弃守卫顺化。根据阮文绍的指示，联合参谋本部又给吴光长补发了一份急件，进行解释说明。

虽然辞职风波暂告一段落，可吴光长面临的困难丝毫也没有减少。最大的问题是30万难民已经涌入了岘港，还有50万正在路上。他的部队也蒙受了不少的损失，从1975年3月5日到3月19日，第1军团就战死了334人，1427人负伤、236人失踪。空军出动了500多架次，2架飞机被击落。炮兵也消耗了20多万发弹药，这是自1973年3月以来最高的炮弹消耗水平。按照这个消耗速度，炮弹供应短缺的危机马上就会到来。反观越军，倒是相当“节俭”。由于采取了经济措施（节约）和两年的储备，战役前越军拥有了大约4万发炮弹。在顺化—岘港战役的第一阶段，越军主要使用了85毫米、100毫米和122毫米加农炮，122毫米榴弹炮弹和130毫米加农炮弹则用得很少，越军打算把这些炮弹节约下来，用于新的大战。尽管越军的炮弹消耗水平远低于对方，但南越国军还是发现越军炮兵的射击精度比1972年是大有进步。一部分原因固然是越军的训练水平有所提高，另一部分原因也是越军没有像1972年那样受到美国空军的打击和联军炮兵的猛烈压制。

总的来说，吴光长很快又将面临越军新的进攻，而这次进攻将是他无法抵挡的。

致命的一击

在西贡，美国官员沃尔夫冈·莱赫曼对岘港日益严峻的难民问题甚表关切。3月18日，他给华盛顿致电时，提出建议：“我们不得不提前考虑要从第1军区组织海运撤出大量平民。如果越军打顺化，必然会有大量难民蜂拥逃往岘港，加剧情况的复杂度。在这种情况下，我认为应该考虑海运难民……动用适量的美国海军舰艇，最好能得到其他国家的船只加强……就算从人道主义角度考虑，这么做也是正确的。”与此同时，莱赫曼还命令把所有非必要的美国人从第1军区辖地疏散。驻越南共和国北部各省的美国领事馆和大使馆官员趁夜乘直升机转移到岘港。

3月20日，莱赫曼和阮文绍会晤，告诉他美国国务院坚决要求阮文绍透露

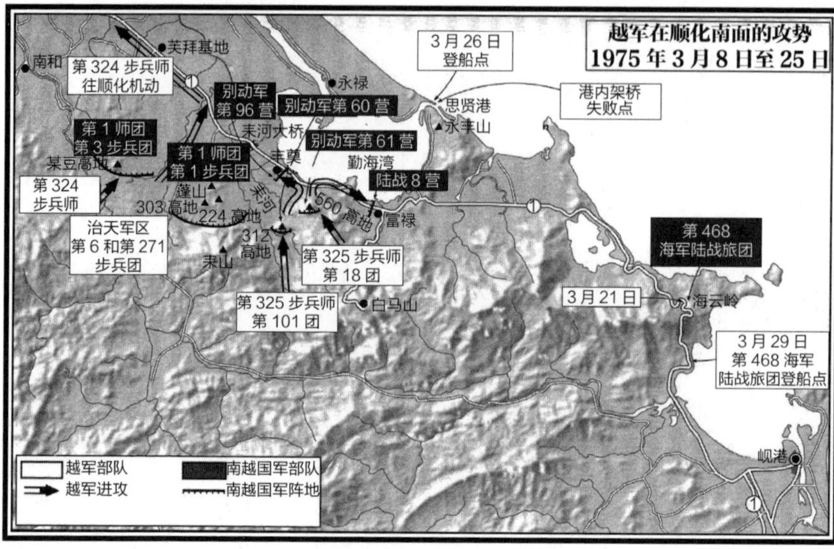

▲ *1975年3月8日至25日，越军在顺化南面的攻势示意图*

自己具体准确的战略意图。阮文绍违心表示，他绝对不会放弃承天省，他说自己意识到把伞兵师团撤回来是个错误，他已经指示吴光长中将用手上的兵力竭尽全力作战，不会放弃顺化。阮文绍这么说，实在是太违心了，明明自己的底牌是第1军团龟缩到岘港固守，却还在诓骗美国人。

就在莱赫曼费尽心思猜测阮文绍的战略意图时，3月17日南越国军收到一份绝密情报。越军第325步兵师的一名逃兵供认说，第325步兵师要对海云岭北面出口附近的1号公路重镇——富禄展开攻击。接到情报，吴光长中将马上把第258海军陆战旅团8营调到富禄，同时也动用航空兵和175毫米自行火炮对越军第325步兵师可能的集结地实施轰击，企图拦阻对方的兵力调动。这已经是吴光长最大限度的努力了。越军第304步兵师在上德的存在迫使他不得不在广南省西部保留一个海军陆战旅团，防范越军的进攻，他手里已经完全没有预备队了。

其实，守军得到的情报是很准的：越军对承天省的进攻迫在眉睫。越军计划以治天军区对顺化西北的博江展开攻击，同时强渡美政河。在顺化南面，越军第324步兵师继续对蓬山、某豆和224高地展开攻击。与此同时，作为奇兵的第325步兵师将直接切断1号公路，阻止南越国军往岘港龟缩。河内给阮友安少将的最新指示是武元甲大将严令第2军必须不惜一切代价在3月21日切断顺化和岘港之间的联系。根据河内的指示，阮友安少将马上将第2军的主攻任务从第324步兵师转移给第325步兵师。目前，第325步兵师获得第2军火力支援和后勤保障的优先权。在亲自检查了第325步兵师的战前准备后，阮友安少将命令该师要在3月21日打响进攻。

第325步兵师在进攻前已经花了1个多月的时间做了充分准备。火炮隐蔽拉到昆萨山附近的高地群，阮友安计划集中直瞄火力，在进攻前压制和削弱南越国军别动军的防御阵地群。第325步兵师的步兵指战员们，也和往常的战役一样，奉命协助炮兵把12门D74 122毫米加农炮、12门56式85毫米加农炮、几门H12（63式多管火箭炮）以及3000发炮弹和火箭弹拉上8座灌木丛覆盖的山头。经过3个星期的艰苦拉炮，37毫米高射炮、85毫米加农炮、122毫米加农炮和63式多管火箭炮全部占领发射阵地，把1号公路和其他重要目标纳入射程范围。按照第2军的计划，炮火准备完毕，越军第325步兵师开始对别动军第15联团的第60和第61营展开猛烈攻击。只要突破了别动军第15联团的防御地带，越军第325步兵师离1号公路就只剩1英里了。如此一来，顺化将被孤立，南越国军第1师团和海军陆战师团，以及大量试图逃难的“反动”民众就将成为瓮中之鳖。

要实现阮友安少将的意图，越军第325步兵师首先得打下560高地和312高地。其中，560高地是325步兵师的主要进攻目标——他们打算以精锐的第18步兵团2个营实施攻击，拿下560高地，全面突破南越国军别动军第61营的防御地带，然后切断1号公路。越军第101步兵团2个营将对别动军第60营把守的312高地展开攻击，任务是消灭该营，然后冲上沿海平原，突击位于1号公路沿线的梁奠村的别动军第15联团指挥所，这是南越国军在耒河大桥前最后的阻击阵地。只要越军第325步兵师一鼓作气连贯突破，那么耒河大桥和顺化南面出口之间的广大地区就再无南越国军可以挡住他们了。

在预定突破地带，越军占着明显的优势。1972年惨烈的广治会战中，第325步兵师几乎被打光。战后，越南人民军花费了相当的时间和精力，重建了第325步兵师。经过2年的重新武装和密集训练，他们的战斗力比起1972年时更上一层楼。比起战斗力强悍且齐装满员的对手，南越国军别动军第60营和第61营缺兵少将、实力不足。虽然560高地和312高地的工事十分坚固，他们可以得到的火力支援也不差，但缺人足以抵消这些优势。

杜德战少校指挥的别动军第60营，可以说是1975年别动军作战单位的典型例子。按照建军理念，南越国军别动军部队的目标是精锐轻步兵，执行远程巡逻和战役战斗侦察任务。可现在他们却作为南越国军第1军团的战役预备队，用于专守防卫，抵挡越军主力师的进攻。这是一个极为艰巨的任务，特别是他们在兵力和武器补充上根本就没有获得优先权。战前，别动军第60营只有200人，大部分军官都在去年的某豆高地战斗中非死即伤；武器装备也严重不足，编制内的枪榴弹只有30%可用；无线电台用的电池也供应不足，严重制约了部队的野战通信能力。在这种情况下，别动军第60营要想顶住兵力5倍于己的越军第325步兵师（得到炮兵火力支援）的进攻，谈何容易！

3月21日清晨，在战役第二阶段进攻时刻到来前，越军第84炮兵团的D74 122毫米加农炮、56式85毫米加农炮和H12火箭炮按照计划正要开始炮火准备。越军第325步兵师第18步兵团和第101步兵团也隐蔽完成了兵力展开，正紧张地等待着进攻时刻的到来。此时，一个突如其来的困难却出现在第325步兵师面前：晨雾依然没有消散。预定进攻的各个山头密覆森林，第84炮兵团的炮兵群如果按原计划进行炮火准备，必然是对着地图坐标射击，在没有炮兵观察员修正的情况下，炮击效果不理想是可以预见的。

在这种情况下，第2军军长阮友安少将只得同意第325步兵师把进攻时间推迟到05点50分。届时如果大雾还不消散的话，第325步兵师就只能实施第二套方案：在没有延伸射击支援的情况下，强攻560高地和312高地。

好在大雾随着时间的流逝逐步消散。在大雾即将散去的那一刻，为了抓住战机，越军第325步兵师师长潘明心（Phạm Minh Tâm）和师政委黎文阳决定开始炮火准备。越军第84炮兵团各阵地距560高地和312高地仅仅700米。由于距离近，炮兵观察台能够发挥作用，因而炮击效果十分显著：密集的弹群如雨点般狠狠砸在560高地和312高地，在别动军第60营和第61营阵地、掩体上爆炸。

1小时破坏射击后，越军第84炮兵团开始火力延伸，压制对方的炮兵阵地，并射击富禄到顺安港附近停泊的水上目标。伴随着炮火的延伸，越军第18步兵团对南越国军别动军第61营据守的560高地展开强攻。

为了确保担任主要突击任务的越军第18步兵团胜利，越军第325步兵师副师长阮德辉上校亲自下去直接指挥第18步兵团。战斗发起不到1个小时，第18步兵团就拿下了560高地周围的494高地、520高地，但560高地仍牢牢掌握在别动军第61营手里。尽管他们承受了越军极为猛烈的炮火打击，可他们还是依托有利地势和坚固的地堡组织直射火力、迫击炮火力顽强抗击，对扑到跟前的越军还猛砸手榴弹。在1号公路沿线展开的南越国军炮兵群也组织多轮射击，轰击越军第18步兵团9营战斗队形。越军打得同样英勇顽强，9营不顾损失不断组织冲击，锐意要夺取560高地。他们好不容易突破了560高地山脚的障碍物，扑到对方阵地前沿，双方展开激烈肉搏。虽然兵力对比众寡悬殊，但别动军还是把越军第18步兵团9营给打了下去。经过一个上午的反复冲击，越军第18步兵团9营蒙受了很大的伤亡。

准备了这么久，主要突击方向打了一个上午竟然还没能啃下560高地！上到师长潘明心和师政委黎文阳，下到副师长阮德辉都愤怒了。经过紧急磋商，第325步兵师师指决定派师副政委安江和第18步兵团副政委阿和亲自下9营，指挥战斗。同时，第18步兵团还把预备队8营也拉上去，投入战斗，只留7营守住494高地和520高地。

8营一接到命令，就把7连给派上去，不等9营重新展开兵力就实施超越攻击。立功心切的第18步兵团8营7连马上受到猛烈的空炮火力拦阻，7名战士牺牲、13人负伤，但全连战斗队形没有混乱。福无双至、祸不单行。7连刚刚突破空炮火力网又被别动军第61营密集的火力拦住去路，死伤过半，只剩37人。眼看部队损失大半，再这么强攻硬取的话，连队肯定要拼光。连长曹志定和连指导员段文白决定暂时撤下来，重新选择突破方向。

经过仔细观察，曹志定和段文白决心从突破口右侧的陡坡（560高地东坡）实施迂回攻击，拿下560高地。别动军第61营对右侧陡坡疏于防范，认为这里的地势有利，因而只布置了稀疏的雷场。

14点00分，利用陡坡的地形掩护和对敌方视界的遮挡，7连隐蔽从右侧陡坡迂回山顶。在雷场中开辟安全通道和割断铁丝网带路突破的任务交给了爆破工兵、党员梁春全负责。他手持一根大型爆破筒在前面开路，准备在万一没法保守秘密的情况下实施爆破开路。然而，7连到底还是隐蔽开辟了安全通道，山顶守敌始终没有发现他们。突然间，冲锋的喊杀声四起，7连的各战斗组突然出现在守敌面前，朝对方猛砸手榴弹，发射枪榴弹，并用AK-47冲锋枪猛扫，以迅雷不及掩耳之势占领了对方的指挥所，掩护9营10连和11连从各个方向冲上山顶，活捉了别动军第61营少校营长。1975年3月21日15点00分，越军第18步兵团9营营长阮文善上尉向第18步兵团团长潘鸿兰和第325步兵师师长潘明心报告：完全夺取了560高地，全歼别动军第61营！为了这个胜利，越军也付出了一定的代价：40人牺牲、100人负伤。

与此同时，越军第325步兵师第101步兵团2个营也对312高地的别动军第60营展开攻击，却被杜德战少校的部队在一阵迫击炮急袭射击支援下打退。越军第101步兵团一连组织了几次冲击，可全都被别动军第60营打退了。接着，别动军第15联团联团长电告杜德战，说别动军第61营阵地已被突破，他要杜德战少校也把部队撤下来，集中到梁奠保卫联团指挥所。随着别动军第61营的崩溃和别动军第60营的撤退，越军第325步兵师胜利攻克了560高地和312高地，参加防御战斗的南越国军别动军2个营总兵力500人，只有大约300人逃脱。

在南越国军第1师团防御地带，越军第324步兵师也继续对224高地、303高地，以及蓬山和某豆高地展开攻击。这一次，224高地很快丢失。不过，第324步兵师还是在303高地碰壁。在蓬山，南越国军第1师团第1步兵团1个营由于伤亡惨重被迫撤离山头，但1团很快又组织1个营实施反击，夺回了山顶。围绕蓬山，双方展开了残酷的争夺战，山头多次易手。最终，在3月22日清晨，南越国军第1步兵团还是夺回了蓬山。在某豆高地，南越国军第1师团第54步兵团也击退了对方几次冲击，抓获的越军战俘供认说，己方损失极为惨重，其中1个营几乎被全歼。虽然南越国军第1师团基本守住了阵地，可越军第324步兵师的突击却让第1师团无法分身，只能眼睁睁地看着别动军第15联团被越军第325步兵师突破。

3月21日下午，越军第2军和治天军区接到武元甲大将的电报。武元甲大将在电报中指出南越国军已经开始往承天、顺化退却：**“第2军和治天军区的**

任务是采取果断大胆的行动堵住敌人的退路……完全歼灭该地区的第1师团和其他部队……完全解放治天和顺化，占领整个海云岭。我军必须在1975年3月21日结束时完全截断从顺化到岘港之间的所有交通。治天军区在美政河畔不得停留一步，必须迅速往顺安港发展进攻……第2军和治天军区使用全部兵力歼灭敌人，包括敌人的炮兵和坦克……”

接到命令，阮友安少将马上命令支援越军第325步兵师的炮兵群开始轰击1号公路，封锁对方一切公路交通。短短几分钟时间里，越军发射的密集弹群就砸在极为拥堵的公路上。期间，不断有车辆爆炸起火，许多平民被炮火炸死。为了躲避兵灾，越南共和国政府开始往顺安港疏散平民，再组织船运撤退。难民潮和“军属综合征”再次出现。为了救自己的家属，南越国军第1师团的将士们纷纷开小差。保安军、民卫队也开始成批逃亡。这种开小差最初还是个别现象，但很快就像瘟疫般地蔓延，各个部队都开始出现大量逃亡现象，导致军心崩溃。

密切注意形势发展的阮友安少将似乎看到了战机，他果断命令第325步兵师从周围山头冲下来，切断1号公路。越军第325步兵师以第18步兵团7营、8营和第101步兵团2营，经过一夜急行军穿过密林直扑沿海平原，意在封锁1号公路。3月22日清晨，越军第18步兵团7营和8营冲上1号公路，第101步兵团2营往梁奠急插。不过，冲上公路也付出了不少牺牲：据守白石村、200高地和1号公路沿线各个据点的守军集中火力，朝越军第18步兵团7营、8营的战斗队形开火，部分指战员中弹倒下。为了实现上级的战略方针，越军第84炮兵团以部分炮火压住白石村、200高地守军，掩护第18步兵团7营、8营冲上公路，扩大战果。8营在营长陈明彻和营政委黎文定直接指挥下，打掉了白石村和1号公路东面的岘北据点；6连在连长阮先莱指挥下消灭了一些保安屯；7营也在营长阮文格和营政委阮鸿冒指挥下，沿着1号公路冲击，拿下了朗博据点。至3月22日10点30分，越军第18步兵团7营、8营控制了从白石到朗博之间约4公里的1号公路段。

南越方面，丢失560高地的消息传来，林光世中将马上打电话给吴光长中将，请求允许把富禄的陆战8营拉上来反击，夺回560高地。他还命令第1师团师团长阮文艳准将组织一次佯攻，支援陆战8营。林光世显然意识到情况已经十分危急，他甚至把自己最后的预备队——别动军第15联团所辖的别动军第94营也拉了上来。然而，他做出的一切紧急措施在越军的新攻势下都显得苍白无力。本来准备反击夺回560高地的陆战8营和别动军第94营惊讶地发现，越军第18步兵团7营和8营已经冲上了1号公路！于是，陆战8营和别动军第94营直接对着第18步兵团7营、8营展开猛烈攻击。在航空火力支援下，2个营打了一天，生生被越军给顶了回去。夜幕降临，双方挖壕对峙。

越军第2军评价道，切断1号公路是整个战役中最有效的打击。虽然越军第325步兵师投入战斗仅仅48个小时，就已经初步奠定了战役的胜利。不过，武元甲大将可不打算让他们喘口气。3月22日下午，在给第2军的电报中，武元甲大将强调："第325步兵师迅速完成了切断1号公路的任务，为战役全胜立下头功。如果敌人要不惜一切代价强行打通（公路），则第325步兵师应牢牢守住既得地盘，坚决阻止敌人撤逃。"武元甲的话就是命令，越军第325步兵师不能骄傲自满，必须顽强死守，绝不能允许南越国军重新打通公路。

为了严格执行武元甲大将的指示，越军第325步兵师师长潘明心把第18步兵团和第101步兵团绝大部分兵力都顶上1号公路，只留下1个营做预备队。第2军政治部主任黎可飘也亲自上一线对部队进行战斗动员和火线思想指导，要求部队学习顺化战役中第9步兵团的奋战精神（1968年顺化战役爆发时，黎可飘就是第9步兵团政委，参加了惨烈的巷战），不惜一切代价堵住1号公路，赢得战役全胜！

根据武元甲大将新的指示，以及越军第324步兵师没法完全突破某豆、303高地和224高地的情况，3月22日中午，越军第2军军长阮友安少将决定改变战略。他命令越军第324步兵师迂回绕过南越国军第1师团防御地带，直插沿海平原地区。与此同时，他还命令第325步兵师恢复进攻，以第101步兵团往1号公路北面朝南越国军别动军第15联团指挥部（位于梁奠）实施突击。一旦攻克梁奠，第325步兵师第101团马上掉头，与第324步兵师一起合击芙拜机场。越军第325步兵师的另一个团则朝富禄突击。3月22日夜，越军第324步兵师除了留1个步兵团牵制南越国军第1师团外，2个步兵团从南面朝顺化实施突击。

要马上组织对顺化南面的南越国军防御地带的攻击，阮友安少将面临两大难题。越军第2军出现了物资供应问题，一些部队报告他们的粮弹都减少到危险程度。持续不断的降雨使许多军供急造路变成了一片泥沼，运输部队在泥泞中艰难前行，运抵前线部队手里的物资少得可怜。目前，阮友安面临着一个艰难的抉择：要么停止前进，给后勤运输部队一些时间；要么就不顾后勤压力继续前进，这么做的话会有很大的风险。正当他为后勤保障问题焦虑不已的时候，第2军后勤部门却到了解决的办法：使用缴获的南越国军武器装备，并从新解放区征集粮食，就近配给前线部队，保障他们继续作战。

阮友安少将面临的第二大难题就是火力。根据武元甲大将最初的命令，没打岘港以前尽量不要用第2军的坦克和重炮兵。正是遵照这个命令，阮友安少将把坦克和重炮兵都留在后方。可随着形势的突然逆转，武元甲大将批准使用坦克和重炮兵，但远水救不了近火。阮友安少将手上只有1个坦克连靠近前线，可以投入战斗。刚刚从苏联留学归来，初步学习了现代化兵种协同战斗指挥艺术的阮友安少将自然对武元甲大将先前的决定感到不满。综合考虑了3月22日的战场形势后，阮友安少将在自己的回忆录中不无遗憾地说："如果总参谋部早在战役之初就批准第2军军指意见，允许我们把1个坦克营和1个远战炮兵营放在进攻战斗队形背后的话，这支部队（指步坦炮联合兵种进攻部队）早就给我们带来无可比拟的（战役）价值了。后面，我又思考过这个问题，我决定在这一阶段总参谋部应该给我们更大的使用军隶属下的所有部队的权利，这样在战机到来的时候，我们才能马上做出切实的反应。如果这么做的话（指总参谋部赋予第2军更大权限），我相信我们的进攻步伐会更快。"

站在联合兵种突击的角度来看，阮友安少将的看法无疑有一定的正确性，但是他忽略了炮坦等技术兵种在使用时可能会遇到的交通堵塞问题和南越国军的空中优势。一旦技术兵种在行进或展开队形的时候出现拥堵，就会成为南越国军远战炮兵和航空兵打击的活靶子。从这点来看，不能说武元甲大将的举措是错误的。应该说，越南人民军总参谋部还是正确地考虑了敌我双方的实力对比的，加上对方的空中优势和技术兵种部队在使用上可能遇到的交通堵塞问题，决定不把他们提前投入战斗的做法，总的来说是没有错的。

与此同时，南越国军也面临着很大的困境。第1军团前指司令林光世中将在接到陆战8营和别动军第94营的报告后，终于意识到越军第325步兵师已经突入到顺化南面的1号公路，目前自己的部队没有办法将他们击退。3月22日夜，林光世中将决定调整防御部署。他命令别动军第15营撤过耒河，南越国军第1师团所辖的第1和第54步兵团从当前阵地上撤下来，转移到顺化西南。这些部队抱团组织新的防线，力保顺化安全。与此同时，南越国军第1师团剩下的2个步兵团则继续留在顺化西面的阵地上。

福无双至，祸不单行。一天三变的阮文绍彻底改变了自己原本答应死守顺化的决定。总参谋长高文园上将反复强调，南越国军的海空力量只能支援北部地区一个飞地的防御。为此，联合参谋本部要求第1军团尽一切可能，在条件允许的情况下，撤到岘港龟缩防御。联合参谋本部指示，在最初阶段中，南越国军第1师团、第3师团和海军陆战师团首先撤进岘港。到第二阶段，第2师团也要撤进岘港。当第2师团完全抵达后，第1军团再把海军陆战师团交还给西贡。

对南越国军第1军团来说，这实在是个晴天霹雳，这意味着不得不放弃顺化。接到命令，吴光长中将很无奈地命令陆战8营停止重新打通1号公路的努力，转而在海云岭附近重新组织防御。尽管阮文绍在先前的命令中一再强调1号公路要保持畅通，保障第1师团能撤下来，可阮文绍反复无常，让吴光长无所适从，1号公路已经没法打通了。在给联合参谋本部的报告中，吴光长坦承被围部队是不可能逃出顺化了，除了战斗到底他们已经没有别的希望，只有这样才能制止部队出现逃亡浪潮。遗憾的是，吴光长错了。被围的部队并没有顽强组织防御战斗，而是感到自己被抛弃了。逃兵数字急剧增多，很快各级指挥官都失去了对士兵们的控制。这种失控很快导致了第1军团的彻底崩溃。

崩溃前兆

从广治撤退后，1975年3月20日南越海军陆战师团副师团长阮清治上校沿着美政河重新调整了部署。他命令别动军第14联团和广治省保安军残部，与仍保持满员兵力的陆战7营一起把守横跨美政河的1号公路桥往东到海岸之间的地带。这段长11英里的战线只有不到2000人把守。南越国军第1装甲旅团负责镇守1号公路，防范越军的坦克突击。第147海军陆战旅团沿美政河大桥西岸到群山，以及南到顺化之间的地带组织防御。南越国军第1师团负责在顺化西面往南，沿着山脉到耒河一线组织防御。别动军第15营负责美政河到富禄之间的防御。南越国军陆战8营负责守住富禄。承天省1个保安军联团负责镇守海云岭地区。这么布置下来，阮清治手上可就完全没有预备队了，一旦自己的防线被突破，他根本没兵堵防。在火力支援上，只有南越国军空军和停泊在近岸的舰艇可以提供火力支援。

为了不给承天省的南越国军以喘息之机，3月20日，越南人民军副总参谋长黎仲迅少将急电治天军区，告诉他们虽然“夺取了整个广治省是值得称赞的，但部队不能停留在美政河一线，必须继续组织进攻”。黎仲迅打算让治天军区和第2军一起在3月21日发起攻击，消灭顺化北面的全部南越国军，并解放顺化市。

治天军区计划对海岸附近的南越国军保安军实施主要突击，他们已经把广治省3个营放到1号公路东面，并把4团放到1号公路西面。接着，治天军区又派广治省2个步兵营，在7辆坦克支援下，突破了南越国军保安军部队的防线，夺取了向奠军事支区。接着，越军继续往南沿着海岸线，突击顺安港和新美港，这是南越国军仅剩的可以从顺化逃跑的港口。顺安港、新美港和港口设施位于顺化东面大约5英里处，只有小船可以驶入顺化。虽然新美港有几个坦克登陆舰停泊地，可停泊地遍布船只残骸，阻碍了坦克登陆舰入港。新美港和顺安港通过横跨谭江环礁湖的一座浮桥相连。

越军广治省地方部队第3营对1号公路附近桥梁实施攻击，治天军区主力第4步兵团要打南越国军第147陆战旅团。第6和第271步兵团在顺化西南继续准备实施攻击。第46步兵团是治天军区的预备队，也准备投入战斗。

与此同时，治天军区还命令承天省2个步兵营要“不惜一切代价切断和控制思贤港。地方部队执行其他任务。这个命令大于先前一切命令”。3月22日夜，越军承天省2个步兵营悄悄穿过南越国军的防线，插到思贤港南面海岸。第二天，他们抵达了桥海湾并朝思贤港的海军基地开火射击。越军的这个穿插行动是整个顺化战役中最关键的动作。

阮清治于3月20日调整防御部署的时候，他更关心广治省保安军部队的表现。他很清楚这些保安军不是懦夫，可更明白此时他们的士气已经极为低落。阮清治在战后写道：“这些保安军士兵看到他们前面的人们放弃村庄和家园，背着行囊，肩膀上挎着他们的孩子。逃跑的人群中还有他们的妻儿和其他家属。

在这种情况下，别动军官兵的士气怎么可能不受到影响呢？”

为了准备防御，3月21日阮清治上校命令工兵炸掉横跨美政河的1号公路大桥，阻止越军坦克过河。可是，危急的形势并非只在美政河一线。当天，越军的部分炮弹落入了顺化市，市区内剩下的民众又有不少人逃往新美，进一步打击了本来就已经陷入崩溃状态的广治省保安军部队的士气。同一天，南越国军第468海军陆战旅团从西贡赶来，他们的2个步兵营（第3个营还在贤港）换下了海云岭的第1伞兵旅团。第258海军陆战旅团司令部很快也撤过了海云岭，但陆战8营留在了顺化。令人好奇的是，为什么吴光长没有命令第468海军陆战旅团去支援陆战8营重新打通1号公路。直到3月22日，他都没有收到要把海军陆战师团归还西贡的命令，而在当时重新打通1号公路对林光世的部队逃出顺化却有决定性的意义。也许，吴光长中将对新组建的部队是否做好了战斗准备表示怀疑，因而决定让第468海军陆战旅团的将士们待在掩体里，而不是去进攻。遗憾的是，这么做葬送了顺化被围大军最后一丝求生的机会。

不过，越军也有自己的问题。由于协调不佳，治天军区直到3月23日清晨都没能在顺化北面发动主要进攻。3月23日，治天军区最终开始实施攻击，最初保安军还顶住了，可到了中午却开始守不住。由于越军开始轰击顺化并牢牢封锁了1号公路，许多被围部队出现大量兵员逃亡，离队的将士去寻找自己家人，留在队伍里的将士也无心继续战斗。虽然阮清治上校试图派1个陆战连在坦克群支援保安军，可越军却对第147海军陆战旅团阵地实施炮击，阻止了这一行动。15点00分，广治省保安军部队崩溃，开始逃到博江的安泸大桥（顺化北面）一线，距顺化只有12英里了！

15点00分，治天军区第4步兵团在追杀广治省保安军的战斗中，顺带攻击了1个海军陆战营。越军切断了2个海军陆战排的后路，并将其击退。在右翼的广治省保安军部队崩溃，自己又没有预备队的情况下，阮清治上校只得命令海军陆战队各营撤到博江一线，这是顺化外围最后的防线。当夜，被围的海军陆战队2个排成功突了出来，历尽艰辛才归队。在广治省保安军彻底崩溃后，阮清治上校再度调整部署，他把别动军第14联团布置在安泸大桥至顺安环礁湖之间，让陆战7营退到梁奠，第147海军陆战旅团撤到博江背后。这一次，1972年的历史没有重演，美政河防线仅仅一天就崩溃了，形势正急转直下。

3月23日清晨，越军又恢复了在顺化南面的进攻。在认真分析了形势后，越军第2军军长阮友安少将命令第325步兵师继续以第18步兵团和第101步兵团，沿着1号公路反向实施攻击。就在昨天，越军第101步兵团1个营从别动军第14联团手里又夺取了一个重要的高地，做好了突击梁奠的准备。梁奠对双方来说都是必争之地，拿下梁奠就可以迂回包抄防守303高地和某豆高地的南越国军部队。3月23日清晨，越军第101步兵团对梁奠发起攻击。经过一整天的战斗，别动军被迫撤过耒河，炸毁了他们身后的桥梁。黄昏，他们又撤进芙拜。与此同时，越军第325步兵师所辖的第18步兵团也在陆战8营撤退后，拿下了富禄。

为了压住南越国军第1师团，越军第324步兵师1团、2团继续对303高地和蓬山展开攻击。下午，越军投入坦克支援步兵冲击，最终攻克了蓬山和303高地。随着防线被越军逐步压缩，南越国军第1师团师团长阮文艳准将只得命令第1步兵团撤到连芙拜基地，继续组织抵抗。目前，第1师团的任务是阻止沿1号公路挺进的越军，并拉一把别动军，因此他们必须在芙拜进行坚决抵抗。如果芙拜都丢失的话，那么顺化就失去了外围依托（芙拜基地离顺化只有10英里）。在把第1步兵团龟缩到芙拜的同时，阮文艳准将还把另外2个步兵团也撤到顺化周围。

北部战场在激烈交战，第1军区的南部战线却是风平浪静。不过，这种情况很快就会改变。南越国军第2师团师团长陈文毅准将奉命把部队撤下来保卫人口稠密的沿海平原和各大主要城市。在从广信省北部到平定省界之间漫长的90英里防线上，陈文毅准将采取以点控线的方式布置防御：第5步兵团和别动军第11联团把守三歧市，第4步兵团把守朱莱基地，第6步兵团和别动军第11联团镇守广义市。

顺化—岘港战役打响之初，越军第5军区就夺取了先福县，重创了对方部分兵力。现在，第5军区司令员朱辉珉中将打算抓住战机，一举消灭陈文毅的整个第2师团，进而解放整个广义省。不过，为了配合治天战场，第5军区又在3月16日调整了计划，他们盯上了三歧市，锐意要把南越国军第2师团牢牢吸引在三歧市内，然后断敌退路，组织对三歧市的包围。与此同时，越军第52步兵旅趁势解放整个广义省。3月21日，越军炮兵开始轰击三歧市附近的南越国军一个保安军基地。接着，越军以连级规模的兵力连续冲击对方阵地。陈文毅的反应正如第5军区预料的那样：他把第2师团第4步兵团从朱莱调来加强了三歧市的防御，并把第6步兵团1个营撤下来防守朱莱基地。

尽管这个防御措施还算不错，可陈文毅也面临着一个日益严峻的问题：当大家得知第2军团从西原撤退蒙受不小伤亡，顺化形势危急，越来越多的难民正逃往岘港后，部队的士气开始迅速消沉。第2师团许多士兵的家都在顺化或岘港，他们都很担心自己家人的安危。因此，越军在3月24日清晨集中炮兵火力轰击后用坦克支援步兵冲击三歧市时，守军崩溃了。越军2个步兵营很快就突破了城南的防御，另1个步兵营从西面直插市区。南越国军第4步兵团除了撤退以外没有别的办法；与此同时，在城北的越军由于动作慢了半拍，没能迅速切断1号公路，致使南越国军第5步兵团和守城的大部分保安军官兵往南逃到了朱莱。别动军第12联团和成千上万平民往北逃到广南省界附近。

广义市的情形也差不多。得知三歧丢失后，广义省保安军部队、别动军第11联团和第2师团第6步兵团纷纷龟缩到城西的新防线。3月24日13点00分，越军对广义市展开攻击。坦克隆隆前进，炮弹呼啸落下，越军第52步兵旅和地方部队几个营也对广义市郊展开攻击。在防线摇摇欲坠的情况下，广义省省长电告陈文毅，请求允许把部队撤到朱莱基地。陈文毅不敢擅做主张，赶紧向上面报告。本来就被顺化—岘港战事弄得焦头烂额的吴光长中将也没有心思顾及广义方向，不假思索就批准了撤退建议。不过，南越国军的保密工作做得太差了。他们的无线电通信被对手截获，撤退的路上他们遭到越军反复截杀，蒙受了50%的损失。午夜，越军解放了广义市。在越军铁拳的打击下，吴光长的南部战线崩溃，民心和士气的崩溃如同瘟疫一般急速蔓延。更糟糕的是，广义和广信方向也有成千上万的难民朝岘港涌去！涌动的难民潮最终要了越南共和国的命。

除了南北两个战线相继崩溃外，吴光长中将还面临着另一个困境。在3月22日接到联合参谋本部要求把海军陆战师团归还西贡的指示后，吴光长就要林光世中将飞到岘港和他碰头。会上，吴光长中将要求林光世继续守住顺化，但也要拟定把部队紧急撤往岘港的计划。林光世也明白形势的严峻性，他说要撤退没问题，但要求海军在80码宽的思贤港沉船，同时海军陆战队守住永丰山。接着，南越国军第1师团、承天省保安军部队和别动军第15联团从这些沉船上走过，与海军陆战队取得联系，这样就可以绕过越军在富禄的路障。顺化北面的部队撤到新美港，然后乘坐海军的舰艇转移。对林光世中将的提议，吴光长都照单全收。

得到批准，3月23日林光世中将就做好了撤退准备。他开始把第1军团前指搬出顺化，转移到顺安港海军基地。3月24日，他和阮清治上校、阮文艳准将，以及几名高级将领召开会议，讨论当前形势。在开会过程中，与会将领们谈到了当前严峻的形势：成千上万的平民和车辆拥堵在通往新美港的公路上，南越国军第1师团正承受着巨大的压力，无线电监听显示越军正准备发动新的进攻。在军心动摇和没有预备队的情况下，顺化根本守不住。更糟糕的是，阮文艳准将指出，如果他们不马上撤退的话，越军很快就会打穿第1师团防线，直扑新美港。就算是在最好的情况下，第1师团也只能勉强顶住越军进攻1天而已。

会议还决定让海军陆战队也穿过环礁湖撤往新美港，然后转移到南面3英里的收容点。别动军第14联团和第1装甲骑兵旅团会进行后卫战斗，然后再和海军陆战队会合。南越国军第1师团将转移进思贤港，并以别动军第15联团和承天省保安军一起守卫思贤港滩头阵地。所有补给品和重型装备，包括重炮和坦克，都要炸毁。阮文艳准将告诉林光世中将，他手下的4个步兵团只有2个团能逃出。

林光世中将命令阮文艳准将和他的参谋长飞往岘港，亲自向吴光长中将报告撤退计划。与吴光长中将会面时，阮文艳指出顺化已经不可能守下去。第1师团是吴光长最看重的部队（尽管1966年前吴光长是伞兵师团副师团长），阮文艳这么说肯定是有他的道理。吴光长也没多想就于3月24日18点00分下令撤退。与此同时，他还命令第2师团师团长陈文毅准将把自己在广信省和广义省的部队统统撤下来，准备在朱莱基地进行最后的防御。吴光长中将也向总统阮文绍报告了自己要放弃顺化的决心，很快得到了阮文绍的批准。于是，阮文艳准将和第1师团参谋长把这个消息报告给了林光世。

与此同时，西原战场和治天—顺化战场的好消息传来，显示出南越国军第1、第2军团呈现出崩溃状态。在这种情况下，越南劳动党中央政治局决定抓住战略机遇，掀起总攻击和总奋起，力争在1975年5月雨季到来时攻克西贡，统一祖国。为了彻底打赢顺化—岘港战役，全歼南越国军第1军团，越南劳动党中央政治局委派副总参谋长黎仲迅中将南下，代表中央军委全权指挥这次战役。

从这时起，南越国军第1军团的覆灭开始了。

顺化陷落

在和林光世会谈后，吴光长中将命令海军准备协助陆军撤离顺化。第1军区海军司令胡文琪话马上组织了一支分舰队前往接运开赴登船点的南越国军部队。西贡的越南共和国海军司令部也表示会“出动一切可用船只，包括‘岘港’号坦克登陆舰（HQ-501），前往救援”。在组织船队救援的同时，南越国军海军舰艇还在顺安港外10海里处展开警戒队形，防范越南人民海军巡逻艇和鱼雷艇干扰海运撤退或在顺安港外布雷。隶属于越南共和国陆军军事运输司令部的22艘登陆艇也奉命归海军指挥，任务是把部队从岸边送上大型登陆舰。

3月24日，思贤港海军基地试图在环礁湖沉下几艘船供第1师团过去，却因环礁湖水流速度太快而未能成功。没法沉船形成通过环礁湖的“桥”，海军只得从岘港拖来一座浮动桥。然而，就在浮动桥到位时，越军也开始从永丰山脉对思贤港进行炮击。这个情况让南越国军大为惊恐。之前，林光世中将不是一再命令海军陆战队要守住永丰山脉么，可为什么思贤港周围如此重要的山脉却让对方给占去了呢?

南越国军第1军团面对的危机还不止于此。3月24日清晨，在顺化北面，越军治天军区的第4步兵团分别在两个地点跨过了博江，向海军陆战队发起攻击。激烈的战斗随即而至，可陆战队还是击退了对手，守住了阵地。为了支援守军，别动军第14联团在坦克支援下，几次猛打越军第4步兵团侧翼，但都没能打掉越军的两个桥头堡。3月24日下午，在吴光长决定从顺化撤军后，阮清治上校命令陆战队撤退。为了掩护大军转移，第1装甲骑兵旅团和别动军第14联团进行了顽强的后卫掩护。接着，别动军和装甲骑兵旅团也撤了下去，临走前炸掉了安泸大桥。

经过一夜20英里的行军后，3月25日清晨，筋疲力尽的海军陆战队好不容

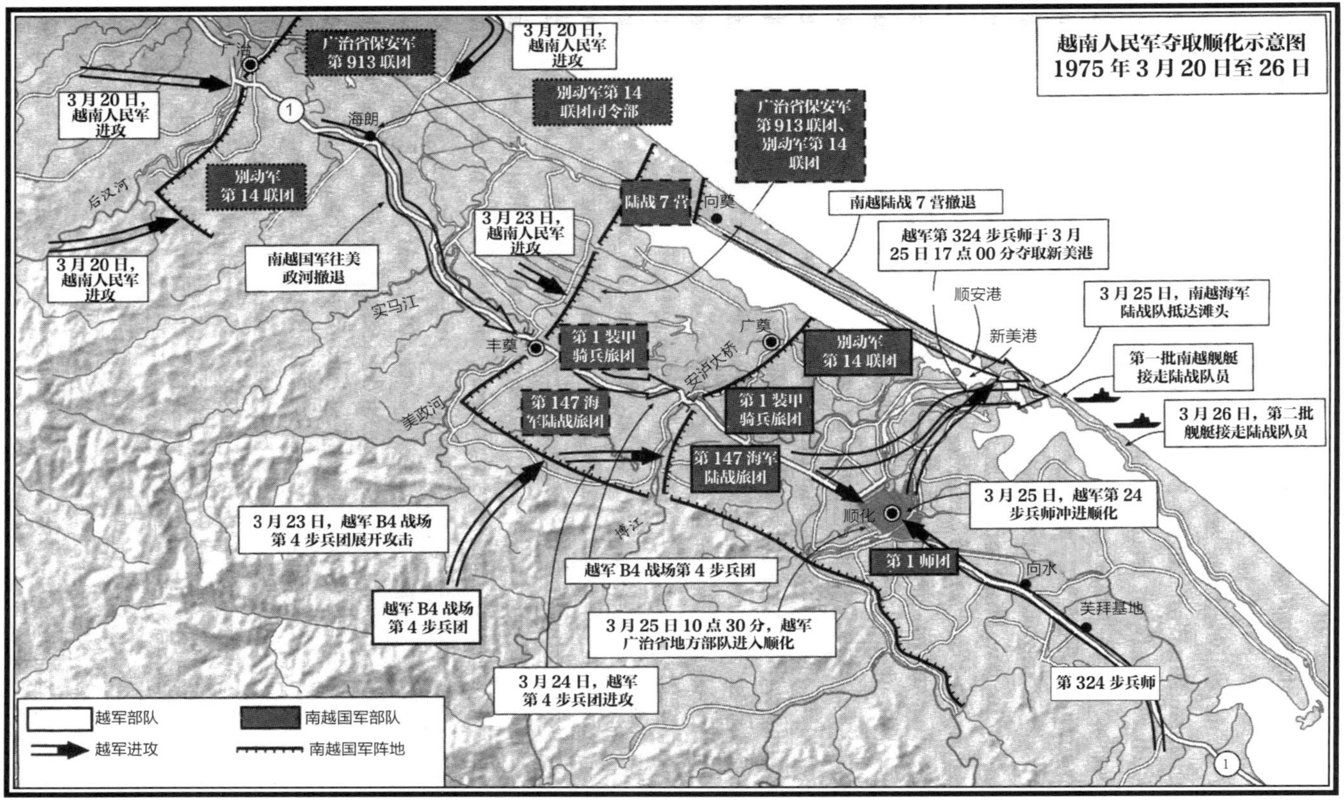

▲1975年3月20日至26日 越南人民军夺取顺化示意图

易在顺安港南面几英里的滩头集合。在陆战队组织了一个较为坚固的防线后，阮清治上校把指挥部转移到了一艘小型运输舰上，离开了陆地。南越国军第1装甲骑兵旅团被迫把大量武器装备遗弃在新美港周围几英里地带。与此同时，思贤港还挤满了大量后勤、工兵、保安军、别动军，遗弃的车辆和武器装备堵塞了公路。思贤港周围许多建筑遭越军炮击起火燃烧，许多平民就这么暴尸荒野。殿后的只有别动军第14联团，该联团的侦察连是最后一个从顺化撤离的南越国军部队。对南越国军来说，值得庆幸的是越军治天军区没有追击他们。直到3月25日夜，越军广治8营才进入顺化。

南越国军第1军团的行动焦点都放在了撤退上。在顺安港海军基地受到零星炮击后，3月24日18点30分，第1军团前指司令林光世中将和手下参谋登上一艘海军舰艇。不过，此时的林光世已经完全失去了对部队的控制能力。这一切都拜阮文艳所赐。

从岘港回来，阮文艳就召集第1师团参谋开了最后一次会议。面对危急的形势，他不是采取果断措施亲自领导部队走出绝境，反而下令解散部队，并让手下自己想办法逃到思贤港登船点。截至目前，第1师团其实打得还是很英勇的，可他的这道命令却让军心彻底崩溃，部队瞬间散架了。阮文艳的命令注定了第1师团在“顺化口袋”的命运。随着第1师团的崩溃瓦解，顺化以南的抵抗结束了，越军各团迅速往思贤港插过去，给撤退中的南越国军部队制造了一场大混乱。作为土生土长的顺化人，作为在第1师团服役了几年的指挥官，阮文艳为什么要在这么关键的时候下令解散部队？这个问题的答案随着他在几天后死于一次直升机事故而永远消失了。

尽管如此，撤退作业仍一刻不停地开展。小登陆艇群继续往返穿梭于新美港，把部队接上“芹苴”号（HQ-801）。3月24日，他们救走了大约6000平民。撤退作业一直持续到深夜。汹涌的海浪和密集的炮击都给撤退行动平添了很多危险。到午夜，超过半数登陆艇放弃救援，逃回岘港。

在思贤港等待撤退的海军陆战队运气不佳，3月25日清晨巨浪滔天，加上海洋剧烈的流速，都给小登陆艇靠岸带来了很大的困难。13点30分，“芹苴”号奉命靠岸。这艘坦克登陆舰离岸还有近90码就停了下来，然后放下绳梯。这时，海军陆战队仍保持着严整的部队纪律，可陆军却乱成一锅粥。几千平民和群龙无首的陆军士兵尾随海军陆战队登船。陆战5营营长回忆了登船时的惨象："那些根本不会游泳的人绝望地抱住自己能抓到的一切，在海浪中和死神搏斗。几辆M113开了过来，从他们头顶驶过。到处都是哀号声。一个浪打过来就把他们吞没，又一个浪过来把他们埋在水下。海中人头攒动，尸体也在浪涛中渐渐沉没消失……"由于海浪越来越大，为了避免撞岸，不到1个小时"芹苴"号（HQ-801）就开始往外海开，只有100人在这1个小时内侥幸登船。

为了登船撤退，海军陆战队决定沿着海滩向南转移，避开群龙无首的正规军和难民潮。往南行进1英里后，海军陆战队展开队形，在沙滩挖散兵坑组织临时防线。让他们失望的是，难民和正规军也跟了过来，海军陆战队把他们逐出防线外，并朝几个他们认为是越军渗透分子的人开枪。然而，尽管他们往南转移了，可越南共和国的船只还是没法找到合适的停靠点。

海军陆战队撤退后，在顺化北面的越军开始缓慢前进，地方部队扑向顺安，第4步兵团沿着永丰山脉也插过来。3月25日09点00分，广治省8营跨过博江，夺取了顺化郊外仅3英里的一个县城，接着又派一支侦察队拿下城郊外另一座桥。当侦察部队抵达第二座桥的时候，2名地下工作者骑着一辆摩托车赶过来，告诉部队说南越国军部队已进放弃顺化。坐上一辆陆战队的吉普车，广治8营的3名战士和2名地下工作者一起进了城。10点30分，他们在顺化皇城升起了解放阵线的旗帜。中午，越军第324步兵师所辖的第3步兵团搭载缴获的坦克，从南面冲进顺化。在继续朝海岸突击的过程中，治天军区和越军第324步兵师2团，于17点00分会师，彻底拿下了新美和顺安港。

与此同时，林光世中将在得知思贤港正遭受越军炮火轰击，而海军仍然没有在环礁湖内架桥的时候，赶紧命令船只往南行驶，把待在那里的部队接走。南越国军海军的大部分舰艇最终在16点45分离开。当时，第1师团的1个步兵团好不容易维持住队伍，赶到思贤港，在海军的协助下，大约1100名官兵逃离虎口。

撤走第1师团1个步兵团的同时，林光世中将又在3月26日抽调3艘登陆艇去接运待命撤退的4000名海军陆战队员。按照林光世中将的命令，伤员先撤，接着是第147海军陆战旅团司令部，然后才是陆战队各营，负责断后的是陆战7营。清晨，第一艘登陆艇靠岸，陆战队开始以严整的队形有秩序地登船。可刚过了一个小时，越军就赶来了，他们用B72反坦克导弹对船只进行射击，一枚导弹错过了目标，却炸伤了第147海军陆战旅团的旅团长。可能是担心越军进一步进行反坦克导弹攻击，船队只得迅速离开。短短一个小时，只有800名陆战队员撤离。为了避免越军的进攻，陆战队再次向南转移。

中午，另一艘登陆艇靠岸。这一次，陆战队的纪律瓦解了。数以百计的陆战队员跳下水疯狂地争抢着上船，在争抢中，登陆艇负载过重陷在了沙滩上。许多尾随的平民和士兵也试图上船。由于事前陆战队被告知这艘船是给他们撤退用的，因而他们朝争抢的平民和陆军士兵开枪。就在双方为上船争执不休、登陆艇也没法开动的时候，越军炮兵突然扑过来，向他们开炮。几发炮弹很快就命中登陆艇，炸死炸伤几十人。跳板放下来的时候，越军机枪火力又扫倒了几十人。面对扑上来的越军，陆战队员们依托阵地拼死抵抗，可自己也快打光子弹了。

3月26日夜幕降临时，越军和南越海军陆战队的交火还在继续。第147海军陆战旅团已经无处可藏，决定拼死打回思贤港，在那里重新撤退。不过，第147海军陆战旅团的士气已经崩溃了，除了少数人抵达思贤港外，绝大部分人成了越军的俘虏。一路上，许多人为了避免被俘受辱选择用手榴弹自杀。按照南越方面统计，第147海军陆战旅团只有四分之一逃出生天，四分之三的兵力被毁。越军声称顺化围歼战中对方的损失惊人：歼灭对方58772人（含3781名军官），俘虏南越国军3万人，包括保安军、民卫队。除了第147海军陆战旅团和第1师团外，越军还消灭了别动军第14和第15联团，以及第1装甲骑兵旅团和几个炮兵营，还歼灭了15个保安营；南越国军的装备损失也是惊人的，越军宣称缴获140辆坦克装甲车、800台汽车和1万吨弹药。

吴光长的南部战线情况也危在旦夕。3月24日夜，第2师团师团长陈文毅准将乘坐直升机视察从广义省撤退部队。3月25日清晨，第2师团和广义省保安军部队撤到了朱莱基地。陈文毅回忆道：“朱莱基地挤满了广信省和广义省的保安军和民卫队、警察、政府官员、平民。当看到一艘坦克登陆舰入泊朱莱时，码头上挤满了（望眼欲穿的）人们。期间曾有两次，我用喇叭提醒官兵们回到自己的部队，占领防御阵地准备应对越军可能的进攻，可似乎没人肯听。士兵们担心被遗弃在朱莱基地，就像第2军团撤退过程中其他部队一样。”

看到朱莱基地如此拥挤，根本没法展开兵力，陈文毅只得向吴光长报告并请求允许把部队撤到20英里外的里岛。尽管联合参谋本部一再明令要把第2师团撤到岘港，去换下海军陆战师团，而且岘港本身就已经挤满了难民，可吴光长似乎已经六神无主，竟然同意了陈文毅的决定。接着，陈文毅乘坐直升机去见“芽庄”号（HQ-505）坦克登陆舰的舰长。在撤退安排上，鉴于朱莱基地有一个可容纳船只直接停靠的大码头，上面挤满了上万等待撤离的难民，为了在撤退时避开难民，陈文毅准将决定让坦克登陆舰在夜间在附近的沙滩靠岸，接走部队。会后，他迅速召集部下和各位团长，向他们说明了撤退计划。根据第2师团炮兵司令黎想上校的说法，“在全体师部参谋和各单位部队长参加的会议上，（师团长）口头下达命令并制定了详细的撤退时间表。撤退命令要求摧毁所有火炮、装甲车辆和所有带不走的重型设备；销毁所有弹药库和汽油罐；烧毁所有兵营和指挥部建筑。”为了协助撤退，海军命令“永隆”号（HQ-802）坦克登陆舰和中型登陆舰“香江”号（HQ-404）以及从归仁开来的6艘小型登陆艇开往朱莱基地。

3月25日21点00分，“芽庄”号坦克登陆舰靠岸，大约5000名官兵和几辆M113装甲运兵车已在沙滩恭候多时。不过，海水太浅了，“芽庄”号坦克登陆舰只得停在离岸百码处。为了确保自己能上船，朱莱的撤退又重演了思贤港那一幕。黎想上校回忆道：“当弹药库刺耳的爆炸声打破宁静，燃烧的汽油罐点亮夜空时，恐惧也在夜间传播开来。在（朱莱）基地内，所有建筑开始燃烧，滚滚浓烟直上天际，人们失去理智，也没法正常反应。形势变得无法逆转，也没有解决的办法，没人下达命令，军纪也崩溃了。每个人都想自救——一些人游向船只，其他人爬上鲁莽驶入水里的M113装甲运兵车，各辆车在争抢进船过程中相撞。无数人在混乱中死去。”恐慌至极的士兵甚至乱扔手榴弹，炸死了船上的几人。“芽庄”号坦克登陆舰只得驶离岸边，无奈的陈文毅也只能命令“芽庄”号转靠朱莱基地码头。

为了防止失去理性的陆军士兵袭船事件再次发生，“芽庄”号坦克登陆舰在离基地码头10码处停靠，然后放下临时跳板，减少了拥挤和避免了不幸事件的发生。3月26日大约01点，“香江”号中型登陆舰和其他小型登陆

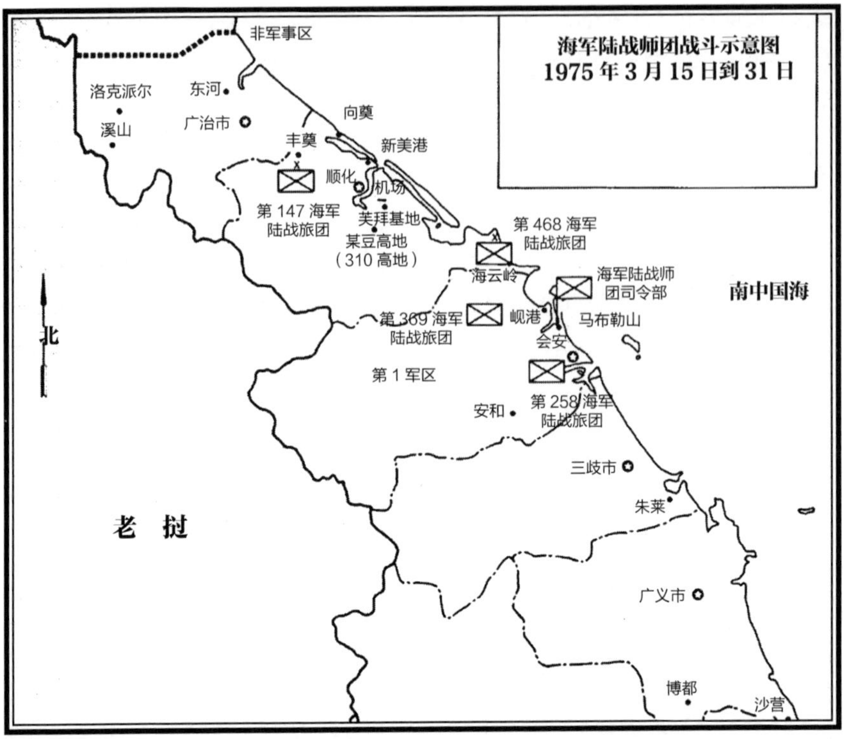

▲ *1975年3月15日到31日，南越国军第1军区海军陆战师团战斗态势示意图*

艇也陆续抵达朱莱基地。这时，开始退潮了，只有“香江”号和“芽庄”号一起入泊，开始接运人员。至中午，绝大部分滞留在朱莱基地的人员都撤离了，只剩殿后的第6步兵团。夜间，“芽庄”号和“香江”号试图重返朱莱基地撤走第6步兵团，可是越军火力已从岸边打过来，第6步兵团就这么被牺牲掉了。

由于撤退组织混乱，第2师团所有重型武器装备和所有步兵轻武器都丢失了。根据海军统计，他们一共撤出10500名军人和平民，其中第2师团官兵4000人，广信省和广义省保安军4000人，余下的是警察、平民和军属。3月27日，警察、军属和平民转移到里岛，剩下的兵力则运到岘港。

岘港之灾

顺化完了，岘港也只剩下半口气了。尽管越南共和国副总理潘光丹和难民委员会竭尽全力，可难民的数量实在超过了越南共和国的救援能力。岘港市大街小巷挤满了100多万难民，这么多民众挤在一个狭小的区域给第1军团作战造成了很大的麻烦。3月26日，吴光长中将命令黄文络少将飞往西贡请求政府协助撤运难民。吴光长的意见很直接：把数量庞大的难民运走，好让他有机会恢复秩序和组织顽强防御，否则一切都完了。

尽管黄文络竭尽全力，可在大量船只到达前，只有飞机可以协助撤走难民。最初，环球航空公司的航班不断进出岘港，顺利撤走难民；可到了3月27日下午，机场突然秩序大乱，人们相互推搡着要挤上一架飞机，机场被迫关闭。岘港市内也陷入混乱状态，撤下来的散兵游勇和平民争抢食物，警察也不顾自己的职责加入抢夺。形势渐渐失控，骚乱和其他犯罪日益增多。在第一批船只抵达后，人们蜂拥而至，上演更多疯狂。

更糟糕的是，联合参谋本部警告吴光长，说根据截获的越军通信表明，他们要在3月28日19点00分炮轰岘港。在士气动摇的情况下，吴光长中将只得把第258海军陆战旅团、第468海军陆战旅团，以及第3师团拉回来，在岘港周围重新组织防御。这道命令意味着第3师团的阵地只离岘港不到10英里，岘港将直接处于越军M46 130毫米加农炮和D74 122毫米加农炮的射程范围。

按照他的布置，第468海军陆战旅团继续防守海云岭，第369海军陆战旅团则被放在岘港防御圈中心。随着形势日渐危急，第3师团也出现了严重的逃亡现象。3月27日，南越国军第3师团师团长阮威幸将军向范玉生解释说："第3师团后方基地的支援单位和师团司令部人员几乎都带着家眷逃亡了。我在庆和的基地渐渐都空了。"

预感到南越国军第1军团崩溃在即（武元甲大将的战场嗅觉确实不是一般的灵敏），3月26日越军总参谋部命令第2军团和第5军区部队迅速往岘港压过去：第2步兵师从1号公路南面实施突击，第304步兵师从岘港西面的上德压过去。阮友安少将的第2军上来就要夺取海云岭，并从北面打岘港。阮友安少将在回忆录中写道："我被告知要派额外的炮兵到海云岭……（上级命令）'你们必须竭尽全力克服一切地形障碍，把你们的炮兵尽量前推到能够得着岘港港口

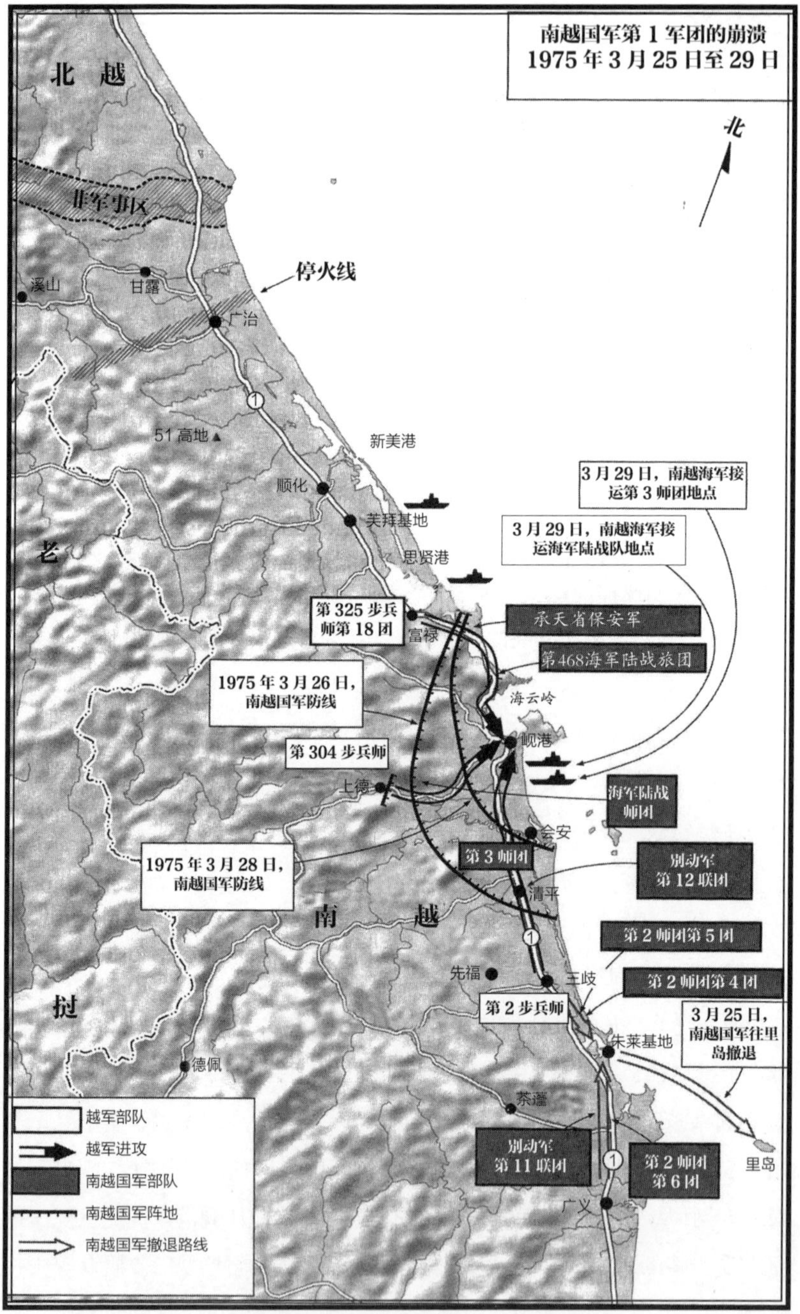

▲ *1975年3月25日至29日，南越国军第1军团的崩溃*

区域’。”

为了完成这个任务，阮友安少将必须要克服一些困难。当时，靠近海云岭的越军部队只有第325步兵师18团，第101步兵团和第324步兵师都在顺化，横跨耒河的1号公路桥已被炸毁，第2军的后勤运输部队分散在广治省和承天省，没法迅速给南下进攻部队提供保障。尽管困难重重，阮友安少将还是命令副军长黄丹少将直接指挥第18步兵团打海云岭。为了保障后勤供应，阮友安少将命令工兵重修横跨耒河的大桥，保障第18步兵团直插海云岭。同时，他还派了2个坦克连和2门M46 130毫米加农炮加强第18步兵团；给从上德地区出击的越军第304步兵师增派1个坦克营。针对后勤保障出现的困难，他指示第2军后勤部门尽量使用南越国军的武器装备补充或武装自己。在战术上，阮友安要求各部队做到一旦遇敌，就采取苏军的“行进间攻击”的战斗组织模式来实施战斗突破，要连续攻击前进，不得停留。

黄丹少将严格执行了阮友安少将的命令。3月28日清晨，黄丹少将率第325步兵师18团前进。一整天，越军第18步兵团和海云岭附近据守的南越国军保安军部队展开激烈战斗。虽然越军第18步兵团最终达成突破，可又面临着新的问题：海云岭附近的1号公路上的一座大桥在一周前已被越军特工炸毁，而配属第18步兵团冲击的工兵没法及时修复。为了赶时间抢占海云岭，黄丹少将只得把T-54/59式坦克留在后面，只带着7辆PT-76水陆两用坦克冲击。3月29日05点30分，越军第18步兵团1个营紧跟在PT-76水陆两用坦克后面，对海云岭发起冲击。

与此同时，越军第164炮兵旅4营（装备12门M46 130毫米加农炮）已经进入了阵地，正如联合参谋本部情报部门预计的那样，他们在3月28日19点00分开始炮击岘港。300发炮弹命中岘港机场和市区周围的后勤中心，并打中了吴光长的第1军团司令部，迫使他转移到岘港海军基地。在越军的穷追猛打和炮击下，岘港与西贡的联系断了。不过，在联系中断前，联合参谋本部又及时向吴光长警告说越军将在3月29日05点00分对岘港发动全面进攻。根据这个情报，吴光长决定放弃岘港。当晚，吴光长把手下将领召集起来开了个会，告诉他们把部队带上滩头。第3师团师团长阮威幸将军表示抗议，说时间不够没法马上拟出转移计划。吴光长冷冷回答说他也没时间了，阮威幸将军别无选择。

这时，海军舰艇靠岸，紧急撤走部队。第468海军陆战旅团于3月29日清晨06点00分在海云岭山脚登上“兰江”号（HQ-402）机械化登陆舰。第369海军陆战旅团在越军第304步兵师的尾随下，撤到岘港南面的一个滩头，接着开始登上“香江”号机械化登陆舰。与此同时，阮清治上校和吴光长中将也登上“香江”号。当陆战队开始登陆时，越军第2军炮兵又开始轰击滩头。为了避免中弹，“香江”号机械化登陆舰只接走500名陆战队员就离开了。不久，越军第304步兵师扑到滩头，第369海军陆战旅团坚持打了几个小时，最终3000多人举手投降（旅团长失踪，据信可能是被越军炮火炸死在滩头）。在第3师团防御地带只有1个步兵团赶到登船点，大约1200人登上了“兰江”号撤退。岘港北面战斗就此结束。

在岘港南面，越军第2步兵师沿着1号公路向北急速突进。尽管朱辉珉中将一再命令第2步兵师不要和对方缠斗，可第2步兵师的尖刀团（巴嘉团）还是不停地和南越国军保安军部队展开战斗。各路大军相继击破对方的抵抗后，于3月29日09点00分到10点00分之间，冲进了岘港市区。15点00分，红蓝相间的金星旗帜（越南南方民族解放阵线的旗帜）飘扬在岘港上空。南越国军第1军团就这样覆灭了，损失之大令人震惊。根据越军记载，从3月5日到3月29日，越军在顺化—岘港战役中一共歼灭12万敌军，缴获129架飞机、179辆坦克和装甲车，以及327门火炮、47艘舰艇、1084台军车，还有大量弹药和汽油。

相对南越国军的损失，越军的伤亡却基本可以“忽略不计”。《越南人民军卫生勤务史》第三卷记载：“在解放顺化和岘港的K175战役中，第2军伤亡2057人，含1542名伤兵。伤亡率占参战兵力（28236人）的7.28%，死亡率是1.82%，伤兵率为5.46%（其中第324步兵师有967名伤兵和326名阵亡人员；第304步兵师有伤兵29人，无阵亡；第325步兵师有伤兵464人，阵亡161人）。重伤率19.68%、中伤率30.58%、轻伤率49.73%。直射弹伤5.05%、炮弹炸伤66.48%、炸弹炸伤11.70%、地雷炸伤11.30%、其他武器伤害5.45%。[2]治天军区武装力量在战役中伤亡774人，占参战兵力的3.09%（低于预计的5%到6%），阵亡168人（占参战兵力的0.67%）、负伤606人（占参战兵力的2.42%）。[3] 第5军区卫生部门收容救治伤兵2604人，含26%重伤员、35%中伤员和39%轻伤员。其中，1626人隶属于第5

军区主力部队，剩下的伤兵来自各地方部队。”[4]根据以上不完全统计，越军在顺化—岘港战役中伤亡5435人，双方交换比是1∶24，越军占绝对优势。如此惨败令人震惊之余也引人深思。这次失败真的是因为南越国军无能和指挥有问题么？绝对不是。笔者很同意吴光长的意见，那就是难民潮蜂拥而下，堵塞了一切公路，部队无论战、守、撤均受严重阻碍，更糟糕的是阮文绍的“家属就地”政策（也就是军属直接住在部队驻防地附近，以激发军人们真正“保家卫国”），在西原会战和顺化—岘港战役中起到了极为严重的负面作用。诚如第1军区海军司令胡文琪所言：“你认为你有勇气把妻儿扔在那，让他们照顾自己，然后你在掩体里顽强战斗么？”显然，在军属也受到威胁的情况下，身在第一线奋战的将士根本无法安心战斗。这不仅是南越国军面临的问题，也是全世界任何一支军队都面临的问题。在这种情况下，第1军团的失败与其说是军事失败，不如说是阮文绍总统一系列举措失当的牺牲品。

随着第1、第2军团的崩溃，越南共和国败局已定，而越军在进军西贡前的下一个目标就是要横扫中部沿海地区了。

注释

1. 原文为“Trong tác chiến từ ngày 8 đến 20 tháng 3 của sư đoàn 324 đã có 544 thương vong,trong đó có 403 thương binh, 25.8% loại nặng, 37.9% vừa và 36.2% nhẹ”。

2. 原文为“Trong chiến dịch K175 giải phóng Huế và Đà Nẵng, Quân đoàn 2 đã có 2.057 thương vong, trong đó có 1.542 thương binh. Tỷ lệ thương vong so với quân số tham chiến（28.236）là 7.28%, tỷ lệ tử vong là 1.82%, tỷ lệ thương binh là 5.46%（sư đoàn 324 có 967 thương binh và 326 tử vong hoả tuyến, sư đoàn 304 có 29 thương binh, không có tử vong hoả tuyến, sư đoàn 325 có 464 thương binh và 161 tử vong hoả tuyến）. Thương binh nặng 19.68%, vừa 30.58%, nhẹ 49.73%. Do đạn thẳng 5.05%, đạn phá 66.48%, bom 11.70%, mìn 11.30%, vũ khí khác 5.45%”，第465页。

3. 原文为“Thương vong của lực lượng vũ trang Quân khu Trị - Thiên trong chiến dịch này là 774 chiếm 3.09% quân số（thấp so với dự kiến 5-6%）.Tử vong hoả tuyến là 168（0.67%）, bị thương là 606（2.42%）”，第460页。

4. 原文为“Quân y đã thu dung cứu chữa 2.604 thương binh với 26% nặng, 35% vừa và 39% nhẹ. Trong số thương binh này có 1.626 thuộc khối chủ lực Quân khu 5, còn gọi là thương binh của các lực lượng địa phương”，第458页。

第八章
藩朗的抵抗

稳住藩朗！

西原完了，第1军区的地盘也全完了。能否给西贡组织最后的防御争取宝贵的喘息时间，就全看中部沿海各大城市的阻击战了。1975年3月对越南共和国来说是个充满灾难的月份，可4月也并非就是个好月份。

4月1日，坏消息依然充斥着越南共和国：第3伞兵旅团在蒙德隘口的防御崩溃了，越军坦克冲进了宁和市，范文富也逃离了芽庄。南越国军对中部沿海区域的控制能力也在逐渐瓦解。恐慌，就像瘟疫似的由数万难民和不断退却的南越国军散布着，迅速传到金兰湾和周围的城镇。截至4月1日下午，只有宁顺省省会藩朗市（芽庄西南50英里处），同时也是阮文绍的家乡，仍然保持平静。

可是，藩朗市的平静并没有维持多久。4月1日，在和第2军区司令范文富在芽庄会谈后，南越国军第6飞行师团师团长范玉生准将却在藩朗市郊的清山空军基地面临着迅速恶化的形势。大量平民和陆军士兵强行涌进机场，试图寻找机会搭乘飞机逃到西贡。

4月1日夜幕降临时，范玉生面临的形势是十分严峻的。范玉生在回忆录中写道：“基地冷冷清清，因为原本奉命在空军基地周围的环形防线驻防的保安军大部分开小差。就是基地内的大群青年士兵也不顾射击管制条令神经质地对空鸣枪。在市区……民众陷入了混乱和惊恐之中。为了南下逃离敌人的追击，一队队军用和民用车辆满载着撤退的大军和逃难的居民挤满了1号和11号公路。”这种情景，让南越国军第6飞行师团的将士们感到十分紧张和担忧。为了防止士气受到影响，范玉生命令关闭机场各个大门并对基地实施戒严。然而，一个长宽各3英里，面积9平方英里的清山机场，仅靠少量的哨兵是难以防卫和警戒的。正当范玉生准将为如何防卫机场发愁的时候，黎文发上校带领的南越国军第3伞兵旅团司令部和1个伞兵营的部分兵力，乘坐卡车抵达清山机场大门前，并请求允许进入机场。范玉生不敢擅自做主，赶紧打电话向西贡请示，获得批准后，才放伞兵进来。不过，范玉生也不是白给伞兵进来的，他要黎文发上校协助基地警卫部队清除潜伏在机场周围的越军游击队。

黎文发上校的到来确实是解决了清山机场的安全保卫问题，可人心却没有安定下来。4月2日清早，南越国军第2飞行师团师团长阮文亮准将乘坐他的C-47运输机从清山空军基地起飞，转往西贡的新山一机场。在阮文亮离开的同时，南越国军第2飞行师团的直升机和战机也从芽庄逃往清山空军基地，引发藩朗市和清山空军基地的一片骚乱。

骚乱中，幸运女神朝范玉生微笑。澳大利亚政府回应了越南共和国政府的请求，答应派出几架C-130“大力神”运输机协助南越方面疏散难民。3月31日清晨，澳大利亚皇家空军的第一架C-130“大力神”运输机在新山一机场着陆，他们的任务是把清山机场外滞留的难民撤走。4月1日，C-130从新山一机场飞往清山机场，可第2飞行师团的直升机和战机从芽庄逃到清山机场，导致机场秩序大乱，C-130只得返回新山一机场。同一天，又一架C-130“大力神”运输机也抵达西贡。4月2日，澳大利亚皇家空军的2架C-130运输机一起出任务。

起初撤离难民还算顺利，可骚乱很快又开始了。根据一名澳大利亚历史学家的说法，在一天五六架次的飞行中，2架C-130运输机几次遇险。在一次撤民行动中，在C-130周围准备登机的难民和南越国军被一枚落在400码外的4发火箭弹给吓着了，现场你推我搡、一片混乱，迫使一名士兵朝天鸣枪示警。不幸的是，他正站在C-130的垂尾下，鸣枪示警打出的子弹把飞机水平安定面钻出了几个洞。在当天的最后一趟任务中，C-130要起飞时又被南越方面用2辆油罐车故意堵塞，机场指挥塔台要求飞机保证会返航继续接人。尽管澳大利亚飞行员很清楚自己不会再飞回来，但还是撒了谎，油罐车让了路。在这一天的空运撤离难民行动中，澳大利亚皇家空军2架C-130运输机载着1500名到1800名难民，从清山机场转移到芹苴市。由于清山机场形势实在太混乱了，澳大利亚方面决定停止协助南越撤出难民的空运行动。

除了拥挤在清山机场周围的难民外，还有成千上万沿1号公路南下的难民也“吞没”了藩朗市。更糟糕的是，船运撤到金兰湾的南越国军第1军团残兵败将及第2军团的残部，也沿着1号公路疯狂撤退。在没法应付逃下来的散兵游勇施暴和惧怕越军坦克洪流的情况下，越南共和国宁顺省省长也在4月2日带着绝大部分警察、省行政机关人员和宁顺省保安军部队出逃。只有藩朗市东面的1号高速公路边的会莫村里的一个天主教神甫，指挥着一个民卫队，粉碎了越军游击队渗透进藩朗市的意图。在省长逃跑后，藩朗市与西贡的联系也告中断。混乱的情形，甚至让美国情报部门误以为越南共和国已经放弃了清山空军基地，藩朗市也快完了。

事实上，范玉生准将的第6飞行师团和黎文发上校的第3伞兵旅团仍在坚守。4月3日，西贡和藩朗恢复了联系。伞兵师团长黎光亮准将命令黎文发上校留下来坚守清山机场。当天清晨，黎文发上校派出第3伞兵旅团侦察连实施反击，夺回越军游击队攻取的清山空军基地附近高地。虽然侦察连迅速完成了任务，可黎文发上校还是很快意识到自己倍受重创的部队根本没法完全控制整个基地和组织环形防御。黎文发上校向范玉生准将建议向联合参谋本部请求调派1个伞兵单位做预备队。这个请求，很快得到联合参谋本部的批准。下午，第2伞兵旅团3营空运抵达清山机场。黎文发上校马上把他们布置在清山空军基地周围的各个山头。第2伞兵旅团3营的到来稳住了藩朗市的民心士气。下午，大部分难民离开清山机场，伞兵部队完全控制了机场的形势，清山空军基地又恢复了正常。

这个时候，海上的援军也来了。4月3日，美国海军的4艘船抵达越南南方沿海。当他们在藩朗市附近水域就位时，“杜尔姆”号货船奉派靠近藩朗市进行观察。这时，满载难民的几十艘小船靠了上来，迅速围住了“杜尔姆”号。

在2天多的时间里，“杜尔姆”号接起了大约3500名越南难民。看到美国人“回来”了，范玉生准将赶紧派自己的直升机联队长黎文培前往“杜尔姆”号沟通。黎文培向美国人转达了范玉生准将的两个问题：美军会给藩朗守军提供舰炮火力支援吗？他们会协助南越国军撤退吗？在半小时的会议中，美国人给他们泼了一盆冷水，美国不会再介入越南战争，美国船只会协助撤离难民，但不会给南越国军提供任何形式的战斗援助。

当天下午，范玉生准将又飞往藩切市去和第3军团长阮文全中将进行会谈。阮文全中将给范玉生带来了总参谋长高文园上将的最新指示：从4月4日起，宁顺省和平顺省归第3军区节制。高文园上将紧急向藩朗市东北和西北派出战略技术侦察局的侦察分队，前往确定越军最新进展位置。根据阮文绍总统下达的“不准再后退一步”的命令，藩朗市必须守住！高文园上将任命范玉生准将为藩朗市警备司令。这一刻，范玉生感到的不是“幸福”，而是突如其来的巨大压力：他的自己的技术人员、飞行员突然间要镇守在越南共和国的最前线。

力图振作

西原战役胜利后，越军西原军区进行整合，成立了第3军。接着，文进勇大将命令第10步兵师迅速出兵横扫中部沿海平原。在第10步兵师不费一枪一弹拿下了金兰湾后，南方中央局又命令第6军区马上组织进攻，目的是粉碎藩朗市西翼11号公路沿线残存的南越国军保安军所有据点，并迅速解放宁顺省大片土地，敲开进攻藩朗市的大门。这是一个十分艰巨的任务，宁顺省的越军主要都是乡村游击队和营级地方部队。尽管如此，第6军区还是根据南方中央局的指示，展开了迅猛的进攻，解放了11号公路沿线几乎所有的村庄。此外，位于金兰湾和藩朗市之间的1号公路段重要的杜隆军事支区，也被南越国军保安军部队弃守。第6军区当然不会客气，马上出兵进占了杜隆军事支区，威逼藩朗市。

从地图上看，宁顺省是一个小省，位于西贡东北220英里处，人口仅30万，其中占婆族约1.7万，这是一个曾统治安南的古老民族，剩下的主要是京族和其他民族。宁顺省是一个多山的省份，省会藩朗市三面环山，位于一个西、北和东北三面环山包夹下的狭长山谷南部。这条山谷始于藩朗市东面9英里的杜隆小道，1号公路经杜隆小道和藩朗市相交，而著名的清山空军基地则位于藩朗市北面3英里的11号公路附近。藩朗市周围的重要前沿村落——博劳村和博泰村，位于藩朗市和杜隆军事支区半途，藩朗市还有两大港口——新清港和宁渚港。

当越军地方部队拿下藩朗市周围各村庄时，第6军区又在准备更为雄心勃勃的计划：他们在第812步兵团解放了大叻后，又命令812团分出兵力先抄藩朗市的后路——平顺省省会藩切市。从战略上来看，用第812步兵团先打藩切市，而不是藩朗市，确实是一个绝招：如果这么打，越军就可以切断藩朗守军沿1号公路的退路，迫使对方只能从海上或空中撤逃。如果是用第10步兵师，而不是第812步兵团来打得话，这个计划是很可能实现的。

这个计划纸面上很美，但实际不具有可行性。第812步兵团离得太远，没法迅速靠上来对藩切市发起攻击。越军第10步兵师经过差不多一个月的连续战斗，目前筋疲力尽。该师许多单位散布在宁和到金兰湾之间的1号公路段沿线，正和南越国军2个步兵团、别动军第21联团、第3伞兵旅团和保安军7个营，以及2个装甲骑兵小队战斗。在一连串的战斗中，越军第10步兵师连克德立、福安、庆阳、宁和、芽庄和金兰湾。1975年3月的大战中，越军很少有哪个部队能像第10步兵师那样持久而有效地战斗。认识到该师的功绩后，越南人民军总参谋长文进勇大将致电越军第10步兵师嘉奖他们的战绩：“第10步兵师对西原的胜利做出了重要贡献，协助我军在短期内彻底改变了战局。”然而，越军第10步兵师也需要时间控制整个新解放区和休整巩固。在这种情况下，文进勇大将于4月4日命令越军第10步兵师停止前进，并确保金兰湾。

虽然宁顺省地方部队夺取了许多村庄，并在4月第一个星期兵不血刃地拿下了杜隆军事支区，可越军第10步兵师暂停前进的步伐却给倍受重创的南越国军一个难得的喘息之机。正如范玉生准将指出的那样，南越国军第3伞兵旅团的到来和越军第10步兵师的延迟进攻，都给了藩朗守军宝贵的整顿时间。

4月4日，也就是宁顺省和平顺省并入第3军区的当天，越南共和国第4军区前任司令阮永仪中将来到藩朗市，从范玉生准将手里接过指挥权。许多材料指出，阮永仪中将是自愿接过藩朗这个“烫手山芋”的。为什么他选择在这个危难时刻重返前线，去执行一个根本就不可能完成的任务呢？答案多种多样，也许他想通过自己的杰出表现来洗刷1974年10月30日因为贪污而被解职的耻辱。来藩朗市之前，阮文绍亲口对阮永仪承诺说他会派2个师团去防卫藩朗市。阮文绍希望以第1军区撤下来的部队为核心，稳定藩朗市的形势。

按理说，阮永仪做过第4军区司令，他对阮文绍的说一套做一套是知根知底，而且当前形势他也不是不知道，为什么他还认为自己可以力挽狂澜而毛遂自荐呢？这实在是令人难以理解。不管怎么说，阮永仪实际带到藩朗的援兵只有寥寥几名参谋，而他的任务是在藩朗市清山空军基地组建第3军区前指，并与边和市的第3军区司令部建立联系。在范玉生准将向他报告了整体形势后，阮永仪中将也拟定了自己的计划。他的计划也很简单，一旦阮文绍承诺的援兵到来，他就迅速组织兵力夺回杜隆军事支区，并把主防线前推到杜隆小道。在这里（杜隆小道），1号公路收窄，两边都是绝崖峭壁。如此有利的地形足以让南越国军在金兰湾和藩朗之间建立主要防御阵地。阮永仪选择沿11号公路重新组织防线，阻挡越军的穿插渗透并守住清山空军基地西面和南面出口。不过，阮永仪的胃口太大了，他手上的兵力没法完成这个“宏图伟业”。目前，他手下主要就是黎文发的第3伞兵旅团和刚刚抵达的第3伞兵营。尽管阮文绍一再承诺给他增兵2个师团，可阮永仪手上的实际兵力连2个师团都没有。

既然阮文绍开的是空头支票，那阮永仪就得自己想办法收罗兵力。他的目光盯上了撤进蒙德小道周围的伞兵部队。4月2日，黎文发上校协助范玉生准将稳定了清山空军基地的形势后，请求范玉生准将协助收容自己失散的官兵。范玉生准将不仅应允，而且还派黎文培中校和黎文发上校的副官陈登魁中校，飞往蒙德小道周围查看情况。在后路被切断且失去补给的情况下，南越国军第3伞兵旅团所辖的第5伞兵营、第2伞兵营和第6伞兵营，奉黎文发上校的命令撤退转移到蒙德小道附近的山顶集结。在越军的打击下，4月1日虽有部分部队遭到截杀、蒙受了相当的损失（第6伞兵营营长战死），可还是有大约600名士兵逃出了重围，重新集结起来等待救援。在蒙德小道东面，南越国军第2伞兵营虽有部分官兵逃到藩朗市，但还有200人陷入重围。幸运的是，越军并没有理会这些残兵败将。

在蒙德小道上空盘旋的过程中，陈登魁中校不断尝试用电台和突围部队取得联系。先前侥幸逃脱的第2伞兵营营长陈公行少校也乘坐直升机返回去寻找幸存官兵。了解情况后，黎文培中校马上意识到手下的2个“休伊”直升机中队运力不够，根本无法把全部幸存官兵撤出来。另外，这种撤退需要周密的计划以防止因恐慌或越军进攻导致一场灾难。仔细盘算一下后，黎文培意识到自己目前最需要的是一个能够防范越军可能进攻的直升机着陆场，能够迅速把部队接走，并准备足够的汽油保障直升机撤军行动能顺利完成。回到清山空军基地，黎文培、陈登魁和范玉生一起拟定救援计划。

可是，范玉生准将手上的资源也不多，光靠清山空军基地没法满足黎文培和陈登魁的需求。范玉生准将急电西贡，请求支援。联合参谋本部对藩朗防御异常重视，马上命令边和空军基地的6架CH-47“支努干”运输直升机飞往清山空军基地，这种运输直升机的载人量是“休伊”直升机的5到6倍。除了“支努干”运输直升机，范玉生准将还要C-130运输机给清山空军基地运来更多的汽油，自金兰湾丢失后清山空军基地就陷入了油荒。为了撤出幸存伞兵，范玉生他们抢在越军做出反应前拟定了救援计划，决定用40架“休伊”运输直升机、12架武装直升机和6架“支努干”运输直升机前往救援，2个A-37攻击机小队为他们提供空中支援。

4月3日拂晓，运输直升机群呼啸着从清山空军基地升空，前往蒙德小道周围，准备撤走幸存的伞兵。抵达着陆场上空，黎文培中校也派出武装直升机仔细搜索附近山头，防范越军打埋伏。在确认对方没有伏兵后，他打出一切平安的信号。接着，6架“支努干”运输直升机群也依次降落下来，放下舷梯，伞兵们依然维持着严整的纪律，迅速登机。“支努干”运输直升机群离开后，“休伊”运输直升机群开始下降。每架直升机载满伞兵就重新起飞，返回清山空军基地。担任空中支援任务的A-37攻击机继续在上空盘旋掩护。不到1个小时，直升机群就把800名伞兵给撤走了。当最后一架直升机满载离地时，黎文培中校也钻了进去，坐直升机返回了清山空军基地。当他的直升机着地时，油表指示灯开始闪亮：汽油快用完了。范玉生准将和黎文发上校策划的这次救援行动堪称漂亮至极。没有受到越军一发子弹的射击，而且出色地把800名残存伞兵撤回到清山空军基地，他们可是藩朗守军急需的！

不过，伞兵可不是藩朗守军唯一得到的增援。4月1日下午，“岘港”号

（HQ-501）坦克登陆舰满载着南越国军第2师团残部，抵达平顺省的汉新港（位于藩切市南面）。在从朱莱半岛撤到里岛后，第2师团残部与第1军团司令部失去了联系并被困在了岛上。幸运的是，“岘港”号从第1军区撤离时，一台主机出现故障。当“岘港”号在里岛附近海域修理故障时，岛上一名警惕的士兵发现了它。第2师团师团长陈文毅准将亲自乘坐师团里最后1架可用的直升机前往“岘港”号。经过一番短暂的协商，“岘港”号坦克登陆舰舰长同意把第2师团残部运到金兰湾。途中，陈文毅准将接到命令，不去金兰湾，而是直奔汉新港。

在汉新港下船后，陈文毅准将指挥的第2师团从溃兵手里抢掠了一些装甲战斗车辆、几门火炮和大量单兵武器。当时，第2师团是第1军团唯一保留建制撤下来的部队。不过，第2师团所辖的各个步兵团缺编很厉害。为了补足编制，阮文全中将还把第3军区所辖的保安军2个营拨给第2师团，并把几门刚刚从美国运来的105毫米榴弹炮交给陈文毅。

这便是阮文全所能做的全部了。第2师团是南越国军第1军团的3个师团中唯一能比较成建制撤下来的，但目前拥有的兵力离原来的编制还差得很远。尽管得到保安军2个营和收容溃兵的补充，第2师团每个步兵团也只有2个营。经历了恐怖的朱莱撤退和抛弃家人后，部队士气全无。在根本没有时间训练和重铸部队核心的情况下，陈文毅准将认为第2师团只是一个空壳子。他建议把第2师团留在汉新港作为守备部队，以休整和恢复部队战斗力。可藩朗急需兵员，故阮文全拒绝了他的请求。4月7日，阮文全中将一纸命令，第2师团北进藩朗和藩切市，参加中部沿海地区最后的防御战。

扭转局面的尝试

随着藩朗周围形势渐趋稳定，阮永仪中将和范玉生准将开始反击。虽然范玉生准将强烈反对把第2、第6飞行师团留在如此靠近前线的清山机场，这种行为很容易导致两个飞行师团受到越军的炮击，但联合参谋本部还是我行我素，坚决把范玉生的部队留在了前线。与此同时，黎文韬上校的A-37攻击机群不断出击，反复攻击越军部队。这些A-37攻击机群主要打击金兰湾地区，并对推进中的越军部队进行炸射。尽管他们取得了部分胜利，可在攻击沿着

450号公路挺进的越军第10步兵师时，因缺乏地面引导员并顾虑到逃难民众，A-37攻击机群起的作用不明显，A-37攻击机群本身还时有损失：1架A-37在低空轰炸桥梁时被SA-7防空导弹击落。

空军作战效果有限的根本原因，并非仅仅是越军的地面防空火力和缺乏地面引导员，更多的是越军持续不断地对清山空军基地进行游动炮击袭扰。地勤人员冒着持续不断的火箭炮袭击，给飞机进行加油挂弹作业。对第6飞行师团来说，缺乏食物和物资不足也是困扰他们的大难题。随着春禄东面的1号公路被越军切断，物资和补给品只能空运抵达，这导致清山机场的运转和空军作战的难度急剧增加：A-37攻击机飞行员们往往一天要飞4次，却只吃得上一顿饭。因为前线形势紧急，需要不间断的空中支援，许多飞行员根本就没法睡上一觉。被遗弃的恐惧是如此之大，以至于一些直升机飞行员们干脆就靠在飞机旁草草睡上一觉然后继续出任务。为了保障部队的战斗力，黎文韬的解决办法是每天把联队的半数飞机撤回西贡，在新山一机场进行加油装弹，同时让返回去的飞行员抓紧时间睡个觉、吃上一顿好饭。第二天清早，他们再返回藩朗的清山空军基地，换下一批飞行员撤回西贡休息。尽管第6飞行师团拼命出击1号公路，但仅靠1个联队是无论如何也无法挡住越军的前进脚步的。

4月7日，阮永仪又得到了新一批援军：南越国军第2伞兵旅团（旅团长：阮守亮上校）空运抵达清山机场。第2伞兵旅团把筋疲力尽的第3伞兵旅团给换下来，让3旅团撤回西贡休整。

对这次任务，第2伞兵旅团上下颇有微词。1975年3月21日下午，第2伞兵旅团刚刚从第1军区撤离，返回边和省的隆平仓库区休整。说是休整，其实是保持最高战备状态，连家人都不许见，对远离家人并在广治战场最前线厮杀了3年的伞兵来说，军方这个安排实在是“太没有人性”了。旅团长阮守亮上校在回忆录中提到这段往事时，无不心酸地写道：“从1972年到1975年，我们整整花了3年时间在第1军区（地盘）持续不断地战斗。即便是1973年（巴黎）停火协议签署后，我们仍然没能返回我们的后方基地休整、重组、重新补充武器装备和训练。相反，我们被派到最前线的阵地，沿着长山山脉余脉守山头……阳光明媚且干燥的日子里（生活）还不坏，可当北风伴随着阴冷的降雨到来时，我们就特别凄惨。驻扎在高山和山脉顶部，我们生活在用自己的披风做成的帐篷里……

阴冷而潮湿，煮什么东西都很困难，我们总是和敌人面对面（厮杀）……任何一个轻率的举动都可以导致某人的生命被敌人的地雷、陷阱，和迫击炮火给夺走，因为敌人从来没有遵守过停火协议。”

纵有抱怨和牢骚，但伞兵们没有忘记军人以服从命令为天职的誓言。在阮守亮上校的带领下，第2伞兵旅团司令部、第7伞兵营、第11伞兵营、第3伞兵营和1个伞降炮兵营，先后乘C-130“大力神”运输机群从边和空军基地出发，依次抵达清山空军基地。1975年4月8日凌晨02点00分，第2伞兵旅团全部到位。集结完部队，阮守亮就来到第3军区前指，向阮永仪中将报到。阮永仪中将马上给他布置新任务：实施有限反击，夺回宁顺省失地，同时要守住藩朗市和清山空军基地。阮守亮也不是一个盲从的军官，他听完阮永仪的布置后，要求把第3伞兵旅团的第5伞兵营暂时扣下来做预备队，等这5天完成任务以后才放回西贡。阮永仪照准所请。

回到旅团指挥部，阮守亮上校马上拟定作战计划。他打算让预备队第5伞兵营负责清山空军基地的警戒任务；第3伞兵营要打通1号公路，并夺回博劳和博泰两村。一旦上述任务完成，第11伞兵营就要搭乘直升机实施超越（第3伞兵营）攻击，夺回杜隆县，再拿回杜隆小道。

4月8日清早，阮守亮上校准时实施作战计划。在第2伞兵旅团的打击下，越军地方部队和乡村游击队全线撤退。南越国军的进展很快，第3伞兵营夺回了博劳村，接着第11伞兵营又对杜隆村及周围高地实施机降突击，迅速拿回了杜隆村。令人惊讶的是，他们甚至还捉到一支越军卡车队，被俘的越军驾驶兵告诉伞兵们，自己的指挥员告诉他们藩朗市已被夺取。在这种错误的情报下，他们被“红色贝雷帽”打了个措手不及。

危险将至

第2伞兵旅团成功实施突击后，藩朗的形势已经完全稳定下来。南越国军联勤中心司令部为了支援藩朗守军，也在他们后方的藩切市重建了一个弹药和汽油补给点。4月2日曾随同难民一起沿1号公路逃跑到藩切市的宁顺省省长，也在4月7日带着政府机关工作人员回到藩朗市。当然，他“回家”并非自愿：阮永仪中将电令平顺省省长，命令他把逃跑过去的宁顺省公务人员强行遣返，绝对禁止任何惊慌失措。在没有受到越军主力部队进攻、第2伞兵旅团到位和阮文绍给他的增兵承诺仍在耳边回荡的情况下，阮永仪有些头脑发热，开始想着进一步反击，夺回金兰湾，甚至是芽庄。不过，南越国军无线电监听部门，包括1架EC-47电子战飞机，都发现越军在宁顺省通信量大增。这种迹象一般都表明越军主力部队正在靠近，但阮永仪还是认为自己能够迎着对方南下的大军强行反击，夺回金兰湾和芽庄。当他得知越军第10步兵师离开金兰湾的时候，他甚至感到很兴奋。穿过越军战线陆续撤下来的南越国军散兵游勇，也提供了越军在金兰湾的兵力布置情报，这让阮永仪相信金兰湾目前疏于防备。

不幸的是，阮永仪并没有发现越军第2军正沿着1号公路南下，如同一群恶狼扑向藩朗市。更为糟糕的是，经过2天激烈战斗，越军第812步兵团和地方部队1个特工营于4月9日拿下了距藩切市仅10英里的天教县。越军第6军区抄敌后路的战略正一步步实现，藩朗市日益孤立。

另一方面，虽然越军主力部队在中部沿海的攻势有所放缓，但第968步兵师还是在4月6日拿下宁和，并很快接替第10步兵师担任金兰湾和芽庄的守备。越军第3“金星”步兵师也随同第968步兵师南下。在派出一个先遣分队疏导道路交通和安排汽油、食品供应后，第3“金星”步兵师于4月8日自平定省出发，于4月11日晚抵达藩朗市。

4月12日，黎仲迅中将和第2军军指抵达规定的集结位置（金兰湾附近的一个小村庄）。一天前，越南人民军总参谋部急电黎仲迅，告诉他南越国军正在加强藩朗市防务。此时，越军间谍也一直把南越国军的计划透露给自己的部队。

抵达指定集结位置，黎仲迅把许多将领召集起来开会。会上，有些人提议绕过藩朗市，进军速度就能快点。这个意见被黎仲迅否决。他认为，目前越军补给状况非常好，部队在芽庄缴获了2000吨大米和4000多吨汽油。在没有后勤压力的情况下，越军应该沿着1号公路直接南下。综合各种因素，黎仲迅断然决定，部队不必绕过藩朗，而应直接发起攻击，一战将其拿下！会上，他命令第3“金星”步兵师要沿着1号公路挺进，夺取杜隆小道和藩朗市；西原军区的第25步兵团要打下清山空军基地。

根据黎仲迅的命令，越军第3“金星”步兵师决定派两路先头部队沿1号公路南下。1个营打杜隆，另1个营绕过去攻击博劳（在杜隆和藩朗市半途的小村）。第3“金星”步兵师师指很清楚，第二路进攻部队会遇到不小的困难，可他们还是相信如果拿下了博劳，杜隆的守敌防御就会崩溃。与此同时，另一个团直插海岸，防止藩朗守敌从海路撤退。此外，越军第25步兵团要在轻火炮和1个防空连加强下，对清山机场展开攻击；第3“金星”步兵师的最后一个团做预备队。进攻将在4月14日拂晓开始，越军第3“金星”步兵师的任务清晰明了：“歼灭藩朗全部守敌，解放整个宁顺省，收缴全部技术装备，特别是空军装备，然后做好继续南下的准备。”

对越军的重兵集结，南越国军毫不知情。4月12日，第3军区司令阮文全中将还通知阮永仪说，第2伞兵旅团要在4月13日撤回西贡。第3伞兵旅团的第5伞兵营已经在1天前离开藩朗市。曾在真城英勇战斗（详见下一章）的别动军第31联团，以及南越国军第2师团顶上来换下精锐的第2伞兵旅团。虽然阮永仪提出抗议，但阮文全坚持要这么做。在把第1伞兵旅团派到隆庆省春禄增援（详见下一章）后，阮文全中将需要保留西贡周围的战役预备队。拿阮文全的话来说就是：“西贡比藩朗更重要。”

4月13日06点00分，别动军第31联团的3个营和配属支援部队在边和机场集结完毕，准备空运藩朗市。16点00分，别动军第31联团转移完毕。第2师团，包括第4和第5步兵团（第6步兵团和1个炮兵连，已经在4月12日转移到藩切市，支援当地防务），也开赴藩朗市。4月13日，南越国军第4步兵团首先乘车抵达，第二天第5步兵团（该团是陈文毅准将手下战斗力最弱的单位，仅由隆安省保安军1个营和收容溃兵的另1个营构成）也赶到了。4月15日，第2师团指挥部也抵达了藩朗市。

遗憾的是，阮文全的这个兵力调动犯了一个大错误。新调来的部队需要时间才能熟悉地形和敌情，炮兵和后勤部队也需要时间才能充分展开，逐步发挥自己的效能。因此，在越军进攻即将到来的情况下，把藩朗市的支柱——第2伞兵旅团给撤走，仓促换上第2师团和别动军第31联团是一个致命的败招。另一方面，清山空军基地已经处于作战前沿，一旦遭到越军炮火封锁，将给第6飞行师团和第2飞行师团持续作战带来很大的困难。炮兵的情况也不容乐观，观瞄装置、弹药和零备件样样都缺，电台也少，其他各种物资的储备也少得可怜。

在和阮永仪、范玉生开会后，别动军第31联团联团长阮文别上校，让别动军第31营换下第11伞兵营（驻杜隆小道）。换防计划是第11伞兵营营长和1个连撤回清山空军基地，剩下3个伞兵连在藩朗市北面沿1号公路各个山头占领防御阵地。4月14日，第11伞兵营全部撤回清山空军基地，再乘坐飞机返回边和机场。

在第11伞兵营撤走的同时，别动军另一个营也要换下博劳的第3伞兵营。把别动军2个营顶上一线防御后，阮文别上校留下最后一个营当预备队。与此同时，南越国军第2师团第4步兵团负责警戒11号公路，第5步兵团留在清山空军基地附近。

按照阮守亮的计划，第2伞兵旅团司令部和第7伞兵营先走，第11伞兵营和第3伞兵营接着撤退。前半个计划是实现了，可后半个计划因为越军的进攻和阮永仪的盛情“挽留”而泡汤。

4月13日18点00分，阮文秀少校带着别动军第31营抵达杜隆小道。在仔细检查了伞兵们留下来的防务后，阮文秀于22点00分带部队完成了防务交接工作。整个接防过程中，南越方面的战线一片平静。参加过多次战斗、经验丰富的阮文秀少校嗅出了一丝不祥的感觉。（这就是暴风雨前的平静啊！）环顾周围，除了手下200号人马（连全营编制兵力一半都不到），就是寥寥无几的保安军士兵。炮火支援指望不上，空中支援也不知道是否可靠。在这种情况下，杜隆小道一旦遭到越军猛攻，别动军第31营是否顶得住，阮文秀心里直打鼓。

事实证明，他的担心是对的。就在别动军第31营接防完毕不到12个小时，越军第3“金星”步兵师就打响了对藩朗市的进攻。

首战藩朗

4月14日05点30分，越军炮兵突然对杜隆、博劳和1号公路沿线的各个小村庄进行猛烈炮击。一个小时里，南越国军在杜隆小道和博劳的阵地就遭到了如雨点般落下的炮弹的“洗礼”。清晨06点30分，几辆坦克和越军步兵对阮文秀少校的别动军第31营实施连续冲击。30分钟后，2架A-37攻击机临空，打算对越军战斗队形投弹，却算错了前置量，炸弹落入别动军第31营一处阵地，炸伤了12名别动队员。尽管受到空军误击和越军猛冲，别动军第31营还是守住了阵地。

眼看没法突破1号公路，越军走山路绕过别动军第31营阵地，直接进攻杜隆村。经过短促战斗，保安军崩溃了，杜隆村轻易落入越军之手，别动军第31营被包围了。阮文秀少校赶紧向阮文别上校报告，请求突围。阮文别答复："守住阵地，援军已经上路了。"可阮文秀左右愣是等不到援军：其实，别动军第52营已经上路，但他们被越军第3"金星"步兵师第二路纵队压住了，没法"伸手拉兄弟一把"。16点00分，得知别动军第52营没法冲破越军封锁，阮文别上校只得命令阮文秀少校放弃阵地，返回清山空军基地。

坚守不易，撤退更难。在后路被断的情况下，阮文秀决定化整为零，分散突围。经过一番折腾，200名31营将士最终返回清山空军基地的仅得80人而已。杜隆小道就这么陷落了。

在杜隆小道遭到攻击的同时，越军第25步兵团也往清山空军基地运动，做好进攻准备。出航的南越国军直升机巡逻机群很快就发现大批头戴树叶和枝条编的伪装环的越军正朝清山空军基地扑来。南越国军的武装直升机群试图以绵密火力突击驱散对方，但没有成功。越军第25步兵团攻势很猛，一上来就突破了机场外围防御，直扑机库。危急时刻，阮永仪中将命令正在机场跑道周围准备登机返回西贡的第11伞兵营部分兵力，对越军第25步兵团进行坚决反突击，可阮守亮却拒绝执行命令，理由是他已经把清山空军基地的防务交给了第2师团。但阮永仪不为所动，一再坚持自己的命令，阮守亮最终极不情愿地执行了。

阮守亮提出要把停在机场的4辆装甲运兵车归自己指挥，支援伞兵反击。阮永仪批准了这个请求。在装甲运兵车和武装直升机极为有效的火力打击下，越军第25步兵团的进攻被挡住了，第11伞兵营顺势反击，伞兵们冲到机场外，战斗又变得激烈起来。第11伞兵营营长后来写道："当部队冲出（机场）环形防线外，敌人开始猛烈射击。1辆M113装甲运兵车被一发B40火箭弹命中，爆炸起火。2个伞兵连发动全面进攻，武装直升机也从机场起来，扑过来扫射试图包围2个伞兵连的敌人。A-37攻击机各小队猛炸机场附近各个山脚的敌人迫击炮阵地。共军对空发射不同颜色的信号弹试图扰乱轰炸机（支援）。伞兵部队使用手榴弹和刺刀展开顽强近战。第11伞兵营英雄般的冲击给敌人造成惨重损失……促使他们丢下了100多具尸体……我方死伤6名士兵，1辆M113装甲运兵车被摧毁。”

粉碎了越军第25步兵团冲击后，阮守亮试图说服阮永仪形势已经稳定。接着，他陪同阮永仪和范玉生一起视察博劳。当他们返回时，联合参谋本部给藩朗市发了一份急电，说新任国防部长陈文敦将在阮文全中将陪同下，于4月15日抵达藩朗视察。阮永仪请阮守亮再待一夜，这样就可以陪陈文敦和阮文全视察一趟，阮守亮同意了。他没有想到的是，这次停留间接导致了他被俘的厄运。

一天战斗打下来，越军第3“金星”步兵师虽然拿下了杜隆县、杜隆小道和博劳附近高地，可他们却没能沿1号公路更进一步，对清山空军基地的进攻也以失败告终。第3“金星”步兵师是绝对不会甘心的，他们给第25步兵团增派了1个步兵营，并把炮兵拉上去靠到第一线，准备在第二天继续展开攻击，一定要打下博劳。

4月15日清晨，越军炮兵又开始对藩朗守军进行新一轮炮击。这一次，越军集中轰击的目标是南越国军第3伞兵营把守的博劳和会奠。第3伞兵营营长罗贵庄少校把手下3个伞兵连布置在1号公路西面的诸高地，营部和另1个伞兵连布置在路东的会奠村。负责支援第3伞兵营的是第11伞兵营2个连和别动军第52营一部兵力。在持续一个小时的大规模猛烈炮击后，越军展开了攻击。

在公路西面防御的3个伞兵连很快就处于惊涛骇浪之中，受到越军优势兵力连续几个小时冲击。虽然他们进行了顽强的抵抗，可最终还是渐渐败下阵来。战至中午，3个连的告急电如同雪花般飘进营部，他们危在旦夕！罗贵庄少校只得急电阮守亮，要求马上撤退！阮守亮立即批准了他的请求。于是，罗贵庄命令路西阵地的3个连化整为零，朝清山空军基地分散突围；路东诸高地的残部则直接撤退；他还呼叫空军炸毁建建村附近的高速公路桥。这么一炸还真有用，越军第3步兵师暂停了进攻，调上工兵重新修一条路绕过去。藩朗守军赢得了一天喘息时间。不过，他们即将面对的对手可不再是“金星”师，而是刚刚打赢了顺化—岘港战役的、如饿虎扑食般扑上前来的第2军！

阮友安来了！

顺化—岘港战役胜利后，越军第2军奉命从岘港直下金兰湾，参加中部沿海的追击战斗。当时，第2军共有32418名指战员、各种车辆（含自行车）2276部、坦克和装甲车89辆（其中坦克54辆）、机械化火炮223门（其中87门牵引式榴弹炮和加农炮、136门牵引式高射炮）。阮友安少将根据合成兵种的战斗原则，把全军分成五路行军（第324步兵师奉命留在后方警戒）：

第一路以第325步兵师为主，得到第284防空团、第203坦克装甲旅4营、2个工兵营增强，总兵力是8774人。指挥员由第325步兵师师长潘明心担任，任务是为第2军各路部队南下打通1号公路。

第二路由第2军基本指挥所、各直属单位、第673防空师师指和第243防空团组成，总兵力是2164人，由第2军参谋长直接指挥。

第三路由第203坦克装甲车旅（欠4营）、第164炮兵旅、第219工兵旅1个营组成，总兵力是1872人，由第203坦克装甲车旅旅长亲自指挥。

第四路由第304步兵师（欠1个团）和第245防空团组成，由第304步兵师师长黎公世指挥。

第五路由第5军区主力部队第3“金星”步兵师组成，拟从藩朗加入第2军战斗队形。

为了在行军路上及时处理可能遇到的各类问题，越军第2军军指也成立前方指挥所，由副军长黄丹少将和军副政委负责，任务是直接指挥各路部队的先遣支队，研究敌情、道路情形，拟定各种条件下的战斗行军方案，及时解决行军路上发生的各种问题。

一路上，第2军各路部队还真碰上不少问题：第三路部队在抵达富安省绥胡的路上，一辆130毫米加农炮牵引车不幸被撞翻，20名战士负伤。第203坦克装甲车旅旅部和2营（35辆59式坦克和T-54坦克）于4月15日和第2军后勤部队一起出发。他们补充了许多燃料后，一路前进到武嘉江。为了保障部队渡河，越军第5军区调上一个LPP舟桥连负责架桥，保障了第203坦克装甲车旅2营顺利渡河。过了武嘉江，第203坦克装甲车旅2营又沿着教水—威川—胜平之间的1号公路行进。当坦克群过教水桥时，桥面突然垮塌，一辆坦克落入水中。第5军区只得再次把LPP舟桥连给调过来继续架桥，之后第203坦克装甲车旅2营才继续前进。

在第三路部队和第四路部队克服重重困难逐步前进到金兰湾的同时，第一路部队（加强第325步兵师）、第二路部队，以及第203坦克装甲车旅5营于4月13日相继抵达了金兰湾。跟在他们身后的是阮友安少将。黎仲迅中将给阮友安少将的命令是，要以坦克兵和步兵相互协同，组织实施联合兵种进攻战斗，夺取藩朗市。按照黎仲迅的指示，阮友安少将决心沿1号公路南下，直接顺公路展开诸兵种协同战斗，打下藩朗市。

在具体进攻计划的拟定上，阮友安以第203坦克装甲车旅4营的20辆坦克装甲车和第101步兵团1个营相互协同，组成先遣支队。具体部署上，一些步兵搭乘坦克装甲车，一些步兵乘坐卡车。第101步兵团团指还组织了一个小型战术指挥部，由几门37毫米高射炮负责掩护，紧跟着联合兵种攻击矛头，他们的身后是一队搭载第101步兵团剩下2个步兵营的卡车队，并伴随着一些牵引的85毫米加农炮，以便遇敌随时架开火炮给步兵提供火力支援。第284防空团所辖的第120防空营负责在纵队尾占领位置，防范A-37攻击机的突击。整个进攻纵队将用速度和坦克、步兵、防空兵展开的火力，采取所谓“行进间攻击”战法，突破藩朗守敌的防御。这种打法是苏军突破坚固敌阵迅速直插敌人背后的快速兵团标准打法。这种打法曾在第二次世界大战的东线，特别是在1944年十次打击和1945年的柏林战役突破阶段发挥了重要作用。现在，从苏联留学归来的阮友安决心把这种成功战法复制到越南战场。阮友安已经做好了充分的战斗准备，即便是第1路纵队进攻失败，还有第2路纵队（由第18步兵团和第203坦克装甲车旅所辖的5营组成）可以马上扑过去，藩朗守军不管再能打，也不可能抵挡得住这两波冲击。在炮兵火力运用上，越军第325步兵师要把炮群布置在第3步兵师炮兵附近，这样，两个师的炮兵群可以协调火力，发挥综合炮兵的威力。为了克服地形不熟的劣势，第6军区副司令员奉命坐在第1路纵队的一辆坦克上，给进攻部队带路。

要成功实施联合兵种协同进攻，光靠步兵、炮兵和坦克兵协同是不够的。南越国军空军第2、第6师团是越军的大敌，这点阮友安也考虑得很充分。为了遏制南越国军空军的威力，防范A-37给乘坐卡车的步兵（摩托化步兵）制造灾难，第2军把2个防空团加强给第一路和第二路部队，联合兵种进攻部队的防空任务完全由第673防空师负责。第3“金星”步兵师也有自己的任务，那就是牢牢守住目前的阵地，让联合兵种进攻部队实施超越攻击，直插藩朗市。在联合兵种进攻部队达成突破后，第3“金星”步兵师再以2个步兵团和第25步兵团跟进打击：1个团沿1号公路直下，夺取清山空军基地附近的村庄和高地；另一个团对1号公路东面展开攻击，夺取藩朗市北面1英里的宁渚港；第3个团留做预备队。加强第25步兵团还要对清山空军基地发动新一轮进攻。新近组建的地方部队1个营要切断清山空军基地和藩朗市之间的11号公路段，游击队要在第2军进攻前袭扰疲惫对方的伞兵和别动军。4月15日22点00分，越军第2军各路部队从金兰湾附近集结地出发。阮友安制定的进攻时间表是4月16日清晨06点00分开始打，日落前彻底解放藩朗市。

这次进攻是截至目前，整个越南战争中越南人民军进行的规模最大的步坦协同联合作战。这次的兵种协同战斗的威力可比1972年的广治进攻战斗和安禄步坦协同战斗都大多了。在1972年的安禄之战中，越军坦克兵没有得到足够的步兵和防空兵的支援。即便是美国远征军在越南南方战斗时期，也未曾遇到过越军进行如此强有力的诸兵种协同进攻。总的来说，越南人民军为了打藩朗，集中了40辆坦克装甲车和2个步兵团，他们要在1个防空师（第673防空师）和2个炮兵团支援下，沿着1号公路，从距目标10英里外开始实施强行突破：一旦攻破守敌防线并突入藩朗市，先头部队就呈扇形展开，兵分几路拿下藩朗市，然后支援第25步兵团打清山空军基地，最后再抄到藩朗市南面的1号公路段，建立封锁线，拦截从陆路撤退的逃敌。

对阮友安少将来说，诸兵种协同进攻战斗威力是很强大的。他并不担心对方的地面抵抗，唯一让他操心的是范玉生准将手下的航空兵。不过，他也相信自己的炮兵群会压住清山空军基地，遏制南越国军空军，保障自己的联合兵种进攻部队在对方航空兵反应过来以前，冲进藩朗市。为了强调这次进攻务必发挥坦克兵的效能和威力，越军第2军装甲兵种主任特地对第203坦克装甲车旅4营营长强调：“你们必须高速冲击，用火力撕开敌人的外围防线，迅速一路突破进藩朗市。不管发生什么情况，你们都不能停下进攻脚步。”

对即将到来的危险，南越国军（和美军）几乎是完全没察觉。4月14日，阮永仪中将还收到国防部长陈文敦给他的绝密电报，告诉他准备要到清山空军基地视察。不过，他可不是唯一的视察者。4月13日，詹姆斯·刘易斯（前美军特种部队将领，现转到中央情报局任职）也抵达了清山空军基地。刘易斯能说一口流利的越南话，并对越南南方十分熟悉。他曾驻芽庄站一直坚持到撤退为止。当前，他的任务就是给中情局提供关于藩朗的形势评估报告。

4月15日清早，在阮伯勤新政府会议后，国防部长陈文敦召集包括总参谋长高文园上将和第3军区司令阮文全中将在内的高级将领，拟定守土战略。会后，陈文敦和阮文全飞抵清山空军基地。按照之前的约定，第2伞兵旅团旅团长阮守亮上校陪同陈文敦和阮文全视察前线，接着一行人回到清山空军基地，聆听阮永仪的报告。

介绍完整体情况，阮永仪中将请求归还第2伞兵旅团，并特别要求保留目前仍驻藩朗的1个伞兵营。接着，别动军第31联团联团长阮文别上校和第2师团师团长陈文毅准将，分别报告了各自部队面临的问题：缺乏补给、汽油和装备，士气低落。为了给他们打气，陈文敦承诺说他回到西贡时，会命令联合参谋本部调第2伞兵旅团返回藩朗。他还答应尽量收罗物资，给藩朗守军解决缺乏电台、炮兵观瞄设备、弹药及汽油等问题。关于民间和部队里甚嚣尘上的政治谣言，陈文敦告诉他们说政府打算建立一个新的越南共和国，以芽庄为国界。为了巩固这片新的国土，陈文敦命令阮守亮上校组织反击，夺回芽庄市。如此不切实际的命令，让阮守亮目瞪口呆！半天才回过神的阮守亮告诉陈文敦，至少需要集结整个伞兵师团才有夺回芽庄的可能，目前仅靠剩下的2个伞兵营要去完成这项任务，无异于天方夜谭。眼看谈话无果，藩朗守军根本不能体会自己的“宏图大略”，陈文敦只得悻悻返回西贡。

4月15日夜幕降临，宁顺省的南越国军在大祸临头前，海空方面部署如下：空军第6飞行师团和第2飞行师团继续从清山空军基地起飞支援地面部队；海军的“陈一峦”号（HQ-03）、“陈平仲”号（HQ-05）炮艇，和其他几艘船沿海岸展开，在黄古明的指挥下，为地面守军提供舰炮火力支援。

在地面，南越国军部队主要集中在清山空军基地周围：陈文毅准将指挥的第2师团第4步兵团负责在11号公路西面组织防御，第5步兵团守住清山空军基地南面。第2伞兵旅团主力都在清山空军基地周围，只有3个连守卫1号公路：第3伞兵营1个连仍在建建村，第11伞兵营2个连南撤到歌如山（这是一个可以控制通往藩朗市西面通道的地点）。别动军第31联团还把1个营放在清山空军基地北面，留在博劳的别动军第52营也撤回去守卫清山空军基地，藩朗市只有1个保安营把守。

总的来说，在越军第2军和藩朗市之间的1号公路段之间只有南越国军少数兵力把守。为什么阮永仪会如此轻视1号公路段的防务？这个问题至今仍是一个谜。也许他接到黎文韬上校报告的A-37攻击机炸毁了金兰湾到杜隆小道之间的高速公路桥的消息，就认为越军没法在一个星期内对藩朗市发动任何正面进攻吧。这样，在关键的4月16日清晨到来时，南越国军布置在1号公路的只有1个伞兵排，3个伞兵连的主力都布置在周围沿线山头。按照多年来的步兵战术准则，只要守住公路两侧的高地，并用炮兵火力和航空火力封锁公路，就可以堵住对方步兵的进攻，但他们没想到的是，这次不是轻步兵冲击，而是以坦克为主的诸兵种协同突击，这对南越国军来说是致命的一击。

藩朗大捷

尽管阮友安少将命令部队要“绝对保守秘密”，可在4月16日02点00分，南越国军的EC-47电子战飞机还是截获了越军某指挥部（南越国军判断是第325步兵师师指）发出的“红河”进攻指示。该指挥部试图协调几个坦克装甲车和步兵单位进攻。在清山空军基地着陆后，EC-47电子战飞机的机组成员马上通知黎文韬上校，越军打算要在05点00分进行坦克突击。黎文韬上校立即把这个新的情报转告范玉生和阮永仪，并请求允许出动空军轰炸挺进中的越军部队。范玉生照准所请，于是黎文韬的A-37攻击机群在夜空中呼啸升空，飞进杜隆小道，猛烈攻击沿1号公路挺进的越军部队。

根据返航飞行员的报告，4月16日03点00分，黎文韬上校告诉阮永仪中将，大群越军车辆正穿过杜隆小道。这个消息让阮永仪中将大吃一惊，他很想弄清楚1号公路沿线各座桥梁是否炸毁了，不然没法解释为什么越军的车队能冲到藩朗市附近。范玉生也感到很疑惑，他和黎文韬开始询问一些飞行员执行任务的情况，得到了这样的答案：飞行员们精神紧张，担心日益增长的SA-7肩扛式防空导弹威胁，他们只能在尽量靠近大桥的情况下投弹，然后就返航报告说自己摧毁了目标。而地面部队在撤退过程中也没有炸桥，理由是方便难民

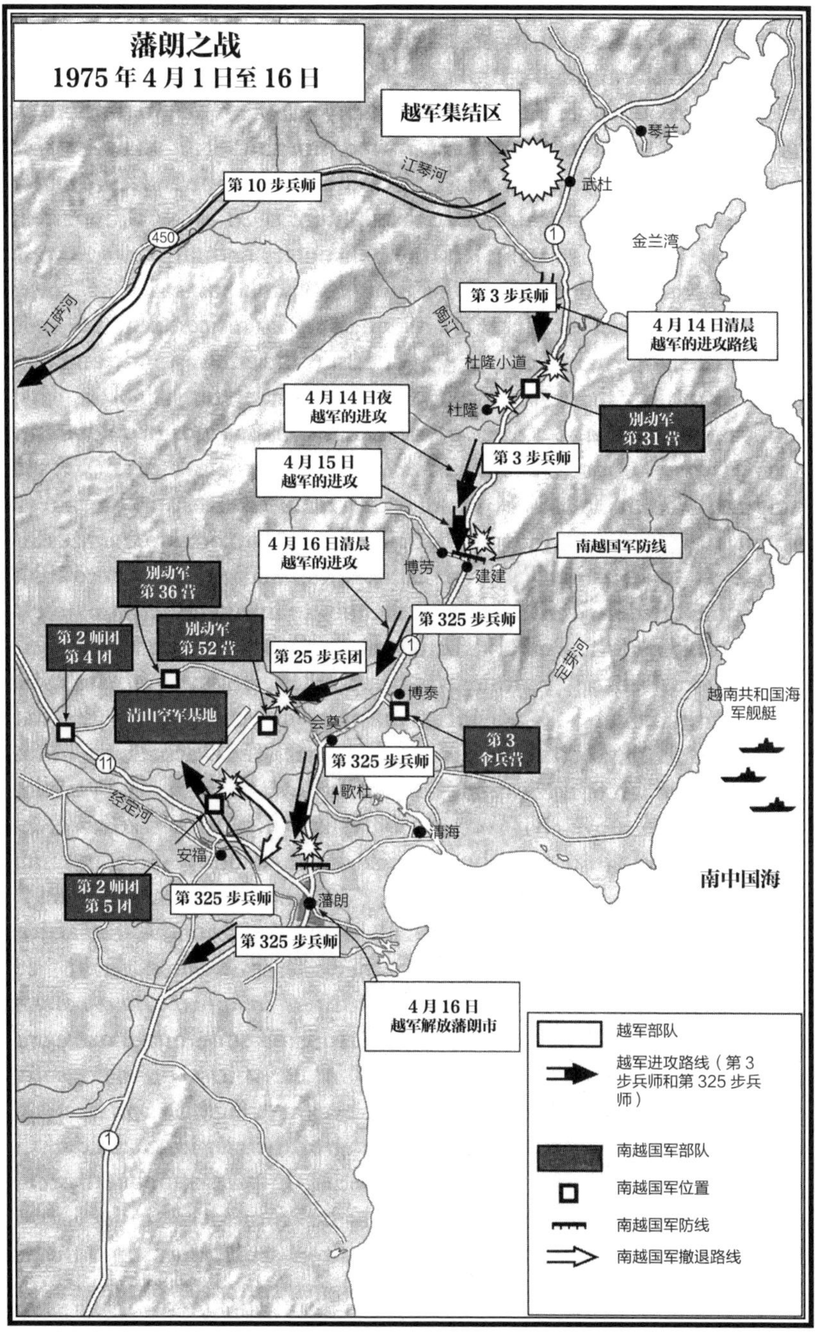

▲ *1975年4月1日至16日，藩朗之战示意图*

逃生。实际上，只有建建村附近的几座桥梁被炸毁，大部分沿着1号公路通往藩朗市的大桥还完好无损。更为糟糕的是，由于没有接到上级任何指示，南越国军工兵根本就没有在各座重要的桥梁埋好炸药，做好一旦出现紧急情况就能迅速炸桥的准备，这是他们致命的失误。

当阮永仪、范玉生和黎文韬正听取飞行员报告的时候，宁顺省越军游击队按照阮友安少将的计划，也对藩朗市周围的南越国军阵地发动先期进攻。负责警戒清山空军基地周围和歌如山的第2伞兵旅团各部队遭到了越军的游动炮击和步兵冲击，清山空军基地北面的别动军部队阵地也没能幸免。综合各种情况，阮永仪终于意识到越军要打藩朗了，他通宵守在电台旁，试图和西贡的联合参谋本部联系，报告越军即将展开攻击并请求马上提供物资接济，保障部队作战。遗憾的是，在这个关键的时刻，藩朗就是没法和西贡联系上。

05点00分，越军第325步兵师和第3“金星”步兵师突然开始对藩朗市进行猛烈炮击。在1号公路的会奠驻防的南越国军1个伞兵排也在猛烈的炮击下颤抖不已。

05点30分，越军第101步兵团1营和20辆坦克装甲车首先发起攻击，2营、3营跟进。冲在队伍最前面的是越军第101步兵团1营1连搭载的4辆PT-85水陆两用坦克和几辆T-54坦克。在建建村附近的会奠，南越国军1个伞兵排进行顽强抵抗，编号为671的T-54坦克被1具M72反坦克火箭筒击毁，另一辆T-54坦克随即还击，打掉了这名伞兵火箭筒手。在坦克火力掩护下，越军第101步兵团4连的指战员们跳下装甲车，展开战斗队形，兵分两路向会奠冲击，很快打垮了这个伞兵排，然后沿着1号公路，直插歌如三岔路口。

尽管受到越军炮兵猛烈轰击并且刚刚执行完夜航任务，身心疲惫，但黎文韬上校的A-37攻击机飞行员们还是再次出击。清山空军基地和越军步坦纵队的距离是如此之近，以至于飞行员们刚刚收好起落架就可以清楚地看到目标了。在清晨弥漫的大雾、地面炮弹爆炸升起的浓烟和绵密的防空火力网的阻挠下，A-37攻击机飞行员们顽强驾驶飞机冲下去投弹。他们先后击中2辆T-54坦克，可越军步坦克联合纵队还是继续冲击。在A-37攻击机的反复攻击下，越军一些车辆也起火爆炸。黎文培中校的武装直升机群也赶来，对越军步坦联合战斗队形实施火力打击。不过，越军第120防空营也不是吃素的，他们用37

毫米高射炮和57毫米高射炮编织成一道绵密的火力网，几架A-37攻击机被防空火力重创，踉踉跄跄飞回基地。虽然受到对方的空中打击，越军步坦联合纵队还是继续冲击，他们迅速绕过建建村附近被炸毁的桥梁，不到1个小时，越军先头坦克就冲到藩朗市郊。

即便如此，黎文韬上校的A-37攻击机群和黎文培中校的武装直升机群的攻击，也迟滞了越军第一路进攻部队的摩托化步兵的进度。这些搭载着越军第101步兵团2营、3营的卡车队在持续不断的空中打击下，渐渐和冲在最前面的坦克装甲车脱节，并到处隐蔽。对越军来说，更为糟糕的是，防空部队也渐渐跟不上队伍，导致第101步兵团2营、3营搭乘的卡车队一度失去了防空火力掩护。第2军军史记载道："与此同时，第101步兵团1营乘载第203坦克装甲车旅4营的坦克装甲车群组成的战斗队形和车队、高射炮队拉开了距离，结果没能得到高射炮兵的有效保卫。我部队在运动接敌过程中，遭到了敌人地面炮、飞机的猛烈攻击，只能使用坦克车载12.7毫米机枪还击，击落了2架A-37攻击机和2架武装直升机……从6点到9点，敌人飞机一共出动了37架次，猛烈攻击我第325步兵师第101步兵团2营和3营的进攻战斗队形，击毁6辆车、击伤10台车（含1辆坦克），一些干部战士伤亡。被敌人空炮火力猛烈打击战斗队形后，第101步兵团2营和3营的进攻速度放缓了。第101步兵团向第325步兵师、第2军请求炮兵支援，压制清山机场。当时，第120防空营依然留在杜隆地区，他们的高射炮射程根本没法有效保护会莫南面空域。第3步兵师的各榴弹炮阵地和第325步兵师的第84炮兵团布置过远，没能有效控制住清山机场，也没能压制住清山机场周围的敌人各个炮兵阵地和周围制高点上的观察哨和炮兵阵地。"

清晨07点00分，越军第325步兵师指挥所和第2军前指转移到会莫。被南越国军的A-37攻击机和武装直升机打中战斗队形后，第2军前指在1号公路边上暂停前进，第325步兵师师长潘明心带着师指前出到会莫南面，直接指挥第101步兵团2营、3营继续战斗。

按照第101步兵团拟定的作战计划，2营要沿着1号公路和11号公路发展进攻，突击布山县，配合第25步兵团攻下清山空军基地。为此，2营一路冲到距歌如三岔路口（靠近1号公路和11号公路的重要交通枢纽）北面不到1公里处，却被A-37和武装直升机打中战斗队形。为了完成军指交付的对空掩护部队任务，第284防空团赶到巴头，保卫第325步兵师第84炮兵团阵地和后方队形，第325步兵师直属的第16防空营紧密靠到第101步兵团2营身边，保卫2营的战斗队形。

与此同时，越军第3“金星”步兵师也组织进攻。按照最初的计划，越军第101步兵团1营和坦克群超越阵地后，第3步兵师就要开始冲击。然而，第3步兵师所辖的第141步兵团夺取了1号公路西面几个村庄，继续逼近清山空军基地的时候，却被别动军第31联团给压住了。在这种情况下，第141步兵团又分出1个营打下歌如山，堵住1号公路沿线的3个伞兵连撤退的后路。与此同时，第3“金星”步兵师其他各团沿1号公路东面继续攻击前进。在第3“金星”步兵师的增援下，越军第101步兵团1营很快恢复冲击。

面对第101步兵团1营和坦克装甲车流的冲击，藩朗市郊的保安军1个营进行了最后的抵抗。经过45分钟激烈战斗，越军第101步兵团1营和第203坦克装甲车旅4营以损失几十名步兵指战员和2辆T-54坦克的代价，击溃了保安军部队。打破市郊防御，越军第101步兵团1营营长阮英扬直接坐上一辆T-54坦克，带领部队直插藩朗市中心。其中，1连在连长郑庭杏的指挥下和坦克密切配合，占领了全部宁顺省长厅区域。接着，1连又冲进宁顺小区，完好无损地缴获了6辆装甲车。07点00分，越军第101步兵团1营1连3排排长阮文长在宁顺省长厅前升起了红蓝金星相间的解放阵线旗帜，宣告了藩朗市的解放。

按照原定作战计划，几辆坦克和卡车迅速从纵队中开出来，一路扑向港口，另一路扑向藩朗市南郊的岛隆桥，准备截断藩朗守军的退路。经过短促交火，第101步兵团3连攻下岛隆桥，毙敌20人，缴获1门迫击炮。接着，第101步兵团1连3排超越3连，向富桂县直插过去，1连3排几乎是未遇抵抗就拿下了富桂军事支区，堵住了对方沿公路逃跑的退路。

接着，第101步兵团1营3连和2连奉团长阮文江的命令，在1辆T-54坦克和4辆装甲车支援下，直扑藩朗港。这时，藩朗市内守军完全陷入慌乱，被迫从市区往港口码头逃窜。不顾秩序地哄抢夺路，增添了藩朗港的混乱。在藩朗港，别动军第36营完全失去了斗志，他们根本没有组织起有效的抵抗就举手投降。在宁渚港，编号为763的T-54坦克炮手陈文生宣称用4发炮弹击沉3艘舰艇并打燃1辆车（实际是击沉1艘小船，这个效率也挺高的）。至09点30

分，宁渚港也获得了解放，藩朗守军所有海陆撤退通道都被堵死。

在海路和陆路都被切断的情况下，藩朗守军唯一逃跑的方式就剩下空路。在会奠，越军第2军前指的干部战士们，清楚地看到对方的飞机从清山空军基地飞进飞出。为了堵住对方的最后一种逃脱方式，第2军军指命令第325步兵师分出部分步兵和坦克兵，从藩朗市区直插清山空军基地，同时第120防空营也紧急前出到会奠，打击临空攻击的A-37攻击。

为了执行阮友安少将的命令，第325步兵师师长潘明心让师副参谋长阮文经乘坐吉普车直接进入藩朗市，和第101步兵团团长阮文江商量如何打清山空军基地和清剿藩朗市区内的残敌。与此同时，潘明心也指示第101步兵团2营进入规定位置；第101步兵团3营留下9连和10连打击从清山空军基地出动进行反击的守敌，11连和12连迅速冲进藩朗市区，跟在1营战斗队形后面。

接到第325步兵师师长的命令，第559兵团的第571运输师各汽车驾驶员、第101步兵团2营和3营各战士也勇敢突破对方猛烈的航空火力封锁区，前出到藩朗市区北面，清剿残敌。

接着，第325步兵师副参谋长阮文经和第101步兵团团长阮文江决定派第101步兵团3连搭载坦克从藩朗港口返回市区，和第101步兵团2连2个排一起往西北运动，参加对清山空军基地的攻击。

第101步兵团1营营长阮英扬没有含糊，马上让1营的2连、3连搭载坦克直插布山县。接着队伍兵分两路：一路直插清山空军基地，另一路打南越国军第5步兵团。09点20分，越军第101步兵团2连2个排轻松打垮南越国军第5步兵团，击毁1辆M113装甲运兵车，拿下了布山县。与此同时，越军第101步兵团3连在坦克火力支援下，连续打掉多个地堡和火力点，击落1架A-37攻击机，突入机场。接着，第101步兵团2连2个排继续前进，冲进清山空军基地1号大门，直插机场主跑道。在机场西北面，越军第25步兵团用定向雷连续爆破炸毁了11道带刺铁丝网，这样越军第101步兵团1营和第25步兵团三路冲进了清山空军基地。

南越国军方面，从清早起，阮永仪中将就命令陈文毅准将把第2师团司令部转移到第3军区前指附近以便协调指挥。接着，陈文毅就下去检查部队，阮永仪和范玉生继续留在清山空军基地，掌握空中打击的情况。09点00分，一架武装直升机突然被从清山空军基地附近的一座山顶发射的1枚SA-7导弹命中。不久，另外几架起飞的战机也相继被越军的防空火力打中。与此同时，南越国军第4步兵团也报告说，自己正遭到越军的进攻。对当时的战况，范玉生准将回忆道："当时，阮永仪中将仍然相信第4步兵团有能力保卫机场，第5步兵团有能力阻止敌人突破机场1号大门。"阮永仪有些自信过头了，实际上第2师团的士气已经崩溃了。虽然第4步兵团轻松阻止了越军地方部队的渗透，可第5步兵团一看到越军坦克冲过来就撒腿逃命。不一会儿，陈文毅准将就很遗憾地告诉阮永仪说，他的第5步兵团溃散了。越军坦克群迅速挺进，很快打下了清山空军基地的大门。在清山空军基地另一头，别动军也正遭到越军的猛烈炮击和步兵冲击。阮文别上校急电阮永仪，报告说自己的防线正在崩塌。越军第25步兵团突破了守卫机场北门的防线，攻下了机场的炸弹仓库，接着转向直插机场中心。

面对急转直下的形势，南越国军第2伞兵旅团旅团长阮守亮上校也坐不住了。他命令自己的伞降侦察连迅速反击，夺回炸弹仓库区。可这点兵力在越军第25步兵团的进攻狂潮面前简直就是螳臂当车，很快就被吞没了。清山空军基地的防御继续开始崩溃。不一会儿，头戴伪装环的越军第25步兵团指战员们就冲上了停机坪。眼看已无兵可用，第2伞兵旅团副旅团长陈文山中校亲自带旅团警卫连迎面扑上去实施反突击，阻止对方夺取机场指挥塔台。在激烈的战斗中，陈文山中校中弹毙命，剩下的伞兵也没有后退，死战到底，最终也被越军第25步兵团消灭殆尽。09点30分，越军第101步兵团和第25步兵团在清山空军基地指挥塔台胜利会师，宣告越军完全控制了清山空军基地。

为了逃命，阮永仪中将只得命令所有还能联系得上的部队，统统往歌那（藩朗南面19英里的一个半岛）撤退。在这里，1号公路沿着海岸线延伸，是一个绝佳的防御阵地。接到命令，清山空军基地的溃兵和平民立即朝机场大门蜂拥而去，却给越军坦克堵住了。有门过不去，只能钻铁丝网。阮守亮上校命令他的伞降工兵在铁丝网地带剪开一个口子，然后他带着阮永仪、范玉生和詹姆斯·刘易斯，以及一大群溃兵和平民涌出清山空军基地逃命。跑路中，刘易斯还不忘自己的"使命"，借用阮守亮的电台，他向驻西贡的美国中情局官员报告说清山空军基地已经沦陷。出清山空军基地不久，这伙人就和第11伞兵营接上头。虽说是逃命，可大群难民夹杂在队伍中，跑到中午才逃出3英里，来到清山空军基地和藩朗之间的一片甘蔗林，然后在一条灌溉渠里休息。

藩朗失守的消息很快传到了西贡。心忧如焚的伞兵师团长黎光亮准将，马上派1架O-1观察机和25架直升机前往藩朗周围协助救出自己的伞兵。下午，阮守亮上校的通信队和盘旋滞空的O-1观察机取得联系。直升机群请求允许在甘蔗林附近着陆。可阮永仪担心平民的安全，生怕大家因惊慌失措发生不幸（比如踩踏事件），因而拒绝让直升机群马上着陆。他让阮守亮告诉直升机群指挥官说，他们会继续往南撤退，请直升机群明天早晨再飞一次。阮守亮上校只得心不甘、情不愿地把这道命令传达给了O-1观察机。

阮永仪知道目前部队都是溃兵，已经失去了战斗力，最好的逃命办法就是隐蔽在这里等到夜幕降临再继续前进。不过，他似乎忘了，部队可以有纪律，但平民是没有纪律的。在灌溉渠隐蔽期间，许多平民就出动去寻找吃的东西，让越军发现了阮永仪一行的行踪。午夜，阮守亮上校命令1个伞兵连强行突破11号公路沿线警戒的越军部队防线，伞兵们很快打垮了残敌，并冲上公路。枪声引起了周围越军的警觉，他们集中火力猛烈射击，打伤了第11伞兵营营长。在伸手不见五指的夜色和混乱的枪战中，阮永仪、范玉生和刘易斯都与伞兵们失散了。只有阮守亮随同伞兵们继续往南突围，阮永仪、范玉生和刘易斯被迫返回灌溉渠。4月17日凌晨02点00分，越军第3“金星”步兵师部队团团包围了灌溉渠，一名指挥干部上去喊话——缴枪不杀。阮永仪、范玉生和刘易斯无奈地举起了双手。

被俘的阮永仪、范玉生和詹姆斯·刘易斯，先是被越军押送到芽庄、岘港，然后空运回越南北部。刘易斯于1975年12月被释放，回国后重返现役，1982年在黎巴嫩贝鲁特的美国大使馆爆炸事件中身亡；阮永仪于1987年获释，但终身不愿再提藩朗的战斗；范玉生准将被关到1992年才获得自由。

不过，他们三个被俘，不代表其他人就没有逃生机会。比如第92战术航空联队的黎文韬上校。

作为整个1975年3月打得最出色的空军联队，第92战术航空联队也没能在藩朗陷落中逃过一劫。该联队在1975年3月初共有72架A-37攻击机，4月16日却只有三分之一的（也就是24架）飞机逃回西贡。联队长黎文韬上校在清山空军基地陷落前最后一刻，用电台召唤一架A-37攻击机冒险着陆，把自己接回新山一机场。在1975年越南共和国悲剧性的岁月里，第92战术航空联队竭尽全力地出击，拼死抵抗，试图力挽狂澜。虽然没有成功，但他们的勇气和积极作战的精神却是越南共和国空军覆灭前难得的亮点，也是越南共和国空军最后的荣光之一。

阮文秀，别动军第31营营长，带着残部徒步逃到海边，幸运地找到一批渔船，坐船逃到了头顿市，然后坐上巴士返回西贡。第2师团师团长陈文毅准将乘坐一架直升机跑到靠近海岸的一艘海军舰艇上，接着他通过无线电向联合参谋本部报告了藩朗的灾难。最倒霉的莫过于第2伞兵旅团旅团长阮守亮上校，本来他都冲过了11号公路正往南撤退，可在第二天却接到阮文全的命令，要他马上回去救阮永仪和范玉生，这道不合常理的命令让他最终落入了越军的伏击圈，成为阶下囚。

再说突围的第11伞兵营部分兵力。他们先是逃出甘蔗林，一路往东来到海边，却被越军追上。一开始，越军朝他们喊话，要求他们放下武器停止抵抗，伞兵们不仅强硬拒绝，而且用自动步枪和机枪回答对方。越军也不客气，用迫击炮轰击滩头，迫使他们举手投降。第3伞兵营倒是逃跑有术，营长罗贵庄少校带着1个连跑到1号公路附近一个山顶，后被直升机群救走；第3伞兵营其他3个连的伞兵们脱下军服，伪装成逃难平民一路徒步南撤，全营共有80%的人回到了西贡。

虽然胜利攻克了藩朗市，但越军也并非毫发无损。第673防空师师长的座车被当地越军游击队误击，他不幸中弹牺牲。战争永远都是罪恶的，战火让美丽的藩朗市留下了许多“记忆”。越南人民军少将黎光和在回忆录中就写道：“4月17日清晨，黎仲迅和我进入了藩朗市。大街小巷仍充斥着刺鼻的硝烟味。坦克、装甲车、军用卡车和火炮，大小（武器）到处都是。许多地方火还在燃烧，我们都没有机会去扑灭它们。我们看到一群群敌人士兵走在街道上，个个都是惊讶和愕然的表情。我曾多次有机会看到过败军，可这次我看到的却是与以往截然不同的景象，他们从内部瓦解了，士气和精神都崩溃了。”

黎光和少将说得没错，南越国军在藩朗战役中士气完全崩溃了，不仅如此，他们还有相当一部分重要的、无可替代的作战部队在这次战役中被消灭：第6飞行师团瓦解了，第2飞行师团的2个联队也崩溃了，别动军第31联团被歼灭了，第2伞兵旅团主力被粉碎了。越南人民军方面，第3“金星”步兵师和第25步兵团蒙受了相当大的损失，但第2军却损失很小，仍保持着完整的战斗力。

藩朗战役胜利的意义，越南人民军第2军军史是这样评价的：

在进攻藩朗市区的战斗中，我军发挥了兵种协同战斗的威力，这是我第2军第一次在行进间发起攻击。战斗结果是我军消灭和捕捉了敌第3军区前指，以及敌空军第6飞行师团司令部、第2师团司令部，消灭和击溃了敌伞兵第2旅团、别动军第31联团、第2步兵师团一个溃兵临时编成的暂编步兵团，以及宁顺小区全部守备力量；活捉了几千敌官兵；缴获40架飞机、60门火炮和许多技术装备；完全解放了藩朗市和宁顺省，为粉碎美伪军试图在西贡—嘉定外围阻止我军靠近、建立稳固的西贡防线的阴谋做出了重要贡献。

藩朗大捷也是我军突击力量、机动力量和组织运用进攻战术能力提高的表现，通过尽力灵活地创造性地发挥诸兵种协同战斗威力，第2军全部干部战士在技战术方面又获得了新的进步。

为了表扬第2军在藩朗进攻作战中获得的胜利，1975年4月16日夜，越南中央军委和总参谋部致电赞扬了第2军的成绩，并且要求第2军要发扬不怕苦、不怕死的精神，迅速展开追敌作战，神速、大胆、突然、紧张地发展进攻之势，要解放平顺省、平绥省，然后前进到隆庆省省会春禄，完成兵力集结，准备参加对西贡的总攻击。

这个任务并不轻松。从藩朗到春禄全程190公里，黎仲迅只给阮友安9天时间。越军第2军要通过不少南越国军残部控制区，还要解放平顺省省会藩切市。第2军主要行军路线是沿着靠海的1号公路，南越国军可以使用海空力量封锁1号公路，阻挠第2军的进击。因此，第2军必须做好准备，在地面粉碎南越国军残部抵抗，打击攻击车队的南越国军空军机群，以及打击对方海军舰炮火力封锁并提防对方分割越军行军队形的反登陆企图等等。

为了确保顺利完成任务，第2军军指对第325步兵师的行军序列进行了调整，原本担任第一路部队的第101步兵团撤下来转移到尾部，由第18步兵团为第一路部队。为了确保行军和战斗突破，第1路纵队由第203坦克装甲车旅5营和第18步兵团、第284防空团15营、1个85毫米加农炮排（2门56式85毫米加农炮，隶属于第84炮兵团）、第219工兵旅1个连组成，由第203坦克装甲车旅副参谋长阮德贤少校指挥。

经过2年的准备，越南人民军已经拥有了充沛的物力和人力。在第325步兵师调整行军序列的同时，西原会战和藩朗战役中蒙受很大损失的第3“金星”步兵师也在4月19日获得了补充：几千名来自越南北方的新兵从海防来到金兰湾，补入“金星”师。为了增强第3“金星”步兵师的战斗力，阮友安少将还给他们配备了1个M46 130毫米加农炮连（4门M46 130毫米加农炮）和1个坦克连（6辆坦克）。阮友安给“金星”师的任务是独立扑向福绥省，解放全省和省会头顿市。

4月17日18点00分，第2军五路部队又上路了。第2军军史记载道：

当我军开始沿着1号公路向西贡进军时，被敌人发现。敌人立即用飞机和舰炮火力轰击我第2军团行军队形，击毁了一些车辆，致使一些干部战士伤亡。各个先头部队为了抢路行军，在行军路上发生十分激烈的战斗，甚至连第2军后续各单位也和敌人展开战斗。

4月17日夜，敌人用舰艇搭载1个别击连突然在绥丰县登陆，配合在时山的第3伞兵旅团残兵，以及敌人留在我后方的各路势力对我行军队形阻击。发现敌人后，第325步兵师马上派步兵和侦察兵扫荡。经过一个小时战斗，我军击毙和俘虏了全部敌人。当敌人舰艇冲过来、试图掩护敌人兵力撤退时，布置在时山南面的我军第203坦克装甲车旅5营打了3发榴弹，击沉和打伤敌舰艇各1艘。85毫米加农炮、122毫米加农炮、105毫米榴弹炮（第325步兵师84炮兵团），以及第673防空师第284防空团的高射炮群也在1号公路边展开，猛烈打击敌舰艇和飞机，连续战斗了7个小时。

对照南越国军的记载，这次坦克和炮兵对海战斗并非空穴来风，但实际情况有所夸大。4月17日晚，越南共和国海军派出“头顿”号（HQ-503）坦克登陆舰去绥丰县的歌那湾，任务是接走从藩朗逃出的第2师团残兵。由于无法靠岸，“头顿”号舰长阮文禄只得请当地一些渔民用船把第2师团溃兵接到“头顿”号。救援行动刚刚结束，越军炮兵和坦克兵就发现了“头顿”号坦克登陆舰，大群炮弹砸过来，炸伤了阮文禄，重创了“头顿”号。巡逻舰“吴宣”号（HQ-17）赶来还击，试图压住越军炮兵和坦克兵，没想到自己也被狠狠打了一顿，只得和“头顿”号一起狼狈逃走。

4月18日，越军第2军对海战斗更加激烈。第2军军史记载：

4月18日，当第2军第2路行军纵队抵达绥丰县时，几十艘敌人舰艇对绥丰到永豪村之间的1号公路段实施猛烈火力打击。第2军军长（阮友安）直接观察并下令第164炮兵旅用130毫米加农炮和D74 122毫米加农炮在永豪溪北面展开反击，打沉了3艘敌舰艇，迫使剩下的敌舰艇退却到安全距离外。在打胜了和敌舰艇的战斗后，第164炮兵旅各炮兵战士又配合各单位消灭了该区域隐藏的敌人1个营，俘获127人，缴获121条枪支及一些弹药，解放被关押在盖门岛的3000名平民。

与此同时，第673防空师干部战士和敌人飞机的战斗也打得十分激烈，防空导弹射击员黎戴强用1发A72防空导弹就击落了1架F5战斗机。10连的37毫米高射炮各战士也在连长黎基鹏指挥下击落1架F5战斗机（他是人民武装力量英雄）。

在行军过程中，第2军的第673防空师一共打了36次战斗，击落11架飞机，击沉打坏2艘敌舰艇。

看到革命军队拥有众多现代化技术装备，而且能发挥威力压倒敌人空军和海军，夺取政权，沿着海边公路大胆挺进，中部南区人民都感到欣慰不已，坚信革命必将取得胜利。

实际上，越军第2军遭遇的不是几十艘舰艇，而是“芝灵”号（HQ-11）巡逻护卫舰，这是1945年美国造的老式海防巡逻舰，武器装备仅是1门3英寸主炮。发现越军第2军冲到绥丰县附近，“芝灵”号舰长潘定生中校命令舰只迅速靠上去，用炮火拦击越军。“芝灵”号打了100多发炮弹，试图拦阻越军的前进。为了打得更准些，潘定生中校命令“芝灵”号进一步靠上去。这个时候，越军第164炮兵旅“发话”了，他们直接在公路展开D74 122毫米加农炮和M46 130毫米加农炮，用直瞄火力打“芝灵”号。不一会儿，“芝灵”号巡逻护卫舰就遭到了猛烈的轰击。潘定生写道：“敌人坦克群（实际是122和130毫米加农炮）猛烈还击，朝HQ-11射击；大约下午3点45分，一发炮弹直接命中HQ-11舰尾右舷附近，炸坏了舰员舱。一块弹片要了阮文鹏上士的命。他的头部被炸飞，身子掉进舰员舱。”在越军炮兵的打击下，“芝灵”号被迫撤退。

4月18日，越军第2军全部兵力抵达和沱，做好了进攻藩切市的准备。

平顺省省会藩切市是1号公路沿线要冲，距西贡200公里。在丢失了藩朗后，藩切市就成为第3军区新的前沿据点。不过，阮文全的精力被春禄、西宁、古芝的攻势牵扯住了，无暇顾及藩切市。当时，在藩切市内只有别动军第21联团、3个保安营、1个炮兵营、1个装甲车小队和第2师团从藩朗市逃脱下来的一些散兵游勇。这些兵力统一归平顺省省长吴新义上校统辖。

按照南越方面的说法， 吴新义上校是越南共和国在覆灭阶段最出色的省长之一。1975年3月，他没有被惊慌失措的情绪感染，而是主动召集平顺省保安军和民卫队，粉碎了越军地方部队攻克平顺省的企图。4月初，根据阮文绍总统下达的要守住剩下国土的命令，第3军区司令阮文全中将把广德省撤下来的别动军第24联团残部加强给平顺省。接着，阮文全中将又把第2师团第6步兵团，以及1个M113装甲运兵车小队派到藩切市。

尽管吴新义上校十分努力地加强防务，可平顺省的地盘还是被越军渐渐蚕食。藩切市遭到越军持续不断的火箭炮袭击，大部分市民都已出逃。根据越南南方解放军代司令员陈文茶中将的命令，第6军区逐步包围了藩切市。越军第812步兵团在地方部队、1个特工营和平顺省游击队支援下，于4月9日解放了天教县，撞开了藩切市的北大门。与此同时，越军平顺省地方部队2个营也在市郊逐步击退了保安军，从西面压向藩切市。

对藩切的进攻，第2军军长阮友安少将打算复制藩朗模式：用步兵和坦克装甲车密切配合，在行进间突然展开战斗队形，发挥诸兵种协同威力。具体布置是第18步兵团、第203坦克装甲车旅4营和5营、第284防空团15营、第219工兵旅1个连和第84炮兵团1个连（4门85毫米加农炮）、1个侦察连，在地方部队配合下，沿着1号公路从北面直插藩切市。

4月18日17点00分，越军开始进攻。冲在最前面的是1辆坦克、6辆装甲车，以及第18步兵团8连。（这是典型的苏军步坦尖兵突破战术，1个步兵连和1个坦克装甲车连密切配合。）为了达成突然性，越军没有进行炮火准备，他们坚定地采取诸兵种协同战斗打法，一旦遭遇守敌抗击，马上组织85毫米加农炮和坦克炮实施直瞄射击，122毫米加农炮和130毫米加农炮随时候命对暴露目标实施间瞄射击。19点00分，越军前出到盖江桥，和平顺省15营会合。接着，越军加速冲击，到楚穆桥（距藩切市2公里），守军出动M113

装甲运兵车反击，立即受到越军坦克和装甲车火力打击，被迫退却。过了楚穆桥，第18步兵团8连连长阮全岛指挥全连步兵指战员和7辆坦克装甲车继续冲进藩切市。守军在既无空中支援、反坦克武器又有限的情况下，实在无力抵挡对方冲击。冲进市区后，双方装甲部队一度进行了战斗。编号为R146的PT-85水陆两用坦克（车长：阮汪，炮手：阮太平）朝一辆突然冲过来的M113装甲运兵车开火。由于相距太近，打了几炮都没有命中，阮汪下令全速前进，直接撞击M113装甲运兵车，把对方撞翻出公路边。各步兵指战员一拥而上，连人带车缴了这辆M113装甲运兵车的械。

21点30分，越军冲进藩切市中心，拿下了平顺省长厅和平顺小区，顺利解放了藩切市。一度表现出色的平顺省省长吴新义上校来不及坐直升机逃跑，只得跑到海边坐小船撤走。为了继续南下，第2军把藩切市交给第6军区，不经休整直接在4月19日越过藩切市，突破平绥省。4月21日，第325步兵师和第2军军指，以及第203坦克装甲车旅主力抵达了春禄市。

在第2军主力按时集结到春禄的同时，越军第6军区和平绥省委也向越南人民军总参谋部提议，派主力部队解放汉新港。河内接受了这个建议，并对阮友安下达了指示。4月21日20点00分，第2军命令南下的越军第304步兵师组织部队解放汉新港。第304步兵师是第2军编制内战斗力最强的部队，在溪山战役、广治战役和上德会战中有着光荣战绩，现在面对溃败的南越国军，要解放汉新港自是不在话下。尽管如此，第304步兵师师长黎公世还是决定利用这次进攻试验一下诸兵种联合进攻的打法。根据他的命令，第66步兵团要在第203坦克装甲车旅5营、1个105毫米榴弹炮营（隶属于第68炮兵团）、1个防空连和1个摩托化步兵连（第325步兵师第18步兵团9连）以及平绥省地方部队配合下，一举解放汉新港。

藩朗市和藩切市丢失后，汉新港的南越守军完全失去斗志。越军第66步兵团仅用4个小时就彻底解放了汉新港，消灭和俘虏5000多人。汉新之战胜利后，第304步兵师继续赶路，于1975年4月24日03点00分与第2军主力胜利会师。

中部沿海追击作战在越南人民军第2军历史上被称为“神速行军”（hành quân thần tốc），这期间越军第2军一共毙、伤、俘南越国军约2万人，自身仅伤亡512人，其中战死93人，伤兵419人。[1]

至此，中部沿海的追击战结束了。不过，就在各个战场的越军相继高奏凯歌的时候，双方却在南部平原展开了1975年春季大捷中最激烈的血战，让世人记住了春禄这个名字。

1. 原文为“Trong đợt hành quân thần tốc này, toàn quân đoàn（không kể sư đoàn 3）đã có 512 thương vong, tỷ lệ thương vong so với quân số là 1.57%, có 93 tử vong, tỷ lệ tử vong so với quân số là 0.23% và đã thu dung cứu chữa 419 thương binh, tỷ lệ thương binh so với quân số là 1.29%”。引自《越南人民军卫生勤务史》第三卷第468页。

第九章
壮哉！春禄！

全面进攻

越军在西原会战、顺化—岘港战役和中部沿海会战的胜利，让越南共和国只剩下南部平原还在苟延残喘，就算是这个阮文绍力图保全的地盘，也是处在风雨飘摇之中。

1975年1月6日，福隆战役的胜利就揭开了1974年至1975年度越军旱季攻势的序幕。会战结束当天，越南南方解放军代司令员陈文茶中将就匆匆赶回根据地，准备组织B2战场的1975年度第二阶段攻势。

形势发展让人欣喜。在福隆大捷的同时，越军第232步兵团也在西宁省发动进攻。1月6日，越军彻底占领了西宁市郊制高点——黑婆山，该地同时也是南越国军第3军区的重要通信中转站所在地。由于西宁省是西贡外围最为重要的省份之一，关乎西贡外围防线的安危，而西宁市也是西贡周围各省中最重要的省会，因此黑婆山的丢失给越南共和国造成了沉重心理打击。更为糟糕的是，黑婆山通信中心存放着南越国军几乎所有的机要通信密码本，此后越南人民军可以有效破获南越国军各级指挥机关的几乎所有加密电报，掌握南越国军的兵力调动和部署情况，为1975年春季大捷打下了重要的伏笔。

对于1975年初的对手——南越国军，时任越南南方解放军代司令员的陈

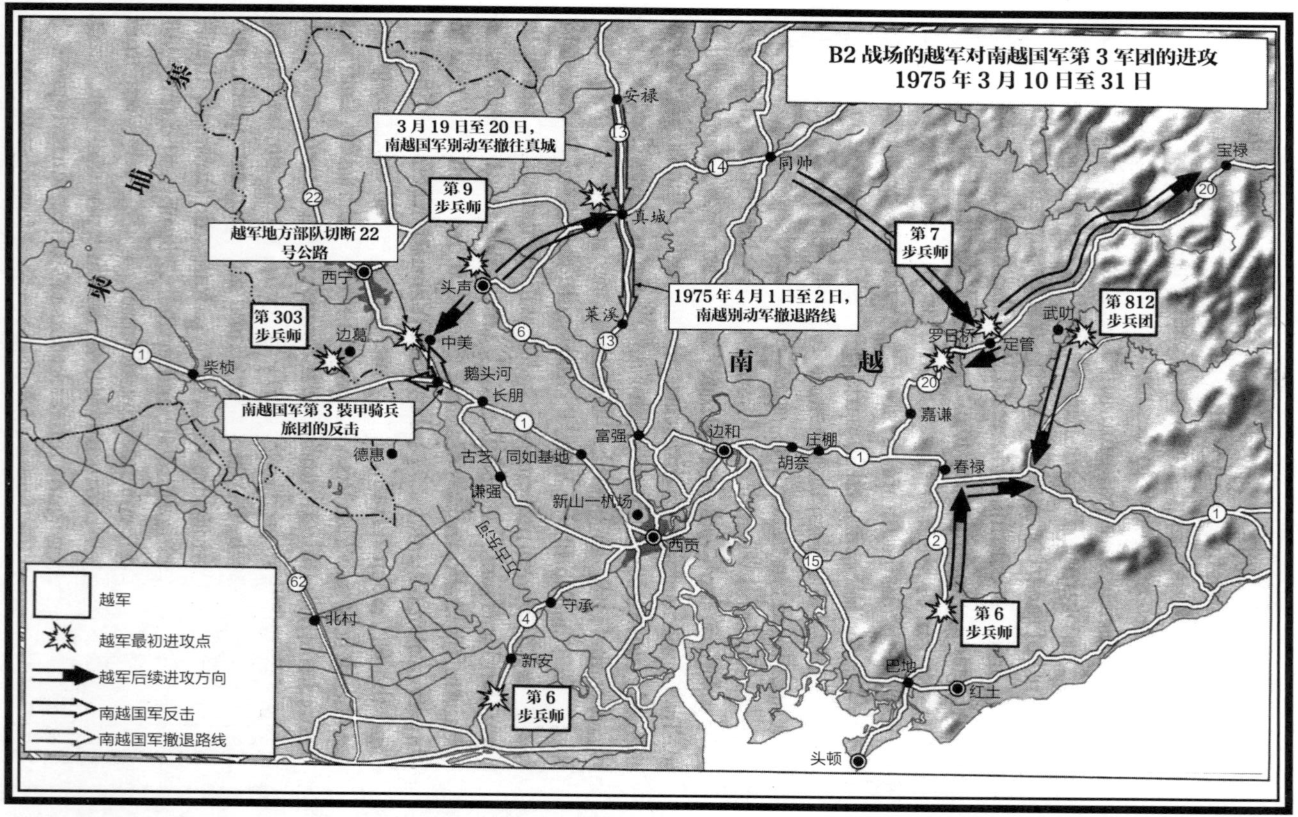

▲1975年3月10日至31日，B2战场的越军对南越国军第3军团的进攻示意图

文茶中将在战争结束多年后认为此时的南越国军早已不复当年之勇。越军在福隆省的胜利证明了南越国军无法及时调兵增援偏远省份，即便是南越国军有心要救偏远省份，除了用直升机机降外也不可能有别的办法。另一方面，南越国军的支援火力下降很快，而越南人民军的地面综合防空体系（12.8毫米高射机枪、20毫米高射炮、57毫米高射炮、85毫米高射炮、100毫米高射炮，以及萨姆7防空导弹）却日益完善，对不断实施近距离空中支援的南越国军空军机群构成了不小的威胁。更为重要的是，美国政府对福隆省陷落漠不关心的态度，再次印证许多北越军方高层人士的判断：美国人对越南已经没兴趣了。

福隆战役胜利后，陈文茶中将再次向越南人民军总参谋部请求增兵，准备进攻西贡。这两年，陈文茶中将曾一再请求增派更多的师级部队，但却一再遭到总参谋部拒绝。越南人民军总参谋部认为，不应把宝贵的战略预备队全部压在B2战场去冒险强攻南越国军设防最坚固的西贡市。南方局书记范雄和越南南方解放军代司令员陈文茶中将曾在1974年10月和12月举行的政治局会议上恳求增兵，但越南人民军总参谋长文进勇大将却拒绝了他们的请求。文进勇大将打算把战略预备队放在西原，以西原为切入点打响1975年春季总攻击。但陈文茶中将并不气馁，解放西贡是他毕生的梦想。他对越南人民军总参谋部在南方的兵力部署提出了不同意见，尤其是在西原集结5个师的兵力，他认为如果把这些兵力给他的话，他一定能在南部平原打出决定性的胜利。总的来说，陈文茶中将认为中央政治局太过小心谨慎了，他坚信能够迅速夺取西贡，但还需要3到4个师的兵力，如果总参谋部能够提供给他的话，他一定能确保取得胜利。

在批准邦美蜀计划的同时，越南人民军总司令武元甲大将也部分认同陈文茶中将的看法：对西贡的进攻宜早不宜迟。在武元甲大将的1975年春季总攻击和总奋起的战略计划中，南部平原第一阶段的任务是有限的。他要求陈文茶中将在邦美蜀战役展开的同时对南越国军第3军团也发动大规模进攻，牵制住第5、第18、第25师团，防止他们增援西原，同时夺取向西贡总攻的跳板。

为了加强B2战场的进攻力量，武元甲大将从战略预备队中把第341步兵师拨给B2战场。1月20日，第341步兵师师长陈文珍大校收到一份急电，指示他立即赴河内向武元甲大将报到。1月25日，陈文珍大校来到了河内，武元甲大将给他的指示简单明了：停止一切战备训练，立即准备南下，务必在2月10日完成一切战斗准备，先头部队务必在2月15日开始南下。

离开河内，陈文茶中将于1975年2月3日返回位于西宁省的南方司令部。一回到“家”，他就召集各位参谋研究修改第二阶段计划。通过多路军事进攻和政治进攻，来阻止南越国军成建制撤进湄公河三角洲这个“飞地”进而转入集团防御。为了彻底粉碎南越国军的节节后退，逐步组织防线守住西贡的计划。陈文茶的意见是越军不能正面进攻和分兵追击敌人，如果对方向西贡收缩，就要阻止他们，不让他们建立稳固的防线，打破对方可能龟缩到西贡周围的态势，必须在战役和战斗中有效分割和孤立对方，阻止对方各部队相互依靠、相互支援，使他们三面不能相顾，采取“两条腿走路”、三种力量夹攻的打法，做到无论对方在哪里都要受到越军主力部队、地方部队和乡村游击队的攻打，使他们既无法增援也无法撤退。[1]

1975年2月底，陈文茶中将召开作战会议，部署第二阶段战役计划：在邦美蜀战役打响的同时，第6、第7、第8、第9军区要同时对西贡周围各省展开迅猛进攻。陈文茶中将告诉与会将领，如果西原会战获得彻底胜利，那么形势将会发生翻天覆地的扭转，战略机遇也会随之到来，他已经为此做好了准备。当然，如果形势发展没有预期的那么有利，他的次要选择就是把各个孤立、分散的解放区连成片，歼灭南越国军一部并准备下一阶段进攻。总的来说，陈文茶中将的战略就是，在第二阶段，B2战场要从西原南梢的第6军区一直到九龙江平原上游乃至金瓯角的第9军区这片广阔的战场上，同时对南越国军发动进攻。主攻任务自然由越南人民军主力部队担当。第8军区（南部中区）的任务是通过切断4号公路和解放4号公路沿线县乡，切断西贡市区和九龙江上游产粮区的联系。第8军区使用新组建的第8步兵师和第303步兵师将西宁省南部解放区和柬埔寨的鹦鹉嘴地区到隆安省解放区连成一片，从西南包围西贡并参加从南面向西贡市区的总攻击，目标是警察总署。第9军区的任务是对芹苴展开攻击，控制芹苴路德机场，同时解放永平—茶荣地区，扩大解放区，协助第8军区从南面总攻西贡市区。

第6军区司令员阮仲川大校奉命摧毁辖区内从沿海的平绥省到越南中部的林同省、宣德（Tuyen Duc）省境内的全部南越国军。由于兵力不足，第6军区在仅有1个主力团（即第812步兵团）的情况下，决定在第二阶段进攻中首先完成两个主要任务：占领辖区内重要的产粮区——怀德县，彻底控制平绥省东北部，然后再攻克平绥省性灵（Tanh Linh）支区。

B2战场的中心自然非第7军区莫属，他们的对手也是强大的南越国军第3军团（第3军区），这里将上演整个1975年春季总攻击和总奋起中最激烈的战役和战斗。新近组建的越南人民军第4军将承担起这次新攻势的重任。在黄琴少将的指挥下，第4军以第7步兵师和第9步兵师在装甲兵、炮兵、特工和后勤部队的加强下，于攻克福隆后枕戈待旦。陈文茶中将指示第4军要兵分两路：第一路第9步兵师在西贡西北攻打平隆省、平阳省和西宁省，首要目标是打西宁省附近的头声（Tri Tam）支区；第二路由第7步兵师和第6步兵师对西贡东北、从20号公路往北穿过林同省到大叨之间的广大地区展开总攻击。其中，第7步兵师的任务是解放林同省和宣德省，第6步兵师的任务是解放隆庆省和平绥省。第6军区主力部队——第812步兵团一旦解放怀德县，将马上西转支援第7步兵师沿20号公路进击。

B2战场在2月底也组建了另一个军，由第5步兵师和第303步兵师加上一些地方部队组建了第232兵团，司令员是越军名将阮明洲少将。他的任务是对西贡南面和西面发动进攻。在第8步兵师解放人口众多的定祥省的同时，第303步兵师在第5步兵师3团加强下从西面出击，摧毁沿柬埔寨边界往东到万古东河之间的边求、拐婆一带的南越国军保安军部队，扩大西宁解放区，以便从西线进攻西贡，同时从西南包抄西贡，切断西贡和九龙江平原的联系。第5步兵师因为在1974年旱季期间的攻势中蒙受较大损失，刚刚补充了1000名新兵，正加紧进行战备训练，故不参加B2战场的第二阶段旱季进攻。

与此同时，南越国军也在加强西贡周围的防御。福隆省沦陷后，第3军团军团长杜国东中将的军人生涯走到了尽头。1975年2月4日，阮文全中将，前南越装甲兵总监和第2军区司令（巧的是，1974年11月，范文富少将取代了他的职务，出任第2军区司令），接掌第3军区（即第3军团）。尽管阮文全的名声并不好，腐败等诸多指控依然背负在肩，但美国驻越南共和国大使马丁却向阮文绍强烈推荐阮文全。马丁大使的眼光没有错，在大厦将倾的时候，阮文全打出了南越国军最后的荣光。

阮文全中将于1932年10月6日生于承天省，幼年就读于顺化中学。1951年，他加入南越国军，并成为大叻陆军军官学院第一期学员。就读期间，他因学习成绩优异被保送到法国装甲兵学院进修，从此装甲兵这个兵种伴随了他的整个军人生涯。越战期间，他主要在第1军区服役，1967年出任南越国军第2师团师团长。和过惯了丛林生活、成天闹革命过着清贫生活的陈文茶等越共指挥官不同，阮文全是一位好热闹、爱酒色的将领。甚至在1972年初，作为第2师团师团长的他被指控于军官俱乐部强奸一名年轻女孩，但指控被驳回。尽管此后强奸和腐败的罪名始终伴随着他，但他还是于1972年晋升为第2军区司令。在同年著名的昆嵩战役期间，他和第23师团师团长李从伯准将密切合作，粉碎了越南人民军第2步兵师和第320A步兵师对昆嵩市区的进攻，漂亮地打赢了昆嵩保卫战。

阮文全的作战理念和陈文茶迥然不同。陈文茶是利用《巴黎和平协约》的停火期展开进攻和反渗透，全面和南越国军争夺豹斑区。而阮文全的作战方式更像美军。在第2军区，面对西原越军每次集中兵力进攻，他总能娴熟地采取直升机机动兵力方式迅速在战场上形成局部优势，打赢战斗后再机动转移兵力至下一个战场。采取这种战术，他在1973年到1974年的西原战场上粉碎了越军一次又一次的进攻。但到他成为第3军区司令时，直升机十分有限，而且面临的是对方全线多点进攻，在这种情况下他很难在每次战斗中都复制西原的直升机快速机动兵力战法。不管他的能力如何，从阮文绍任命的各个军团长来看，对总统的忠诚度和他们的能力一样重要，就这点而言，阮文全至少是非常忠诚于总统的。

阮文全对能否在第3军区复制在第2军区的成功也有些小小的担心。毕竟他是半年内第3军区的第三任司令官，他明白南部平原的形势已经到了非常关头。一上任，他就照搬西原的经验，首先要调整部署，改变目前静态的防御形势。阮文全打算把各师团从守备任务中解脱出来，变成机动兵团，采取公路机动和直升机机动方式，快速部署到任何一个遭到越军进攻的地点，以对付兵力占优的越军总攻击。虽然自1970年开始，南越国军各师已不再负有固定防御之责，但在《巴黎和平协约》签署后的停火期，他们的次要任务仍是支援保安军部队守土。在美国远征军撤离后，随着空中支援力度大幅削减和美援力度下降，南越国军的战场机动能力和战斗力在这两年也有显著下降，不知不觉间又在1973年和1974年转入局部机动的守备态势。

虽然阮文全的兵力不足，而且还有一大堆任务，比如守住诸如西宁之类的要点，收复失地和顶住越军大规模进攻守住西贡，但他还是接受了挑战，并下达命令部署兵力。原本负责守备西宁省和厚义省的第25师团现在集中兵力守备西宁省，厚义省交给南越国军保安军部队守备。对于厚义省的保安军部队，阮文全是很有信心的。在1972年越军战略进攻阶段，厚义省的保安军部队打得非常出色，是南越各省保安军部队中打得最好的。第5师团集中兵力在西贡北面，防止越军重演1968年从北面总攻西贡的一幕。第18师团以1个团驻防隆庆省省会春禄，1个团前往性灵和怀德，另1个团充当军团预备队。第3装甲骑兵旅团作为军团总预备队，准备随时增援遭到攻击的点。

由于美军方面的情报指出有迹象显示越军将在3月发动大规模进攻，因此阮文全需要快速完成兵力部署。美军对越军新攻势的分析几乎和越军的计划一模一样。黎格洛在报告中预测："共军的主力部队正在西宁省和隆庆省大规模集结，继续准备总攻击。在西宁省，他们的主要目标是攻克或包围西宁市。其他目标或许是头声和西宁周围的政府军据点。共军可能会以10到11个团，在装甲兵和炮兵支援下展开攻击……共军对头声的进攻很可能会导致该地的崩溃。"

显然，黎格洛的分析完全切中了越军的计划。2月中旬，南方中央局和越南南方解放军军事委员会召开了秘密会议，范雄下令B2战场的各级指挥员必须对新的战略计划绝对保密。保密工作是如此的到位（每一级只传达到各级应负的任务），以至于连第4军军长黄琴少将都不知道B2战场的新战略计划。黄琴少将在回忆录中写道："尽管参加了作战会议，但我们当时还不知道第二阶段进攻发起日（N日）和总攻时刻（G时），更对主攻地点一无所知，因为这一时期保密才是最重要的。"黄琴知道的只是"第4军的进攻是（越南劳动党）中央政治局批准的1975年南方战略进攻的一个组成部分，经由南方军事委员会拟定作战计划，准备在B2战场实施全面进攻。"尽管范雄加强了保密工作，但美国驻南越的情报机构还是很快判明了越军的主攻方向和主攻地段。

根据美军通报，南越国军决定在3月初命令第3军团的各师团对辖区内的敌人实施先发制人的扫荡作战，阻止越军的战役集结。尽管美军准确判明了越军的主攻方向，阮文全中将手下的各师团也竭尽全力展开扫荡，但却丝毫没有影响到越军在B2战场的战役集结。在西贡西北，范雄和陈文荼拟对西宁市实施双重包围，切断西宁市和外界的联系，完成对西宁的包围。其中，黄琴少将率领的第4军和阮明洲少将率领的第232步兵团分别从北翼和南翼对西宁市实施战略大包抄，最终目的是解放隆庆省和定祥省，彻底孤立西宁市。

在北面，第9步兵师以1团、2团和3团占领239省道的米歇林橡胶园边上的头声军事支区（县），接着向东横扫至西贡河前的一切保安军部队据点。越军会选择头声，而非安禄或真城作为突破口的原因在于，安禄和真城是由久经沙场的别动军把守，而头声却是由保安军部队镇守，相对好打。越军希望夺取头声能孤立安禄和真城，甚至逼敌弃守。突击南翼的第232兵团所辖的第303步兵师任务是解放边葛县，进而铲除从柬埔寨边界往东到万古东河之间的一系列保安军部队据点。同时，西宁省地方部队的3个营也应切断22号公路（这条公路是1号公路的分支，延伸进西宁市），阻止南越国军沿路撤退或增援。如果这个战役设想变成现实，那么第4军和第232步兵团就可以一鼓作气打下两个重要的支区，并解放西宁省大片土地，对西宁市构成合围态势。

除了考虑到头声守军战斗力不强外，南方中央局选择头声作为主攻目标还有以下原因：它既是22号省道附近重要的十字路口，也是西宁省往东进入平阳省的咽喉要地，而且往南沿着河流还可以通往古芝以北的边葛县。边葛县，号称铁三角地区，同时还是南部平原重要的交通枢纽，四周多沼泽，这一地区唯一一条可以通行的公路正好从边葛县穿过。越军熟悉地形，南越国军也不傻。他们同样明白这些地区的重要性，虽然南越国军在头声和边葛县放的都是保安军和民卫队，但无论是头声还是边葛都修筑了坚固而绵密的混凝土工事群，射击视野开阔，可从各碉堡工事形成交叉火力，阵地前沿密布多道铁丝网和雷区，形成坚固的战术支撑点。特别是头声，由于位置重要，南越国军很早就把这个镇修成了一个坚不可摧的堡垒，并布置了3个保安营和9个民卫排负责把守几十个据点和工事，封锁了所有通往镇中心的公路。总之，这两个要点都是南越国军防御的重点，不可小视。

按照陈文荼中将的计划，越军第9步兵师在第16步兵团、几个坦克连、2个高射炮营、12门远程火炮（含3门130毫米加农炮）加强下，于头声北面集结兵力。3月10日（西原军区打响邦美蜀战役的同时），西宁省地方部队3个营首先发起了B2战场的攻势。他们对鹅头河交通枢纽（1号和22号公路在西宁省南面的交会点）到西宁市之间的22号省道沿线展开攻击（破交作战）。虽然南越国军保安军部队在大部分地段击退了越军的进攻，但越军还是在西宁市附近占领了一段公路，并继续守了几天。

就在西宁省地方部队积极展开“障眼法”的同时，越军突然亮出了底牌，对头声发起攻击。3月11日凌晨05点00分，越军第9步兵师2个团发动主要进攻。虽然他们迅速突破了保安军部队的外围防线，但保安军部队还是进行了激烈的抵抗。第9师投入3辆坦克引导步兵冲击，但保安军部队却在强大的炮火支援下挡住敌人，守住了阵地。为了迟滞越军坦克的推进速度，保安军部队甚至放水淹没周围农田。

南越国军保安军部队的顽强抵抗震惊了越军第9步兵师，连续冲击被南越国军击退后，第9师撤了下来。3月12日清早，越军第9步兵师又展开更猛烈的进攻。越军第9步兵师战史描述道：“我们的战士和敌人为了每一座房屋、每一寸土地展开激烈争夺。我师派上了坦克群冲击。……85毫米加农炮也拉上前线，为步兵提供直瞄炮火支援。与此同时，我师也使用配属作战的军炮兵压制敌炮阵地……09点00分，我军打下了敌人的通信掩体，并用炸药摧毁了最后顽抗的敌地下掩体……09点40分，2团的战士们在头声军事支区司令部顶上升起了解放阵线的旗帜。不过，剩余的残敌却退入支区的三角堡垒地带，在装甲运兵车和炮火支援下继续顽抗。3月13日清晨，在投入预备队后……2团发动了新的进攻，突入了三角堡垒……最后的残敌……这一地区的守敌，有2000多人被我师击毙，929人成了俘虏。”

尽管越军攻克了头声，但他们也付出了惨重的代价。南越方面声称共击毁了10辆坦克，毙伤越军数百人。《越南人民军卫生勤务史》第三卷第376页记载：“进攻头声县战斗伤亡828人，含589名伤兵，伤亡率占参战兵力的6.29%，阵亡率为1.81%，伤兵率为4.47%，死亡占伤亡总数的28.82%。”[2]不过，守卫头声的保安军部队也有半数兵力战死、被俘或失踪。尽管如此，头声还是有幸成了越南共和国第5个打了5天以上才完全陷落的支区。不管怎么说，这个位于西贡西北27英里、同时也是这个方向离西贡市区最近的支区现在已经落入了越军之手。西贡西北大门已经向越军敞开。

在第9步兵师展开攻击的同时，第232兵团所辖的第303步兵师也发动了进攻。第303步兵师由第201、第205和第271步兵团组成，并得到第5步兵师3团、1个高射炮营和7辆缴获的M113装甲运兵车加强，他们的进攻目标是边葛。和头声一样，边葛也是南越重点防御地带，南越国军不仅在这里筑有坚固的工事群，而且周围地形平坦开阔，运河和溪流纵横，易守难攻。在边葛，南越国军部署了600名保安军驻防镇内，外围防线也部署了500人。

3月12日清早，越军炮群集中火力对边葛进行猛烈的炮火准备。伴随着炮火，第303步兵师展开冲击。然而，坚守边葛的保安军部队却得到了有效的近距离空中支援和强大的炮火支援，将越军第303步兵师死死地阻击在阵前。第一次冲击失败后，第303步兵师改变战术决定先肃清边葛外围防线，再强攻小镇。于是，该师把85毫米加农炮拉到前线，把它们当成直射火力逐个轰击保安军部队的据点和工事。14点00分，在越军直瞄炮火逐个摧毁据点和工事的打击下，几个保安排被迫退进边葛。17点00分，越军炮群再次对边葛进行大规模炮轰，接着第303步兵师发起第二次冲击，但还是被顽强的保安军部队所阻。在战史中，第303步兵师承认："敌人拼死抵抗，敌炮群疯狂朝我师冲击队形倾泻炮火，当我军冲到敌阵前，敌人又马上发起疯狂反扑。血战一直持续到夜色完全降临，所有参战部队被迫停止了进攻。"3月13日，第303师再打边葛，结果又被对方有效的炮火支援和顽强抵抗所阻。

一再冲击失败，迫使第303步兵师师长不得不反思自己的战术："虽然在外围进攻战斗中，我军夺取了大量的外围据点和工事，歼灭了敌人许多有生力量，但却始终无法突入镇内。在这种情况下，师指挥部决定和各团长召开战地会议，研究打法……最后决定除了留下足够的兵力继续包围和对敌实施渗透袭扰保持压力外，师主力撤下来总结经验教训，补充兵力和粮弹，准备下一次冲击。"

3月14日清晨，第303步兵师又对边葛和1号公路沿线的各个外围据点发动第四次冲击。在强大的炮火支援和优势兵力冲击下，最终撕开了对方的防线，冲进了边葛县。战至下午，第303步兵师控制了边葛，但清剿残敌的战斗却一直打到了深夜，越军最终彻底歼灭了守军，攻克了边葛。经过3天残酷的战斗，第303步兵师完成了南方司令部交付他们的第一阶段任务，摧毁万古东河西岸到越柬边界的南越国军各个基地和据点。从西宁市到九龙江之间的广大地区获得了解放。

在分析了越军第9步兵师和第303步兵师的进攻后，南越国军第3军团军团长阮文全中将判断越军意在夺取西宁省或是实施两翼包围，攻下鹅头河，彻底合围西宁市。虽然面临着两难的局面，可阮文全的选项却很有限。南越国军在西宁省只有第25师团，在目前的态势下，阮文全要么就把第25师团（师团长是南越国军名将李从伯少将）从西宁市撤出来，对越军实施反击，夺回丢失的头声与边葛，但这么一来就会使西宁市完全处于空虚无防的状态，越军将轻易夺城；可如果让第25师团继续留守西宁市的话，第25师团就会被越军合围，使第3军团本来就少得可怜的机动力量（第5、第18和第25师团）的实力无形中被削弱三分之一。

最终，阮文全决定守城。他把第25师团所辖的3个步兵团——第46、第49和第50步兵团放在西宁市周围，同时还从别动伞降第81联团抽调了1个连坚守市区。当然，阮文全也并非只是坐以待毙。他不会对越军摧毁了第3军区2个重要的防御点置之不理。

在头声和边葛血战期间，他就指挥第3军团的炮兵群和飞机对两地守军提供了强大而有效的炮火和航空火力支援。从3月8日到3月14日，第3军团炮兵共打掉26000发炮弹，空军也飞了320架次以提供空中支援，仅有1架A-37在3月12日被越军SA-7肩扛式防空导弹击落。除了加大火力支援外，阮文全中将还打算出动战略预备队为西宁市解围。3月11日，阮文全中将命令第3装甲骑兵旅团和第33别动联团立即开赴鹅头河，并指示他们要不惜一切代价守住这个重要的交通枢纽。同时，阮文全还从第5师团第7步兵团抽出1个营，加强给第3装甲骑兵旅团，并由旅团司令陈光魁准将指挥步坦别动三个兵种协同反击，意在夺回头声县。此外，阮文全中将还从第18师团抽调第48步兵团，用直升机机降到鹅头河，任务是打开通往柬埔寨的1号公路。

这些调动都是阮文全中将的典型战术：把军团预备队拆开，从战斗任务较轻的部队抽调兵力应付越军的主攻，同时混编步兵、装甲兵和别动军实施协同作战。然而，他却误判了越军的主攻点，以为西线是越军的主攻点，他抽调机动兵力救援西宁省时，就削弱了第3军区东部诸省的防御力量，而这一带正是越南人民军第4军在第二阶段的主攻目标。另一方面，阮文全确实也没有选择，南越国军已经没有战略预备队，而他们判断对方要总攻西贡前必先拿下西宁以作为跳板。根据这种（错误）判断，阮文全决定把战略预备队集中在西宁省，希望越军也按他的判断出牌。

然而，陈文茶中将的意图却是控制隆庆省，切断20号公路[3]，困住南越国军第18师团，阻止阮文全把这个师调到其他地区支援。他的战略目的就是在南越国军第2军区和第3军区分界线建立一道“隔离带”，堵住从西原和沿海诸省退却下来的南越国军第2军团部队进入第3军区。因此这个将南越国军两个军区隔离开来、夺取20号公路（从隆庆省内的1号公路起往北穿过林同省直抵大叻市）的艰巨任务就落到了越南人民军第7步兵师师长黎南风大校的身上。

2月初，第7步兵师由第141、第165和第209步兵团组成，他们的任务是对20号公路边上的定管县实施战斗侦察。定管县位于隆庆省省会春禄西北14公里，是越南共和国的一个重要军事支区，也是重要的交通枢纽。一旦越南人民军第7步兵师夺取定管县，他们就能沿着20号公路往西南占领罗日河的大桥，或向东北夺取大叻市，进退自如。此外，夺取20号公路还能切断第3军区和第2军区的联系，间接支援西原军区发起的邦美蜀战役，并支援越军第5军区将广德省从第3军区和西原硬生生地隔离开来。

当第7步兵师沿着7号公路展开攻击的同时，在隆庆省东部作战的第6步兵师的任务是夺取从春禄往南至福绥省的15号公路段（末端是头顿市）。夺取2号公路后，第6步兵师北转向东从春禄沿着1号公路突入平绥省。第6军区的第812步兵团要解放怀德支区，控制隆庆省东北部，并和第6步兵师取得联系，孤立第3军区东部沿海诸省。逐次封锁第2军区和第3军区的西部、中央和东部作战分界线，堵住第2军区残部往南退却之路，将越南共和国拦腰截断。

2月底，第7步兵师完成了战斗侦察任务。3月5日，越南南方解放军副司令黎德英中将命令第7步兵师师长黎南风大校立即率部从福隆省出发，穿过密林，悄悄在20号公路沿线的南越国军各个据点展开兵力，准备以迅雷不及掩耳之势攻克20号公路沿线最重要的交通枢纽——定管县。尽管越军极力隐蔽行军，但美军和南越国军情报部门还是通过缴获的文件和越军第7步兵师的2名叛逃士兵的供认发现了越军的战役企图。

早在越军打头声、边葛不久，南越国军第3军团长阮文全中将就得知了越军正向定管县隐蔽集结兵力。3月16日，阮文全中将命令南越国军第18师团师团长黎明岛准将从第43步兵团抽调2个营把守定管县。第43步兵团2营于当天抵达定管县后在西北郊布防，1营和团部部署在罗日桥。黎明岛准将扣下了第43步兵团3营，把它放在怀德县附近，策应守卫怀德县的保安军部队，防范越军第812步兵团的进攻。黎明岛准将的第18师团第52步兵团把守春禄，以及西贡东北的1号公路和20号公路交会处的交通枢纽——油惹，而第18师团的第48步兵团还肩负着协防西宁市的重任，这样第3军团实际上已经没有战略预备队了。当阮文全把预备队全部抽调到西部以后，在春禄南面的2号公路和1号公路东面的各个仅有保安军部队把守的各个据点暴露在了越军第6步兵师和第6军区主力——第812步兵团的兵锋和铁拳之下！

3月6日，越南人民军第7步兵师从福隆省出发，经过长途行军朝20号公路行进。不过要抵达20号公路前，第7步兵师还要面对一条大河天堑——同奈河。在既无法徒涉也没有桥梁（被对方炸毁）的情况下，第7步兵师师属工兵奉命紧急在同奈河上架起一座军用急造浮桥，让第7步兵师的步兵和加农炮开过了同奈河。这真是一项极为艰巨的任务。第7步兵师师史记载：“在过同奈河时，我师遇到了无数的问题和困难，但仅仅3夜的功夫，全师和配属作战部队就在完全隐蔽的情况下全部渡过了同奈河。”

尽管第7步兵师安全渡过了同奈河，但渡河时间的延迟却扰乱了陈文茶中将原定的同时进攻头声和20号公路的战役计划。3月12日，越南人民军第4军军长黄琴少将给指挥20号公路进攻战斗的副军长裴吉武大校发了一封急电，要求他催促7师加快前进速度。虽然进攻的突然性已经丧失，但在接到黄琴少将的电报后，裴吉武大校还是命令7师立即展开攻击。3月17日清晨，第7步兵师所辖的第141步兵团对定管县展开攻击，打响了20号公路进攻战役。在定管县外围制高点，南越国军第43步兵团2营进行了顽强抵抗，越军第141步兵团和南越国军第43步兵团2营展开了无数次生搏死斗，血战了整整24小时，141团依仗兵力优势压垮了南越国军第43步兵团2营，攻下了俯瞰定管县的周围高地。失败的2营被迫往南退到旧山附近，并在罗日河公路桥附近高地收拢兵力，准备再战。得手的141团顺势冲进定管县，很快于3月18日攻下了县城。

在解放定管的战斗中，越军第7步兵师负伤417人。

正如南越国军判断的那样，越军第7步兵师拿下定管县后，下一个目标就是罗日河公路桥。为了守住这座重要的公路桥，南越国军第43步兵团在河两岸分别放了1营和2营，大桥桥面和两端桥头堡由南越国军1个保安连把守。3月20日清晨，第7步兵师师长黎南风大校命令第141步兵团留在定管县充当预备队，第209步兵团以2个营的兵力向驻守旧山的南越国军第43步兵团2营展开攻击。战斗中，第209步兵团2次冲进南越国军第43步兵团2营阵地，但均被击退。在第3次冲击中，南越国军第43步兵团2营营长阮友嚣少校命令支援作战的2门105毫米榴弹炮装填榴霰弹对冲锋的越军步兵集群进行空爆射击，粉碎了209团第3次冲击。

下午，第209步兵团不顾巨大的伤亡，对旧山发起了第4次冲击。为了将越军冲击打回，阮友嚣少校请求空中支援。不幸的是，一架南越国军空军的F5E战斗攻击机误将南越国军第43步兵团2营指挥所当成是越军阵地，投下炸弹摧毁了营部，造成营部成员诸多死伤。这次误击后，阮友嚣少校已经很难再守下去了。尽管如此，第43步兵团2营还是在第209步兵团2个营的冲击下死扛了4天，2营伤亡80多人。由于越军在进攻20号公路的同时，也对隆庆省发动进攻，迫使南越国军第18师团师团长黎明岛准将不得不将注意力放在隆庆省，无法抽调兵力增援第43步兵团2营。午夜，黎明岛准将命令第43步兵团2营突围撤往春禄。清晨，得手的越军第209步兵团又向罗日河公路桥冲击过来。眼看无法击退进攻之敌，守桥的南越国军保安连连长呼叫炮兵向他开炮，然后再炸桥墩。这次炮火覆盖暂时挡住了越军的冲击，但守桥的南越国军保安连连长却不幸战死。但，这都是徒劳的。虽然炮火炸死了12名冲上桥面的越军战士，但大桥最终还是被越军夺取。在第209步兵团的压迫下，对岸的南越国军第43步兵团1营不战而退。越军第7步兵师胜利完成了20号公路战役的第一个目标——夺取罗日河公路桥。

与此同时，第341步兵师经过隐蔽行军，从北方赶到了B2战场，归第4军节制。3月2日，第341步兵师以第1团（即第273步兵团）配属给第9步兵师作战，越南南方解放军军事委员会给第341步兵师师长陈文珍大校的任务是“侦察和研究从罗日河公路桥到油葸交通枢纽之间的20号公路段和隆庆省省会春禄市。迅速完成一切战斗准备，随时根据上级指示实施大规模攻坚战。”接到命令，陈文珍大校立即率参谋对上述地区实施侦察。3月底，第4军军长黄琴少将命令新近到位的第341步兵师的2个团——第266步兵团和第270步兵团从第7步兵师手中接过定管县防务，其中第270步兵团负责县城的守备任务，第266步兵团将沿着20号公路向西南挺进，占领健新支区。

第7步兵师沿着20号公路不断进攻引起了黎明岛准将的关注。3月28日，黎明岛准将派第52步兵团2营实施反击，意在夺回失去的罗日河公路桥和定管县。第52步兵团2营刚开始北进即遭到越军第341步兵师第270步兵团的阻击。这是第270步兵团在1975年春季总攻击和总奋起的第一战。战斗从3月29日拂晓一直打到第二天，越军第270步兵团寸土不让，南越国军第52步兵团2营苦战一天也没能得手。

为了协同第7步兵师沿20号公路进攻，越南人民军第6步兵师也沿2号公路展开攻击。3月15日到18日，越军第6步兵师沿着2号公路向北横扫南越国军据点，接着又扑向春禄东面各个据点，一度攻占了春禄东面制高点——渚真（Chua Chan）山。3月28日，越军第6步兵师控制了从渚真山到平绥省界之间总长近30公里的1号公路段。至此，西贡和越南中部的最后一条交通大动脉也被越南人民军完全切断，第6步兵师和第7步兵师通过奋战，达成了陈文茶中将的战役意图：将越南共和国拦腰截断，既堵住了第2军区往西贡的退却之路，也挡住了第3军区增援第2军区的所有通道。

就在越南人民军第7步兵师对定管县展开攻击前几小时，第6军区主力团——第812步兵团也对武德县、怀德县展开攻击。在越军的第一阶段攻势中，在重围下坚持了30天的武德县保安军部队进行了极为顽强的抵抗，顶住了第812步兵团连续3昼夜的猛攻。看到这样的局面，陈文茶中将不耐烦了，命令第812步兵团在3月19日暂时撤下来。3月20日清晨，在极为猛烈的炮火准备后，第812步兵团对武德县进行了最后的冲击，终于粉碎了守军的抵抗，彻底攻克了武德县。接着，第812步兵团转入清剿战斗，守卫武德县附近高地的第18师团43团3营成了它的攻击目标。但43团3营是好样的，他们顶住了第812步兵团2天的猛攻后，奉第18师团师团长黎明岛准将之命撤往春禄。不久，第812步兵团和第6步兵师一支侦察部队取得了联系。至此，第812步兵团圆满完成了陈文茶交付第6军区的第一阶段总攻任务，将怀德县并入了性灵解放区。虽然第812步兵团严重落后于进度表，但他们还是自信满满地准备执行第二阶段作战：协助越军第7步兵师扫荡20号公路，解放林同省和宣德省。在解放怀德战斗，越军有22人牺牲、55人负伤。

越军的快速进击，给林同和宣德两省的南越国军造成了很大的恐慌，促使了南越方面又一次出现溃逃。

大叻闹剧

回到南越国军第2军区。范文富少将遵照阮文绍总统的命令放弃西原北部诸省，沿着7B号公路撤退，却忽略了西原南部三省：广德、林同和宣德。虽然在1972年越军战略进攻（南越国军和美军称之为复活节攻势）以后，越南共和国将许多逃离禄宁市和安禄市的难民安置在林同省，但林同、广德和宣德三省的位置仍相对孤立且人烟稀少。对于南越国军而言，仅有宣德省省会大叻市才是真正重要的。这里是南越国军军事学院和阮朝的历代皇陵所在地。越南共和国不少政界大佬和经济圈的大亨都在大叻市区拥有自己的度假豪宅和名贵房产。

3月初，越南人民军第10步兵师夺取了广德省北部的德立支区后，南越国军第2军区就把别动军第24联团的3个营撤到广德省南部，以建德（Kien Duc）支区和省会嘉义（Gia Nghia）为核心转入防御。3月20日，越南人民军以第271B步兵团将别动军第82营包围在建德支区，阻止了别动军第24联团从广德省退却。

不久，越南人民军第271B步兵团除了留下1个营看住建德支区外，主力向嘉义挺进。2天后，广德省省长致电第2军区司令范文富少将，报告省会嘉义市遭到越军极为猛烈的炮轰，越军已经冲到了嘉义机场。尽管南越国军保安军部队进行了2天的坚决抵抗，但第271B步兵团还是在3月24日解放了嘉义。广德省的解放，意味着西原军区的左翼得到了有力的保障，并防止了南越国军第3军区北上驰援邦美蜀。

在建德县，别动军第82营拒绝对敌投降。3月21日，别动军第82营自行组织突围，经过惨烈的白刃格斗战，他们突破了越军第271B步兵团防线，于次日和别动军第24联团主力会合。可随着嘉义市的陷落，别动军第24联团离海岸越来越远，而且没法获得充足的食物、淡水和弹药补充。另一方面，由于南越国军第2军区所有的直升机都被用来协助军区主力部队沿7B号公路撤退，因此别动军第24联团联团长只得命令部队向东南穿过丛林朝林同省撤退，以协助友军守住省会保禄市。这是别动第24联团在越战中最远的转移行动。3月23日，发生了一起不幸，一名别动队员踩上地雷被炸死，联团长也负伤，只得由直升机接走，别动军第82营营长王穆隆（Vuong Mong Long）少校接过联团指挥权，继续率部撤退。

当别动军第24联团开始撤退时，越南人民军第7步兵师开始了对林同省的进攻，他们的主要目标是宝禄市和迪灵市。第7步兵师在坦克群和高射炮群支援下沿着20号公路向两城展开攻击。3月31日16点00分，第7步兵师师长黎南风大校报告解放了宝禄市和迪灵市，守卫两城的南越国军保安军部队残部逃往大叻市，林同省完全沦陷。截至目前，宣德省成了西原诸省中唯一还在南越共和国手中的省份。

不过，大叻市却不准备对越军低头，南越守军积极准备着城防作战。大叻陆军军官学院院长林光富少将奉命担任大叻市城防司令。随着迪灵市的陷落，林光富少将意识到大叻市被包围了。他只有两个选择：要么死守大叻和越军拼死一战，要么组织撤退。由于南越国军在西原和北部诸省的战斗中损失惨重，丧失了大量得力军官，因此大叻陆军军官学院的学员们就成为复兴南越国军的骨干，身为院长的林光富少将实在不忍心把这个宝贵的资源白白毁在巷战中，因此他决定撤退。在确保通往藩朗市的11号公路（仅存的通往沿海的公路）后，大叻陆军军官学院的学员和教官们于3月31日夜乘坐卡车离开了大叻市。4月1日清晨，他们抵达藩朗市，并继续撤往平绥省，从那里乘坐运输机转往西贡。

不过，林光富少将把大叻陆军军官学院学员统统撤光的消息却沉重打击了守卫大叻市的南越国军保安军部队的士气，他们很快作鸟兽散。通过监听南越国军的电台，第812步兵团得知大叻空虚无防，迅速朝大叻市进发。4月3日清晨，第812步兵团未发一枪一弹就解放了大叻市。

遗憾的是，别动军第24联团对此却一无所知。穿过密林，他们还不时袭击越军在沿线公路过往的车队和越军游击队的小根据地，以获取食物和淡水的补充。4月2日，别动军第24联团好不容易才抵达宝禄市郊，联团长王穆隆少校却遗憾地发现“我们来晚了，红旗已经在市政厅顶楼飘扬，我们不得不北转以希在大叻市能和友军会合。4月4日，英国海外广播电台报道大叻市已经陷落……1975年4月5日，我通过电台和禄中校取得联系，他正坐着飞机飞到大叻市周围上空寻找我们的部队。”其中，别动军第82营通过直升机接运，撤离了林同省，他们先是转移到藩切市，然后再到春禄。别动军第24联团剩余2个营也在接下来的2天里乘坐直升机撤到藩切市，参加藩切市防御战。王穆隆少校率别动军第24联团经过近2周的撤退，撤到了隆庆省春禄市。途中完全依靠缴获的口粮和饮用河水勉强维持。从广德省出发时，别动军第82营还有450人，可到了春禄就只剩310人了。然而，在第2军区所辖的各个别动军联团中，只有别动军第24联团是唯一能成建制撤出战场的部队。这也算是南越国军难得的胜利。

林同省和宣德省到手，宣告了陈文荼对西贡西面、北面和东面的第一阶段进攻战斗都获得了伟大的胜利。但越军在西贡南面的九龙江平原的攻势却受到一定程度的挫折。根据越南南方解放军司令部的指示，第8军区要集中兵力对美萩市（九龙江平原的第二大城市）西面3个军事支区发动进攻。这3个支区在1973年到1974年仍旧是双方反复争夺的战场（因为这3个支区人口稠密，是九龙江三角洲的主要产粮区，控制着4号公路的主要路段），一旦夺取这3个支区，越军的第8军区不仅可以直接威胁美萩市，还可以打通和从厚义省南进的第303步兵师的联系。

九龙江三角洲的南越国军意识到越军正在步步紧逼，遂决定破坏敌人的计划。3月初，南越国军通过无线电测向，捕捉到越南人民军第8步兵师师指突然出现在美萩市东北5公里处。于是，南越国军第7师团马上出动兵力实施了几轮扫荡，力求俘获越军第8步兵师师部，但连接扑空，不过却发现了2个大型弹药库。根据新的情报指出，第8军区在年初的攻势中伤亡很大，弹药也消耗甚大，因此黎格洛判断“越军各部充斥着新兵，战术素养也很低”，他们的攻势只能以人海战术或大的伤亡来换取战果。

他猜得很对。虽然在越军的进攻下丢失了几个前哨阵地，但南越国军第7师团还是保持了重要的4号公路畅通，并在美萩市附近击退了越军第8步兵师的几次进攻。尽管如此，南越国军在九龙江三角洲的形势仍日渐危急。根据情报的分析，过去几周越军的全面进攻扩大和巩固了越南南方解放军的控制区，并迫使南越国军不得不在各个热点奔波，疲于奔命。越军获得了相当的成功，迫使南越国军空军在3月13日铺开了全部战斗机和攻击机进行对地支援，连续不断的作战使南越国军空军磨损很大，战斗力陡然下降。

虽然越军第8军区对整个九龙江三角洲地区进行了几十次小规模的渗透和袭击，但总的来说既没能重创南越国军，也没有占领任何一处要地。不过，第8军区主力——越军第8步兵师通过一系列不间断的袭击和进攻还是将南越国军3个师团牢牢地“圈”在九龙江三角洲。第4军区在第3军区遭到越军多路进攻时已经无力驰援，像南越国军第21师团在1972年复活节攻势那样的驰援平隆省13号公路的情况已经不会再出现，除非第4军区甘愿把九龙江中上游让给对方，否则在第3军团危急的时候指望第4军区救援可谓天方夜谭。

陈光魁挽救了西宁市

第3军区司令阮文全中将判断越军对西宁市的南北合围铁钳将在1号公路和22号公路交会点——鹅头河合拢，而陈文茶中将的计划却完全不同。他打算以第232兵团所辖的第303步兵师为主力从南面突入厚义省，然后和9师会合，包围西宁市。第303步兵师以1个团攻打鹅头河，师主力绕道北上。在摸不清越军战略意图的情况下，第3装甲骑兵旅团旅团长陈光魁准将决定放弃夺回头声的任务，集中兵力守住鹅头河。在航空火力的有效支援下，陈光魁准将于鹅头河集结兵力准备死守。当时，越军第303步兵师已经出现在距鹅头河不到1英里处。对陈光魁的能力，第3军区司令阮文全中将是很信任的，他认为陈光魁能够守住鹅头河，因此阮文全中将命令陈光魁准将使用配属作战的第48步兵团夺回从鹅头河到柬埔寨边界的1号公路段。尽管得到航空火力和猛烈的炮火支援，但第48步兵团却遭到越军顽强抵抗，进展缓慢。对越军而言，第48步兵团沿1号公路的反击严重威胁到正在进攻厚义省的越军第303步兵师后方。为了阻止可能发生的灾难，第303步兵师师长从进攻厚义省的2个团撤出了1个营的兵力，准备用1个团又1个营的兵力挡住南越国军第48步兵团的进攻。

尽管第303步兵师师长下令要不惜一切代价守住1号公路，但在南越国军第48步兵团的突击下，越军还是且战且退。在一次战斗中，越军1个连几乎全军覆灭。得知南越国军沿1号公路展开反击后，南方解放军代司令员陈文茶中将命令越南人民军第9步兵师立即对头声附近的南越国军第3装甲骑兵旅团侧翼展开攻击，迫使第3军区司令阮文全中将把第48步兵团拉回来阻止9师的翼侧进攻。3月23日，第9步兵师1个团将福隆战役中全军覆灭后重建的第5师团7团2营赶出了22号公路边上的常米，并二度全歼了这个营，该营75%的将士战死、战伤或失踪。

常米失守后，陈光魁准将立即作出反应，出动第3装甲骑兵旅团2个中队和别动军协同反击，力求夺回常米。当第9步兵师继续向南突击时，很快和前来反击的南越国军第3装甲骑兵旅团遭遇。3月24日，双方爆发了一场激烈的战斗，结果是南越国军第3装甲骑兵旅团粉碎了第9步兵师的冲击，夺回了常米，毙伤越军百余人，缴获了大量武器装备。不过，越军第9步兵师并不会善罢甘休，他们反过身来和南越国军第3装甲骑兵旅团围绕常米展开激烈争夺。在常米受到威胁、侧翼不稳的情况下，陈光魁准将把沿1号公路反击的第48步兵团撤回，守住鹅头河。

总的来说，阮文全中将和陈光魁准将都是在走钢丝，尤其是陈光魁准将简直就像一位消防队员，在西宁市南北两翼来回跑动救险，消除两翼受到的威胁。对于第3装甲骑兵旅团而言，这是一个了不起的胜利，需要的是卓越的参谋作业和出色的后勤规划，最大限度地排兵布阵和有效利用一切可用装备。不过，如果像第7步兵团2营那样被越军全歼的部队越来越多的话，那么阮文全的选择面也会越来越窄。

在这种情况下，阮文全需要更多的预备队，以便在各地受到越军攻击时进行机动防守反击作战。3月13日，越南国家安全委员会召开会议，总统阮文绍允许第3军区司令阮文全对第3军区的别动军部署进行调整。第3军区共下辖3个别动联团：第31、第32和第33联团，其中别动军第33联团和第3装甲骑兵旅团协同作战。久经沙场考验的别动军第31联团的前身是别动军第3联团，1972年他们曾在安禄进行了英勇的抵抗。现在，别动军第31联团的任务是守住被越军团团围住、只能靠空运接济的真城县，而离他们最近的南越国军前沿据点还要往南走10英里。把守真城以北12英里的安禄市的别动军第32联团位置就更孤立了。安禄是越南共和国平隆省省会，同时也是南越国军第3军区别动军司令部所在地，不过安禄市对南越国军的心理影响比实际意义更大：它是1972年复活节攻势中南越国军英勇守城作战的象征，是越南战争的“斯大林格勒”。然而，从1975年3月的总体战争态势来看，无论是安禄还是真城都失去了战略和军事价值。可为了荣誉和信念，别动军第31联团和第32联团（各下辖3个别动营）要奉命死守安禄和真城，缓解西贡压力。预计到越军很快要打安禄，第3军区别动军司令阮清准上校命令别动军第32联团做好被长期围困的准备，他们储备了可供使用90天的油料、粮食和弹药。阮清准也不想不经一战就放弃这个牺牲了3000将士才守住的“圣地”。因此，当南越国军第5师团师团长黎阮维准将坐直升机飞进安禄，通知他阮文全中将命令别动军第32联团必须在5天内做好准备，撤往真城时，阮清准上校不知道有多震惊。

尽管阮清准和许多别动军军官舍不得放弃安禄市，但军人以服从命令为天职，他们还是执行了阮文全中将的命令。阮清准上校决定分批撤出安禄。首先，他要先把炮兵撤出，接着疏散平民，然后毁掉所有补给品和装备。一旦上述三项任务完成，他将招来直升机群把第3军区的别动军司令部、平隆省长厅和别动军第32联团1个营接走，剩下2个别动营和保安军部队走陆路沿13号公路突围，预定和从真城出发的别动军第31联团在半途会师，再共同撤往真城。保密至关重要，因为如果敌人知道别动军第32联团要撤，肯定会追上前来，冲进别动军第32联团的撤退队形中，那将会是一场灾难。

在阮清准的指挥下，撤出炮兵、疏散平民、烧毁所有补给品和带不走的装备都顺利完成，别动军第32联团1个营和第3军区别动军司令部也顺利乘坐直升机撤出了安禄。别动军第32联团剩下的2个营于傍晚开始撤离安禄，准备从一座越军完全控制的森林强行突围。尽管越军进行了拦阻，双方发生了几次小的战斗，但别动军第32联团行动迅速，甩掉了越军，于3月20日抵达真城。这次转移之所以成功，一个主要原因是陈文茶中将把主力部队从安禄撤出，转移到西宁省，仅在13号公路留下了部分地方部队和乡村游击队。不过，别动军第32联团这次成功的撤退却引起了越军的警惕，陈文茶做出了强烈的反应。他命令第9步兵师立即对真城发动进攻，正好将南越国军第3军区的所有别动军部队在真城一网打尽。

自安禄撤退后，阮清准上校就预料到越军会攻打真城，因此他集中了1个保安营和6个别动营，在11辆M41轻型坦克和炮兵支援下做出了周密的防御部署。在他的指挥和别动队员的努力下，真城很快变成了一个坚固的堡垒。2个别动军联团沿着基地周围挖了一条深深的环形壕沟，在壕沟的背后是用沙袋垒起的高达6英尺的胸墙。坦克和火炮，以及各种重武器标好射击诸元，一旦越军进攻，即可以齐射交叉火力在胸墙和壕沟之间形成一道密不透风的火力网。依仗坚固的防御体系和强大的火力，以及2个别动军联团的兵力，阮清准上校坚信他可以击退越军所有的进攻。遗憾的是，他刚刚完成防御部署，就收到第3军区司令阮文全中将的命令，要他调出别动军第32联团去增援西宁。这个命令让阮清准上校大吃一惊，他恳求阮文全中将留下别动军第32联团至少1个营，阮文全答应了。这样，别动军第32联团除了留下1个营在真城外，剩余2个营乘坐直升机离开真城，赴援西宁市。

别动军第32联团刚走不久，越南人民军第9步兵师就以2个团的大部分兵力在地方部队和1个坦克营的支援下进攻真城。第9步兵师攻得很急，既没有组织周密的侦察也没有进行试探性进攻，陈文茶中将需要立即获致战果，因此，越南人民军第9步兵师对真城采取的打法十分直接明了：坦克群先冲击，然后步兵跟进，波波相连持续不断地打，用兵力和技术装备的数量优势压垮守军。3月24日09点30分，越南人民军第9步兵师实施了第一次冲击。先是猛烈的炮火砸在了别动军第31联团和第32联团1个营的阵地上，接着坦克群隆隆开了上来。别动军将士们一动不动地隐蔽在战壕和掩体中，等到坦克群开到跟前时，再突然一跃而起，用M72火箭筒和无后坐力炮猛烈轰击冲到跟前的坦克群。先是1辆坦克中弹，接着是3辆坦克被打瘫，最后是7辆T-54坦克起火燃烧。跟进的越军步兵试图继续冲击，结果被阮清准上校及时呼叫航空火力和炮火联合打击所阻。战至14点，越南人民军第9步兵师对真城的第一天进攻以失败告终，7辆T-54被打坏，横七竖八地躺在战场上，越军步兵也伤亡过百。

在意识到把守真城的南越国军别动军比起在头声打过的保安军部队更顽强后，越南人民军第4军军长黄琴少将命令负责在真城南面封锁13号公路的第341步兵师273团抽调2营和3营支援9师攻城，仅留1营阻击南越国军从保邦沿

13号公路救援真城。与此同时，越军第9步兵师于3月27日又对真城进行了第二次进攻。显然，越军第9步兵师师长过于自信，始终没有打算改变战术。他们继续重复昨天的套路，先是炮火准备，然后坦克冲击，接着步兵波波冲锋。第二次进攻的结果比第一次还糟。9师进攻部队甚至还没靠近敌阵就被别动军的炮火、航空火力和火箭筒、无后坐力炮联合拦阻火力打垮。连续两次挫败了越军第9步兵师进攻，阮清准上校宣称毙敌240人，击毁11辆T-54，而守军伤亡不过50人而已。

9师师长意识到只有加大兵力投入才能攻克真城，因此他命令3团迅速从西宁省赶往真城。3月30日，第9步兵师以3个团的兵力在第273步兵团2营、3营和坦克群配合下，在15门大口径加农炮（含3门M46 130毫米加农炮）支援下展开了兵力，准备进攻。3月31日清晨，第9步兵师师长在师指挥所亲自下达了进攻命令。刹那间，第9步兵师炮群齐发，3000多发炮弹砸在了第31别动联团和第32别动联团1个营的阵地上。接着，密集的迫击炮弹和85毫米加农炮弹群也在雷区和别动军的工事群上猛烈爆炸，引爆了大量地雷，炸塌了部分工事掩体。在整整2个小时的炮火准备中，越军炮兵给别动军第31联团和第32联团洗了一场火海澡。随着越军第9步兵师对空发射信号弹（示意进攻开始），坦克群又一次掀开伪装，冲出了阵地，成百上千的越军步兵也从各个方向朝真城扑来过来。虽然越军兵力拥有压倒性的优势，但顽强的别动军将士们也没有退让半步，继坚决地抵抗。尽管别动军第31联团和第32联团1个营（外加1个保安营）在兵力上远不如越军，而且连番苦战筋疲力尽，但他们还是以自身顽强的斗志挡住了越军1个加强师的连续冲击，而且击毁了大量T-54坦克。

然而，南越国军别动军的兴奋没能持续多久。一名别动军官后来在回忆中队空投补给状况时写道：“在敌人猛烈的对空拦阻火力下，我们收到的补给品越来越少。敌人对这个弹丸之地的支区倾泻的炮火和展开的防空火力密度远甚安禄之战。在艰苦的守城战中，我军的兵力损耗越来越大，却没有一兵一卒的增援……敌人进攻的重压相当大。他们意在夺取支区，打开通往西贡的大门。在被围第9天，我们仍没有收到任何空投药品和口粮补充。直升机也无法着陆，即便是熟练的飞行员也是如此（惧怕越军的防空火力）。”意识到自己的处境后，阮清准上校在下午请求撤往莱溪。阮文全中将批准了这个请求。阮文全中将也不希望别动军第31联团被全歼，他需要他们继续战斗。

3月31日22点00分，阮清准上校把全体高级军官召到跟前，下达撤退命令。对于别动军来说，连续从安禄和真城撤退对他们的荣誉和尊严是巨大的侮辱。他们以无畏的勇气扛住了意志坚决之敌的猛攻，死死地守住了真城。对这次撤退，他们从感情上是想不通的。不过，在命令面前，个人感情退居其次。迅速完成准备撤退后，别动军第31联团于4月1日夜，在越军准备次日进攻前悄悄撤出了真城。为了掩护别动军转移，南越国军进行了一系列的轰炸。别动军第31联团炸毁了所有剩余的坦克和榴弹炮，然后悄悄从越军第9步兵师防线缝隙溜走。各个别动营自行突围，受到了部分损失。别动军第31联团所辖的别动军第52营在突围转移时陷入9师的伏击，伤亡惨重。同样，坚守真城的保安营也损失惨重。尽管如此，别动军第31联团主力仍有序撤了下来，经过一定的部署调整后，继续保持着较为完整的战斗力。随着安禄和真城到手，越南人民军解放了整个平隆省，并开始逐步压缩西贡。

关于真城战斗伤亡，《越南人民军卫生勤务史》第三卷第376页记载：“进攻真城的兵力是10780人，伤亡910人，含732名伤兵。”[4]

一个雄心勃勃的计划

陈文茶中将的第二阶段总攻击已经达成了目的，越军几乎赢得了计划中规定的所有目标。经过一个月的激烈战斗，越军已经成功地拓宽了战略运输走廊，大量的兵力、物资，以及技术装备可以源源不断地送抵重要战场。在集中了主力部队进攻南越国军保安军部队据守的支区并以较小的代价取得了成功后，他也很明白对手暂时并非南越国军野战部队，否则的话他们的伤亡将更大。不过，陈文茶中将并不满意。在回忆录中，他写道：“整个南方形势变化极为迅速，大大超过了我们的预料，为各个战场争取最大胜利创造了十分有利的条件。我们南方军委和南方局的同志们工作都很紧张，日夜密切注意各区、各部队的情况。胜利消息纷纷传来，指示电报不断发出。可是，还是感到我们慢了。武装力量还不足以充分利用这种形势。范雄同志给政治局发了几封电报，要求火速增派兵力。”陈文茶中将希望中央政治局对战略计划进行讨论和修改，如果邦美蜀战役结束后南越国军第2军区总崩溃，那么西原的越南人民军就应该迅速南下，进攻西贡。

战争结束后，武元甲大将声称陈文茶中将的计划正是他心中理想的战略。但他不愿意把这种意愿强加给总参谋长文进勇大将，此时文进勇大将正努力推动西原战役的全胜。在文进勇大将看来，西原战场在南方各大战场中具有优先地位，他想方设法地压下了陈文茶中将一再提出派大军南下西贡的要求。3月22日，陈文茶中将给文进勇大将发了一封急电，称B2战场严重落后于计划进度。正如陈文茶在回忆录中所写，当他得知解放大叻市的重任要交给B2战场时，他感到“B2战场的部队少，又必须紧逼西贡，无法去解放宣德省。当时，整个西原已经解放。在那里，我军兵力雄厚，可以非常顺利和及时地解放大叻市，然后直达南部东区。因此我打电报给文进勇大将，请他派兵解放大叻市，我部须向西贡方向挺进，无法解放该市”。

然而，文进勇大将却并没有领情。3月23日，陈文茶中将收到文进勇大将的回电，称西原主力部队目前要向沿海省份追击消灭残敌，西贡战役最后会打响的。文进勇称他认为B2战场最需要做的是事先做好战场准备，同时他也认为肃清西原的南越国军第2军区残敌，确保解放西贡的大后方——西原的安全也极为必要。虽然他没有直说，但文进勇还是认为在当时的局势下直接对西贡实施总攻击的时机并不成熟。他认为“目前我们在B2战场并没有赢得任何决定性的胜利，因此敌人（还没有像第2军区和第1军区那样）处于崩溃边缘”。

当然，陈文茶中将不认同文进勇大将的判断。接到文进勇大将的复电，他心里不大高兴。他认为如果西原军区的部队，尤其是第10步兵师，能立即向南部东区（第7军区）挺进的话，那么他可以更快地解放西贡。奇怪的是，当陈文茶中将和文进勇大将就增兵提早攻打西贡发生争执的时候，同一时间陈文茶却拒绝了第4军军长黄琴少将的类似建议。看到整个形势急剧好转后，3月19日，第4军军长黄琴少将急电陈文茶，他建议取消原定第7步兵师北上解放林同省的计划，转而让第7步兵师继续往南沿着20号公路挺进，解放油惹交通枢纽和春禄，聚歼南越国军第18师团。在回忆录中，黄琴少将写道：“目前，敌人正在调整战略部署和频繁调兵，放弃了许多据点，撤回来加强西贡和沿海平原的防务。在这种形势下，如果我军能迅速歼灭伪第18师团一部的话……就能为解放春禄创造有利的条件……第一步应该是让第7步兵师沿20号公路继续南下……歼灭伪第43步兵团1营……在第341步兵师到位后，该师将和第6步兵师一起解放油葱……歼灭伪第18师团残部，解放春禄。如果我们没能及时抓住战机，那么敌人很快就会源源不断地投入战略预备队增援春禄。那样的话，我军不仅会白白错失战机，而且还不得不以一部兵力留在后方，确保20号公路段、罗日及新解放区的安全。如果我军还按目前的计划解放林同省的话，胜利是无疑的，但我们最早也只能到3月28日才能打响解放林同省的战役。另一方面，如果我军调转方向，解放20号公路往南至油葱，那么敌人沿20号公路退却的一切希望将彻底破灭。在这种情况下（指解放油葱），敌人在林同省守下去也没什么意义了，他们只能像在其他地区一样被迫主动从林同省撤退。”

如果第7步兵师继续（沿20号公路）南下，同时第6步兵师能将第18师团牵制在春禄市，那么在第7步兵师到西贡市区东面之间就只有南越国军1个伞兵旅团了，一旦实施黄琴少将的计划，那么西贡将会陷入恐慌之中。遗憾的是，陈文茶中将却给黄琴少将的建议打了回票，命令他继续“扩大我军往北的战略运输走廊，控制1号和20号公路，创造从北面和东面向西贡实施宽大正面进攻的良好跳板”。

然而，形势继续急剧好转。3月29日下午，岘港解放。黎笋决定赌一把。在给范雄的电报中，黎笋写道：“3月31日，政治局听取了中央军委关于三周来，特别是近期来我军总攻击进展的报告。一致认为继第9联区和南部东区大捷、解放福隆省和西原诸省取得巨大的胜利后，我战略总攻击实际上已经开始，并将于短期内取得极其重大的胜利……我国革命正以一天等于二十天的速度蓬勃发展。为此，政治局决定进一步抓紧战略时机，以神速、大胆、突然、必胜为指导思想，下定决心在最短时间内，最好在4月份，发动总攻击和总奋起，不要迟延。目前主要是争取时间，在敌人陷入慌乱和衰败之际，向敌人发起进攻，各路大军更应时刻集中力量于主要目标……为及时实现按上述意向制定的战略方针，须立即制定以南部东区战场现有兵力采取大胆行动的战役计划。中央军委主张把第3军及技术装备自B3战场迅速南调，并下令把总预备队1个军调往南方。为争取时间，不要坐等增援部队全部到齐，也应避免不合理的调动，以免延误对西贡的进攻时刻。”

接到电报，陈文茶中将打算不等第1军、第2军和第3军到位，首先靠B2战场自己的力量发起总攻击，打响解放西贡的第一炮。春禄，成了解放西贡的第一战。

血火春禄

春禄，位于西贡东北38英里，控制着油惹（Dau Giay）这个联通1号和20号公路（两条把首都西贡和南越东部诸省相连的高速公路）的交通枢纽。1975年3月20日，越南人民军攻克邦美蜀，以破竹之势歼灭了南越国军第1军团和第2军团，席卷中部沿海各省后，春禄就成了南越国军守住西贡的最后希望。对于这一点，不仅南越国军心知肚明，就连大部分西方观察员都意识到南越国军要想守住西贡、防止南越完全陷落的唯一希望就是守住春禄。在这种绝望和拼死一战的态势下，春禄成了双方在1975年决战中拼杀最激烈的战场。

4月2日和陈文茶开完作战会议后，第4军军长黄琴少将返回了位于20号公路罗日桥的第4军司令部。4月4日，黄琴少将命令第7步兵师师长黎南风大校立即率第7步兵师向南对春禄发起攻击。由于离总攻日只有不到5天时间，黄琴少将决定对春禄采取最简单的打法：以正面进攻战法攻克春禄。战术为以第4军强大的步兵，在全体军属炮兵和坦克群支援下，对春禄市区展开攻击，重点是打下隆庆小区和歼灭第18师团。如果第4军能迅速打垮敌人，尤其是歼灭第18师团，就能在行进间攻克春禄。由第7步兵师师长黎南风大校负责主要方向进攻，从东面攻克第18师团司令部，由第341步兵师实施次要方向进攻，从北面冲进市区，攻下隆庆省小区和市区内其他主要目标。

对黄琴少将采取这种正面进攻打法笔者觉得有些不可思议，因为他刚刚目睹了同样的战术在真城（Chon Thanh）的破产。在回忆录中，黄琴少将写道：“很明显，我军虽然冲进了真城并攻下部分城区，但我们的兵力显然不足以完全夺城。最重要的是，我们完全低估了敌我兵力对比，我军的战役准备也十分仓促。如果在下一阶段战役中我军再犯此类错误的话，则可能无法圆满完成任务，即便是完成了任务也会付出高昂的代价。”而黄琴少将仍在春禄战斗中实施这种打法，原因是现在南越国军第3军团已经开始组织西贡周围的防线，如果推迟攻城就会给对方以喘息之机。他把主要进攻任务交给了经过连续不断的激战兵力消耗很大的第7步兵师。当然，由于一些难以解释的原因，他坚持采取正面进攻的打法。也许是黄琴少将把宝押在了第18师团萎靡不振的士气上，认为他们会在第4军猛烈的炮火准备下弃城而逃。

虽然担负主要进攻任务的第7步兵师因为战役集结地过远没法对春禄进行战斗侦察，不过担任次要进攻任务的第341步兵师对春禄市区进行了周密侦察。首先，第341步兵师中高级指挥员和春禄市党委召开会议，在春禄市委的协助下，研究春禄市区周围地形和分析处理进攻战斗中可能遇到的各种情况。同时，第341步兵师还同意市委的意见：战斗中各个攻城部队由当地游击队派人做向导。第341步兵师战史记载道：会后“干部们在城内我党地下工作者的带领下，对市区外围防线进行了周密侦察。地方部队也派兵引导师级干部和团级干部，以及侦察员乔装进城侦察市区内各个重要目标……师侦察股长黎安绍甚至亲临伪隆庆小区实施抵近侦察……同时侦察员也核实了预定进攻目标和敌人在市区的具体布防情况，查明了敌人的铁丝网、鹿砦和各种障碍物……4月5日，我师组织干部侦察队穿过敌铁丝网潜入城内进行最后一次侦察，发现敌情一切正常，他们并没有察觉到我军的战役准备。近一周的时间，他们甚至没有发现我师的侦察员悄悄入城，在他们的眼皮子底下侦察和标定进攻目标”。

在对春禄西北出口进行周密的侦察后，第341步兵师师长陈文珍大校、政委陈彭德中校召开作战会议，研究拟订出第341步兵师的春禄战役计划，并上报第4军请求批准。军长黄琴大校批准了第341步兵师的作战方案，并对胡定珍大校下达作战命令：第270步兵团要打下建新和氏山，摧毁第18师团1个炮兵营、1个通信中心和第43步兵团2营；第266步兵团攻进市区；第273步兵团配属第9步兵师作战。第6步兵师的第33步兵团和第274步兵团向春禄市南部迂回，进攻油惹交通枢纽和春禄西面1号公路沿线的几个重要据点。

在第341步兵师展开兵力的同时，担负主要方向进攻任务的第7步兵师不得不从林同省赶来，强行军100多英里奔袭春禄。由于距离太远，第7步兵师直到4月7日夜才抵达预定集结区。黄琴少将给第7步兵师的任务是歼灭第18师团第48步兵团，解放春禄南面的1号公路和2号公路的枢纽——新风村。正当黎南风大校命令师部参谋开始拟定战役计划时，黄琴少将又以一纸命令改变了第7步兵师的任务。第4军指示第7步兵师改变计划，首先解放春禄市，然后再聚歼第48步兵团。变化如此快，黎南风大校有些措手不及。尽管如此，黎南风大校还是带领师部的干部们挑灯夜战拟定了新的计划，第7步兵师决定以“第165步兵团打主攻，目标是伪第18师团后方基地和市区东北的师部（以及第52团驻地）……第209步兵团要解放吉溪（春禄东面约5公里的一个小镇）到新风十字路口之间的1号公路段，然后从南面突入市区，解放春禄市，准备打敌反扑和增援。第141步兵团担任预备队”。

战前，为了协调军属炮兵和各师炮兵团支援第7和第341步兵师进攻，以及确保对第7、第341和第6步兵师的补给线畅通，黄琴少将把军部设在了春禄东北。此外，黄琴少将还派副军长裴吉武前往春禄东面可以俯瞰春禄全貌的渚真山设立前指，时刻观察进攻战斗进展情况。进攻发起时刻（H时）定在了4月9日05点30分。如果第4军进攻春禄能引起第18师团的溃败，那么在第4军和西贡之间除了南越国军第1伞兵旅就再无守敌了，更容易引发西贡的全面混乱，从而让西贡成为一座不设防的城市。越军的如意算盘打得很响，可南越国军会如他们所愿吗?

其实，南越第18师团师团长黎明岛准将并没有打算掉头逃跑，而是严阵以待，准备给越军致命一击。3月18日，定管县遭到攻击后，黎明岛就意识到越军的下一个目标必将是春禄。早在2月初，设在渚真山的一支南越民卫队前哨就突袭并全歼了越军第4军的1个炮兵测绘小队，这一报告引起了黎明岛准将的重视，这是他第一次预感到越军要进攻春禄。3月底，在20号公路沿线据点激战中，第18师团抓获了几名越军战俘之后，黎明岛准将更加坚信越军的下一个进攻目标就是春禄。审讯战俘时，黎明岛震惊地发现被俘的越军士兵竟然仅有16岁，但他们配备的却是新式的苏制自动武器和装备。据此，他判断北越经过连年的激战，人力资源缺口很大，不得不连16岁的少年也要征上前线打仗。当他得知战俘隶属于第341步兵师的时候，黎明岛准将意识到越军的三个主力师已经向他逼了过来。

4月初，黎明岛准将开始在春禄市区和周围组织防御。首先，他仔细侦察和研究了春禄周围的地形。从地形上看，春禄市坐落在狭长的安南山脉南梢，周围密布香蕉和橡胶种植园。城西是典型的丘陵地形，密覆森林，几条小河与溪流在城西汇合形成河曲部。城东地形较为平坦，但渚真山是全城制高点，站在山顶上可将全城一览无余。

虽然黎明岛准将有整整一个星期的时间进行防御准备，但他还是感到兵力捉襟见肘。第18师团所辖的3个团就有2个团没能到位：第52步兵团还在20号公路沿线驻防，第48步兵团远在70英里外的西宁省奋战。4月初，黎明岛准将手上仅有第43步兵团、后方基地勤务兵员、第18师团的装甲部队和师团侦察连镇守春禄。除了加强第43步兵团外，4个保安营也归黎明岛准将节制，部署在春禄城北和省军分区周围。由于估计越军的主攻方向是城北，黎明岛把防御重点放在了春禄北面，形成北重南轻的兵力部署态势，给了从城南打主攻的第7步兵师可乘之机。

黎明岛准将很清楚，依照目前双方兵力态势对比，要挡住越军的进攻，必须集中全师团的兵力严防死守。4月3日，他趁着第3军团军团长阮文全中将视察春禄和第18师团的机会，先是简要地介绍了春禄市的布防和准备情况，然后就开口请求阮文全中将归还第48步兵团。最初，阮文全中将感到很不情愿，但黎明岛准将坚持要求归还，并不客气地说，如果第3军团还指望他能守住春禄的话，他必须确保后方，也就是城南的安全。为了说服阮文全中将，他还撒了一个小小的谎：他打算用第48兵团肃清新风往东的1号公路段的越军，夺回渚真山。阮文全招架不住他的请求，答应归还第48步兵团，但指示黎明岛准将派1个营进驻沿海城市汉新港，抵挡越军进攻，掩护从第2军区撤退的难民安全转移。

4月5日，第48步兵团回归第18师团建制。4月7日，黎明岛准将派第48步兵团开始沿1号公路反击，但暗地里命令不必往渚真山方向推进。而且在投入兵力上，黎明岛准将也留了一手，仅命令3营实施反击，将1营撤回到春禄南面的新风十字路口，与第5装甲骑兵团2个小队会合，充当第18师团预备队。同时，黎明岛准将还认真研究了第1军区、第2军区的溃败，发现当将士们散开去寻找自己失散的家人后，部队就溃散了，失去了战斗力。为了让将士们安心，他将大量士兵家属和当地居民疏散到边和机场附近的隆平仓库区。留在市区的平民必须待在隆庆小区附近掩体里，不准随意走动。

更重要的是，黎明岛准将在战前命令各部将士撤出市区，全部布防在城外，防止越军集中炮火猛轰市中心。为了加强守备兵力，他还给第18师团侦察连配备了12.7毫米重机枪，并将他们部署在春禄市西北边缘的一座高中教学区。同时，黎明岛准将也在春禄市区内建立了3个独立指挥部：第一个是他在市区的私宅；第二个在新风村；第三个在新风附近的果园。当第18师团各部在春禄城外掘壕固守的时候，黎明岛准将突然闪过一个念想，那就是越军的进攻方式和路线很可能和1968年新春总攻时进攻春禄的模式一样。

因此，黎明岛准将决定给越军设下一个圈套。他打算充分有效地运用炮兵给越军准备一台大型“绞肉机”。第18师团共有36门各型火炮（24门105毫米和12门155毫米）。在炮兵主管的指挥下，各个炮营预先标定了所有敌人可能进攻路线的射击诸元，做好随时齐射覆盖对手进攻路线任何一点的准备。为了保护炮兵，黎明岛准将还命令一辆推土机在各个炮位边推土修筑胸墙掩护，并修筑炮兵掩体以便各门火炮急速射击后能迅速安全地撤进炮兵掩体，防止敌人炮火反击。此外，黎明岛准将还下令扩张炮兵掩体系统和交通壕体系，形成四通八达的整体防御体系，以便炮兵迅速机动，迅速集中火力猛烈炮击，并迅速隐蔽，他要让越军的炮火反击失去目标。他这一招使第18师团炮兵在春禄战斗中发挥出了强大的战斗力。战后，黎明岛准将不无得意地写道：“他们（指越军）的炮兵根本打不着我们。”

尽管战术运用得当，可第18师团也面临着不少后勤问题。自1975年2月开始，南越陆军的油料和弹药储备，尤其是炮弹储备急剧下降。为了确保他的“绞肉计划”能顺利实施，他决定采取两项紧急措施。第一条，通过将每日炮弹消耗量削减到标准量的20%（这严重违反了联合参谋本部的命令）保障了春禄战斗期间炮火不间断。第二条，他从一线各营抽调兵力组织远程侦察排，持续扫荡春禄周围地区，和敌人保持接触。4月6日，一个远程侦察排在春禄西北的婆山伏击并歼灭了越军一个侦察排。接着，第18师团派兵占领了周围高地，防止越军利用它们作为观察哨。

4月6日中午，第3军军长阮文全中将通知黎明岛准将，刚从越军包围圈中突出来的别动军第82营准备乘直升机抵达春禄，黎明岛准将负责给他们提供弹药粮秣，并让他们驻防春禄机场，归第43步兵团节制。阮文全中将告诉黎明岛准将说别动军第82营只休息一个晚上，第二天就赶往西贡参加首都布防。这些别动队员原本以为可以好好休息一个晚上再转进西贡的梦想随着炮火的响起化为了灰烬。很快，他们也在春禄的血火考验中得到升华。

4月8日夜间，第18师团在春禄周围兵力部署如下：第52步兵团和第5装甲骑兵团1个排沿20号公路和重要的油惹公路枢纽部署：1个营在范布洲（Phan Boi Chau）县的油惹村南面驻防；春禄城北梢由1个连驻扎在马蹄山（20号公路附近制高点婆山东面的一个小山包）；第43步兵团2营负责守备春禄西面的氏山。但，在第52步兵团和春禄之间还是留下了一个较大的空档，黎明岛准将仅安排炮兵予以封锁。师侦察连负责守备春禄西北郊的高中教学区，并以2个保安营在右翼掩护，剩余的2个保安营在城内部署。第43步兵团1营和3营封

▼ *春禄之战示意图*

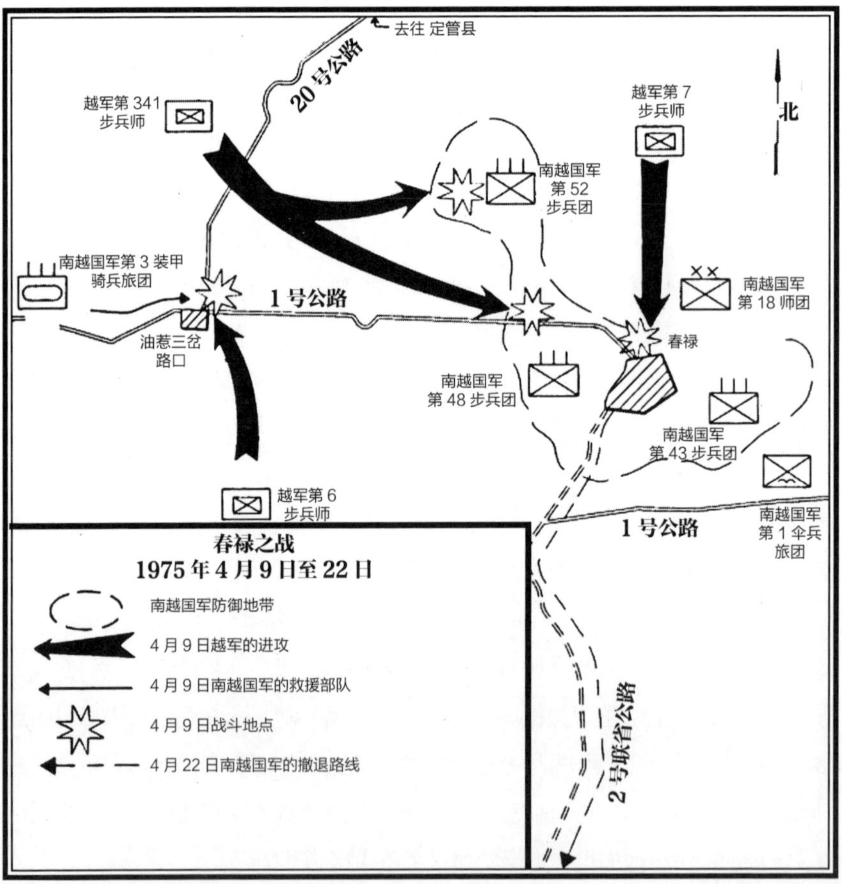

锁春禄东面出口。第48步兵团1营和第5装甲骑兵团2个排担任预备队，第48步兵团2营在汉新（Ham Tan）警戒，3营在城东郊外的1号公路边上驻防。别动军第82营镇守春禄机场。

4月9日清晨，越南人民军第7步兵师和第341步兵师、第6步兵师各进攻部队陆续开始向进攻发起线开进。其中，第6步兵师隐蔽地穿过春禄南面的2号公路，然后穿过北面的橡胶种植园快速插向1号公路。第7和第341步兵师也隐蔽地向第18师团各部防线前沿第一道铁丝网机动。05点00分，3个师均向第4军报告进入攻击出发阵地，完成兵力展开。与此同时，炮兵也展开炮列完毕，等待开炮命令的下达。在第341步兵师进攻地带，预定炮火准备时刻到来前，炮兵观察员注意到目标区大雾没有消散，无法观察校正，因此请求炮火准备延迟10分钟。第4军军部照准所请。05点40分，第4军军长黄琴下令开炮，军属炮兵和各师炮兵同时开火，春禄战斗正式打响！

春禄市瞬间落下密集的弹群，其中一发炮弹直接命中了黎明岛准将的私宅。这是一座双层小洋楼，坐落在隆庆小区大院引出的公路附近，靠近春禄市中心的天主教大教堂。炮弹贯穿了屋顶并在卧室爆炸，被炸得稀烂的卧室无言地述说着越军炮兵那令人难以置信的射击精度！但，黎明岛准将当时并不在家。第4军的130毫米和122毫米加农炮群，120毫米和82毫米迫击炮群，以及DKB单管火箭炮群对春禄市区的炮火准备持续了整整一个小时，他们将春禄市中心狠狠地蹂躏了一番，不少建筑物在猛烈轰击下化为废墟。虽然第341步兵师在战前组织了周密的侦察，但却丝毫没有发现第18师团已经悄悄撤离了市区，转移到城市外围部署。因此，越军的炮弹大部分都砸进了市区内各个民用目标，躲在城外战壕和掩体里的南越国军第18师团安然无恙，建制完整地等待敌人的进攻。（按照越军第341步兵师战史记载，第55炮兵团14营在团长黎文褚同志指挥下，对隆庆小区、春禄通信中心和隆庆机场进行猛烈炮击；第10炮兵营的122毫米加农炮群对氏山的第18师团炮兵观察所进行炮击。）根据记录，越军一共向春禄发射了2000发炮弹。06点40分，随着2发红色信号弹射向清晨蔚蓝的天际，第341步兵师和第7步兵师的干部战士们在坦克的伴随支援下，开始向静静等待他们的第18师团冲了过去。

在春禄东部，第7步兵师第165步兵团在4辆坦克的伴随支援下担负主攻任务，第二梯队的第209步兵团也得到了4辆坦克的支援。也许是认为对方会在炮火延伸的同时就放弃阵地撒腿逃跑，因此越军的战士们相当自信地扑向南越国军阵地。然而，南越国军第18师团的将士们不仅没有跑，反而是严阵以待做好了准备，决心和越军死战到底。由于春禄东面地形平坦，为了挡住越军的步坦协同进攻，第18师团师团长黎明岛准将修筑了规模庞大的防步兵反坦克工事体系。第165步兵团和伴随突击的4辆坦克不得不突破了8道铁丝网和诸多密集的雷场，以及一个大型的人工障碍坡后，好不容易才冲到第43步兵团1营和3营跟前。

就在这时，黎明岛准将打出信号弹，一声令下，隐蔽在战壕和掩体里多时第43步兵团1营和3营的将士立即进入阵地用自动步枪朝冲上来的第165步兵团猛扫，同时第18师团炮兵部队也按战前标定的诸元集中火力猛轰阵前。在精准的炮火打击和自动火力拦阻下，越军第165步兵团很快被南越国军第43步兵团压制，冲在最前面的T-54坦克压上一枚反坦克地雷导致左边履带被炸断，无助地瘫痪在战场上。天明了，南越空军的喷气式战斗机也活跃出击，攻击暴露的第165步兵团。在猛烈的空炮火力打击下，第165步兵团损失不小：4营营长黎约强上尉和营政委阮文草上尉双双负伤，副团长和副团政委只得顶上去指挥。

稍做调整，越军第165步兵团又进行第二次冲击。当3辆T-54坦克又一次冲进对方阵地时，南越国军第43步兵团1营和3营给他们准备了另一份“大礼”——2.75英寸火箭筒。这种武器通常装在武装直升机上，采用简单的电力击发装置发射。在航空火力和火箭筒打击下，南越国军第43步兵团共击毁2辆T-54坦克，击退第165步兵团第二次冲击。与此同时，奉命肃清1号公路沿线守敌并从东面突入春禄市区的越军第209步兵团在打隆庆机场时受到别动军第82营的顽强抵抗，被击退了。

至此，第7步兵师的进攻完全受挫。这次失败不仅由于南越国军空中支援到位，炮火精准，还和第43步兵团坚决抵抗息息相关。黎明岛准将清楚地指示所有官兵不管在什么情况下都要死守自己的阵地，即便是战死。战后，他解释道：“我师全体将士都在奋战苦斗，甚至连后方参谋和基地勤务人员也上前积极修筑防御工事。不少原本已经遣散的伤残士兵和先前战斗中身负重伤的士兵，仍返回阵地拿起武器参加战斗，他们打得非常棒，击毙了大量敌军。”

相对第7步兵师的糟糕表现，负责从西面对春禄实施次要方向进攻的第341步兵师最初打得不错。由于战前潜入市区进行了周密的侦察，加之地形有利，越军第266步兵团迅速突破对方5道铁丝网，朝春禄高中、集市广场和市区中心天主教大教堂实施冲击。团长阮文术和团政委阮新勉亲自指挥部队，向春禄市区西面发起攻击。虽然第18师团最初被越军第341步兵师钻了空子，但他们的炮兵群还是很快反应过来，压制了越军第165步兵团的进攻后迅速转移炮火，轰击第266步兵团，同时一架C119空中炮艇也沿着城外第一道防线飞行，猛烈扫射进攻的越军纵队。顶着对方猛烈的空炮火力，越军第266步兵团兵分两路冲击：阮文术少校率7营直插春禄市中心的集市广场和公交总站，阮新勉少校率8营和9营冲击市中心。接下来的战斗，双方说法各异。越军第341步兵师称："然而，敌人依托有利地形和建筑物顽抗，部队伤亡很大。为压制敌人火力，师长命令调上2门37毫米高射炮，用平射火力摧毁守敌据点。第55炮兵团团长黎文褚少校亲自带着2门37毫米高射炮赶到一线。在他指挥下，37毫米高射炮以平射直瞄火力逐个摧毁了市郊区依托高楼窗户射击的守敌火力点和地堡掩体火力点。经过1个小时激烈战斗，第266步兵团共摧毁了敌人100多个明暗火力点，打退了敌人12次反击。在37毫米高射炮平射火力掩护下，第266步兵团一边朝市中心挺进，一边打敌反扑。然而，敌人不仅不断实施反击，还出动飞机轰炸我军，266团伤亡了200多名战士，1门37毫米高射炮的瞄准镜也被炸坏。尽管如此，团长阮文术同志和政委阮新勉同志还是鼓励各营排除万难继续向市中心攻击前进。第270步兵团长阮清文（Nguyễn Thanh Vân）同志以5营投入战斗，任务是攻入市区，打下隆庆小区和省长厅。5营的战士们一进入郊区就和守敌进行激烈的逐屋逐房、逐街逐巷的街垒战。1975年4月9日09点30分，我师从几个方向攻入了春禄市区。在第270步兵团5营配合下，第266步兵团冲进了隆庆省长厅，一边猛投手榴弹，一边端着冲锋枪猛扫并顺着楼梯往上冲击。中午，战士们将341步兵师授予的决战决胜的大旗插上了省长厅楼顶。"

南越方面的资料声称，越军第266步兵团逼近春禄西北郊的高中教学大楼时，隐蔽在那里的第18师团侦察连马上架起机枪编织成一张张交叉火力网，猛烈扫射经验不足的越军新兵。遭到打击的越军第266步兵团遂绕过春禄高中，突入市区约300码，在集市广场、天主教大教堂和隆庆小区周围固守待援。尽管第266步兵团顽强冲进了春禄市区，但第18师团师团长黎明岛准将对所部的防御战斗已经非常满意了。因为他手下的1个侦察连在2个保安营配合下，就几乎挡住了整个越军第266步兵团和第270步兵团5营的冲击。

趁着越军东西两面进攻受挫的机会，黎明岛准将投入预备队——第48步兵团1营，在第5装甲骑兵团的坦克装甲车支援下展开反击，试图将突入城内的第266步兵团一部“包饺子”。不过，第341步兵师师长及时反应过来，命令第270步兵团4营暂停对氏山进攻，转而对实施反击的南越国军第48步兵团1营展开冲击，遏制了第18师团的反击，避免了突入市区的部队被敌包围。当天结束时，越军第341步兵师损失很大，总伤亡近600人。

第4军当天的进攻也并非完败。第6步兵师在邓世玉大校的指挥下从南越国军防线薄弱处达成突破。第274步兵团控制了圣母小道，封锁了1号公路，切断了春禄和油惹交通枢纽的联系。由于黎明岛准将为了应付第7步兵师和第341步兵师的双重进攻已经投入了全部兵力，无力对第6步兵师的进攻做出回应，只能眼睁睁地看着第18师团和第52步兵团的联系被截断。在第274步兵团切断1号公路的同时，第6步兵师第33步兵团也对油惹西面的1号公路沿线要点雄义（Hung Nghia）村和雄禄（Hung Loc）村展开攻击。他们一度攻克了雄禄，却被雄义民卫队击退。与此同时，越军第274步兵团趁封锁之胜对油惹交通枢纽发起攻击，但在范布洲村附近被掘壕固守的第52步兵团1营打退。即便如此，第6步兵师也完全切断了第52步兵团和春禄、西贡的联系。

下午，战场逐渐平静下来。第18师团师团长黎明岛准将开始担心越军第4军正调整部署准备新一轮进攻。但，这次他错了。越军第4军一天战斗下来伤亡近700人，而第18师团仅伤亡50人。第18师团的顽强抵抗震撼了第4军。《越南抗美救国史》第八卷记载：“敌机不断从边和机场起飞……飞临春禄猛烈轰炸。进攻变成了恶战苦斗的反复争夺。我军伤亡很大……炮弹消耗很大，储备严重不足。一半以上的坦克被打坏……”

当夜，第4军组织人力强行给春禄市区内外的第7步兵师和第341步兵师运送补给，鼓励他们继续打下去。第4军军长黄琴少将认为，春禄市区的一半已经在第341步兵师之手，而且第6步兵师也切断了油惹交通枢纽到圣母小道之间的1号公路，唯有第7步兵师没有达成任何目标。

同样是在4月9日夜，第7步兵师和第341步兵师向第4军军部报告说他们伤亡惨重，但第一天的进展还算顺利。因此，黄琴少将决定在第二天继续使用正面强攻。但，他也还有一丝隐忧。在回忆录中，他写道：“当夜，副军长裴吉武给我打来电话……询问我是否允许他将预备队投入战斗。我认为目前投入预备队或许为时尚早，但我还是批准了他的请求。”

得到批准后，第7步兵师师长黎南风大校准备投入预备队第141步兵团，并以1个高射炮营提供炮火支援。他计划以第165步兵团在大量坦克支援下恢复进攻，第209团也要打下春禄机场，从东面冲进市区。第341步兵师师长陈文珍大校拟以第270步兵团进入春禄市区，支援在市区和郊外苦战死守的第266步兵团。为了支援第二天的继续进攻，黄琴少将命令军属炮兵和师属炮兵在清早继续对春禄进行一次大规模炮火轰击。

4月10日05点27分，第4军炮兵群再次开炮，将1000发炮弹射入了已是烟火交织的燃烧之城——春禄。第7步兵师继续以第165步兵团和第209步兵团，在第141步兵团支援下反复冲击春禄东面的南越国军阵地，但无论是在春禄机场的别动军第82营的阵地上，还是在东面的第43步兵团1营和3营的阵地上，越军第7步兵师都没有讨到半点便宜。在春禄市区西部，第341步兵师师长陈文珍经师党委会的批准，一边向黄琴少将请求把第273步兵团从真城方向拉回来，做师预备队；同时，命令第270步兵团6营进入市区，集中5个营（第270步兵团5营、6营和第266步兵团7营、8营、9营）全面突破守敌防御，绕过对方顽强死守的隆庆小区，直插隆庆机场。面对对方优势兵力冲击，在市区内据守的2个保安营顽强苦战，和对方多次爆发激烈肉搏战。按照南越方面的记载，这是“一次用手榴弹和刺刀拼杀的残酷战斗”，保安军2个营尽管兵力不占优势可还是死战不退，连续5次把第270步兵团和第266步兵团的冲击给打了下去，打坏4辆T-54坦克。第18师团精确的炮火和航空火力打击给第341步兵师造成了重大伤亡。

下午，黎明岛准将再次反攻。看到越军第341步兵师的第270步兵团和第266步兵团均被压制，黎明岛准将决定同时对市区和郊外的越军实施反击。这次反击给第341步兵师的新兵造成了巨大的打击。经过2天激烈的战斗，在持续不断的交火和重大伤亡打击下，第341步兵师许多战士丧失了斗志，开始躲进地窖和倒塌的建筑物。参谋长高文园上将也说："他们（341师）根本不熟悉地形，畏战怕炮。渗透进城市后，成天躲在下水道（和地窖），身上携带着1个基数（70发）的子弹却根本不敢打出一弹。"

第18师团反击部队逐个楼房清剿第341步兵师，将一天前的失地逐个夺回。至4月10日傍晚，第18师团完全收复了春禄市区，但城北经过两天持续的战斗已化为一片废墟。美国记者菲利普·卡普托写道："几乎每栋建筑都是稀烂的，市中心也夷为了平地。北面密林覆盖的高地群中隐蔽的敌炮兵发射的130毫米加农炮让市区内的大街小巷到处都充满了炮弹呼啸声和爆炸声。市区内曾经的高楼大厦如今化为一堆堆瓦砾和余烬未熄的木材堆，市集广场那漂亮的锡屋顶在炮火下扭曲成一团，整个市集广场简直就是一个垃圾场，而公交车站，最初发生激战的地点，也仅仅是靠停放着几辆烧焦熏黑的公交巴士才得以识别。市中心的天主大教堂塔尖也没能幸免，就像许多被摧毁的古老塔楼一样，瓦砾四散，火焰四起。尸体在阳光的照射下开始肿胀腐烂。北越军士兵本打算隐蔽在此，不料此处却成了他们的葬身之地。一名南越士兵声称'这座城市活脱脱就是个二战中的城市。"

虽然战斗胜利了，但傍晚的到来并不意味着奋战了一天筋疲力尽的南越将士们能喘上一口气。第4军的炮兵对春禄市区轰了整整一夜，共向市区发射了2000发炮弹。第18师团炮兵群也进行猛烈的炮火反击，压制越军炮兵的同时，试图干扰越军的兵力集结。第341步兵师战史记载道："敌人在对我军炮兵阵地进行猛烈轰击的同时还炮击通往城市的各条补给线。敌人的C130炮艇也向我军阵地发射密集的20毫米炮弹。敌人妄图以强大的空炮火力实施战场封锁，切断我们的补给线，断绝我军弹药供应，阻挠我军后撤伤员。"

尽管2天打下来伤亡极为惨重，但越军还不服气。第三天清晨，他们又继续进攻。第4军命令第341步兵师转移目标，对第43步兵团展开攻击，和第7步兵师取得联系，并肩攻击。同时，第7步兵师也奉命继续进攻。

4月11日05点30分，越军第4军又对南越国军第43步兵团阵地进行了30分钟的炮火准备，效果和前2次并无区别。南越国军第18师团顽强抵抗，再挫越军第7步兵师和第341步兵师的兵锋。接着，第18师团组织反击，肃清了越军的突破口并恢复了原有防御态势。当天结束时，第4军还是无法攻克春禄，而且伤亡数字还在急剧增加。第4军军长黄琴少将在回忆录中无可奈何地写道："这是我经历过的最糟糕最差劲的战斗！经过了3天浴血奋战，甚至投入了预备队，形势还是没有任何改善，我军蒙受了巨大的伤亡。"《越南抗美救国史》第八卷记载道："在第一阶段（4月9日到4月11日）作战中，第7步兵师伤亡300多名干部战士，第341步兵师伤亡1200名同志，6辆坦克被摧毁，85毫米加农炮和57毫米炮基本被敌空炮火力摧毁殆尽。"[5]而南越第18师团在3天战斗中仅仅伤亡了100人！充分的战前准备、有效的航空火力和炮火支援，以及黎明岛准将坚定地率领将士们奋勇死战是春禄战役头3天第18师团力挫强敌进攻的决定性因素。

在第18师团奋战的同时，南越联合参谋本部也开始意识到春禄的重要性。春禄不仅是西贡外围的重要防御节点，而且还是唯一能鼓舞士气的宣传点。如果南越国军能在春禄打出一个举世闻名的春禄大捷，必将能挽救当前的军事危机。第3军团长阮文全中将决定向春禄集结第3军团全部战略预备队，然后展开反击歼灭越军第4军。4月11日，阮文全中将下令第3装甲骑兵旅团从西宁撤回，重新打通从雄义到油葱交通枢纽之间的1号公路段。与此同时，在汉新的守军也奉命放弃据点，乘直升机转移到春禄。

4月11日，第3装甲骑兵旅团抵达雄义后，立即在村东面的1号公路和越军第6步兵师爆发血战。旅团长陈光魁准将为了迅速突破越军第6步兵师的阻击，决定以主力沿1号公路强行展开攻击，同时分兵一部向北迂回。然而，越军第6步兵师师长邓世玉大校命令第274步兵团和第33步兵团死守到底。越军死战不退，南越国军第3装甲骑兵旅团一筹莫展。

除了第3装甲骑兵旅团外，阮文全中将又在4月11日调动第1伞兵旅团（旅团长：阮文定中校）加强给第18师团。第1伞兵旅团是南越国军最后的战略预备队。为了调动他们，阮文全中将凑出了所有能用的运输直升机将第1伞兵旅团3个营和1个炮兵营空运到新风村附近。这是越南战争中最后一次大规模直升机运兵作业。一份南越资料指出："南越空军的第3和第4飞行师团的每一架直升机，总计100架'休伊'直升机运载着2000多名伞兵……投入战斗。空降炮兵排也搭乘'支奴干'运输机抵达了和第18师团相邻的第1伞兵旅团指挥部。2个伞兵营一着陆就对1号公路之敌展开反击。”在运兵的同时，直升机于返航时也接运春禄市区的平民和伤员。

与此同时，第18师团师团长黎明岛准将也调整了防御部署。虽然被越军进攻切断了和友军的联系并遭到炮火封锁，但第52步兵团仍然据守着一条从油葱交叉路口南面的范布洲村往北至20号公路沿线的重要据点马蹄山高地的防线。除了1营在范布洲遭到越军持续不断的猛攻外，第52步兵团并无任何部队遭敌进攻。不过，1营在敌人持续不断的猛烈进攻下形势岌岌可危。范布洲是一个以香蕉种植园为中心，加上周围的砖瓦屋舍组成的村落居民点，结果成了越军进攻中明显的炮击目标。战斗中，第52步兵团1营承受了敌人极为猛烈的炮击。炮击一结束，越军步兵就潮水般地冲击上来。虽然第52步兵团1营击退了敌人多次进攻，但自身也蒙受了惨重的伤亡。

4月10日清晨，尽管第52步兵1营倍受重压，但黎明岛准将还是命令第52步兵团2营从油葱撤出来，增援春禄。在悄悄穿过越军防线后，第52步兵团2营于4月12日下午与第43步兵团成功会师。同是在4月12日，第1伞兵旅团1个营在春禄南面经过苦战，打退了越军第7步兵师1个营的进攻。4月13日，黎明岛准将又把第1伞兵旅团另2个营投入战斗，命令他们沿着1号公路向春禄城东的越军第7步兵师展开反击。其中，1个伞兵营在宝定村突破了第7步兵师的防线，然后2个伞兵营协同包围了越军第209步兵团8营。虽然第18师团的反击一再获得成功，但黎明岛没有料到的是，越军已经改变了打法，这是南越国军最后一次成功的反击作战。

巧妙布阵赢胜利

在湄公河三角洲和春禄进攻受挫后，文进勇大将立即下令调整作战部署。南越国军在春禄的顽强抵抗印证了文进勇大将战前的担心。作为整个春季战略进攻的战役指挥官和越南人民军总参谋长，文进勇大将于4月13日电告武元甲大将和越南中央军委、中央政治局，第4军暂停对春禄的进攻，等待越军第1军和第3军（西原军区的第320A步兵师和第10步兵师，还有第968步兵师编入）南下到位。同时，文进勇大将还通知武元甲大将，第1军和第3军无法在4月15日按时赶到指定集结地发起对西贡的总攻击。而且，目前越南人民军的补给瓶颈越来越凸显出来，尤其是炮兵弹药和坦克炮弹严重不足。陈文茶中将以前老是抱怨的补给不足，现在看来并非言过其实。虽然目前在B2战场越军集结了重兵，但后勤补给不济，无法供应庞大的部队持续进行大规模进攻。

政治局同意了推迟进攻。黎笋代表政治局和中央军委复电文进勇，在充分准备的情况下，最迟要在4月最后一个星期展开攻击。接着，武元甲大将也致电文进勇，告之："进攻计划必须慎重而周密，一旦开始对西贡的总攻，就必须连续进攻，进攻进攻再进攻，取得决胜和全胜……在外围进攻的战斗中，要注意军事进攻和群众奋起相结合，从各个方向同时向西贡市区中心猛插……只有坚持这样的打法，才能确保解放西贡的战役稳操胜券！"同时，政治局也批准了文进勇大将的提议，将解放西贡的战役命名为胡志明战役。

得知南越国军第3军团正源源不断地增兵春禄、准备在这里和越军决战的消息，南方司令部开始重新评估形势，调整兵力部署。让陈文茶中将感到失望的是，第4军发来的战报尽是进攻受挫和第4军2个师在敌人强大的反击压力下被迫退出市区这样的内容。这些报告让他对春禄的形势感到十分担心。在回忆录中，陈文茶中将写道："第4军已经在叫嚷缺乏各种弹药，特别是第341步兵师和第6步兵师。由于在20号公路连续战斗，解放了林同省，第7步兵师减员很多，导致兵力不足。"4月11日下午，陈文茶、文进勇、黎德寿（Le Duc Tho）经过简短的讨论后，同意陈文茶中将的意见，让他亲自到第一线了解掌握具体情况，再和黄琴、裴吉武一起研究战胜对手的办法。

对于陈文茶来说，这次亲临一线了解掌握情况十分重要。美国人推测，这是因为越南中央政治局常务委员黎德寿和总参谋长文进勇大将的威逼，让他意识到没有执行总参谋部的战前指示（即进攻春禄前务必组织炮兵和特工强袭边和机场，削弱南越空军的战斗力，为春禄进攻创造有利战机）的后果。

在陈文茶中将离开西宁的南方司令部后不久，文进勇大将就打电话给第4军军长黄琴少将，向他下达了新的作战命令。意识到南越国军正把战略预备队源源不断投入春禄准备决战后，文进勇大将敏锐地捕捉到黎明岛兵力部署的两大疏漏。第一大疏漏是第18师团的成功防御严重依赖来自边和机场的空中支援，第二大疏漏就是南越国军第52步兵团在油惹被完全孤立且游离于主防线之外。文进勇在他的《春季大捷》一书中写道："既然敌人投入重兵挽救春禄，我们就不必再集中兵力继续正面进攻和他们硬碰硬了。我们准备实施战役迂回，打击外围防线的反扑之敌……让他们难以立足，继续将敌重兵吸引在春禄周围。同时动用远程炮火封锁边和机场……让敌喷气式战斗机群无法起飞。”这样，在春禄战役正面进攻失败后，越军开始了战役迂回。

文进勇大将打完电话后，第4军军长黄琴少将于4月11日下午召开作战会议，再次对当前形势进行全面分析研究。奇怪的是，尽管总参谋长文进勇大将通过电话下达了新的作战命令，但黄琴少将还是在4月12日对春禄展开了两次进攻。第一次进攻在拂晓前展开，越军一度突入了春禄东北郊，激烈战斗一直持续到09点30分。为了顶住越军进攻，南越空军出动C130装载750磅的气浪弹和通用炸弹对越军实施反复轰炸。第18师团的炮兵群再次展现了高超的射击技术，给予敌毁灭性的打击。击退越军第一次进攻后，第18师团声称清点到越军遗弃的尸体235具。中午，第4军又进行了第二次进攻，再次以第341步兵师的第266步兵团和第270步兵团强攻第18师团。南越国军空军飞了20架次对越军实施攻击。在猛烈的航空火力打击下，第341步兵师甚至还没冲到第18师团阵前就已经被炸垮了。第18师团师团长黎明岛准将注意到，蒙受了几天的惨重损失，越军的士气明显低落，每次进攻都是无精打采，得要军政干部驱赶，越军战士才勉强爬出战壕展开攻击。这一点也不奇怪。4天战斗打下来，越军伤亡数字攀升到2000人，而第18师团伤亡仅数百人而已。黎明岛和他的第18师团将春禄变成了一个屠杀越军的“血肉磨坊”。

然而，在4月12日的战斗后，为了对南越国军实施战役迂回和切断春禄守敌的退路，第4军得到了大量坦克兵、炮兵和新锐部队的加强。陈文茶中将在回忆录中写道：“4月13日，我们进行了讨论，做出了新的决定。这回部队得到了加强：从北方调来了第95B团、1个坦克连、一些加农炮和高射炮；同时紧急补充了兵力和弹药，因此我们还是拥有较强的战斗力。”傍晚，第4军命令第341步兵师从春禄郊区撤离。黄昏，第341步兵师所辖的第266步兵团和第270步兵团开始撤离市郊。同时，第6步兵师暂时固守既夺阵地，第7步兵师先打退南越国军第1伞兵旅团的反扑。

越军的增援部队也正不断向战场靠拢。4月13日，第95B步兵团从西原经过秘密行军，抵达了南部东区。早在第4军进攻春禄受挫的时候，文进勇大将就下令第95B步兵团南下。调动第95B步兵团南下，说明了文进勇大将对局势的深切关注。同时，越南人民军4个军中剩余3个军也将陆续南下到位，准备对春禄展开最后的总攻击。目前的首要任务已经由解放隆庆省省会春禄转为将筋疲力尽的南越国军第3军团主力牵制在春禄，然后一举将敌打垮。

4月13日，陈文茶中将来到第4军司令部，和黄琴中将、裴吉武少将一起研究分析当前形势。陈文茶和第4军副军长裴吉武少将、参谋长黄义庆大校就相关意见达成一致。陈文茶总结说："我听取了所有的意见后，做出了几点分析和明确的结论：春禄是敌人防线上异常重要的关键点，所以他们集中大量兵力予以固守……我们已不再握有出奇制胜的因素。因此，继续进攻春禄对我们不利。"但，"如果我们占领了油葱三岔路口并守住它，那么春禄自然就完全丧失了作为关键据点的作用，因为它已经暴露在防线以外，边和将随之面临威胁……因此，我们决定调整部署并改变打法。首先集中兵力两面夹击，攻克油葱；其次，我们从春禄逐步撤下来。"在会上，陈文茶中将对第18师团得到有效的空中支援进行了详细的分析，认为第4军在这种艰难的情况下难以夺取目前已是一片废墟的春禄市。因此，他在下令改变进攻方向、迂回包抄敌后的同时，也在130毫米加农炮射程内部署远程火炮群，打算用炮击封锁边和机场。

4月12日夜，当第4军逐步从春禄郊外撤离后，黎明岛准将立即命令第18师团前进，夺回了全部失地。打赢第一阶段春禄防御战后，第18师团也开始补充给养。4月12日下午，南越国军空军用8个架次"支奴干"把90吨炮弹运到了春禄。4月13日，南越国军空军又给第18师团运去了含粮秣和步兵武器弹药在内的100吨物资。

春禄防御战的胜利让岌岌可危的越南共和国似乎又看到了一丝希望，他们试图用第18师团在春禄的"大捷"来鼓舞惊恐的全国人民和萎靡不振的全军士气。战斗结束后，越南共和国政府除了组织摄影队飞赴春禄拍摄所谓的"春禄大捷"纪录片外，还举行隆庆省祝捷会，广泛宣传在春禄的胜利。4月13日，是一个阳光明媚的周日，首批西方记者乘坐"支奴干"运输直升机前往春禄采访。他们在新风村降落。在那里，他们受到了第18师团师团长黎明岛准将的接待，并采访了黎明岛准将。当着西方记者的面，黎明岛准将发誓要歼灭任何一个胆敢向他挑战的越军步兵师。接着，这些西方记者顺着1号公路走进春禄，仔细查看了经过5天5夜战斗后完全化为废墟的春禄市城北区。南越第43步兵团团长黎春协上校在市集广场举办了一个简短的采访接待会，展示了收容的阵亡越军战士尸体和缴获的越军武器装备，以及抓获的几名战俘。在接待会期间，越军的炮弹还是零星地在市区落下，硝烟仍在市区内飘荡。一名西方记者写道："持续不断的炮击和残酷的巷战让春禄市区化为了一片废墟，到处都是余烬未熄的瓦砾和扭曲的金属，堵塞了各条街道小道……曾经喧哗热闹的春禄集市中心现在也化为高达2英尺的瓦砾堆。"

不幸的是，这些西方记者完成战地采访后乘坐直升机在离去时却给春禄市区的难民和伤兵带来了一场潜在的灾难。当地平民为了争夺"支奴干"上的座位而拼命拥挤，几名南越逃兵也跑过来哄抢，双方发生争执。而南越救护兵试图将担架上的重伤员抬上直升机也被拥挤的人群吞没，人流毫不留情地将几名重伤员挤翻在地上，美国记者们实在看不过眼，推开人群，用肘部护着才让这些伤兵上了超载的直升机。

就在越南共和国大肆宣扬春禄大捷的时候，4月12日夜间，越军第4军悄悄撤离了春禄市郊，集中兵力出其不意地向油葱三岔路口展开战役迂回。4月13日，隐蔽迂回到位的越军在强大的炮火支援下，对范布洲村展开强攻，解放了范布洲，守卫范布洲的南越国军第52步兵团一部被迫退回油葱外围。当夜，南越国军第52步兵团团长命令3营2连立即向1营靠拢，并令1营放弃油葱三岔路口。在夜色的掩护下，3营穿过了浓密的灌木丛，成功靠上了1营的左翼。越军第6步兵师第33步兵团连续5天的强攻和持续不断的炮轰让南越国军第52步兵团3营伤亡惨重，仅剩三分之一的兵力。第52步兵团1营撤离后，油葱已处于空虚无防的境地。越军继续勒紧包围圈，致使52团根本无法撤下伤员和接收补给品，他们的形势已经越来越危险。自4月10日，黎明岛准将把第52步兵团2营撤走后，就严重削弱了南越国军第52步兵团的战斗力。虽然黎明岛为了守住春禄不断从各地抽调兵力增援，粉碎了越军第4军的攻势，但把第52步兵团2营抽走是他在春禄战役中犯下的严重错误之一。

随着1营撤离油葱，南越国军第3装甲骑兵旅团再次试图恢复和南越国军第52步兵团的联系。考虑到迅速打通20号公路的重要性，第3装甲骑兵旅团旅团长陈光魁准将决定绕过第274步兵团的封锁线和坚固据点。他迅速组织了含

1个别动营和1个装甲骑兵排在内的战斗群，迂回绕过越军防线，向雄禄北面绕行，准备和位于油惹北面20号公路沿线的阮泰雪村的第52步兵团团部取得联系。

4月14日中午，第3装甲骑兵旅团的迂回部队粉碎了越军的微弱抵抗，成功打下了鸿禄村北面的制高点——122高地。然而，前面几条小河却让装甲骑兵排和别动队员们暂时收住脚步，配属工兵立即展开架桥作业。这次耽搁让越军第6步兵师在遭到第3装甲骑兵旅团突然一击后，利用对方的迟缓缓过劲来迅速组织兵力反扑。不久，迂回部队就遭到了三个方向的越军火力打击。按陈光魁的话来说就是："敌人像蚂蚁似的蜂拥上来，三面包围高地对我军实施人海冲击……在危急关头，我向军部请求炮火和航空火力支援。遗憾的是，仅仅飞来几架武装直升机，他们射了几发火箭弹以后就又消失得无影无踪……敌人继续加大兵力冲击，进攻越来越猛烈。我想他们如此狂攻，要么就是打算聚歼我军于122高地，要么就是打算包围高地，将我军和后方的联系全部切断……突然间，敌人撤退了，战场又恢复了平静……我们伤亡了差不多20人，别动营伤亡约40人……敌人的尸体散落在周围的稻田里。"这样，第3装甲骑兵旅团试图打通20号公路、和第52步兵团会合的企图也落空了。第18师团和第52步兵团之间的交通依然被越军切断。

为了打破越军的分割包围，南越国军继续尽一切努力抵消越军在炮兵和步兵方面的优势。其中，黎明岛的一个秘密武器和战术优势就是他充分组织了无线电操作员对越军通信网络进行密切的监听作业。联合参谋本部为了加强对越军的监听作业，给每个师都配备了一个20人的电台监听小组，以监听和破译越军的无线电通信。战后，黎明岛准将得意地说："敌人各部在战时不断将位置和兵力上报他们的战役指挥部。每天我都能截获敌人大量电报，并有针对性地对他们的集结地实施炮击。同时，我也将破译电报得知的这些目标上报给第3军团，然后由第3军团和空军协调出动战机对这些目标实施空中打击。"在没有B52的情况下，南越国军空军打算用15000磅气浪弹对特殊的高价值目标实施空中打击。4月14日，南越空军首次使用气浪弹对疑似越军第4军司令部的建筑实施攻击，据报摧毁了目标区75%的建筑。

4月15日拂晓，越军第4军展开了新一轮进攻。一队特工潜入了边和机场，炸塌了部分机场弹药库，引起惊天动地的爆炸。强烈的爆炸冲击波甚至震碎了20英里开外西贡市区内的不少房屋玻璃。在特工袭击的同时，越军也展开4门M46 130毫米加农炮轰封锁边和机场，将跑道炸得弹坑累累，并炸伤了几架飞机。不到半天，黎明岛准将所依仗的战场支援基地和生命线——边和机场就被越军有效压制住了。

同一天清早，在夺取了油惹三岔路口后，第33步兵团又准备对阮泰雪村展开攻击，但这时第3装甲骑兵旅团也恢复了进攻，他们和第33步兵团狭路相逢，双方展开激烈战斗，谁也难以前进一步。在北面，第95B步兵团向马蹄山据守的南越国军1个连发起潮水般的冲击。在连续打退95B步兵团3次进攻后，第52步兵团团长又命令3营再调1个连过来加强马蹄山守军。在第2个连刚刚抵达山顶给守军送来宝贵给养并撤退伤员的时候，第95B步兵团对高地展开总攻。越军步兵穿过开阔地，一波波涌上山，冲击对方防线，直到山顶才被南越国军顽强抵抗所阻。在正面进攻的同时，第95B步兵团也以1个营的兵力沿着20号公路挺进，迂回包抄马蹄山，但他们被南越国军炮兵集中火力实施的弹幕射击所阻。

南越国军第52步兵团3营营长战后写道：“52团1连和4连在马蹄山被迫击退一波波蜂拥冲击之敌……4月15日大约凌晨04点，一名马蹄山守军军官向我报告：‘我们周围啥也不剩了……山脚躺满了敌人的尸体，山上的灌木丛植被已不复存在，甚至连山坡都变了样……原本绿油油的山顶现在光秃秃的。山脚四周的果园变成了一个巨大的垃圾堆。尸体交错重叠地躺在一排排被炸飞树干的树墩上。’”这次战斗也许是第18师团战史上单次单营战斗中最荣耀的时刻，经过一天苦战，2个连在炮火支援下，独力阻止越军最精锐的一个步兵团进攻，并重创了进攻之敌。

在第52步兵团南翼，粉碎了第3装甲骑兵旅第二次救援行动后，越军第33步兵团于15点左右向第5装甲骑兵团余部和第52步兵团余部据守的阮泰霍村展开攻击。在优势之敌冲击下，18点00分，第52步兵团团长吴基勇（Ngo Ky Dung）下令夜间突围。将最后一发子弹打掉后，马蹄山的第52步兵团1连和4连撤了下来，与3营会合。18点30分，吴基勇上校亲自带第52步兵团辎重队撤离了阮泰霍村，同时3营独自突围。战后，一名南越国军官指出：“当时我们什么也做不了。共军对我军发射了几千发炮弹。他们以2个团的兵力从清早开始持续猛攻。（虽然打退了敌人的进攻）我们的伤亡也不轻，只得钻进丛林突围逃生。”当夜，越军继续对春禄进行猛烈炮击，共发射了1000发炮弹，防止第18师团和第1伞兵旅团出兵救援第52步兵团。

尽管第18师团进行了英勇抵抗，但越军还是发挥了轻步兵的优势，穿过了浓密的丛林，包抄了正在春禄苦战的第18师团。2天前还在大肆吹捧春禄大捷的南越国军对形势突然间扭转感到不可思议。自4月9日春禄战斗开始以后，南越国军一直都没有打通被越军封锁的通往春禄的1号公路，更没有以强大的兵力支援油惹守军，给战局的逆转埋下了祸根。

为了重新夺回主动权，南越国军第3军区司令阮文全中将立即把西贡北面驻防的第5师团第8步兵团压上去，支援第3装甲骑兵旅团一起打破封锁1号公路的越军第274步兵团防线，重新恢复和第18师团的联系。在8团团长阮巴曼鸿上校率领下，8团乘坐卡车跑了4小时赶到雄义，然后和第3装甲骑兵旅团会合。第3装甲骑兵旅团旅团长陈光魁准将把第322战斗群配属给第8步兵团，并严令8团再次从122高地攻击前进，不惜代价打通1号公路。沿着1号公路，第8步兵团在第322战斗群的配合下展开攻击，遭到越军第95B步兵团和在油惹西面的雄义、雄禄展开的第6步兵师的坚决阻击。尽管反复冲击，南越国军第5师团第8步兵团就是没法从越军手中夺回油惹三岔路口。阮巴曼鸿上校事后写道：“共军修筑了大约10个坚固的据点。每个据点都由1个加强排的兵力把守。我军根本无法打破这种堡垒阵。”几名冒险前往雄义进行火线采访的西方记者也中弹负伤，越军炮兵甚至不分青红皂白地轰击1号公路沿线的难民收容点，致使大量无辜平民不幸中炮身亡。经过几天行军后，第341步兵师从春禄撤了下来，赶来接防第95B步兵团和第6步兵师。与此同时，越军4门130毫米加农炮、1个122毫米火箭炮连继续对边和机场进行炮火封锁，极大地遏制了南越空军对黎明岛和陈光魁的空中支援，春禄之战的丧钟开始敲响。

随着油惹三岔路口的失守和第18师团被孤立在春禄，阮文全中将别无选择。4月20日09点00分，阮文全中将飞赴春禄会晤黎明岛。在春禄，他下达了作战命令：马上撤退。阮文全把即将进行的西贡决战的重任放到了黎明岛的肩上。一旦第18师团开始撤退，第3军团将马上抽调卡车队把他们运往隆平仓库区，补充装备和兵力。两人经过商讨决定，第18师团沿着2号公路撤退。这是一条出春禄后往南的简易公路，曾经在上个月遭到过越军第6步兵师的进攻。

黎明岛同意撤退，但他还是很担心越军会在18师团沿条件简陋的2号公路撤退时组织兵力截杀。第1军团和第2军团的覆灭就是前车之鉴。为了撤退，第18师团不得不在夜间沿着从春禄到福绥省的集结地之间的2号公路徒步行进25公里。这种夜间撤退方式和组织实在是太危险了。为了确保撤退顺利，黎明岛事先派了一名军官乘坐他的指挥直升机沿着2号公路飞了一遍，查明越军是否在公路沿线布设了路障。这名军官进行了仔细侦察后回报说2号公路畅通无阻，沿线没有越军的踪迹。虽然越军游击队仍四处活跃，不断袭扰公路，但黎明岛相信只要没有越军主力出现，对付这些小打小闹是不成问题的。目前，他最担心的问题是如何从越军围困下的春禄安全溜走。如果越军发现他们要撤退并组织兵力截杀，那么第18师团很快就会在越军四面八方的围攻下像第2军团走7B号公路那样被吞没。

经过半天时间的研究，黎明岛准将拟出了第18师团从春禄撤退的计划。首先，他要实施一个欺敌行动，将越军的注意力引开。他命令第1伞兵旅团对春禄东面的越军第7步兵师发动一场大规模进攻。4月20日，第1伞兵旅团在强大的炮火支援下对越军第7步兵师展开了一整天的猛攻。

在第1伞兵旅团猛攻越军第7步兵师的同时，黎明岛准将率第18师团徒步撤退，而第52步兵团团长吴基勇上校乘坐黎明岛准将的指挥直升机一路跟着第18师团的撤退纵队实施空中指挥和管制。4月20日20点，第18师团第48步兵团首先从新风撤退，然后是装甲部队，接着是师团炮兵群和后勤部队。当炮兵群抵达隆教（美军此前曾在这里设立过一个前哨基地）后，在师团侦察连掩护下在此建立火力基地，为第18师团各团撤退提供炮火支援。在师团后勤部队撤出后，4个营的保安军部队和春禄市难民尾随跟进。第43步兵团2个营和第52步兵团2营，以及第82别动营作为倒数第二路大军撤退。第32步兵团2营和第1伞兵旅团负责断后。当夜，第43步兵团2营悄悄撤出了氏山，并转移到新风十字路口和第1伞兵旅团会师。4月21日清晨，第1伞兵旅团和第43步兵团2营共同撤退。

尽管本身将一个师完整撤出被敌包围的战场就是一件困难重重的事情，

何况还是军民混杂，在夜间沿着25英里长的2号公路实施长距离撤退，这对黎明岛准将和第18师团而言，都是一个艰巨的考验。最终，在黎明岛准将的出色指挥下，第18师团愣是完整地撤出了春禄，并安全抵达福绥省。黎明岛准将那卓越的领导能力和指挥能力再次得到了体现。他的参谋长事后回忆道：“黎明岛准将亲自随同部队徒步撤退，一路上他指挥了各个纵队的撤退，并及时果断地处理了途中所遇到了各种问题……在他的指挥下，第18师团各部于4月21日清晨安全抵达福绥省集结地。”

对第18师团的突然撤退，越军第4军有些措手不及，军长黄琴中将在得知对手撤退后立即命令全军实施总追击，要在途中截杀第18师团，报春禄的一箭之仇，但没能如愿。第18师团是完整撤了下来，但断后部队的撤退就没那么顺利了。一名前第18师团的军官回忆道：“在撤退中，第1伞兵旅团作为全军断后部队和最后一支撤退部队，承受了极大的风险，在敌人的追击下蒙受了很大的损失……4月20日，当（黎明岛准将的）撤退命令下达时，第1伞兵旅团仍在宝定和共军展开殊死激战，他们还没来得及收容死伤人员就要奉命撤退。这些战死和重伤的战友就这么被遗弃在战场上了……这也是不得已而为之，对于幸存的伞兵旅团将士们而言，想要在夜间安全穿过长达25英里、两侧是阴森森的橡胶林的2号公路，无异于穿过地狱之门……21点00分，当第1伞兵旅团率各营踏上2号公路时，他们遇到了一个难忘且为之动容的情景：宝定、宝全、宝和的天主教信徒举家等候在2号公路两侧，然后井然有序地随同伞兵撤退……除了第3伞降炮兵营在1个伞兵侦察连的掩护下顺着公路撤退外，第1伞兵旅团各营沿着公路两侧橡胶林撤退，边撤边掩护。4月21日04点00分，第3伞降炮兵营和掩护他们的伞降侦察连在隆庆省（Long Khanh）和福绥省边界附近遭到共军2个营伏击。在敌人一次人海冲击下，C炮排和掩护该排的侦察排将士非死即伤……除了这次损失外，沿着2号公路的撤退异常顺利，没有受到任何打击。”

当然，在撤退途中，第18师团师团长黎明岛准将和第1伞兵旅团旅团长阮文定中校的撤退安排也出现了一些混乱。在撤退安排中，黎明岛准将命令第1伞兵旅团2营接防第43步兵团2营的氏山，掩护撤退大军的北肩角。完成任务后，2营再逐步撤离氏山，然后转移到新风，和第1伞兵旅团主力会合。不幸的是，在计划实施阶段却出现了混乱，阮文定中校率第1伞兵旅团撤离时，将守在氏山的该旅团2营漏掉了。当第18师团各部安全抵达福绥省指定集结区后，第43步兵团团长向黎明岛准将报告说第1伞兵旅团在隆庆省与福绥省边界遭到越军伏击。负责的黎明岛准将马上乘坐自己的指挥直升机，飞往遇袭地点，支援第1伞兵旅团脱困并引导空军对伏击第1伞兵旅团之敌实施空中打击。当黎明岛准将正飞往隆庆省与福绥省边界时，第43步兵团团长又在电台中报告说第1伞兵旅团撤退时漏掉了该旅团2营，目前该营仍在新风等待撤退命令！黎明岛赶紧把电台调到2营通信频段，命令他们马上突围，但不要走2号公路，而是穿过森林，绕过越军防线撤退。营长阮友止少校命令2营化整为零，分散突围。他们花了3天时间，边打边撤，总算是成功归队。当然，伞2营也付出了50%的伤亡。

在第18师团从春禄撤出的同时，南越陆军的无线电测向小分队突然感测到春禄郊外一座建筑中发出了密集的关于追击撤退南越国军的电报和电令，而且通信往来极为频繁。无线电测向小组据此判断这座建筑物很可能是第341步兵师前指。根据陆军的通报，南越空军决定使用武器库中威力最大的炸弹——CBU55，这是一种燃料/空气混合集束炸弹，又称气浪弹，最初是美国空军用来清除雷场的特种炸弹。根据美国中央情报局的分析专家弗兰克·斯帕克的描述："在黎明岛准将的通信兵的协助下，南越空军决定向目标区投掷一枚特种炸弹……这种可怕的大威力杀伤性武器以它的型号CBU55著称于世……一架C130运输机载着一枚CBU55从新山一机场起飞，在春禄市区东面盘旋确认目标后，向春禄市郊外的第341步兵师指挥所顶部投掷了装载的CBU55。敌人的伤亡是巨大的。超过250名南越解放军将士被活活烧死或是因爆炸后目标区氧气耗尽而死于窒息。"对于这次空袭，共产党方面声称西贡方面此举"违反了一切国际战争法和基本公德"，并谴责使用这种武器的南越国军官是"战争罪犯"。

《越南人民军卫生勤务史》第三卷第378页记载："在隆庆省春禄及周围地区作战中，第4军伤亡1888人，其中战死460人（占伤亡比例24.36%）。伤亡占作战兵力的8.8%，阵亡占参战兵力的2.16%，重伤率14.7%、中伤率31.2%、轻伤率54.1%。"[6]

虽然这枚CBU55的爆炸宣告了春禄战斗的终结，但南越国军第3装甲骑兵旅团和第5师团第8步兵团继续在雄义和越军展开激烈攻防战。4月22日，第8

步兵团经过苦战终于夺回了雄义，并朝油萢前进，途中却接到第3军团长阮文全中将停止进攻的命令，因为第18师团已经撤退了。同一天，第1伞兵旅团也不再配属给第18师团，而奉命坚守福绥省。4月25日，第3装甲骑兵旅团奉命撤回边和机场，加强首都防御。

最后的决战，将在西贡拉开帷幕。

注释

1. 详见《三十年战争的终结》第134页。

2. 原文为“Trong tiến công quân lỵ Dầu Tiếng đã có 828 thương vong, trong đó có 589 thương binh, tỷ lệ thương vong so với quân số là 6,29%, tỷ lệ tử vong hoả tuyến là 1,81%,tỷ lệ thương binh là 4,47%, tỷ lệ tử vong so với tổng số thương vong là 28,82%”。

3. 20号公路，从隆庆省内的1号公路起往北穿过林同省直抵大叨市。

4. 原文为“Lực lượng tiến công Chơn Thành có 10.780 người, trong trận này 910 thương vong trong đó có 732 thương binh ”。

5. 原文为“Đợt tác chiến 1 （ngày 9-4 đến ngày 11-4）, Sư đoàn 7 thương vong hơn 300 cán bộ,chiến sĩ; Sư đoàn 341 thương vong 1.200 đồng chí, 6 xe tăng bị phá hủy, pháo 85 và57 bị hủy gần hết vì bom pháo địch ”。

6. 原文为“Trong tác chiến tại Xuân Lộc, Long Khánh và xung quanh, Quân đoàn 4 đã có 1.888 thương vong, trong đó tử vong là 460 （24,36%）. Tỷ lệ thương vong so với quân số tác chiến là 8,8%, tử vong hoả tuyến so với quân số tác chiến 2,16%, thương binh nặng là 14,7%, vừa 31,2% và nhẹ 54,1%”。

第十章
胡志明战役

当第18师团从隆庆省春禄市撤离时，南越国军第3军区司令阮文全中将也拟定了防御西贡的作战计划。他的目的是尽可能把首都防御圈前推30公里以上，避免首都被越军M46 130毫米加农炮轰击。为此，他把手下大部分兵力集中到西贡西面、北面和东面，南面几乎是空虚无防。对阮文全中将来说，情况确实很困难，手上没有多少预备队，而要防卫的区域太大了，只能集中全力守住越军主要进攻路线，把挽救越南共和国的命运放在外交谈判上。

在第18师团撤退后，阮文全中又将他们调到1号公路沿线的长朋，和第3装甲骑兵旅团一起镇守该地。同时，联合参谋本部还把建制完整的第468海军陆战旅团和重建的第258海军陆战旅团拨给阮文全。得知顺化—岘港战役的实情，阮文全对海军陆战队目前的纪律表示怀疑，因此他把2个海军陆战旅团放在第18师团背后：第258海军陆战旅团负责把守同奈河（穿过1号公路要点——胡奈县）沿线，第468海军陆战旅团负责往南到15号公路之间地带的防御。海军陆战师团长裴世兰少将命令副师团长阮清治上校负责指挥第258和第468海军陆战旅团。

伞兵部队也不容忽视。从春禄撤退后，第1伞兵旅团就留在福绥省，拱卫头顿市。第1伞兵旅团和福绥省保安军部队不仅要守住大片领土，而且还要确保两条重要交通干线（从春禄到头顿的2号公路和从西贡到头顿的15号公路）畅通。原第3师团师团长阮威幸少将，奉命指挥福绥/头顿战线。他手下的兵力除了第1伞兵旅团，还有镇守头顿的第14海军陆战营，福绥省保安军和民卫队，以及第1、第2军团逃下来的溃兵。

在西贡北面，南越国军第5师团负责把守同奈与西贡河之间的13号公路段。在西贡西面，南越国军第25师团所辖各团和别动军第32联团，散布在1号公路的西宁到古芝之间各要点。在第25师团和新山一机场之间驻有新组建的别动军第9联团，但该联团战斗力如何还是个未知数。

在第25师团南面驻有厚义省保安军或民卫队。他们身后是西贡西郊，这里由新组建的别动军第8联团和别动军第7联团残部负责把守。西贡南面由重建的第22师团和严重缺编的别动军第6联团负责，他们的任务主要是确保边陆到美萩之间的4号公路畅通。这个任务十分重要。如果西贡丢失的话，南越国军还可以通过4号公路从西贡周围阵地上撤下来，有计划地退却到第4军区继续抗战。为了阻止越军从南面对西贡实施坦克突击，南越国军工兵还炸毁了边陆的万古东河大桥。阮文全手上最后的部队就剩下第4伞兵旅团和其他各伞兵旅团残部，他们的任务是守住西贡郊区各个阵地。别动伞降第81联团和从第1军区撤下来的特种部队负责把守西贡市内的各个重要设施。海军要负责各条运河与河流疏通，空军要从边和机场与新山一机场起飞，支援地面部队作战。为了守住西贡，南越国军目前调动了6万正规军、4万保安军、2万民卫队、5000名警察，计武装力量12万5千人，作战核心主要是正规军。可这点兵力在越军进攻狂潮面前，实在是沧海一粟。

历史性的胡志明战役

早在越军解放藩朗市和藩切市以前，黎笋就和越军高层开始研究讨论对西贡的最后总攻击。虽然黎笋和范雄在抗法时期都曾是南方中央局的成员，一起共事过多年，但范雄显然“不太听话”。因此，在即将进行的西贡总攻击中，黎笋决定让自己最信赖的中央政治局常委黎德寿代表中央指导这次决定性的会战。离开河内前，时任越南民主共和国主席和中央政治局常委的孙德胜给黎德寿的道别话说得“比较重”：“不胜利就别回来了。”

为了纪念胡志明主席，越南中央政治局一致决定把解放西贡的战役命名为胡志明战役。文进勇大将——越南劳动党中央政治局常委、越南人民军总参谋长，奉命担任战役司令员；范雄同志——越南劳动党中央政治局常委、南方中央局书记奉命出任战役政委；黎德寿同志——中央政治局常委，从河内赶到战场，传达中央政治局决议直接参加指导、指挥历史性的胡志明战役。

作为战役司令，文进勇大将肩负千钧重担。俯身看地图，文进勇很快意识到解放西贡要碰到的主要问题是制定一个切合实际的进攻战略，并选择最合适的目标。他打算用最少的代价（交战双方）并尽可能减少给西贡的附带伤害，达成解放西贡的目的。对于驻西贡的美国顾问和美国大使馆人员来说，越军要打西贡也意味着他们的使命终结，目前他们最关心的是越军对西贡发起总攻击的时候，会不会允许美方安全撤离。美国中央情报局分析员弗兰克·斯内帕在4月28日就截获了一道越军指令，要求如果美国人没有在越军突入市区前撤离的话就直接炮击西贡市中心。不过，这道指令是否是虚张声势，只为逼迫美国人早点“滚蛋”就不得而知了。

撇开美国人的问题不谈，对文进勇来说，要实现最少伤亡和最少附带伤害，实现解放西贡的历史性任务，最大问题是“我们要怎样进攻才能让敌人众多作战单位土崩瓦解、士气崩溃”。和以往要求彻底消灭南越国军各个部队的战法不同，这次战役是针对人口众多、历史悠久的西贡市，为了最大限度地保护市区和社会财产，越南人民军必须是击溃和瓦解敌人，而不是击毙击伤敌人。如果不这么打的话，战斗时间很可能会拖到雨季，也就可能给对方喘息之机，而西方国家也可能插手挽救南越政权（特别是美国可能重新考虑对越政策）。

在“神速”“大胆”“突然”和“必胜”这八字指导思想下，文进勇大将决定对西贡实施5路总攻，要求5路大军分别打下联合参谋本部、新山一机场、独立宫、警察总署和首都特区。只要打下这些越南共和国的军政指挥中枢就可以彻底瓦解南越国军的组织和士气，从而结束战争，实现祖国统一。

为此，越南人民军在西贡外围集结了5个军（第1、第2、第3、第4军和第232兵团），含14个步兵师和10个独立步兵旅/团（还不包括B2战场的各个特工部队）。此外，越军还有2个步兵师在西贡附近活动。相对防守西贡的12.5

万南越国军，越南人民军一共调动了27万兵力（25万主力部队和2万地方部队）和18万战略、战役级的后勤部队来对付他们。再加上西原、第5军区、中部沿海平原驻军的话，越南人民军在解放西贡期间集结在越南南方的总兵力（主力部队和军区、省地方部队，不含乡村游击队和县地方部队）接近55万人，超过了美国远征军高峰期的543000这个数字。集结如此庞大的兵力，表明了越南人民军对彻底解放西贡、争取祖国统一志在必得的心理。

在具体分工上，由第5、第9和第303步兵师加上第16步兵团和第8步兵师组成的第232兵团，负责从西面和西南方向对西贡市区实施突击，他们的任务是粉碎该方向的南越国军部队，切断4号公路，解放首都特区和警察总署。由第10、第316、第320A步兵师，以及第273坦克装甲车旅、第198特工团组成的第3军，任务是从西北实施突击，消灭南越国军第25师团，解放同如基地和

▼*胡志明战役示意图*

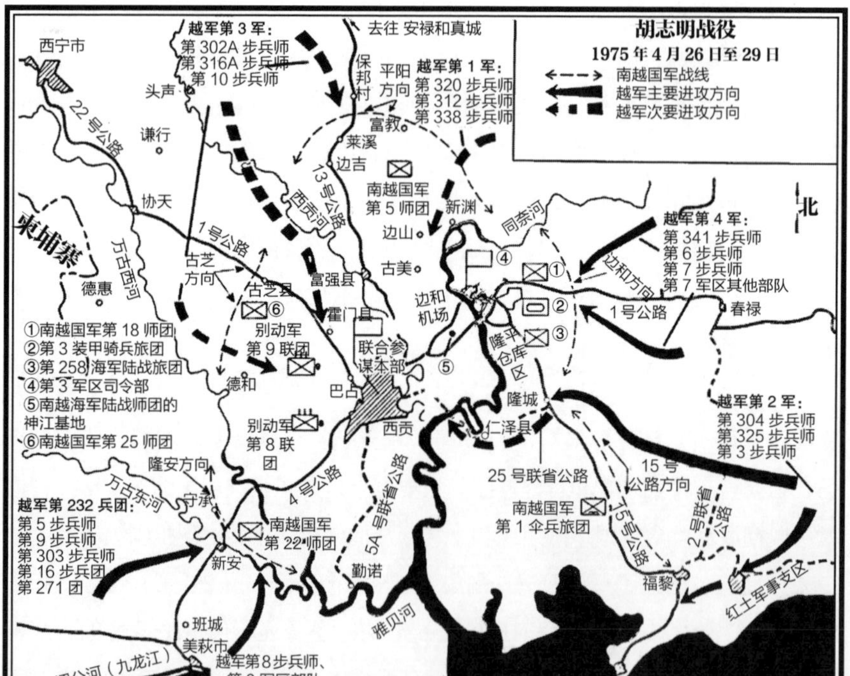

新山一机场。由第312步兵师、第308B步兵师和第202坦克装甲车旅组成的第1军（决胜兵团），负责从北面实施突击，任务是消灭南越国军第5师团和攻下联合参谋本部。由第6、第7、第341步兵师组成的第4军，负责从东面实施突击，任务是消灭南越国军第18师团，解放边和机场，继而直插独立宫。第4军左翼是由第3、第304和第325步兵师，以及第203坦克装甲车旅组成的第2军。第304步兵师的任务是夺取诺庄基地，以及隆平仓库（联勤中心），接着和第4军一起占领独立宫。第325步兵师要切断15号公路，然后包抄西贡南面。第3"金星"步兵师要解放福绥省，然后朝头顿市挺进。在九龙江，越军第4步兵师要解放芹苴市区；第324、第2和第968步兵师，以及地方部队的任务是确保西贡战役漫长的补给线顺畅并巩固新解放区。

为了实现文进勇大将的意图，每个军都编成两个梯队。第一梯队的任务是对西贡外围防线的南越国军各个师团实施强攻突破和钳制。一旦各军第一梯队压住西贡外围的南越国军主力部队，就由1到2个步兵团和坦克兵、炮兵、防空兵组成的第二梯队先遣队，采取标准的苏军快速兵团纵深突击战法，往西贡市内高速穿插，拿下上述5个最重要的军政目标，促成越南共和国的彻底崩溃。

不过，西贡周围河网沼泽密布，有无数的大河小渠，河床和两岸都有很深的淤泥，上岸以后还要经过一片泥泞的田地，这给越军采取快速兵团的合成兵种突击带来了不小的挑战。要实现文进勇大将的突然、神速进攻要素，越南人民军在机械化渡河舟桥设备不足的情况下，就必须控制住各个方向通往西贡的桥梁。最困难的进攻方向是西南和西面，这里由黎德英中将指挥的第232兵团负责。从柬埔寨到万古东河之间沼泽地纵横，严重阻碍了第232兵团的进军。对文进勇大将来说，拿下这14座桥梁几乎和如何展开攻击一样重要。在没有直升机可以机降投送兵力以同时且快速占领这些桥梁的情况下，陈文茶和文进勇想到了特工和别动队。对于特工和别动队的使用，陈文茶最初的意见是复制1968年新春总攻击的打法，用他们先拿下上述五个最重要的军政目标，坚持到主力部队到来。经过仔细思考，文进勇大将在4月25日否决了陈文茶的设想。他认为特工和别动部队的首要任务是占领通往西贡市各个方向的大小桥梁。这个突然而来的任务给特工和别动部队带来了不小的挑战。更重要的是，攻打各座桥梁的时间也得注意：如果特工和别动部队打早了，南越国军就会组织强有力的反击消灭他们；如果打晚了，南越国军很可能就会炸掉桥梁。为了切合实际，文进勇大将让五路大军各自决定什么时候用特工打桥梁，各支特工部队的出击必须基于他们负责支援的主力部队的推进速度而定。

这种打法也是有一定的风险。万一特工失败了怎么办？如果真是这样的话，南越国军就会在炸桥以后迅速龟缩进西贡市内，而越南人民军将不得不把坦克装甲车和重炮留在后面，步兵先过河冲进西贡市区，进行艰苦的一街一巷、一房一屋的攻坚。如果发生这样的战斗，那么对西贡的破坏、摧毁，乃至导致大量人员死伤都是不可避免的。当然，这种情况并没有发生，因为越军在对方心脏里还埋了一颗重要的钉子。

为了最大限度达成突然和神速，文进勇大将在作战计划中考虑使用自己手上的每一种武器。他甚至打算用空军来突袭对手。4月7日，南下的副总参谋长黎玉贤少将，电告越南人民军总参谋部，说越军在越南南方许多机场缴获了大量飞机，要求越南人民空军迅速派机务人员南下，修复这些缴获的装备。文进勇打算使用这些缴获的飞机，他在4月19日给越南人民军的空军—防空军司令部下达临时命令，要他们参加胡志明战役。接到命令，空军—防空军司令部决定用缴获的飞机轰炸对手，一方面是为了达成突然性，另一方面也因为担心使用苏造或华造歼击机和轰炸机出击越南南方会引来美国的反应（这个担心纯属多余）。4月20日，空军—防空军司令部特地挑选了5名飞行员到平定省的芙吉空军基地，他们要驾驶修复的A-37攻击机出任务。《越南人民空军历史》一书写道："整个小队（5人）立即开始进行'米格17'到A-37的转换训练……空军—防空军司令部批准用2名（越南共和国）飞行员和许多志愿帮助革命的（越南共和国）空军机务人员在如何操控飞机方面和许多技术领域给我们提供指导。"4月24日和25日，5名飞行员驾驶A-37攻击机进行了成功的飞行训练。4月26日，原越南共和国空军F-5战斗机飞行员阮成忠中尉（4月8日，他驾驶着F-5轰炸了独立宫），也奉派到芙吉空军基地协助5名飞行员进行转换训练。

对于空中打击的威力，文进勇并没有寄予太高的希望，但他认为在关键时刻出其不意地使用空军可以加速对方士气的崩溃。他对越南人民军空军—防空军种的主要期望还是防空。尽管越南共和国空军蒙受了很大的损失，但他们还是在邦美蜀、顺化—岘港、藩朗、芹苴和春禄等诸多战役中给越军地面部队造成了不小的麻烦，也杀伤了不少越军指战员。在即将开始的胡志明战役中，文进勇大将不能不考虑到这个重大的威胁。除了使用M46 130毫米加农炮对边和机场和新山一机场进行炮火封锁、干扰南越国军空军的起降外，他还要给地面部队布置强大的防空保护伞。他给防空部队的命令简洁明了："最大限度地调动和使用战役防空力量……在各个进攻地带都组织起强大防空保护伞……压制敌人空军作战，控制战场空域。"此外，文进勇还在命令中特别强调，"如果美国重新介入的话，防空部队也要做好打美军飞机的准备。"

为了执行文进勇大将的命令，越南人民军空军—防空军司令部除了留下2个防空师保卫越南北方外，把大部分防空部队都派到了越南南方。根据新的部署，越军第375防空师负责新解放的顺化和岘港防空。第263防空导弹团1个营（装备C75防空导弹）从溪山沿着长山公路而下，前进到西贡市北面。第365防空师，以1个防空团保卫大叻市，以1个团保卫金兰湾，最后1个团保卫芽庄市。第237防空团，装备着雷达控制指挥的ZSU-23-2自行火炮，也从河内紧急出发，先赶到非军事区，然后继续沿公路南下。

其他防空部队也编入对西贡进攻的五个军：第673防空师（由3个防空团组成）配属给第2军；第71防空旅（由1个防空团和6个独立防空营组成）配属给第4军；第77防空师（1个防空团、6个独立防空营和1个SA-7防空导弹营）配属给第232兵团；第3军也得到5个防空团掩护；第367防空师（前身是参加奠边府战役的第367防空团，战后扩编为防空师，下辖3个防空团）、第377防空师1个防空团、第237防空团和第263防空导弹团1个营配属给第1军。此外，还有2个防空师负责保卫战略后勤运输线，总计扑向西贡的越南人民军各部队从后方到前线一共得到5个防空师的掩护。这支强大的防空部队总共有19个防空团，如果加上各个步兵师编制内的防空营（参战的14个步兵师编制内的防空营加在一起，约合5个防空团的实力），越军布置到越南南方的防空力量就拥有差不多800门高射炮、一个SA-2防空导弹团和大量肩扛式SA-7防空导弹。面对如此强大的防空火力，越南共和国空军剩下的机群就算再怎么努力攻击，也只能是飞蛾扑火，除了赢得些许安慰的成绩外，只能是自取灭亡了。

除了布置好防空部队和特工、别动部队，分析地形，以及针对南越国军可能的各种反应拟定应急预案外，越军战役指挥部还要处理战役后勤供应问题和各部队之间的作战协同，以期实现黎笋要求的在雨季到来前解放西贡、实现国家统一。兵马未动、粮草先行。胡志明战役是越南人民军历史上规模最大的会战，几十万大军同时涌向西贡，给他们提供足够的食品、弹药、汽油和零件，就成为胡志明战役指挥部首要关切的问题。

坐镇河内的越南人民军副总参谋长黄文泰上将进行了一场出色的物资和人力调度，解决了前线大部分需求。他不仅密切监控诸如第1军的南下过程，还对战役指挥部急需的各类物资（特别是炮兵和坦克所需弹药）的调拨予以特别关照。越南人民军不仅从北方的战略仓库里调拨物资南运，而且还十分重视利用缴获的南越国军武器装备和仓库物资。由于一些炮兵部队装备的缴自南越国军的美式榴弹炮占很大的比例，因而越军直接从缴获的南越国军各个仓库调拨炮兵弹药南送。利用不断延伸且不断完善的北—南战略公路网系统，越南人民军总后勤局和各个军区的后勤部队将大量物资送往战场。到1975年4月中旬，总参谋部报告说，他们一共将58000吨物资（包括28000吨已经储备到越南南方解放军司令部直辖仓库区的物资）送到了B2战场。不过，文进勇还是希望物资多多益善。接到进一步请求后，越南人民军总参谋部于4月19日拍了一份急电："告诉我们的指挥员，第559兵团的240辆卡车拉着13000发130毫米榴弹已经在4月17日出发了，同行的还有40辆满载坦克零部件的卡车和150辆隶属于总后勤局的卡车。所有可用的迫击炮弹已经从整个越南北方的各个仓库里收集起来，目前正运往南方。"经过越南人民军总参谋部、总后勤局、第559兵团和各军区后勤部队的努力，越军在胡志明战役进攻前基本完成了后勤保障的各项准备工作。

后勤保障是重要的，保卫新解放区和保卫解放的城市，接触大群南越国军散兵游勇的武装，防止死硬的"反革命分子"搞破坏危害新解放区人民和新政权，也是河内需要操心的。为此，成千上万的越南劳动党员干部和政府工作人员奉命南下，接管新解放区和协助成立革命政府。越南公安部也分出一个内政部，派出大批公安部队南下，一方面负责各大城市和县城的治安工作，一方面布置在南北走向的重要交通大动脉——1号公路沿线，保卫公路和车队安全，防止南越国军散兵游勇搞破坏和打冷枪。

对胡志明战役的准备进程和越南共和国的军政动态，越南劳动党总书记黎笋同样很关切。4月22日，黎笋给胡志明战役指挥部去电，告诉他们，南越国军已经发现了越军各路大军正朝西贡扑来，目前敌人正在调整部署，力求确保4号公路畅通。黎笋很担心对方会在西贡守不住的情况下，走4号公路逃到九龙江地区继续顽抗，把战争拖到雨季。他在给战役指挥部的电报中明确指示："向西贡发动军事和政治进攻的时机已经成熟。我们必须争取时间，从各个方向及时地、毫不迟疑地向敌人发动进攻。稍有迟缓，在军事和政治上都是不利的。目前，及时采取行动是夺取彻底胜利最可靠的保证。"

当天晚些时候，武元甲大将也在给文进勇大将的电报中也指出，进攻时机已经成熟。他要求特工和别动队按时拿下市区内各个重要目标，同时还让文进勇大将不要去管计划，而是让位置最有利的那路进攻部队，首先冲进西贡市区。武元甲大将还认为，如果南越国军不打算守住西贡的话，他们就会沿4号公路逃到芹苴。因此，他特地提醒文进勇，严令第232兵团完成堵截对方从西贡撤逃的任务。

对黎笋和武元甲的指示，代表中央政治局全权指导胡志明战役的黎德寿，于4月25日给河内回了一份长达10页的电报。在电报中，黎德寿同意黎笋和武元甲说的对西贡总攻击时机已经成熟的判断，但他话锋一转解释说因为几个具体的问题目前部队没法马上展开攻击。第一，刚刚抵达战场的各师还在熟悉地形；第二，4月17日从河内发出的各类物资还没有到位，目前弹药还缺得很厉害；第三，战役指挥部分析南越国军防御战略时指出，对方打算把越军阻挡在西贡外围，如果失败的话就要撤回西贡市区并炸毁周围桥梁，因此战役指挥部正研究对策，并决定改变战略，用特工和别动队拿下这些桥梁（而不是西贡市内的各个重要目标）。

对于武元甲判断的一旦西贡陷落，越南共和国会跑到芹苴继续抵抗，黎德寿表示不赞同。他倒是很乐观地认为，只要解放了西贡，越南共和国对九龙江的控制就会顷刻间土崩瓦解。事实证明，黎德寿的预见完全正确。在电报的末尾，黎德寿向中央政治局报告："你们放心。我们已经充分利用每一天和每一个小时，在几天内我们克服一些基本问题后，就会按计划开始战役。"

4月26日，越南劳动党中央政治局召开特别会议，听取黎德寿报告。仔细看了黎德寿的报告后，黎笋走上台前对大家发表讲话。他完全同意黎德寿的看法，下令胡志明战役按计划打响！

苦战突破

由于东面的第2军和第4军离西贡市区比较远，黎仲迅请示文进勇大将，希望他们能提前发动进攻，具体时间是4月26日17点00分。按照计划，第4军以第341步兵师沿着1号公路往朋庄实施突击，然后再攻下边和机场；第6步兵师跟进打击，目标是夺取南越国军第3军团司令部和同奈河上的1号公路桥；第7步兵师担任第二梯队，任务是和坦克兵协同组成合成兵种部队，跨过同奈河，冲进西贡市。

阮友安少将的第2军也有诸多目标要打：第304步兵师要拿下15号公路沿线的诺庄基地，接着北转沿着15号公路突击隆平仓库区，完成上述任务后第304步兵师要跨过同奈河，沿着西贡一边和高速公路冲进西贡市区；第325步兵师要解放诺庄南面的隆城，然后沿着25号省道迂回到西贡南面，从新港桥跨过西贡河去打吉莱基地，同时展开第84炮兵团对新山一机场进行炮火压制；第3“金星”步兵师要解放整个福绥省和头顿市。

文进勇在仔细审查了黎仲迅的计划后，批准了他的要求。

对黎仲讯来说，他不担心黄琴少将的第4军，因为该军所辖的第6、第7步兵师长期在南部平原战斗，可以说对这里的情况、环境都很熟悉；第341步兵师也经历过春禄战役的洗礼，逐步成长起来，第4军完成上级交付的任务应该不成问题。他担心的是阮友安少将的第2军。该军是从治天战场一路顺中部沿海平原开进到南部平原，人生地不熟的，准备时间又仓促，能否顺利完成任务实在令人揪心。

对黎仲讯的担心，阮友安少将可以说是心知肚明。1975年4月23日，阮友安少将在隆庆省春协乡三协村召开第2军高级军政干部会议。在会上，第2军党委和军指决定：集中第304、第325步兵师和第203坦克装甲车旅、第673防空师，以及第164炮兵旅从43高地（诺庄基地步兵训练场北部）到福禄三岔路口（隆城县南面）实施主要方向突击，然后沿着15号公路、隆平三岔路口和同奈河公路桥，冲进西贡市。

对于第2军来说，胡志明战役发起前最大的困难是后勤保障。第2军后勤部门报告，全军各单位从中部沿海高速行军赶到春禄后，平均只剩0.5个基数汽油（只够沿公路行进60公里）、13天粮食和0.8到1个基数的各种炮兵弹药（1个基数的炮弹弹药是每门60到120发），坦克炮弹尤其缺乏。如果在对西贡发起总攻击阶段遇到对方强有力的抵抗，第2军就会遇到很大的困难。幸好经过总参谋部和总后勤局、第559兵团的不懈努力，第2军很快获得了至少1个基数的各种炮兵弹药、2个基数的汽油和大量的粮食，这才勉强完成了战前的物资准备工作。

在物资准备工作逐步完成的同时，1975年4月24日到25日，第2军所辖的各个步兵师也在紧张地进行实地侦察（相当于苏军的现地勘察），做好战斗组织和各兵种协同战斗的计划，各地面炮兵和高射炮兵、坦克兵还迅速展开队形，占领阵地。

到1975年4月26日06点00分，第2军战役准备工作基本完成。

第2军当面的南越国军可不打算束手就擒。第3军区司令阮文全中将命令空军对第2军方向实施侦察和袭扰。07点30分，2架武装直升机扑过来攻击第304步兵师9团的战斗队形，被越军击落1架。16点00分，离进攻打响还有1个小时，南越国军空军连续轰击越军第325步兵师出发阵地。为了保护地面部队，越军第243防空团18营、120营和2营组织了绵密的对空拦阻射击，宣称击落4架A-37攻击机。在防空部队的有力掩护下，第304步兵师和第325步兵师顺利完成了战前准备。

然而，看似顺利的背后却隐藏着诸多问题，第2军没有想到的是一场苦战在等着他们。

1975年4月26日17点00分，越军第2军炮兵群（第164炮兵旅的12门M46 130毫米加农炮、12门D20 152毫米加榴炮和12门D74 122毫米加农炮），以及第3、第304和第325步兵师的85毫米加农炮群、105毫米榴弹炮群和D74 122毫米加农炮群对当面的守敌防御集团实施40分钟的炮火准备。当炮火准备进入到最后10分钟阶段，为了加大炮击效果，越军参战的各个步兵团组织团属迫击炮对守军前沿各个目标进行10分钟的集中射击。利用炮火准备的压制效果，越军第304步兵师、第325步兵师和第3步兵师的步兵和坦克兵迅速占领进攻出发阵地。17点40分，越军第2军开始了进攻。

在主要进攻方向上，刚刚接替黎公世出任第304步兵师师长的阮安上校和师政委陈平一上来就用2个步兵团实施冲击，务必要拿下诺庄基地：第9步兵团要打下诺庄基地的装甲兵训练场，第24步兵团要打下诺庄基地的步兵训练场，第66步兵团担任第2军预备队。

在第9步兵团方向上，各营首先拿下装甲兵训练场外围各个要点，然后迅速组织爆破，在多层铁丝网地带炸开突破口，准备冲击。发现越军第9步兵团的爆破行动，诺庄基地装甲兵训练场的指挥官马上命令坦克群反击，意在堵住突破口。依托有利地形，越军第9步兵团的火箭筒手段文元扛着一具B40火箭筒隐蔽扑到对方坦克群跟前瞄准射击，用1发火箭弹就打坏了冲在最前面的坦克。第68炮兵团6营（加农炮营）的指战员们也把56式85毫米加农炮拉到距敌两三百米处，架开火炮对坦克进行直瞄射击，配合越军第9步兵团各82毫米无后坐力炮班、B40和B41火箭筒手进行打坦克战斗。他们不仅击毁了2辆坦克，还打掉了突破口周围许多火力点和碉堡，粉碎了守军的反击。

接着，第304步兵师第9步兵团的步兵指战员在坦克配合下，冲过突破口，杀进了诺庄基地的装甲兵训练场：9团2营营长陈船率部直插装甲兵训练场指挥所，3营营长姚春定带部队冲进坦克停车场。经过2个小时战斗，第9步兵团完全控制了诺庄基地的装甲兵训练场，宣称歼敌约百人，击毁坦克装甲车20辆。不过，第9步兵团的胜利并不完美，大部分守军还是撤出了装甲兵训练场，转移到附近的橡胶园，继续组织抵抗，遏制第9步兵团发展进攻。另一方面，南越国军也组织炮兵对丢失的装甲兵训练场进行炮火覆盖，企图杀伤9团的有生力量。停留在此就是白白牺牲，9团决定继续组织冲击，意在突破橡胶园并朝15号公路三岔路口发展进攻。4月26日18点00分，越军第304步兵师第9步兵团3营和2营7连，在第203坦克装甲车旅3辆坦克配合下，展开了新的攻击。可步坦联合纵队才前进2公里，就被对方的顽抗给挡住了，冲在最前面的一辆T-54坦克被击毁。看到越军冲击受挫，南越国军马上从后方调来预备队连续反击，3营和2营7连不停地向团指告急。他们指出，目前对方不仅出动坦克和步兵冲击，而且还动用空炮火力轰击自己的阵地，部队蒙受了不小的伤亡，请求后退。第9步兵团团长黄文政和政委姚威翼深知任务重大，第304步兵师师长阮安给9团的任务就是要前出到15号公路三岔路口，从守军防线硬撕开一个口子，这是第2军在胡志明战役的首战，只能前进，不能后退！两人坚决拒绝了姚春定和陈船的撤退请求，他们把第68炮兵团6营拉上去，命令56式85毫米加农炮群在15号公路东北面展开阵地，支援步兵打敌步坦协同反击，一定要牢牢守住目前的阵地。

在诺庄基地的步兵训练场方向，南越国军打得更加出色，第24步兵团猛攻一夜，除了拿下步兵训练场西北角部分据点和阵地外，丝毫没有冲进训练场。第304步兵师战史中也不得不承认在该地的失败：“部队在进攻时被敌人发现，遭到了绵密的火力拦阻，第24步兵团没法靠近计划规定的目标，进攻完全失利。”

总的来说，虽然炮火准备相当有效，可是越军对地形不熟悉，加上南越国军打得十分顽强，甚至调来预备队连续反击，再加上越军夜间的兵种协同战斗组织得不好，被对方击破 ，第9步兵团和第24步兵团遇到了很大的困难。当天结束时，越军第304步兵师只拿下诺庄基地的装甲兵训练场，步兵训练场和15号公路三岔路口还没拿下。综合战场情况，越军第304步兵师师长阮安上校决定暂时进攻，巩固部队，准备第二天再组织新的冲击。

在第304步兵师右翼，4月27日04点00分，越军第341步兵师也对朋庄发起攻击。对手是春禄之战中把他们打得够呛的南越国军第18师团。正应验了那句老话：“不是冤家不聚头。”仇人相见，分外眼红。第341步兵师师长陈文珍大校急于报春禄之仇，一上来就拉开大打架势，从正面和两翼连番冲击。这一次，黎明岛好运不再，他虽然顶住了第341步兵师的正面冲击，两翼却被突破了。这次战斗仅仅打了4个半小时，朋庄就落入了第341步兵师的手里。第18师团仓促撤退，却正中对方埋伏，蒙受惨重损失。刚刚晋升为少将的黎明岛只得无奈地把受到重创的部队拉回隆平仓库休整。越军第341步兵师立即追上去，对南越海军陆战队据守的胡奈县展开攻击，企图打开通往边和机场的大门。

在第304步兵师左翼，第325步兵师也打得很艰苦。阮友安少将给第325步兵师的任务是一上来就要攻下隆城军事支区。为了完成这个任务，第325步兵师师长潘明心和师政委黎文强命令在藩朗之战中立下大功的第101步兵团在坦克和炮兵火力支援下，负责拿下隆城军事支区；同时第46步兵团（暂时接替第95B步兵团，充当第325步兵师的第2团）要穿插敌后，拿下隆城西北的福声三岔路口，切断10号公路；第18步兵团要包围消灭平山守敌并充当第325步兵师预备队。

第325步兵师的进攻一开始还是比较顺利的。在第46步兵团方向上，越军先是拿下了同友桥，继而控制了福声三岔路口。在第18步兵团方向上，8营对平山县实施多路穿插，分割了守军的防御体系，消灭了保安军第346营营部和2个连。

第101步兵团方向上，1营在坦克的密切配合下，迅速拿下10号公路和15号公路的交叉路口，重创对方2个海军陆战连，夺取了向隆城军事支区发展进攻的重要跳板；3营也摧毁了对方一个炮兵阵地，缴获4门105毫米榴弹炮。

然而，当第101步兵团1营和3营冲进隆城军事支区时，守军不仅没有慌乱，反而化整为零，依托各条街巷和楼房以小分队形式顽强地和越军展开巷战争夺。守军打得罕见地积极，他们不仅正面顽强阻击第101步兵团1营、3营，而且还分兵穿插到越军背后，对第101步兵团1、3营进行两面夹击。在守军顽强且灵活的打击下，越军损失不小。第325步兵师战史记载道：“第203（坦克装甲车）旅2辆坦克被M72击毁在县里。（第101步兵团）1营营长阮英扬（藩朗之战的英雄）和一些干部战士牺牲在街头。第101步兵团指挥所也被敌人迫击炮和重机枪射击。敌人的空炮火力连续轰击我（战斗）队形前后方。”[1]

什么？一个小小的隆城竟能阻挡自己的路？藩朗之战胜利后自信心膨胀的第101步兵团团长阮文江有些不敢相信自己的眼睛。藩朗都可以一天打下来，难道这里的守军比藩朗还厉害吗？不信邪的阮文江干脆把预备队——第101步兵团2营给拉上来投入战斗，师长潘明心也不敢大意，命令第46步兵团组织兵力对泰乐实施攻击，策应第101步兵团拿下隆城县。同时，他还命令师属第84炮兵团马上组织炮火反击，一定要压住守军的支援炮火；第284防空团120营、第325步兵师直属的第75防空营、第12防空导弹连（装备A72，也就是SA-7肩扛式防空导弹）统统前出到隆城县，打击临空的飞机，保卫第101步兵团战斗队形。防空部队一到来，就部分遏制了南越国军空军的威力，他们宣称击落3架A-37攻击机和2架AD-6，以及2架武装直升机。尽管越军全力以赴地进行防空和炮火支援，可隆城县守军还在进行顽强抵抗，第101步兵团3个营已经全部投入战斗，还是被对方给死死阻挡住，根本没法继续发展进攻。更糟糕的是，师指、团指和一些单位的联系时断时续。为了打开局面，第101步兵团3营和第203坦克装甲车旅的2辆坦克暂时离开隆城，沿15号公路往诺庄基地方向打，却取得了意外的胜利，他们击毁了对方2辆坦克，消灭了部分敌步兵。当时诺庄外的15号公路三岔路口的南越国军正忙着对第304步兵师9团反击，没想到第101步兵团3营突然从隆城方向杀过来，有些乱了方寸，只得紧急调整部署，暂停反击9团，把部分兵力撤下来保护后方。看到自己的突击帮助9团减轻了压力，第101步兵团3营和2辆坦克满意地退回隆城，继续和101团1营、2营一起战斗。

第325步兵师进攻方向的形势如此复杂，让阮友安和潘明心坐立不安，军指和师指的气氛异常紧张。以藩朗、藩切之战的气势及采取大胆突然的合成兵种行进间攻击、勇猛突破直插守敌防御系统的战法怎么在区区一个隆城就失灵了呢？第101步兵团已经全部投入了战斗，仗打了7个小时，还是没能拿下隆城。

进攻连番受挫，迫使阮友安开始冷静下来。他认为，诺庄—隆城守军的性质和藩朗、藩切守敌完全不同。这里的防御系统更加坚固，对方也更为拼命。目前，南越国军各部身后就是西贡，他们无路可退。绝望中，对方会更加坚定地抵抗到底。对目前的巷战，阮友安分析说，面对越军第101步兵团和第203坦克装甲旅4营优势兵力、坦克的冲击，守军没有进行正面硬顶，而是利用夜色的掩护，化整为零以小分队形式依托各个居民楼、街铺，耐心等待越军经过，然后居高临下从正面、侧面、背后对越军步坦战斗队形进行火力夹击，阻止了越军的冲击。于是，阮友安根据守军的战斗模式，针对性地命令部队马上取消大胆、突然的合成兵种高速突击的打法，改为稳扎稳打，组织强击分队逐个拿下守军控制的楼房和街区，占领一地清剿一地，巩固后再向前蚕食，采取步步为营、逐步控制街区、最终控制整个县城的标准巷战打法，把对方肃清干净或是挤压出去。为了配合步兵的战斗，阮友安少将还指示防空兵要靠上去，紧密保护步兵战斗队形，阻止对方空军轰炸，炮兵要积极组织炮火反击，压制对方的炮兵阵地。

接到阮友安的命令，第325步兵师师长潘明心马上指示第101步兵团和第46步兵团暂停进攻，调整部署，准备天明以后按阮友安少将的战法指示，重新组织对隆城军事支区的攻坚战斗。

南越国军方面，第3军区司令阮文全中将决定把第322和第318特遣队从边和省调上来，加强隆城和诺庄的防御，并组织反击夺回失地，他的意图是要坚决把阮友安挡在西贡外围。

1975年4月27日，诺庄和隆城的战斗进入白热化。一方是决心不惜代价拿下目标的越南人民军第2军，另一方是决心集中兵力坚决反击夺回失地的南越国军第3军区。这一天，南越国军空军竭尽全力出动了114架次战机全力以赴支援诺庄和隆城的守军。为了打开东面通往西贡的大门，越军第2军展开了强攻。

在诺庄基地，越军第304步兵师9团正准备第二次进攻15号公路三岔路口，却遭南越国军猛烈反击，自己不进反退，被逼回装甲兵训练场。如果把这里都丢掉的话，就意味着第2军第一轮进攻完败。深感责任重大的第9步兵团指战员们没法后退，也不能后退，他们依托装甲兵训练场的每个区域和每个橡胶园组织抵抗。9团的步兵、坦克兵顽强地和反击的南越国军步兵、坦克兵战斗，第68炮兵团10营（装备D74 122毫米加农炮）也不断组织炮火反击，压制对方炮兵。配属9团战斗的越军防空兵也使用高射炮和高射机枪，组织对空战斗，击落2架F5战斗机、2架AD-6攻击机和1架A-37攻击机。到17点00分，越军第9步兵团组织3营11连准备穿插到对方反击队形背后。

经过两天激烈战斗，11连损失了差不多一半兵力，目前只剩56人，还是毅然接受任务，他们兵分两路摸到对方战斗队形背后。连长打算让2排和1排沿着公路左右两翼实施冲击。进攻前，11连的侦察组潜伏到连战斗队形前100米，全连要等待侦察组号令再发起冲击。

在夜幕掩护下，程玉首带着侦察组利用地形掩护悄悄接近对方，然后突然端起火箭筒击毁了一辆M41轻型坦克。爆炸声就是号令，11连2排长阮光成一跃而起，率全排指战员展开冲击，1排也很快冲了上来。受到越军突然进攻后，11连当面的部分敌军马上缩进一片房屋，坚持抵抗。11连指战员在喊话无效的情况下，朝房屋里猛砸手榴弹，并组织步机枪火力射击。对方抵挡不住，只得暂时撤下来，和越军拉开一段距离然后呼叫炮兵轰击11连刚刚夺取的阵地。密集的炮火杀伤了11连部分兵力，看到越军受挫，南越国军马上返身冲杀上来。不过，第9步兵团11连2排是著名的梅国歌排，曾在1972年广治战役的铁路桥战斗到全军覆灭，坚持到友军到来为止，因为英勇表现被授予“梅国歌排”荣誉称号。这次，11连2排再度发扬光荣传统，面对南越国军的步坦协同反击，顽强坚守了30分钟，等到了己方步兵和坦克增援部队赶到。在11连2排的英勇奋战下，南越国军没能夺回诺庄基地的装甲兵训练场，还被迫后退了800米。

在隆城，第325步兵师师长潘明心让师副参谋长裴德顽和师副政委郭弧，下到鹅桥东面的第101步兵团指挥所，和第101步兵团团长阮文江一起组织指挥对隆城的进攻。越军决心拿下目标的同时，守军也得到第468海军陆战旅团部分兵力和空炮火力的支援，转入反击。攻守双方在隆城县内，为了每一条街道、每一座房屋和周围每片森林都进行激烈争夺。采取了强击支队和挤占的打法，越军第101步兵团总算占得上风，逐步把对方挤了出去。战至4月27日16点30分，越军第325步兵师完全控制了隆城军事支区，毙敌600多人，活捉500多人（含2名中校、2名少校、4名上尉），摧毁3个炮兵阵地（10门105毫米榴弹炮）和许多武器装备。隆城战斗的胜利，宣告了西贡外围东线被撕开一个大大的口子。

在第2军第二次要进攻方向上，第3“金星”步兵师在师长黄德英大校和师政委林博圭上校的指挥下，对巴地市发动进攻。为了让“金星”师顺利突破，阮友安特地把第164炮兵旅2连（4门M46 130毫米加农炮）和第203坦克装甲车旅4连（T-54坦克）配属给第3“金星”步兵师。

进攻伊始，第3“金星”步兵师就使用第12步兵团（欠1个营）打德城县、红土县和隆奠县（这些都是平也战略村周围要地）；第141步兵团和第203坦克装甲车旅4连直插巴地市和文杰训练中心；第2步兵团（安老团）担任预备队。4月26日19点00分，越军第141步兵团开始进攻巴地市。伴随着炮声，第203坦克装甲车旅4连和第141步兵团7营相互配合，沿着黎利路直插巴地市中心。几分钟慌乱后，南越国军第1伞兵旅团开始还击，他们用M72火箭筒击中了第203坦克装甲车旅4连的3号T-54坦克，4号T-54坦克不慎翻到弹坑里。4号坦克的炮手和驾驶员赶紧钻出来，用冲锋枪打击试图冲上来炸车的南越伞兵，保卫4号坦克，等待救援。与此同时，越军第141步兵团7营主力和第203坦克装甲车旅4连仅剩的2辆T-54坦克继续冲击，他们冲过了潘珠程三岔路口，直插芽伦区。

不过，第141步兵团8、9营没能冲进市区，还在巴地市郊区和对方战斗，夜间战斗会给第141步兵团带来诸多困难。因此，第3“金星”步兵师师长黄德英大校和师政委林博圭上校决定让第141步兵团暂停进攻，调整巩固部队，准备第二天再打。

4月27日清晨，4连剩下的2辆T-54坦克引导第141步兵团7营继续对巴地市内各个目标展开攻击，他们先后解放了物流区、安宁区、市警察局和保安联团指挥所等。在巴地市西面，第141步兵团9营拿下定村，并向15号公路发展进攻。在东面，第141步兵团8营被阻挡在文杰训练中心大门前。第12步兵团5营攻打了戴高地的炮兵阵地，支援141团8营最终冲进了文杰训练中心。在越军强大的进攻压力下，第1伞兵旅团被迫撤离巴地市，渡过古美河后炸毁了河上的大桥。

为了配合第141步兵团，越军第12步兵团也对德城县发起攻击，战斗持续了一整夜。到4月27日04点00分，第12步兵团完全控制了德城县和著名的平也战略村、义教、平定、大山等重要区域。与此同时，隆黎、隆奠等各县的地方部队也发动进攻，把当地南越国军全部打跑或逼降。为了把握时机，第3“金星”步兵师师长黄英德大校和师政委林博圭上校断然命令第12步兵团追剿逃敌，务求全歼。在地方部队的配合下，第12步兵团宣称击毙和活捉几千南越国军士兵。

在西贡北面，南越国军第5师团在13号公路沿线的莱溪、边葛和富利驻防。为了打垮第5师团，越南人民军计划以第1军第312步兵师绕过莱溪和边葛的火力基地，直扑富利基地。只要打下富利基地，越军第312步兵师就能彻底“冷冻”第5师团。接着，越军第1军的第二梯队——第320B步兵师就能沿着13号公路东面的16号公路实施合成兵种突击，直插西贡市区。为了保障进攻顺利，第1军的工兵旅负责在第320B步兵师集结地和16号公路之间修一条31英里长的急造路。

4月27日16点30分，越军第312步兵师开始进攻。该师第165步兵团和第209步兵团迅速打垮沿线的保安军各个阵地，拿下了富利基地附近的许多交叉路口。4月29日午夜，第312步兵师开始突击富利基地。与此同时，第320B步兵师也开始沿着工兵修建的急造路抵达16号公路。在绕过一系列保安军据点后，第320B步兵师于4月30日清晨拿下了边和市西北15英里的新渊县。随着第5师团被绕过，西贡北面防线形同虚设，向越军"决胜兵团"（第1军的别号）敞开。

在西贡南面和西南，第232兵团却遇到了许多困难。4月中旬，第232兵团的第303步兵师刚刚赶到万古东河西岸的新解放区（紧靠越柬边界）。第9步兵师在第303步兵师侧翼占领阵地。为了保障第9步兵师和第303步兵师顺利渡过万古东河，第303步兵师派1个团渡过万古东河，在东岸建立了一个桥头堡，驱逐了许多保安军。经过3天战斗，第303步兵师夺取了东岸的2个村庄，为第232兵团主力渡河扫清了道路。

4月26日夜，第303步兵师正式奉命渡过万古东河。不巧的是，他们正赶上雨季的第一场暴风雨。坦克和其他履带式车辆开过，更让本来就土质松软的地面变得泥泞不堪，轮式车辆根本无法通行。从柬埔寨边界到万古东河之间，越军车队排成了4英里长龙，都因泥泞无法快速通行。为了让车队能快点走过，越军在当地人民帮助下，进灌木丛砍下不少树枝，把树枝铺在公路上，才让车辆通过了。

接着，越南南方解放军直属的工兵部队用渡船把第303步兵师和坦克、重炮送过了万古东河。到4月28日清晨，越军第303步兵师渡河完毕，他们先是沿着10号公路前进，然后南转对厚义省省会展开攻击。南越国军第3军区司令阮文全马上从第25师团的装甲骑兵支团抽调M113装甲运兵车群过来，增援厚义省保安军部队。可他们的作用也不大。4月29日清晨，越军第303步兵师在坦克引导下展开攻击。由于守军缺乏足够的反坦克武器，越军第303步兵师迅速冲进了厚义省会省谦强市。11点30分，厚义省保安军和M113装甲运兵车群放弃谦强市，逃往西贡，厚义省彻底沦陷。

4月28日黄昏，跟在第303步兵师后面的越军第9步兵师也渡过了万古东河。第二天下午，越军第9步兵师技术兵器也渡河完毕。接着，第9步兵师兵分两路：一个团朝新山一机场突击，另一个团往东冲向西贡市首都特区。

在西贡南面，越军第5步兵师奉命切断4号公路，堵住西贡守军往九龙江逃跑之路。越军第5步师一开始就切断了公路，可南越国军第22师团迅速反击，又打通了公路。4月28日清晨，越军第5步兵师再度组织攻击，又一次切断了公路。南越国军第22师团是好样的，他们组织的反击重新打通了公路，迫使第5步兵师退到附近的一个村庄，然后朝4号公路上行进的车辆开火，阻挠交通。

午夜，越军第5步兵师第三次组织攻击，最终拿下了4号公路的一座大桥。在布置完障碍物和埋设好地雷后，越军第232兵团彻底封死了4号公路，堵住了西贡守军南逃到九龙江的退路。眼看退路被断，南越国军第22师团疯狂反扑，激烈战斗了一整天。尽管第22师团拼死攻击，却再也没能从越军第5步兵师身上跨过去半步。

越军第5步兵师在4月26日到30日在4号公路沿线战斗中伤兵共378人，其中22%重伤、25.9%中伤、52.1%轻伤。[2]

在西贡西北，越军第3军也投入战斗。为了阻止南越国军从西宁省往西贡龟缩，越军第316A步兵师既要完成切断22号公路的任务，也要对1号公路沿线重镇长朋展开攻击。一旦第316A步兵师拿下长朋，第320A步兵师马上投入战斗，对古芝县附近的同如基地（第25师团指挥部所在地）实施突击。当第320A步兵师压住第25师团的时候，越军第198特工团趁机从南越国军防线空隙穿过去，拿下新山一机场附近的两座重要桥梁：1号公路上的蓬桥和15号公路上的生桥。1号公路和15号公路是西北方向从平坦的稻田区直入西贡的交通干线。一旦第198特工团拿下这两条公路沿线的各座重要桥梁，越军第3军的第10步兵师就可以沿着这两条公路实施合成兵种高速冲击，目标直指新山一机场与联合参谋本部。

对于南越国军第25师团师团长李从伯准将来说，目前的形势实在是太艰难了，面对虎狼之师的突击，他手下的兵力分散各地：第49步兵团防守西宁，第46步兵团把守长朋，别动军第32联团负责保卫22号公路，第50步兵团确保古芝。本来各地兵力就已经很吃紧了，阮文全中将却还命令李从伯准将把第25师团所辖的装甲骑兵支团和第50步兵团的2个营调去防守厚义省和长朋，使第25师团留守同如基地的兵力只剩第50步兵团1个营和师团指挥部。对阮文全中将的安排，李从伯准将感到异常愤怒。他希望集中师团主力在同如基地，再打一次1972年的崑嵩大捷。可，阮文全“胡闹般”的兵力调度却让李从伯的“理想”化为乌有。

4月28日07点00分，越军第316A步兵师沿着22号公路和1号公路长达20英里的路段实施突击，他们迅速打垮了公路沿线的保安军部队，绕过西宁市，直扑长朋。守卫这里的南越国军第46步兵团是好样的，他们连续击退了越军第316A步兵师的几次冲击。越军被迫撤下来，组织炮兵轰击长朋。

遗憾的是，长朋出色的战斗却被一场灾难给抵消了。可能是担心同如基地的防务，4月28日清晨，李从伯准将把第50步兵团1营和第25师团的装甲骑兵支团派往协防长朋。李从伯不知道的是，第50步兵团1营营长黎广宁少校竟然是潜伏在南越国军里的越军间谍。接到李从伯准将的命令，黎广宁少校就把部队拉出去，路上他集合主要指挥官训话，说战争已经结束了，问大家是否愿意投降，经过短暂讨论，全体一致同意向越军缴械。随着南越国军第50步兵团1营的投降，长朋基地守军失去了援军，最终被第316A步兵师的进攻狂涛淹没了。

在第320A步兵师进攻地带，师属工兵隐蔽地在西贡河架设了一座浮桥，保障部队顺利过河。到4月25日，第320A步兵师全部过河，在同如基地西北展开兵力。师长金巡给部队的命令是必须迅速拿下同如基地，保障越军第10步兵师的合成兵种部队沿1号公路冲向西贡市区。

4月29日05点30分，越军第320A步兵师打响了对同如基地的进攻。第54炮兵团的24门56式85毫米加农炮和D74 122毫米加农炮同时开火，摧毁了基地内的一批工事和机枪座。接着，第320A步兵师第64步兵团开始冲击。在主要突击方向上，第64步兵团7营用爆破筒连续在铁丝网地带实施爆破作业。可对方拼死抵抗，战斗打得十分激烈。尽管如此，7营还是在很短的时间里就炸开了一个突破口。李从伯虽然兵力不多，但却不断组织反击，还把基地内仅存的M41轻型坦克也调上来，用火力封锁突破口。在猛烈火力打击下，第64步兵团7营伤亡很大。至08点00分，7营组织的4次冲击均被对方打退。在次要进攻方向上，第64步兵团9营也没能冲进同如基地。

为了打破同如基地的防御，金巡大校又把坦克和预备队——第64步兵团8营派上来，加强到7营方向，准备连续冲击。战至10点00分，越军第5次冲击又被击退，2辆坦克被毁。尽管连续获得胜利，但同如基地的守军也伤亡得差不多了。李从伯眼看无法继续打下去，只得下令部队趁机突围。11点00分，越军第320A步兵师在付出几百人损失的代价后，终于胜利攻克了同如基地，为越军第10步兵师向新山一机场发展进攻创造了有利的条件。

越军第320A步兵师在胡志明战役中负伤459人、战死153人，其中打同如基地负伤312人。伤势原因里，枪伤28.27%、地雷和手榴弹炸伤12.5%、榴弹炮和迫击炮炸伤66.12%、炸弹炸伤3.2%。[3]

总的来说，南越国军在西贡外围进行了比较顽强的抵抗，但越军在兵力和技术兵器方面占绝对优势，最终还是把他们的防线扯散。随着4月29日00点00分到来，越南人民军吹响了对西贡的总攻号角。

西贡陷落

1975年4月21日，也就是南越国军第18师团从春禄撤退的第二天，绝望的越南共和国总统阮文绍宣布辞职，向71岁的副总统陈文香移交权力。这位患了风湿病、视力很差的越南共和国“元老级”人物一上任，就发表一通慷慨激昂的演说，发誓要坚守岗位，直至“士兵全部战死或国土完全沦丧”。

上任后，陈文香“热情”地挽留阮伯勤做政府总理。同时，前总统阮文绍和前总理陈善谦决定离开越南共和国，去国外寻求政治庇护。到了这般田地，一度曾是东南亚国家风光无限的“自由国家楷模元首”的阮文绍却如同丧家之犬似的，被西方国家集体拒绝接纳，只有台湾接纳了他们。4月25日夜，美国驻越南共和国大使格拉汉姆·马丁安排阮文绍和陈善谦坐上飞机，离开西贡飞往台北。

阮文绍的离去并没有让残存的越南共和国政权得到喘息。他们既要面对越军总攻，又要面对来自美国和法国的外交压力。内外交困的陈文香身心俱疲，他只干了一个星期就在4月27日下午召开国民会议，投票决定谁来接替他出任越南共和国最后一任总统。会议召开前，国防部长陈文敦做军事简报，他直截了当地说目前的军事态势已经毫无希望了，陈文香当即接过话茬，宣布辞职。接着，国民议会投票选举杨文明。出任越南共和国最后一任总统。杨文明曾是吴庭艳时代十分吃香的将领，特别是在1955年到1957年扫平各个教派的战役战斗中为吴庭艳立下汗马功劳。正是因为这些功绩，吴庭艳十分器重他，没想到这个家伙竟然是1963年发动政变和一举干掉吴庭艳兄弟的领导人，之后他短暂出任越南共和国总统，但很快就被阮庆赶了下台。从此，他被边缘化，逐步成为所谓“第三方势力”的领导人。国民会议之所以选择他当最后一任总统，主要是因为法国声称杨文明是北越唯一可能接受停火谈判的合适总统人选，大家都还寄希望于和平，没有想到国家覆灭一途。

4月28日夜，陈文香和杨文明进行了权力交接。杨文明一上任就提出当前目标是和越南南方共产党（民族解放阵线）达成停火协议，他错误地认为越南南方民族解放阵线不甘心屈从于河内，只要自己摆出低姿态，对方是一定会同意议和的。他还天真地认为北越可不想马上统一南方。之所以还抱着这些幻想，是因为杨文明和民族解放阵线有电台联系。另外，他的弟弟是越南人民军的一名高级将领。1963年发生倒吴政变后，越南中央政治局委员黎德寿曾试图利用这层关系派他的弟弟去越南南方，策反杨文明，但没有成功。

总统就职典礼前，杨文明问高文园上将是否愿意跟他讨论一下目前的军事形势（实际也就是挽留）。高文园上将以自己公务繁忙为由婉言拒绝。高文园上将可没有忘记1963年11月政变的时候，他没答应帮杨文明，脊梁就被卡宾枪顶住的屈辱。因此，他在陈文香移交权力前就辞去了总参谋长的职务。几小时后，高文园上将就来到头顿市，然后坐上一架美国人的直升机永远地离开了越南南方。不久，高文园上将的副手也离开了，联合参谋本部陷入了瘫痪。

面对一个军事中枢神经已经完全陷入瘫痪的国家，杨文明倒是信心满满。他在总统就职演说中声称自己要重启和越南南方民族解放阵线的谈判，并承诺释放所有政治犯，结束信息管制，组建包括所有党派在内的联合政府。对南越国军，他命令部队要继续坚守剩下的国土。演讲末了，他向越南南方民族解放阵线发出呼吁，问对方是否愿意接受停火，并在《巴黎和平协约》的框架内进行政治协商，共同组建联合政府。

杨文明太天真了。实际上，越南南方民族解放阵线本身就是归北越劳动党中央政治局领导，作为贯彻北越中央政治局关于解放南方、统一祖国的政治斗争工具，套用时髦的话来说就是北越的“马甲”。对于杨文明的呼吁，越南中央政治局专门致电胡志明战役指挥部，严词拒绝杨文明的“假和平、真喘息”的建议并要求部队务必彻底解放西贡，统一祖国！

作为对杨文明幻想的回应，越南人民军空军5架A-37攻击机于4月28日16点25分从藩朗市的清山空军基地起飞，18点00分飞抵新山一机场上空，突然投弹轰炸了机场，炸伤南越国军空军11架飞机。这次空袭狠狠扇了杨文明一个巴掌，同时也正如文进勇大将预想的那样，对南越国军空军造成了巨大的心理冲击，并促其瓦解。空袭后，第3军区辖地内的越南共和国空军大部分机群和空勤人员恐慌出逃，飞往泰国。

尽管越军进行了空袭，西贡周围的激烈战斗也持续不断，可杨文明还是愿意“做梦”。为了表明自己组建联合政府的诚意，他致函美国驻越南共和国大使格雷汉姆·马丁，要求所有美方情报人员必须在24小时内离开越南南方。马丁大使答应照办，黎格洛上校和史密斯少将迅速销毁机密文件，并让剩下的美方情报人员前往新山一机场等待撤离。

为了重建军事指挥中枢，杨文明还让前第2军区司令永禄中将接替高文园上将出任总参谋长。作为越南阮朝最后一个皇帝保大的亲戚，永禄曾在1963年积极支持杨文明的倒吴政变，亲自率装甲部队开进了西贡。他的军事指挥能力一般，1968年越军发起新春总攻击和总奋起后，他被阮文绍解除了第2军区司令的职务。让这么一个多年没有担任过高级军职的人，突然出任总参谋长，对永禄来说实在不是什么好事。更糟糕的是，目前联合参谋本部基本是人去楼空，主要将领都跑上美国船了，留守的人寥寥无几（而且不少还是越军的间谍）。杨文明也知道在人手不够的情况下，永禄是无论如何也不可能掌好联合参谋本部这个舵的。因此，他给永禄的任务只有一个：再守2天，给杨文明争取宝贵的时间和对方进行和平谈判。

4月29日10点00分，永禄来到联合参谋本部履新，和留守的参谋们开了一个紧急会议后，他给几个主要将领打电话，询问战况发展。遗憾的是，他没法联系上第3军区司令阮文全中将，倒是设法联系上了第4军区司令阮克南少将（1968年4月溪山战役“飞马”行动阶段时任第3伞兵战团团长）。阮克南少将承诺说自己一定会听从永禄中将的命令，并做好准备一旦西贡陷落就让芹苴市做越南共和国的陪都。

杨文明的小算盘打得很精，但越军不会给他们机会了。在美国人加速撤退的同时，越南人民军也加大了进攻力度。在西贡东面，特工第116团和第429团从4月26日下午开始就组织夺取西贡东面7座重要桥梁的奇袭战斗（第2军进攻地带有5座桥梁，第4军进攻地带有2座桥梁）。对于配属第4军的特工部队来说，他们要拿下边和西面同奈河上的新桥和争桥（铁公路两用桥）。对于配属第2军的特工部队来说，他们主要的目标是夺取隆平西面的同奈河公路桥，以及边和—西贡高速公路上的两座桥梁（第一座桥横跨辆河，第二座桥是横跨西贡河的新港大桥，同时也是西贡的大门）。

4月26日下午，第2军和第4军进行炮火准备的同时，越军特工第116和第429团也对同奈河的3座桥梁进行奇袭，守卫这3座桥梁的是南越国军第5伞兵营。虽然他们没能夺取同奈河桥和新桥，但却拿下了争桥。第5伞兵营马上组织反击，将争桥夺回。顽强的特工指战员们没有气馁，他们反复对争桥进行了几次突击，几天内牺牲了50名特工指战员，可争桥还是牢牢掌握在南越国军伞兵的手里。

尽管特工部队夺桥失败了，但拿下朋庄以后，越军第4军还是朝边和机场实施突击。要拿下边和，越军首先得把边和机场的屏障——胡奈县（1968年的时候还是村，后发展为县）给啃下来。胡奈县落座于1号公路边，主要居民都是1955年从越南北方南下的天主教民。1968年新春总攻击和总奋起期间，胡奈县的居民全力以赴支援美军对越军第5步兵师进行猛烈打击。不过，当时美军没有在这里驻军，但现在却不同了。

越军第4军进攻前，胡奈县驻有保安军部队、1个M48坦克小队（隶属于第3装甲骑兵旅团）、陆战6营（营长：黎伯平中校）。作为一名德高望重的职业陆战队军官，黎伯平中校曾获得过美国的银星和铜星勋章，以及许多越南共和国勋章。作为第369海军陆战旅团的一员，他经历过顺化—岘港战役的耻辱，在岘港登船撤退。顺化—岘港战役惨败的屈辱，让他们始终难以忘怀。现在，越军又扑了过来，黎伯平中校决计要为岘港惨败报一箭之仇。

4月27日清晨，在一阵猛烈的炮火准备后，越军第341步兵师2个营和几辆坦克对陆战6营阵地实施突击。黎伯平没有贸然开火，而是静静等待对方靠近才下令炮兵开火。密集的弹群狠狠砸在越军的战斗队形里；第一回合较量下来，陆战6营宣称击毁1辆坦克，毙敌约30人。吃了亏的第341步兵师只得暂时退下来。

第二天，也就是4月28日，第341步兵师重新组织攻击。这次，进攻兵力增加到5辆坦克又1个步兵团。不甘示弱的黎伯平让M48坦克出击，在双方短促的坦克交战中，M-48坦克手们宣称击毁3辆T-54，陆战6营的炮兵也狠狠揍了对方步兵一顿。虽然越军顽强冲击了3次，可每一次都被顽强的陆战6营击退。撤退时，黎伯平也不让对手舒服，他命令炮兵用空爆射击法，对退却的越军进行追踪射击。第二回合较量结束时，战场上又多出了几十具越军尸体。

胡奈县的顽强抵抗让黎仲讯感到震惊。第341步兵师蒙受了不小的损失，可就是没法突破陆战6营的防线。难道说这里又是春禄的翻版？另外，担任第4军第二梯队的第7步兵师合成兵种部队还待在后方，没法冲起来。现在，离胡志明战役指挥部规定的总攻击时刻（N日G时）越来越近了，不能再耽搁了！于是，黎仲讯亲自和第341步兵师取得联系，要师长陈文珍大校马上组织新一轮进攻，务必拿下胡奈县！4月29日，第341步兵师又把剩下的部队统统投入战斗。虽然越军顽强冲击，突破了一处阵地，却遭到陆战6营的及时反击，还是被赶了回去。持续2个小时的第三回合较量结束了，赢家还是黎伯平。第341步兵师则继春禄之后，又在胡奈蒙受了巨大的耻辱。望着余烬未熄的坦克残骸和横七竖八的越军尸体，黎伯平松了口气，总算是为岘港惨败报了一个小小的仇。

然而，黎伯平很快就接到了上级的命令，他的陆战6营和剩下的其他陆战队各单位奉命撤进边和机场和隆平仓库区。在越军猛攻的压力下，阮文全中将打算收缩防线。早在前夜，他就命令第3军区司令部从边和机场撤到鹅邑县。目前，边和机场已经受到了越军猛烈炮击，机群已经无法有效起降，而且军区司令部也在炮火下没法有效运转，撤退是唯一的选择。4月29日中午，阮文全中将和第3装甲骑兵旅团旅团长陈光魁准将、第18师团师团长黎明岛少将，以及海军陆战师团副师团长阮清治开会讨论形势。在会上，阮文全命令黎明岛死守隆平仓库区，陈光魁保卫边和，两个海军陆战旅团除了各留1个营给黎明岛和陈光魁外，全部撤离阵地。

下达完命令，阮文全就坐上直升机飞到东海的美国航母上，和高文园一样，他也永远地离开了越南南方。对于这个临阵脱逃行为，阮文全声称自己是奉命到美国航母上去和美国海军陆战队官员会晤的，但实际上他很清楚杨文明的上台和演讲标志着越南共和国反共历史的结束，一旦他被越军俘虏的话，遭秋后算账是不难想见的。不管怎么说，他可是越南共和国在最后关头最顽强的将领，对他的出逃，大家都感到震惊和不可思议。随着阮文全的逃离，南越国军第3军区司令部的有效运转到此结束，各个部队陷入了各自为战的境地。

4月29日午前，得知陆战6营撤离了胡奈县，黎仲讯随即命令第4军第7步兵师的合成兵种部队马上冲起来。第7步兵师也和第341步兵师一样，天真地认为陆战6营走了以后，在胡奈县不会再遇到有力抵抗。可，他们错了。这里的天主教民可不会轻易放弃。4月29日午夜，当引导第7步兵师的先导坦克群冲进胡奈县时，他们立即受到反坦克火箭筒的攻击，几辆坦克中弹，伴随的越军步兵也遭到机枪扫射。花了一夜的时间，越军第7步兵师才最终制服了胡奈县居民。4月30日清晨，第7步兵师的合成兵种部队冲到边和机场却受到第3装甲骑兵旅团坦克群的有力抵抗。眼看没法攻下边和机场，黎仲讯只得让越军第7步兵师转向南面，在隆平渡过同奈河。

在西贡西南方向，4月28日夜，越军第3军的第198特工团悄悄穿过南越国军防线，分别夺取了1号公路和15号公路的蓬桥和生桥。第198特工团的进攻与越军第10步兵师的冲击要时间一致，紧密协同：在第198特工团打蓬桥和生桥的时候，越军第10步兵师的合成兵种部队就要冲起来。计划是好的，但实际执行起来却不是那么回事。第198特工团刚刚从西原赶到西贡外围，根本没有时间对目标进行详细的地形和敌情侦察就仓促拟定了作战计划。在只有一天时间准备的情况下，他们只能通过研究地图来了解目标桥梁周围的地形。如果第198特工团奇袭失败的话，第10步兵师就将滞留在1号公路沿线，步兵和坦克就暴露在空炮火力的打击下。

然而，越军第198特工团对地形的不熟悉很快带来了负面效应：为了拿下蓬桥和生桥，第198特工团兵分两路，却因对路不太熟，几次遭到炮击，两路纵队被打散，只有半数特工在规定时间到来时抵达蓬桥和生桥。

尽管困难重重，4月29日03点30分，第198特工团还是准时对蓬桥和生桥发起攻击。经过几个小时的激烈战斗，特工198团拿下了蓬桥和生桥。与此同时，越军特工10团也用DKB 122毫米单管火箭炮袭击了新山一机场。04点00分，密集的火箭弹群划破天际落在新山一机场。其中一枚火箭弹炸死了美国海军陆战队的2名警卫，许多火箭弹打中机场跑道，摧毁了一架美军的C-130“大力神”运输机。不一会儿，新山一机场的停机坪就遍布碎片和弹坑，起降作业被迫暂停。

在新山一机场爆炸声此起彼伏的同时，越军第10步兵师以两路纵队，沿着1号公路和15号国家高速公路发起进攻。第10步兵师的第24步兵团和16辆T-54坦克、10辆63式装甲运兵车，以及40辆满载步兵、工兵和其他兵种的卡车，8门高射炮和1个炮兵营组成第一路纵队，沿1号公路挺进。为了把南越国军打个措手不及，第10步兵师的第一路纵队用叫遥峡谷缴获的5辆美式坦克打头阵。第二路纵队由第10步兵师的第28步兵团、11辆T-54坦克和12辆63式装甲运兵车，以及1个防空营和1个炮兵营组成，任务是沿15号公路突击。可以说，越军第10步兵师组织的这两路进攻是越南人民军截至目前实施的威力最强大的合成兵种进攻。

第10步兵师的第一路纵队很快就沿着1号公路冲进同如基地附近的古芝县。正如胡德大校预计的那样，古芝县的保安军部队看到冲在最前面的美式坦克，就误认为是友军，于是跑出掩体欢迎“友军到来”。对他们的热情，越军用坦克主炮和机枪来“回礼”，迅速击溃保安军部队，继续前进。抵达蓬桥，第一路纵队暂停前进，协助第198特工团组织防御。不久，刚刚从厚义省撤下来的南越国军第25师团所辖的M113装甲运兵车小队，隆隆驶近了蓬桥。第一纵队的美式坦克随即开火，摧毁了许多M113装甲运兵车。

接着，第10步兵师第一路纵队继续沿1号公路挺进。他们击破沿途的南越国军的抵抗，冲进了霍门县。当纵队抵达光中训练中心时，南越国军（新兵）把许多卡车拉出来，形成路障堵住1号公路，然后从路障后面的碉堡和建筑朝第一路纵队开火射击。为了夺路突破，越军工兵用一辆坦克把作为路障的卡车拖出公路，同时第一路纵队指挥员分出部分坦克和步兵打光中训练中心，第一路纵队主力继续前进。17点00分，第10步兵师第一路纵队抵达了新山一机场附近的博桂十字路口。

不过，越军第10步兵师第一路纵队的轻松之旅到此结束也就结束了。好不容易逃出藩朗的南越国军第3伞兵营已经在博桂十字路口恭候多时。伞兵们静静等待第一路纵队的先头车队靠到近处，突然开火射击，打坏3辆63式装甲运兵车，越军步兵也伤亡了20多人。第一路纵队被迫停止前进，第24步兵团和坦克反复组织冲击，试图强行杀开一条血路，可一直打到4月29日夜，第24步兵团都没能突破第3伞兵营的“铁闸”。

沿着15号公路挺进的第10步兵师第二路纵队于4月29日06点00分开始出发。胡德大校给第28步兵团的命令是沿着15号公路一路冲进新山一机场，打下南越国军联合参谋本部。全程需行进31英里。一上路，第二路纵队就受到了对方的炮火袭击。虽然出现了不小的混乱，但越军还是坚决前进。沿途，越军第28步兵团1个营和先导坦克群，战斗突破了几个镇和南越国军的防御阵地。中午，第二路纵队抵达生桥，距新山一机场仅仅8英里。目标已近，越军第28步兵团和配属坦克群决定加速前进。就在这个时候，出了一个意外事故：第三辆坦克开上桥时，生桥突然垮塌。如果不是这样的话，许多在新山一机场等待撤离的美国公民就会成为越军的俘虏。对美国人来说，这是不幸中的万幸。

得知情况后，焦急的胡德大校马上命令第二路纵队掉头，沿着8号公路先回古芝县，然后转到1号公路行进，最后再转回15号公路往新山一机场冲击。4月29日18点00分，第二路纵队的先头部队穿过光中训练中心，但因没法确定哪条公路通达新山一机场，只得暂停前进。接着，第二路纵队派4辆63式装甲运兵车前去探路，却遭到保安军伏击，全部被毁。21点00分，第二路纵队又企图沿1号公路继续前进，却遭到对方的持续抵抗。第10步兵师师长胡德大校只得命令两路纵队都停止前进，补充油弹准备4月30日07点15分再打。

第10步兵师的延迟给了新山一机场最后的喘息时机。当时，驻防新山一机场的是南越国军别动伞降第81联团3特遣队（队长是范洲泰少校，别动伞降第81联团主力主要负责防卫边和机场）。4月26日，范洲泰少校接到任务，守卫联合参谋本部；利虎队也在新山一机场里。为了守住机场，范洲泰少校把别动伞降第81联团3特遣队士兵和利虎队布置在通往新山一机场大门的道路两侧建筑物里。别动伞降队员在楼房窗口架起M72火箭筒和90毫米无后坐力炮，做好了打坦克的准备。

在越南共和国临终前一夜，直升机群正进出西贡市内的美国大使馆顶楼，忙着撤离使馆留守人员和部分美国公民。而别动伞降第81联团、利虎队和新山一机场的伞兵部队还在坚守自己的阵地。虽然越南共和国已经有一些高级将领逃命，海军许多舰艇也趁夜出逃，但西贡地区的绝大部分陆军和海军陆战队依然待在掩体和前沿炮位上。当晚，范洲泰少校呼叫别动伞降第81联团联团长范文勋上校，请求指示。即便是越军坦克群已经扑到跟前、明天清晨就要发动进攻，可范文勋还是斩钉截铁地告诉范洲泰少校：“将军们可能都跑了，但……我们不能轻易把我们的家园让给共军，无论发生什么事，别动伞降第81联团都必须要坚持战斗。”别动伞降第81联团不愧是一支好部队，他们不打折扣地执行了范文勋的命令。

4月30日07点15分，越军第3军军长武朗少将下令做最后的总攻。第10步兵师第一路纵队（第24步兵团和坦克群）绕过博桂十字路口，一路向前冲到七贤十字路口，这里距新山一机场大门不到1英里了！别动伞降队员和利虎队员也恭候多时，他们知道这是自己最后的战斗！当头2辆坦克沿着通往新山一机场大门的街道一路前进时，利虎队的一名军官发射的一枚90毫米无后坐力炮弹击毁了第一辆坦克。一辆M48坦克也开出来，一炮就击中了第二辆T-54坦克。看到2辆T-54被击中起火，越军第24步兵团马上散开队形，对周围建筑物展开攻击。别动伞降队员和利虎队队员顽强和对方逐屋逐房地争夺，但越军兵力占绝对优势。打到08点45分，南越国军被迫从七贤十字路口撤退。

抵达新山一机场大门前，越军第10步兵师师长胡德大校命令1个步兵营和3辆坦克冲上去占领它。没想到的是，他们又遭到隐蔽在大门周围的掩体和建筑物里的别动伞降队员伏击，密集的火箭弹和机枪弹雨朝越军射来。不一会儿，3辆坦克就被击毁，步兵指战员也有不少人被打倒在地。虽然越军第24步兵团几次冲击大门，都被别动伞降第81联团3特遣队击退。别动伞降队员们不仅正面顽强阻击，还不断组织游动狙击射杀了20多名越军战士。进攻连连受挫，3辆坦克又被击毁，越军企图把1门56式85毫米加农炮给拉上来进行直瞄射击。可炮弹还没打出去，眼疾手快的别动伞降队员就把这门炮给打掉了。

不甘失败的胡德大校又把另一个营和8辆坦克给拉上来，再打新山一机场大门。当坦克群沿1号公路冲到七贤十字路口的时候，从芹苴市起飞的南越国军空军机群勇猛扑下来对越军坦克群实施了几乎是整个越战中最后一次空中打击，击毁了2辆坦克。不过，幸存的6辆坦克继续冲击。4月30日10点00分，6辆坦克冲到新山一机场大门，可还是没有逃脱和先前进攻一样的命运。先是头2辆坦克被击毁，第3辆坦克试图转弯沿着侧道后退时，一名别动伞降队员扛着M72反坦克火箭筒冲过来，伴随着“记住福隆”的口号，这辆坦克中弹，爆出熊熊烈火。至此，越军第10步兵师对新山一机场的进攻陷入僵持状态，6辆坦克被打瘫起火，从七贤十字路口到新山一机场大门之间的路上也躺着几十具越军尸体。

对越军来说，第3军的突击方向也非首要方向。最重要的突破和战斗依然是阮友安少将所在的西贡东面。

1975年4月27日下午，第2军军长阮友安少将综合各师报告，认为第3“金星”步兵师已经在福绥省（北越称为巴地头顿省）完成了第一阶段计划指标，解放了德城县和巴地市。在诺庄—隆城方向，第325步兵师也完成了计划，在西贡东面外围防线硬撕开一个大口子，切断了15号公路，为向吉莱基地发展进攻创造了有利的条件。但阮友安还是很不满，因为各师进攻速度不一（特别是第304步兵师和第325步兵师）。战前，第304步兵师和第325步兵师组织的地形侦察不够周密，步兵和坦克兵协同不够密切。在第325步兵师方向，第101步兵团打隆城就拖了一天一夜才结束，第46步兵团这个外来户倒是表现不错，迅速拿下了福声三岔路口和大桥，一度造成分割守军的态势，但进攻发展比较迟缓，错失打泰乐的机会，没能及时配合第101步兵团打下隆城县。在诺庄基地，作为第2军主攻手的第304步兵师虽然打得很积极，但还是遇到了很多困难，连续受挫，第9步兵团虽然完成了夺取和坚守诺庄基地的装甲兵训练场的任务，却没能向15号公路三岔路口发展进攻；打得最差的是第24步兵团，不仅指挥混乱，打法也死板僵硬不够灵活，进攻总从正面开始，步兵和坦克兵的协同不行，导致根本没有拿下诺庄基地的步兵训练场。各炮兵单位也表现不佳，没能压住对方炮兵并给自己的步兵、坦克兵提供有力的支援。各防空单位虽然大胆地把高射炮拉到最前线，紧靠步兵战斗队形实施积极的防空战斗并击落10多架各类飞机，可南越国军空军还是在战斗过程中给越军部队造成了很多的困难。

细心的阮友安少将还认真观察了南越国军的打法。他发现每当越军猛攻突破，对手就往后逐步退却，避开越军锋芒。当越军通过后，南越国军往往重新集中兵力，一边实施迎面反突击，一边分兵绕到越军背后进行两面夹击。这是南越国军迄今为止的各次战役战斗中第一次采取的打法，有些类似于越军的战法。采取这个战法，南越国军就可以利用熟悉地形的优势，形势有利就反突击，形势不利就后退，避开越军锋芒。相反，越军第2军各部队远道而来，准备仓促，没有时间进行周密的地形侦察，低估敌人不算，自己的兵种协同战斗队形还组织得不够密切，特别是夜间进攻战斗往往陷入被动不利态势，第24步兵团、第9步兵团和第101步兵团的战例就是明证。

为了完成胡志明战役指挥部交付的任务，越军第2军司令部决定：集中兵力迅速而全面突破同奈河防线。具体布置是第3“金星”步兵师继续发展进攻，目标是解放头顿市（前面已有描述）；给第304步兵师增加炮弹供应并再派1个坦克连增援，要求该师采取密切的兵种协同攻坚，尽快全面攻克诺庄基地并向枫江、隆平挺进，配合特工第116团拿下同奈河公路桥，为第2军向西贡市区总攻击打开通道。第325步兵师要迅速解放仁泽（Nhơn Trạch）县，给第164炮兵旅的M46 130毫米加农炮占领新的阵地，及时组织炮火压制新山一机场，抢在第2军突入西贡市区前最大限度地遏制住南越国军空军；同时，第325步兵师还要穿过绥河城，打下吉莱海军基地，关闭南越国军从西贡过龙头河外逃的大门。

4月28日，越军第2军再次开始进攻。在第3“金星”步兵师方向上，连克德城县、巴地市后，师长黄德英大校和师政委林博圭上校集中兵力，直插头顿市：第2步兵团（安老团）担任主要方向进攻任务，沿着15号公路猛插；第12步兵团向西做大迂回。由于古美河大桥被第1伞兵旅团炸毁，对岸的守军依托有利地形进行顽强抵抗，致使第2步兵团在渡河时遇到了很大的困难。得知这个情况，第3“金星”步兵师师长黄德英大校和师政委林博圭上校马上把主攻任务转移给第12步兵团，并抽调第2步兵团部分兵力加强给第12步兵团。4月29日夜和4月30日清晨，第2步兵团在当地人民协助下，终于全部渡过了古美河，第1伞兵旅团瞬间崩溃，“金星”师轻松解放了头顿市和琴时岛。

在第304步兵师方向，4月28日的战斗还是不顺利。在烈日暴晒下，空气中热浪滚滚，越军中不少人因缺水而虚脱和中暑。缺水，成了第9步兵团和第24步兵团当前面临的最大困难。为了解决部队饮水供应问题，第2军后勤部和第304步兵师后勤处不断组织车队把饮用水送到9团阵地。可在第24步兵团方向，后方道路遭到南越国军火力封锁，运水车队没法开到第一线，团长范太平和团政委阮寿可只得组织5连强攻39高地，全歼高地守敌，冲到枫江边，使部队获得了水源。

不管如何，奋战一天下来，第304步兵师既没有打下步兵训练场，也没有完成拿下15号公路三岔路口的任务。连打3天竟然是这个结果，阮友安坐不住了。4月29日他亲自下到第304步兵师师指，和师长阮安上校一起重新组织进攻，一定要打下15号公路三岔路口。看到军首长都亲临师指，第9步兵团的压力陡然增加，团长、团政委和团各机关主要干部亲自下1营和2营组织战斗。经过研究，第9步兵团决定让第203坦克装甲车旅的3辆坦克配合2营，并在第9步兵团副团长黄定成的直接指挥下（2营政委阮善兴下到7连去了）迂回打敌侧翼。进攻令一下，第9步兵团2营和3辆T-54坦克就迅速突破了对方的防线，然后往敌后猛插。为了配合第9步兵团2营，第24步兵团马上对诺庄基地的步兵训练场东面实施突击，阻止守敌撤往隆平仓库。战至4月29日10点00分，越军第304步兵师的第9步兵团和第24步兵团全部粉碎了对方的抵抗，完全夺取了诺庄基地和15号公路三岔路口。

在第325步兵师进攻方向，为了发展进攻，拿下仁泽县，保障第164炮兵旅的顺利转移和展开炮群压制新山一机场，按照规定时间完成军指交付的战役迂回任务，第2军参谋、政治、后勤等机关都派主要干部直接下去检查第325步兵师各方面的准备情况并提出具体的指导意见，确保第325步兵师的进攻不再出现类似于在隆城受阻的情况。

对仁泽县的进攻，第325步兵师有不同的看法。师长潘明心决心照搬在隆城的打法。作战会议上，不少人表示反对，认为采取合成兵种的坦克搭载步兵沿公路直插县城的打法很容易和对方打成僵持战，还是采取稳扎稳打的挤占式打法妥当。潘明心很理解大家的担心，但从辩证角度来看，仁泽和隆城地形完全不同，这里地形比较复杂，特别是25号省道周围沼泽较多，守军不一定会注意这个方向，攻其无备才能出其不意。现在为了抢时间，按规定时间冲进西贡市，潘明心决定铤而走险，一鼓作气快速突破仁泽。会后，潘明心把自己的想法上报军指，出人意料的是，阮友安少将竟然同意这种打法。显然，阮友安也看出来目前的南越国军已有崩溃前兆，此时应该采取大胆、勇猛、突然的打法，贯穿突破才能完成上级交付的任务。

得到军指的批准后，第325步兵师抓紧每一分每一秒进行战斗准备。经历了隆城战斗的挫折后，全体指战员一扫轻敌思想，他们迅速补充弹药和干粮，做了最充分的战斗准备。

4月27日夜，在第325步兵师主要参谋干事的引导下，各单位依次进入25号公路方向，准备向仁泽县发起攻击。根据潘明心的指示，这次由第46步兵团打头阵，接着是各兵种单位，第101步兵团殿后并在行军中争取时间巩固力量，该师第3个团——第18步兵团留下来保卫后方和担任第2军预备队。为了确保有效指挥进攻部队，第325步兵师师长潘明心和师政委黎文强决定派副师长阮德辉（Nguyễn Đức Huy）上校和师副参谋长阮文经下到第46步兵团，协助该团组织实施战斗。边和省队政治部副主任和仁泽县一些地方干部主动过来给第46步兵团带路，并组织仁泽县地方部队（1个营）协助第325步兵师战斗。

4月28日清晨，越军第325步兵师的进攻队形开始出发。担任开路先锋的第46步兵团，在从隆城到仁泽县的25号公路沿线一路横冲直撞，在沿线各个据点的南越国军部队反应过来以前就冲到了仁泽县。下午，越军第46步兵团在坦克和炮兵支援下，采取包围战术连续进攻，经过3次猛烈冲击就完全解放了仁泽县，全歼守敌。

在第46步兵团出发的同时，第164炮兵旅3营的战士们也在旅政委阮鹏贤上校的指挥下，牵引着M46 130毫米加农炮和第101步兵团一起上路。沿着25号省道行军的路上，第164炮兵旅3营和第325步兵师101步兵团一边猛烈打击对方步兵的多次反击和袭扰，一边和来自吉莱基地的南越国军海军舰艇对射。有战斗就有伤亡，第164炮兵旅3营的2名连长和一些炮兵战士为了保炮而英勇牺牲。

最激烈的炮战发生在隆新—富会区域。南越国军舰艇和炮兵、迫击炮兵不断对25号省道进行密集射击，部分在先前战斗中溃逃下来的散兵游勇也掉过头来积极反击。第101步兵团和第164炮兵旅3营为了前进，和对方的散兵游勇临时组成的战斗群，在25号公路沿线每个橡胶园、每条沟渠都展开激烈争夺。第101步兵团全体指战员顽强战斗，始终冲锋在前，逐个打垮对方残部，夺路前进。配属给第101步兵团的第84炮兵团56式85毫米加农炮群、第284防空团的37毫米高射炮群和12.7毫米高射机枪既配合M46 130毫米加农炮打击对方舰艇和炮兵阵地，也支援第101步兵团战斗。

纵然步兵和炮兵指战员都蒙受了一些损失，但第101步兵团、第164炮兵旅3营、第84炮兵团和第284防空团还是打了一场高效率的行进间突破战斗。从08点00分到15点00分，他们完全打垮25号公路沿线的南越国军部队，并迫使和第84炮兵团、第164炮兵旅3营对射的南越国军舰艇逃回吉莱基地。

道路打通后，4月28日夜，第164炮兵旅3营的12门M46 130毫米加农炮进入仁泽县，立即开始建立炮兵阵地，准备炮打新山一机场并按照第2军军指、胡志明战役指挥部的命令轰击西贡市内目标。与此同时，第84炮兵团的36门大炮（12门D74 122毫米加农炮、12门56式85毫米加农炮和12门120毫米重迫击炮，该团获得了人民武装力量英雄单位的荣誉称号）、第284防空团的第120防空营和75防空营的24门37和57毫米高射炮（75防空营获得了人民武装力量英雄单位荣誉称号）也相继进入仁泽县建立炮兵阵地，准备轰击绥河城、吉莱海军基地和西贡港，同时还负责消灭在龙头河、同奈河航行的南越国军舰艇，切断西贡外逃的水路，并准备打击南越国军空军临空攻击的机群，保卫第325步兵师战斗队形。在各个炮兵阵地周围是为炮兵们警戒的第101步兵团和第46步兵团的步兵战士们，正是因为他们的英勇奋战，确保在总攻击时刻（N日G时）到来前大炮能按时占领阵地，而且他们还顶着对方海陆空军的反击，顽强夺取并确保了仁泽县这个炮击和进攻的跳板。

1975年4月29日00点00分，N日G时到，对西贡市区的总攻击正式打响。为了执行战役指挥部的命令，第2军军长阮友安少将指示在仁泽县的第164炮兵旅的12门M46 130毫米加农炮对新山一机场进行压制射击，吹响了总攻击的号角。

04点30分，第164炮兵旅3营的阮文扁炮组向新山一机场打出了首发130毫米榴弹。接着，12门M46 130毫米加农炮连续进行急速射，在很短的时间内，就有303发130毫米高爆榴弹在空中划出大大的弧线，呼啸着飞向新山一机场。为了配合第164炮兵旅3营猛轰新山一机场，在新山一机场周围的越军特工10团的DKB 122毫米单管火箭炮也朝新山一机场射击。密集的爆炸声在新山一机场跑道周围响起，迫使美国空军停用C-130“大力神”运输机撤侨。从这时起，撤侨只能用直升机进行。

总攻击开始了，可如何阻止南越国军炸毁剩下的桥梁，保障冲到西贡大门前的各路进攻部队顺利、迅速、突然地入城就显得万分重要。虽然文进勇大将力求把南越国军主力部队牢牢钳制在西贡郊外的战略获得了很大的成功，但特工或别动队夺桥作战却只有部分成功，特别是西贡东面的重要桥梁几乎都没被特工夺取。要保住这些重要的桥梁，必须得靠秘密战线的同志，隐藏在南越国军联合参谋本部的越军高级间谍——阮友行准将在这个关键的时刻发挥了作用。4月29日下午，阮友行准将签署了一道命令：“所有部队不得炸毁任何桥梁。如果哪个单位要炸毁某座桥的话，首先要得到联合参谋本部的批准。”此外，联合参谋本部还在4月30日清早给第18师团和两个海军陆战旅团签发了一系列的命令。虽然陈光魁指出给他的命令依然是要率部坚守边和机场，但黎明岛准将却接到命令要第18师团从隆平仓库区撤离，在同奈河西岸占领新的防御阵地，2个海军陆战旅团奉命返回西贡东面的原基地。在同奈河各座大桥守卫的伞兵部队也在4月29日夜奉命撤离。这些命令完全破坏了西贡东面南越国军防线的稳定。趁着南越国军仓促调整部署的混乱，越军特工兵不血刃地拿下了隆平的同奈河大桥。

当晚（4月29日），杨文明转移到独立宫。他打算在这里组建自己的新内阁，并准备和越方进行和平谈判。4月30日清早，杨文明失望地得知自己最后的和平呼吁已被对方拒绝，目前要挽救西贡毁灭命运的唯一希望只能是向越南南方解放阵线无条件投降。杨文明开始录音命令南越国军停止抵抗，等待越军前来受降。这时，永禄中将赶到了独立宫，他向杨文明报告形势已经彻底绝望后，自己逃到海军码头，赶上最后一班出逃的舰艇，也离开了越南南方。永禄离开后，留守在联合参谋本部的阮友行准将迅速把杨文明的录音公告拿到西贡广播电台，让播音员反复对全国播发。听到这个广播，西贡地区的南越国军士气可以说是彻底崩溃，谁也不想再打了。

在新山一机场，范洲泰少校带着部队连续两次粉碎越军第10步兵师冲击机场大门的企图，并击毁6辆坦克。正要整军再战的时候，他却听到广播里传来的杨文明下令全体南越国军停止抵抗、等待越军前来受降的命令。范洲泰少校感到有些不可思议。离开机场大门，他往机场里走，发现联合参谋本部已空无一人，走进里面的作战室，他打电话给独立宫。接电话的是阮友行准将。范洲泰少校没有理会阮友行，直接请杨文明总统接电话。阮友行也顺势把话筒递给了杨文明。在介绍了自己的职务和任务后，范洲泰少校请杨文明做指示。杨文明告诉他，准备投降，并说越军的坦克正扑向独立宫。范洲泰的答复是："如果越共的坦克冲进独立宫，我们马上会冲过来救你的，长官！"对范洲泰的好意，杨文明淡淡地拒绝了："不！"说完，他就挂了电话。

既然总统都下了命令，作为军人只有服从。范洲泰少校把手下全体军官召集过来，告诉他们战争已经结束了，命令他们从新山一机场大门撤回。什么？刚刚打赢战斗，现在就要投降，这是什么意思？！大部分别动伞降队员都怒火万丈，一些人继续战斗到打光弹药为止。但零星的射击已经不可能给越军造成什么阻碍了。越军开始缓缓推开被毁的坦克，并组织步兵和坦克冲进了新山一机场。这一次，他们没有再遇到抵抗。11点30分，新山一机场正式落入越军手中。

虽然最终夺取了目标，但越军第10步兵师付出的代价是高昂的，实际战斗中他们屡屡受挫。第一路纵队总计26辆坦克和装甲车，就有一半左右被击毁。至于兵力损失，《越南人民军卫生勤务史》第三卷525页记载道："第10步兵师打新山一机场基地伤亡255人，含172名伤兵。伤兵占参战兵力的2.66%，死亡人数占参战兵力的1.28%。重伤比例18.7%、中伤比例26.3%、轻伤比例54.97%。枪弹伤11.1%、地雷和手榴弹炸伤2.33%，榴弹炮和迫击炮炸伤38.59%，飞机火力打伤46.19%，M79枪榴弹打伤1.75%。"[4] 要不是范洲泰少校奉命停止抵抗，放弃新山一机场的话，第10步兵师还会损失更多坦克、装甲车，还有步兵指战员的生命。

不过，4月30日的高潮可不是新山一机场之战，而是冲进独立宫。得知南越国军开始全面退却的消息，黎仲讯命令第2军军长阮友安少将马上组织一支机械化突击部队，冲进西贡市区，夺取独立宫，彻底结束战争。

根据阮友安少将的命令，这支机械化突击部队由第203坦克装甲车旅、第66步兵团（搭乘50辆卡车）、第18步兵团1个连（搭载63式装甲运兵车）、第164炮兵旅4营和第68炮兵团6营的一些85毫米加农炮、第284防空团7营、1个A72肩扛式防空导弹分队、1个坦克救护营、第219工兵旅的2个工程工兵营和舟桥连组成。

为了直接指挥这支机械化突击部队，阮友安少将设立第2军前指，自己亲临一线。第2军基本指挥所设立在诺庄基地，由第2军政委黎灵少将负责。为了确保指挥联络通畅，基本指挥所和前指之间，以及基本指挥所和战役指挥部之间用无线电保持联系，基本指挥所和各个炮兵阵地，以及各个观察所用有线电话联系。在总攻击前，第2军军长阮友安少将决定把第325步兵师18团（第2军预备队）顶上来，前出到机械化突击部队的身后，随时准备参加战斗。

总攻前，越军第2军军长阮友安少将还举行授旗仪式，把“决战决胜”的红旗授予在顺化—岘港战役、藩朗、藩切、汉新港和解放西贡前期表现最出色的第203坦克装甲车旅，旅长阮必才（Nguyễn Tất Tài）上校和旅政委裴文增接过了红蓝相间的解放阵线旗帜和“决战决胜”的红旗，两人表示要发扬第2军“神速、大胆”的光荣传统，直捣西贡政权的老巢——独立宫，誓死完成第2军交付的光荣历史任务。

机械化突击部队编组完毕，第一个要突破的目标就是枫江大桥。4月29日10点00分，越军第304步兵师第9步兵团拿下了15号公路三岔路口，可当他们冲到枫江边上却发现桥面有40米被炸坏，对岸的守军正组织猛烈射击，企图拦阻越军渡河。危急关头，阮友安少将赶紧命令炮兵组织对枫江对岸和隆平三岔路口的压制射击，同时让第9步兵团和第24步兵团徒涉过江，直插隆平三岔路口，掩护第219工兵旅修复被炸坏的桥面。

经过2个小时苦干，越军工兵修复了枫江大桥。接着，机械化突击部队的第203坦克装甲车旅1营、4营、5营和第66步兵团一些步兵指战员冲过大桥。然后，第66步兵团7营、第68炮兵团6营1个连（4门56式85毫米加农炮）、第7防空营也相继过河，在机械化突击部队殿后位置的是第325步兵师18团。阮友安少将亲自乘坐指挥车，带着第2军前指插在机械化突击部队的战斗队形里，带着将近400台各式车辆（包括坦克和装甲车、卡车等）如同利剑般直刺西贡市区。到4月29日夜，冲在机械化突击部队最前面的第203坦克装甲车旅1营行进到同奈河公路桥北面，和特工第116团取得联系，了解当面敌情。

根据特工第116团的介绍，目前南越国军在西贡东面的部队已经全面退守到隆平三岔路口到同奈河公路桥之间的地区，企图组织集团防御。在这一带，他们的防御要点是隆平三岔路口、同奈河公路桥、阮惠基地、守德县、警察学校和西贡河公路桥。其中，同奈河公路桥是西贡东面防线最重要的一环。守军不仅在西岸展开强大的兵力并布置绵密的火力点，还在桥面上停了3辆装满手榴弹、各类炮弹和各类子弹的M113装甲运兵车。只要越军敢上桥，他们就引爆这3辆装甲运兵车、破坏桥面形成火障。

为了打开从东面通往西贡的道路，越军第2军军指把第164炮兵旅4营调进机械化突击部队后尾，组织炮兵战斗，压制隆平三岔路口的南越国军炮兵阵地。第164炮兵旅4营不负众望，很快完成了压制任务，马上转移火力轰击同奈河西岸的守军各个火力阵地。

在第164炮兵旅4营组织炮火轰击的同时，第203坦克装甲车旅4营、5营也在同奈河东岸展开火线，对西岸守军实施火力打击。在炮兵和坦克群掩护下，第203坦克装甲车旅1营冒险开上桥面。看到越军坦克竟然不怕死冲过来，守军也横下一条心，断然引爆了桥面中心区的3辆M113装甲运兵车和满载的各类炮弹、步兵武器弹药及手榴弹群，但仅造成桥面轻微损坏。

机不可失，时不再来。第203坦克装甲车旅1营毫不犹豫地冲过了同奈河公路桥。炸桥失败的守军也赶紧出动坦克引导步兵进行反突击，却被越军T-54坦克群连续干掉4辆坦克，只得逃往守德。4月30日拂晓前，第2军机械化突击部队全部开过了同奈河，准备踏上边和—西贡高速公路，往市区突击。

在右翼，越军第304步兵师在攻克了15号公路三岔路口和枫江大桥区域后，立即扑向隆平仓库区。由于南越国军崩溃在即，第304步兵师的进攻发展得异常顺利。在越军压倒性兵力冲击下，隆平仓库区守军完全失去了斗志。第304步兵师所辖的24团胜利拿下整个隆平仓库，并布置兵力保卫各个重要目标。

左翼，4月29日清晨，第325步兵师继续使用第46步兵团在团长高英登指挥下，彻底肃清了仁泽县附近的残敌并向绥河城展开攻击。

绥河城位于同奈河东岸，是南越国军同奈河防线重要的一环，也是第325步兵师进攻吉莱基地前的拦路虎。绥河城原本就是一个坚固的古城，经过美军和南越国军的改造，变成了一个可以扛住炸弹和炮弹轰击的大型仓库区。在越军发动进攻前，南越国军往绥河城调去了1个步兵营和1个军官连，加上仓库警备部队，做好了战斗准备。

在实际战斗过程中，绥河城守军确实也打得很出色，他们和越军第46步兵团整整打了6个小时。虽然第46步兵团连续组织了3次冲击，突破了铁丝网，往绥河城打进一个楔子，但守军的顽强抵抗还是把46团的进攻给一一顶了回去。形势十分紧张。为了迅速粉碎绥河城守军的抵抗，第325步兵师师长潘明心使用第101步兵团一部分兵力和4辆T-54坦克，沿着25号公路冲向绥河城，同时还把56式85毫米加农炮给拉上去，对绥河城守军进行直瞄射击。

4月29日16点00分，越军第101步兵团部分兵力和4辆坦克抵达绥河城下，他们和第46步兵团准备对守军发动决定性的进攻。3辆T-54坦克开到距绥河城500米处，停下来用主炮和车载12.7毫米机枪逐个摧毁守军的火力点。接着，第46步兵团、第101步兵团3营和4辆T-54一起对绥河城展开冲击。经过2个小时战斗，越军完全攻克了绥河城，守军大部分被歼，一部分逃往吉莱基地。

为了抓住对方乱作一团的时机，在连克隆城、仁泽与绥河城后，第325步兵师师长潘明心命令第101步兵团往吉莱海军基地追击。到18点40分，第325步兵师冲到吉莱海军基地北面墓区。横亘在第325步兵师面前是宽七八百米的同奈河，只要冲过了同奈河彻底攻克吉莱基地，就能完全堵住西贡守军海上外逃之路。不过，吉莱基地还有2000名海军陆战队员和大量舰艇，要打下吉莱基地，并非易事。

4月29日夜，在部队正为渡过同奈河做着准备的同时，第325步兵师一部分战斗侦察人员隐蔽前出到同奈河对岸，侦察敌情和地形。第325步兵师师长潘明心和第101、46步兵团，第84炮兵团和坦克、工兵指挥干部也到同奈河边直接研究地形，拟定渡河方案。经过紧张讨论，潘明心最终定下了作战方案：发挥诸兵种合成作战威力，强渡同奈河，解放吉莱基地，拿下港口区和西贡市第9郡，完成第2军交付的任务。

夜幕一降临，各单位就紧张展开兵力准备过河。越军第101步兵团各工作组在地方部队的配合下，首先协助第84炮兵团指战员们克服一切困难，把10门火炮拉进河边阵地，然后前往同奈河岸各村庄动员同胞们把船只贡献出来，在舟桥工兵协助下，送部队过江。T-54坦克也在河边占领射击位置，绥河、仁泽的炮兵群也准备对同奈河与吉莱海军基地进行炮火压制，间接支援第325步兵师渡河；第75和第120防空营也尽量靠前，展开防空火力，打击试图临空攻击越军步兵战斗队形的南越国军飞机，保障部队顺利渡河。第325步兵师师长潘明心也把师指挥所转移到同奈河边，和周围观察所密切联系，及时指挥各部队渡河作战。

4月30日清晨，第164炮兵旅3营的12门M46 130毫米加农炮（在仁泽县展开的）奉命对新山一机场实施猛烈炮击时，第325步兵师也开始强渡。为了试探对岸的南越国军各个火力阵地的反应并让其暴露目标给越军炮兵，第325步兵师师长潘明心命令1辆PAP水陆两用车搭载10名步兵战士，先涉过同奈河。PAP水陆两用车刚开到同奈河中间，就遭到吉莱基地的拦阻射击，南越国军海军3艘巡逻艇也开出来准备拦截。第84炮兵团马上组织炮群进行拦阻射击，迅速打沉了这3艘巡逻艇。接着，仁泽县的第164炮兵旅3营与绥河的炮兵群相继开炮，密集的弹群狠狠砸在同奈河对岸的南越国军阵地上。

第75和第120防空营也奉命压低炮口，参加消灭对方步兵和舰艇的战斗。虽然南越国军从4月29日下午就在同奈河南岸做好了战斗准备，但还是被第325步兵师的进攻规模和战法给打了个措手不及。他们陷入了一片慌乱之中，完全失去了有效组织。

4月30日06点00分，为了打通逃跑之路和挽救吉莱基地的残部，南越国军海军司令部集中兵力实施反击。从新港派出的内河炮艇沿同奈河冲了过来，对他们认为是越军火力阵地的目标进行舰炮火力反击。

越军第84炮兵团和第284防空团120营的炮兵指战员们迅速掉转炮口，和内河炮艇对射。在激烈的对射中，第84炮兵团和第120防空营宣称击沉5艘敌船，还有许多艘敌舰中弹。看到自己许多舰艇被击沉打坏，加上同奈河南岸阵地被打成一片火海，吉莱基地的南越国军海军部队士气彻底崩溃，剩下的舰艇只能逃回新港。第325步兵师师长潘明心不失时机地命令越军第101步兵团开始渡河。在当地人民支援船只协助渡河的支持下，第101步兵团干部战士迅速踏上了同奈河南岸，直插吉莱基地，缴获了100多艘小型舰艇和大量武器装备。与此同时，越军第46步兵团各战士也渡过同奈河，消灭了对方2个海军陆战营，保障了第84炮兵团和第120、第75防空营安全渡河。解放吉莱基地后，第325步兵师101团继续向西贡市区发展进攻，又解放第9郡和越南共和国海军总部，胜利完成第2军军指交付的战役任务。

与此同时，第2军机械化突击部队冲过同奈河公路桥后，下一个目标就是沿着边和—西贡高速公路，冲进西贡市区，直捣独立宫。

边和—西贡高速公路是连接西贡和各个军区的交通大动脉，是美国远征军驻军越南南方期间修建的，目的是保障越南共和国第3军区和第4军区各部队能便捷地从隆平仓库取物资，以及通达边和机场。这是一条现代化高速公路，路面宽阔不算，两侧遍布各个仓库、军事工程和重要的军事基地。如果沿着边和—西贡高速公路挺进的话，第2军可以利用这条公路宽阔和路况好的特点，迅速冲起来；有利也有弊，公路沿线各个县城，特别是守德县的驻军还是比较强大的，他们会依托坚固的防御系统进行顽强抵抗，第2军有可能在冲进市区前再遭损失。权衡利弊，为了按时完成任务，阮友安别无选择。

4月30日凌晨04点00分，在同奈河公路桥对岸，越军第2军军长阮友安少将和军指部分机关干部，以及第2军机械化突击部队的各分队指挥干部经过紧急磋商，决心沿着边和—西贡高速公路挺进，直插西贡市区，目标——独立宫！当前首要任务是突破守德县。

面对着即将到来的彻底覆灭，部分南越国军将士还是不肯面对现实，他们还抱有不小的幻想，希望继续组织剩下的兵力进行抵抗，把战争拖到雨季，好让杨文明有和平谈判的机会。因此，当第2军机械化突击部队冲到守德县时，受到守军顽强抵抗，进攻一度受阻。阮友安当机立断，把2门56式85毫米加农炮给调上去，用直瞄火力摧毁敌阵地和火力点，第7防空营12连也在高速公路两边架开57毫米高射炮，用平射打掉了对方1个观察所和2个迫击炮阵地。第203坦克装甲车旅5营打得很勇敢，特别是编号为707的T-54坦克。

在车长陈光仁指挥下，707号T-54坦克绕到守德训练区后方，勇猛突破了边防别动第82营的防御阵地，绕到背后实施攻击，打掉了几个火力点。孤立无援的707号坦克马上受到对方密集的反坦克火箭弹攻击，中弹起火，但全体车组成员还是英勇战斗到最后一个人、最后一口气。除了707号坦克全体成员外，在突破边和—西贡高速公路过程中，还有第2军工兵处助理参谋范文珠也战死沙场。尽管越军伤亡了几十名步兵、工兵和坦克兵指战员，但守德县的边防别动第82营仍坚持抵抗。

看到第203坦克装甲车旅5营打不下来，阮友安少将索性一边命令第203坦克装甲车旅1营、4营和第66步兵团8营，以及第219工兵旅所辖的2个工程工兵营冲过守德县，前出到西贡河公路桥区域；一边命令第325步兵师18团迅速靠拢过来，配合第203坦克装甲车旅5营一起攻下守德县。

与同奈河公路桥一样，西贡河公路桥按计划应由特工部队负责占领和保卫，不让对方破坏。然而，特工部队实际上并没有拿下并坚守西贡河公路桥。第203坦克装甲车旅1营和第66步兵团8营望见远处的西贡河公路桥时，发现对方在接近大桥的路上和桥面都布置了兵力和障碍物，企图阻止第2军机械化突击部队过桥。

当第203坦克装甲车1营顽强冲到西贡河公路北岸桥头前，南越国军的守桥部队突然开火射击。同时，对方8辆坦克和装甲车也进行拦阻射击。从新港开出的南越国军6艘内河炮艇也驶入西贡河，炮击越军战斗队形。根据第2军军史记载，这次火力打击给越军造成了相当大的损失：“第203（坦克装甲车旅）2辆坦克中弹起火。坦克1营营长、2名连干部，以及第203坦克装甲车旅、第219工兵旅的一些干部战士英勇牺牲。第304步兵师（66团）8营5连也伤亡了一些人员。”

为了让第2军机械化突击部队迅速冲过西贡河公路桥，第2军副军长黄丹少将命令第304步兵师师长阮安马上组织兵力，对边和—西贡公路西面的敌集群实施突击，给整个守敌集团施加压力，同时命令仁泽县的第164炮兵旅3营的M46 130毫米加农炮群对西贡河公路桥周围打100发高爆榴弹，支援步兵和坦克夺桥战斗。第7防空营也奉命用高射炮平射守军阵地，阻止对方炸桥并配合56式85毫米加农炮组织对溯行过来的6艘内河炮艇进行炮兵战斗。

在炮兵和防空兵的支援下，以及第304步兵师的配合战斗下，第203坦克装甲车旅1营展开队形，甩掉步兵冲上西贡河公路桥。在这次突破西贡河公路桥的战斗中，第2军机械化突击部队各兵种都表现出高昂的战斗决心和团结意识，主动进行兵种协同。第219工兵旅3营8连各战士在张城雪准尉指挥下，负责掩护第203坦克装甲车旅1营冲击，他们迅速破坏了许多沿途障碍物，保障了坦克安全冲击，同时他们还勇敢和步兵、坦克兵协同战斗，粉碎了南越国军守桥部队的抵抗。第203坦克装甲车旅1营和第66步兵团的6门82毫米无后坐力炮也不间断射击，打破了对方的抵抗，他们宣称一共击毁2辆坦克，击沉2艘舰艇。

经过激烈战斗，第2军机械化突击部队歼灭和击溃了西贡河公路桥的全部守敌。第203坦克装甲车旅副旅长陈明贡命令4营4连坦克群冲在队伍最前面，直插市区。过世谊桥时，遇到对方的抵抗，第203坦克装甲车旅4营4连与对方装甲兵爆发短促战斗，宣称击毁4辆M41和M113装甲运兵车。接着，市区内的守军几乎全线崩溃、放弃抵抗，第203坦克装甲车旅4营4连沿着统一大道扑向独立宫。

冲在最前面的是编号为843的坦克，由第203坦克装甲车旅4营4连连长裴光神直接担任车长，车组成员分别是泰博明、阮文棋、刘文泰。跟在843号坦克后面的是390号坦克，由4连指导员武登全指挥，车组成员分别是黎定方、阮文答和吴士元，炮手杜高长负伤后送。本来应该是843号坦克先冲进去的，不料却被独立宫大门缠住了主炮，被迫倒退。跟进的390号坦克毫不犹豫地冲上来，撞开独立宫大门。接着，4连连长裴光神中尉从843号坦克上跳下来，手持红蓝相间的金星旗，冲了进去，在独立宫顶楼升起了解放阵线的旗帜。时间是1975年4月30日11点30分！

与此同时，第66步兵团副团长范春世和第2军机械化突击部队的一些指战员，以及西贡市别动队也冲进了独立宫，俘获了越南共和国最后一任总统杨文明、副总统阮文玄、总理武文茂、副总理兼经济部长阮文好、通信部长黎光伦、商贸部长阮文碟、内政部长黎光长等。接着，第66步兵团副团长范春世和一些指战员，把杨文明给带到西贡广播电台，要他播发无条件投降声明。第203坦克装甲车旅政委裴文松也到了。在大家的注视下，杨文明宣读了无条件投降公告，西贡之战乃至整个越战宣告落幕。

胜利来之不易。尽管南越国军在最后时刻因阮文全临阵脱逃和杨文明的停止抵抗、等待受降的命令而基本放弃了战斗，但越南人民军在胡志明战役中还是蒙受了不小的损失。越军第10步兵师师长胡德大校就承认第一路纵队伤亡了185名指战员，全师伤亡400多人。事实上，越南人民军在4月26日到4月30日的解放西贡战役中兵力损失不小。关于各军的损失数字，《越南人民军卫生勤务史》第三卷都进行了如实记载：

第2军参加战役的兵力是31761人。共有1287人受伤和394人阵亡，伤亡数占参战兵力的5.29%，阵亡占参战兵力的1.24%，伤兵占参战兵力的4.05%（战前预计接收的伤员比例是6%）。死亡占伤亡总数的23.4%。伤兵中12.7%是重伤，22.7%是中伤，64%是轻伤。武器杀伤分布方面，枪弹伤14.42%、炮弹伤61.15%、炸弹伤15.90%、地雷炸伤8.28%，其他武器杀伤0.24%。[5]

在进攻过程中，第203坦克装甲车旅伤亡120人，含82名伤兵；重伤率21.14%、中伤率43.87%、轻伤率34.99%。[6]

在东部方向上，第4军进攻队形沿着1号公路发展，参战兵力28741人，包括第341、第7、第6步兵师及一些兵种旅、团。在冲向西贡的各次战斗中，第4军共伤亡1080人，含875名伤兵。重伤率18.7%、中伤率38.5%、轻伤率43.1%。武器杀伤分布：枪弹伤9.3%、炮弹炸伤66.2%和地雷炸伤24.5%。[7]

在第一军方向上，全军共伤亡765人，含611名伤兵。阵亡占总伤亡的20.13%。重伤率18.98%、中伤率37.8%、轻伤率43.2%。[8]

第3军在整个战役伤亡1319人，含1088人负伤。[9]

《越南抗美救国史》第八卷则记载了伤亡总数："我军方面，主力部队伤亡6000多人，近100台机械化车辆被毁，含33辆坦克、装甲车……"[10]《越南人民军历史》第二集更是承认解放西贡战役中共牺牲1447人。对南越国军的损失，越军宣称歼敌25万，但具体损失如何已无法考证。如果不是杨文明下令全军停止抵抗、等待投降的话，双方的损失只怕还会更高。

西贡地区的南越国军在许多地方还是进行了有力的抵抗，像隆城、绥河、诺庄、胡奈、新山一机场等地的南越国军都打得十分出色，但总的来说由于缺乏统一指挥和调度，他们的战斗性质不过是迟滞消耗而已。许多人把西贡陷落如此迅速归咎于杨文明和阮友行这个"北越间谍"，但是不要忘了越南人民军在兵力和技术兵器占据绝对优势，即便是阮文全在岗位上坚持到底，南越国军没有投降而是继续和越军在西贡打巷战，他们能够坚持的时间也不过是24小时而已，西贡陷落的结局也是不可避免的。杨文明的投降只不过是催化剂，加速了越南共和国的彻底崩溃和瓦解。如果不是这样的话，阮文绍又何必提前辞职，放弃一切权力呢？要知道在4月21日，越南人民军根本还没扑到西贡大门前，越南共和国也还有三分之一以上的国土在手，但阮文绍何等精明，他已经洞悉了越南共和国的根子烂了，再打下去就是自己承担亡国罪名，他没有杨文明那么天真，早早选择辞职出逃，宁可先在台湾、后到美国做寓公，也不必受北越的战后制裁。从这点来看，阮文绍总统算是个“识时务者”，失江山、保个人的典型案例。

不管后人如何假设和推论，从邦美蜀大捷到西贡解放，越南人民军以50万大军雷霆扫犁，彻底攻灭了越南共和国，造就了名副其实的春季大捷。对于在如此短时间内，一个看似强大的国家可以倒台得如此迅速，引发了世界的无限猜想和不解，认为这是北越无敌和越南共和国废物至极导致的神话演绎。不可否认的是，越南共和国战前确实已经“废到极点”。

他们的第一个大问题就是已经出现经济崩溃的前兆。1972年越南人民军发起的战略进攻，实际打断了越南共和国的经济脊梁——农业出口，美国的撤援导致阮文绍政权力图恢复经济的一系列政策和对外开放吸引投资的努力化为乌有，皮阿斯特一再贬值和CPI的不断升高，不仅给全国人民的生活带来严重影响，也使军政界人士铤而走险，贪污腐败成风（随着货币贬值，手里那点工资根本没法养家糊口，要想维持家庭生计，除了贪污腐败和倒卖军需物资外，南越国军各级将领也没有别的出路），导致军队从内部就逐步烂掉了。经济问题的附带产物就是军费不足和战略储备物资不足，从1974年的7号公路战役到邦美蜀战斗前，我们都可以很清楚地看到越南共和国的战略储备资源已经匮乏到了何种地步，炮弹消耗一再受限，汽油消耗受到限制，没有大战就减少公路运输和直升机运输，甚至取消了一切营以上的主动出击和搜索战斗（特别是邦美蜀战斗前），全面转入消极防御态势，这一切都表明越南共和国已经把战争主动权拱手让给对手。彻底丧失了战争主动权，加之又有重重经济问题，就算越南共和国没有其他问题，又能在对方一而再，再而三的全面进攻下顶多久呢？答案不言自明，就是河内最初预计的1976年彻底解放越南南方、统一祖国。就算越南共和国众志成城，可因经济问题导致的丧失主动权和消极全面防御战略，避免得了55天亡国，也避免不了奋战2年后的覆灭。可以说，经济问题使交战双方胜负立判，覆灭只是时间问题。

越南共和国面临的第二个问题就是军队没有传统，也就是说没有军魂。笔者翻看过许多有关越南战争的书籍，不少人对南越国军的评价就是一个字：“废”。对于这个字，笔者不能苟同，没有哪个人天生就是军人，也没有哪支军队是没有勇士和死士的。我们可以看到，即便是越南共和国覆灭的最后一刻，仍然有许多忠诚于国家的将士在极为绝望的情况下还在英勇地战斗，有力杀伤了越军进攻部队。在长达20年的战争中，南越国军也战死了几十万人，涌现出的英勇奋战例子不胜枚举，即便是1975年春季大捷阶段，仍不乏英勇战斗的例子。可从1955年到1975年南越国军的各次战役战斗中也可以看得出来，这是一支没有军魂，或者说是一支没有绝对传统和军魂的军队，士兵们的勇气是值得肯定的，特别是在有美军大力支持时，他们打出过许多精彩战例：比如，1972年海军陆战师团和伞兵师团联手反击3个月，以万余伤亡的代价，夺回广治古城，把越军6个师击退过后汉河，赢得越南战争中联军最大规模的战役胜利。时隔不到3年，面对越南人民军又一次排山倒海的进攻，曾在1972年广治辉煌、安禄死战、勇斗崑嵩的那支南越国军不见了，取而代之的是一再逃跑和一再被围歼。像第2军区司令范文富少将、第3军区司令阮文全、第1师团师团长阮文艳这些高级将领，要么临阵脱逃，要么面临困境的时候解散部队，各自谋生。笔者不禁要问，这还是一支军队吗？这哪里有个军队的样子？只有在自己顺手的时候，背后有强大美军支持的时候才能赢得辉煌和荣誉，一旦逆风就散架和落魄，凸显了南越国军缺乏传统和军魂的无奈。在没有传统、没有军魂、军旗没有感召力的情况下，无论涌现出多少勇士和死士，这支军队一旦面临大的困境，结局都只有一个——崩溃。因而，没有传统和军魂的南越国军在丢失邦美蜀以后，整体战略陷入被动的情况下，没法也不可能逆风作战，导致多米诺骨牌效应般的崩溃，最终亡国亡军。

越南共和国的第三个大问题就是国家政体和与建军思想的极度畸形。众所周知，越南南方人口70%信仰佛教，信仰天主教的人口不足20%，吴庭艳建立的越南共和国是靠尊天主教为国教，压制佛教和共产党上位的。这种以占少数的天主教徒作为政治基础、压迫占多数的佛教徒的国体先天就存在着不可调和的矛盾。面对这种矛盾，从吴庭艳到阮庆、阮高其，他们不是尝试去安抚人口占绝大多数的佛教徒，反而为了巩固自己的政权，不断给天主教民以各种特权，甚至还组建自己的私军——最初的海军陆战师团和伞兵师团的兵源绝对来自天主教民，以保证政治上可靠，必要的情况下能随时平定其他各个步兵师团的叛乱！（1966年在顺化，甚至上演了海军陆战师团打巷战平定南越国军最精锐的第1师团叛乱的案例，第1师团死伤500多人后被迫向海军陆战师团投降，吴庭艳的私军防备常备军的建军思想在这里得到了充分“体现”。）在防内甚于防外到极点（可以说是变态），甚至于建军都要搞私军防范常备军的思想指导下，越南共和国的国家制度注定是不可能长久的。千里之堤溃于蚁穴，且不说南北两越你死我活的斗争，就说越南共和国自己的内部斗争，执政当局仅依靠占越南南方人口比例不足20%的天主教徒作为政治信众，打压人口占60%到70%的佛教徒，结果把大部分人民得罪并推到对立面，这种以少数人民支持压制多数人民的做法，无异于自掘坟墓。可以说，1975年春季大捷，也是越南共和国畸形国家政治制度没法逃脱的宿命。

越南共和国面临的最后一个问题就是撤退作战没有考虑到军属和难民潮。这点在书中已有详细描述。笔者在这里只能说一句，任何撤退行动如果不考虑疏散难民，而是牵强地和难民一起混杂着撤退的话，有什么后果，看第2军团在叫遥峡谷和第1军团在顺化—岘港的覆灭就知晓了。

以上四点加上失去外援，国际社会坐视不管和越南民主共和国众志成城、全党全军全民同心协力求统一，铸就了越南共和国55天覆灭和北越的胜利。（完）

注释

1. 原文为“Hai xe tăng của Lữ đoàn 203 bị địch dùng M.72 bắn cháy trong thị trấn. Tiểu đoàn trưởng tiểu đoàn 1 Nguyễn Ánh Dương và một số cán bộ, chiến sĩ hy sinh ngay trên đường phố. Sở chỉ huy trung đoàn 101 cũng bị súng cối và đại liên địch bắn dữ dội. Phi pháo địch đánh phá liên tục ở cả phía trước và phía sau đội hình của ta”。

2. 原文为“Trong các trận đánh ngày 26 đến 30 tháng 4 tác chiến trên đường số 4, sư đoàn 5 đã có 378 thương binh với 22% nặng, 25.9% vừa và 52.1% nhẹ”。引自《越南人民军卫生勤务史》第三卷第514页。

3. 原文为“Vết thương do đạn thẳng 28.27%, mìn và lựu đạn 12.50%, pháo cối 66.12%, bom 3.2%”。引自《越南人民军卫生勤务史》第三卷第525页。

4. 原文为“Thương vong của sư đoàn 10 trong trận tiến công căn cứ Tân Sơn Nhất là 255,trong đó có 172 thương binh. Tỷ lệ thương binh so với quân số là 2.66%, tỷ lệ tử vong so với quân số là 1.28%. Vết thương nặng là 18.7%, vừa 26.3%, nhẹ 54.97%. Vết thương do đạn thẳng 11.11%, mìn và lựu đạn 2.33%, pháo cối 38.59%, cối từ máy bay 46.19%,M79 1.75%”。

5. 原文为“Quân số tham gia chiến đấu của Quân đoàn 2 là 31.761 người. Đã có 1.287 thương binh và 394 tử vong hoả tuyến, thương vong so với quân số là 5.29%, tỷ lệ tử vong so với quân số là 1.24%, tỷ lệ thương binh so với quân số là 4.05%（dự kiến bảo đảm là 6%）. Tỷ lệ tử vong so với thương vong là 23.4%. Thương binh nặng là 12.7%, vừa 22.7%,nhẹ 64%. Vũ khí sát thương: đạn thẳng 14.42%, đạn phá 61.15%, bom 15.90%, mìn 8.28%, vũ khí khác 0.24%”。引自《越南人民军卫生勤务史》第三卷第501页。

6. 原文为“Trong quá trình tiến công lữ đoàn đã có 120 thương vong trong đó có 82 thương binh;thương binh nặng 21.14%, vừa là 43.87%, nhẹ là 34.99%”。同上，第502页。

7. 原文为“Ở hướng đông, đội hình tiến công của Quân đoàn 4 phát triển theo trục đường số 1 với quân sự tham chiến là 28.741 người gồm các lực lượng của các sư đoàn 341, 7, 6 cùng một số trung đoàn, lữ đoàn, binh chủng.Trong các trận chiến đấu tiến vào Sài Gòn của Quân đoàn 4 đã có 1.080 thương vong trong đó có 875 thương binh. Thương binh nặng là 18.7%, vừa là 38.5%, và nhẹ là 43.1%. Vũ khí sát thương: đạn thẳng 9.3%, đạn phá 66.2%, mìn 24.5%”。引自《越南人民军卫生勤务史》第三卷第511页。

8. 原文为“Toàn quân đoàn có 765 thương vong, trong đó có 611 thương binh. Tỷ lệ tử vong hoả tuyến so với tổng số thương vong là 20.13%. Thương binh nặng là 18.98%, vừa là 37.80%, nhẹ là 43.20%”。引自《越南人民军卫生勤务史》第三卷第520页。

9. 原文为“Toàn bộ chiến dịch có 1.319 thương vong, trong đó có 1.088 thương binh”。引自《越南人民军卫生勤务史》第三卷第524页。

10. 原文为“Về phía ta, bộ đội chủ lực bị thương vong hơn 6.000 người, gần 100 xe cơ giới bị phá hủy, trong đó có 33 xe tăng, xe thiết giáp…”。

参考文献

[1] Vietnam Quân đội nhân dân Bộ tư lệnh quân đoàn 1 Sư đoàn 308. Lịch sử Sư đoàn 308 quân tiên phong,1949-2009 . Quân đội nhân dân，2009

[2] Vietnam Quân đội nhân dân Sư đoàn 312. Lịch sử sư đoàn 312,1950-2010. Quân đội nhân dân，2010

[3] Vietnam Quân đội nhân dân Sư đoàn 304. Lịch sử sư đoàn 304 Tập 2. Hanoi： Quân đội nhân dân，1990

[4] Thanh Nhàn Nguyễn, Lịch sử Sư đoàn bộ binh 9,1965-2010. Vietnam. Quân đội nhân dân. Quân đoàn 4. Quân đội nhân dân，2010

[5] Lịch sử kháng chiến chống Mỹ cứu nước,1954-1975 Tập 8. Chính trị quốc gia，2007

[6] Vietnam Quân đội nhân dân Bộ tư lệnh Quân đoàn 2. Tiêu đề: Lịch sử trường quân sự quân đoàn 2,1974-2004. Nhà xuất bản Quân đội nhân dân，2004

[7] BỘ QUỐC PHÒNG CỤC QUÂN Y – TỔNG CỤC HẬU CẦN. Lịch sử quân y Quân Đội Nhân Dân Việt Nam Tập 8 (1969 – 1975). Hà Nội：NHÀ XUẤT BẢN QUÂN ĐỘI NHÂN DÂN，1996

[8] Đại thắng mùa xuân 1975: chiến thắng của sức mạnh Việt Nam. Nhà xuất bản Quân đội nhân dân，2005

[9] George J Veith. Black April: The Fall of South Vietnam, 1973-75. Encounter Books,2013

附录

春禄之战的越南人民军第4军直属炮兵部队编成：

第24炮兵旅，由旅团司令部、第368炮兵团2营（12门M46 130毫米加农炮）、第21炮兵团5连（4门M46 130毫米加农炮）和34门56式85毫米加农炮组成。

越南人民军第341步兵师编制和各团简历：

第341步兵师下辖第273、第270和第266步兵团，以及第55炮兵团、第17工兵营、第18通信营、第24卫生营、第25运输营、第20侦察营。

在具体编制上，第341步兵师每个步兵班9到12名战士，1个排含3个班共27到36名指战员，1个连由3个步兵排加连指组成共125名指战员，1个营由3个步兵连和1个火力连组成共550名指战员。

第273步兵团前身是右岸军区第8步兵团。1972年8月4日，该团最初被划入第308B师，成为36B团。1973年初《巴黎和平协约》签署后，36B团开进第4军区，归第4军区节制。1973年2月20日，第36B团改番号为273团，转属第341步兵师，是该师的第1团，下辖1营、2营和3营。

第270步兵团（341师2团）前身是义安省195营（地方部队，义安是胡志明老家），1954年《日内瓦协定》签署后，扩编为第270步兵团。1957年，以第270步兵团为核心，扩编为第341步兵旅，并撤销270步兵团建制。1962年，第341步兵旅扩编为师，1964年恢复270步兵团建制。1967年底，第270步兵团第一次越过边海河，进入北广治地区配合第320A步兵师参加9号公路—溪山战役东部地区的战斗，但没有立下多少战功。1970年10月20日，第270步兵团第二次越过边海河，进入广治省，在治天军区指挥下参加战斗。1971年11月，第270步兵团因损失殆尽，骨干北撤回河静省重建。1972年8月，第270步兵团转移到老挝，配合第316A步兵师参加龙镇总攻击。1972年11月，第270步兵团归建第341步兵师，下辖4营、5营和6营。

第266步兵团（第3团，在春禄战役中被打得最惨的团）是一支新组建的部队，下辖7营、8营和9营。7营前身是太平省53营；8营是义安省琼琉县第210营1连和3连，以及义安省荣市第2和第4连合并而成；9营是由基安县272名民兵和义春县274名民兵，以及广平省53营2个连合并组建。团部连由河静省129团5连改编。

第55炮兵团，下辖第10和第14炮兵营，以及第12和第16防空营。第10炮兵营，装备D74 122毫米加农炮，前身是义安省第25炮兵营。第14炮兵营，装备120毫米和82毫米迫击炮，以及82毫米无后坐力炮，由第308B步兵师炮兵团抽调骨干援建。第16防空营，装备12.7毫米德什卡高射机枪，由第4军区第222防空团抽调装备和人员组建。第12防空营，装备37毫米高射炮，由永灵分区调拨装备和人员组建。

越南人民军第232兵团编制：

第5步兵师；

第303步兵师；

第9步兵师；

第16步兵团；

第88步兵团；

第24步兵团；

第27B步兵团；

第26坦克营（17辆T-54坦克）；

第24坦克营（18辆PT-85水陆两用坦克）；

第23装甲车营（22辆BTR-60和8辆M113）；

5个炮兵连（27门85毫米到130毫米加农炮、4门160毫米迫击炮和1门63式多管火箭炮）；

混成第595防空团；

1个装备23毫米高射炮和12.7毫米高射机枪的防空营。

▲南越海军陆战队正搭载坦克准备对越门港实施反击

▲战俘交换是交战双方争执最大的问题，图为一名被俘的越方别动队员，身上缠了15枚手榴弹

▲越南共和国总统阮文绍

▲《巴黎和平协约》也给了越军喘息之机。图为北广治前线的越军坦克兵

◀美国远征军正式撤离越南南方

▲ 扛着物资送上战场的越军女运输兵

▲ 越军第9步兵师攻下一个据点

▲ 准备对越军第9步兵师展开反击的第18师团

◀ 第5师团正赶往7号公路参加反击越军第9步兵师的战斗

◀ 56式85毫米加农炮，这是越军攻坚的利器

◀ 1974年8月7日，越军第304步兵师解放上德

◀ 苏联的德什卡高射机枪，在越南战场继续大显身手

▼ 1975年的岘港

▼ 越南共和国空军的F5C战斗机

◀从婆拉山俯瞰福隆市，悠闲而宁静

▲南越国军别动伞降第81联团准备增援福隆

▲面对最后时刻，别动伞降第81联团还是顽强组织突围

▲1975年1月，越军在婆拉山打下的火力基地

▲往邦美蜀隐蔽集结的越军第316A步兵师

▲解放邦美蜀的和平机场

▲1975年3月11日越军解放邦美蜀

▲春禄之战中抓获的越军第341步兵师俘虏

◀ 南越国军别动伞降第81联团准备增援福隆

▲ 武元甲大将对西原战役胜利同样也做出了重要贡献

▲ 南越国军M113装甲运兵车，这款装甲车也是越南战争的标志

▲ 武元甲大将信任阮友安少将，果断的变阵是岘港—顺化战役胜利的重要因素

▲ 1号公路上被遗弃的大量技术装备，这些都成了越军的战利品

▲越军解放顺化皇城

▲1975年3月29日，越军解放岘港市

▲扛着B40火箭筒的越军战士

▲1975年4月16日，越军第325步兵师解放藩朗

◀A-37攻击机在稳定藩朗的局势中起到了重要作用

▲陈光魁的第3装甲骑兵旅团救援西宁市

▲越军解放真城

▲好不容易在春禄打赢了对手一次！南越国军第18师团似乎又看到一瞬间的希望

▲在主力部队连番告捷的同时，地方部队也活跃出击，图为著名的古芝游击队

▲1975年4月，美国陆军参谋长韦安德上将、国务卿基辛格、马丁大使和福特总统正讨论越南共和国的危局。会后韦安德上将亲自飞往西贡，面见阮文绍，并告诉他必须守住春禄，丢了春禄西贡就完了

▲登机增援春禄的第1伞兵旅团

▲ 越军双联装37毫米高射炮有力打击了A-37攻击机，保障了地面部队的安全

▲ 第2军军长阮友安少将正在检查第203坦克装甲车旅

▲ 诺庄基地陷入苦战的越军第9步兵团

▲ 越军第9步兵团在坦克支援下对诺庄基地发起攻击

▲ 越军第10步兵师终于解放了新山一机场

◀解放西贡的功勋车——390号坦克

▲阮友安少将给第203坦克装甲车旅授旗

▲越军活捉了杨文明

▲第2军连克藩朗和藩切以后，继续向春禄进军

▲越军第203坦克装甲车旅政委裴文松

▲1号国家高速公路上被遗弃的大量技术装备，这些都成了越军的战利品

▲ 从岘港和顺化逃离的难民

◀ 1975年3月，从顺化附近的顺安港侥幸逃脱的南越国军士兵，他们挤满了船上的每一个角落

◀ 1975年3月22日，在西贡东北235公里的绥和市，1对难民母子正搭乘1架武装直升机撤离。从母亲哭泣的眼神中可以看到形势的绝望

◀ 1975年3月23日，几百辆满载难民的各式车辆塞满了绥和市附近空地

◀ 海云岭

▲ 联军的M41轻型坦克，正在永隆市巡逻

◀ 从1号公路北面俯瞰岘港市区

▲ 南越国军第20装甲骑兵团在东河缴获的1辆越军59式坦克

▲ 嘉隆街22号屋顶上的美航公司直升机正在撤离人员。休·范艾斯 摄

▲ 1975年4月29日，越南市民试图在西贡陷落前一天攀爬进入美国驻越南共和国大使馆获得疏散机会

◄ 在越南战争中，无论是联军记者还是北越记者都是以身犯险，亲赴最前沿战场摄影

◄ 越南人民军第203坦克装甲车旅的844号59式坦克冲进了独立宫

◄ 越军D74 122毫米加农炮

▲正在执行轰炸任务的F-105战斗轰炸机，编队中央为电子护航机EB-66